智慧林业丛书
SMARTER FORESTRY

智慧林业丛书
SMARTER FORESTRY

CHINA FORESTRY WEBSITE
THE ROADS OF SMARTER AND INTERNATIONALIZATION

中国林业网
智慧化与国际化之路

李世东 等著

中国林业出版社

图书在版编目(CIP)数据

中国林业网：智慧化与国际化之路／李世东等著. —北京：中国林业出版社，2015. 8

ISBN 978-7-5038-8118-3

Ⅰ. ①中… Ⅱ. ①李… Ⅲ. ①林业－网站－介绍－中国 Ⅳ. ①F326. 2-39

中国版本图书馆 CIP 数据核字(2015)第 196896 号

中国林业出版社·生态保护出版中心

出　版：中国林业出版社(100009 北京西城刘海胡同 7 号)

E-mail：wildlife_ cfph@ 163. com　　电话：83143519

发　行：新华书店北京发行所

印　刷：北京中科印刷有限公司

版　次：2015 年 8 月第 1 版

印　次：2015 年 8 月第 1 次

开　本：787mm × 1092mm　1/16

字　数：480 千字

印　张：22. 25

定　价：80. 00 元

《中国林业网：智慧化与国际化之路》

李世东　邹亚萍　杨新民　谢宁波　著

参与编写人员

冯峻极　顾红波　张会华　徐　前　高　崎　李淑芳
王　辉　王建冬　童楠楠　唐　喆　曹　攀　刘粉香
吴　茜　班越超　赵　敏　王春侠　闫萌萌　周忆宁
赵　瑄　成　诚　乌日根　祝　巍　张洪军　马　鑫
罗俊强　简　帅　刘　峰　张　翼　张源长　白　莹
冯　戈　刘利民　孟庆雯

（代前言）融入国际主流　打造智慧网站

放眼全球，智慧化浪潮正迎面而来，云计算、物联网、大数据、移动互联网等新一代信息技术，正在构建立体感知、管理协同、服务高效的智慧化新模式。电子政务适应时代潮流，正在进入以智慧政府网站为主要平台的新阶段。在全球加强网络政府建设新形势下，经过调研学习、方案制定、征求意见、研究论证、完善修改、优化升级等过程，历时近一年的时间，我们完成了中国林业网第四次重大改版，打造成基于大数据分析的中国林业智慧政府门户。2014 年 11 月，中国林业网 4.0 版(www.forestry.gov.cn)正式上线。

一、中国林业网 15 年发展历程

2000 年，伴随全球互联网和信息化发展浪潮，顺应时代和林业发展要求，中国林业网应运而生。时至今日，经过了 15 个春秋的洗礼，中国林业网不断探索和创新，走过了一个不平凡的发展历程，实现了由弱到强，由小到大，由分散到集群，由落后到领先的跨越发展。

中国林业网 1.0 阶段(2000－2005 年)。这是国家林业局政府网的初创探索阶段。2000 年 11 月，中国林业网建成开通时，网站功能单一，只能进行简单的文字信息发布。每天发布信息 10 条左右，年发布信息量只有 3000～5000 条，人力和信息资源严重不足。网站的社会关注度低，日访问量仅 500 多人次，还没有成为政府信息发布的重要渠道，无法满足社会和公众的多种需求，网站绩效水平较低。

中国林业网 2.0 阶段(2006－2009 年)。2006 年以来，社会各界广泛关注政府网站发展，网站功能逐步提升，进入建设发展阶段。中国林业网进行了技术升级和全面改版，网站功能由最初的信息发布逐步发展到具有视频点播、专题报道、交流互动、办事指南、数据查询、在线调查等多种功能，每天信息发布数量增加到100条以上，质量不断提高，吸引力不断增强，社会影响力显著提升。2008年，获得了“特色与创新提名奖”，被列入业绩突出、进步较快的政府门户网站，开启了林业政府网站发展的新篇章。

中国林业网3.0阶段(2010－2013年)。2009年，国家林业局信息化管理办公室成立，首届全国林业信息化工作会议召开，中国林业网进入了整合提升的新阶段。经过改版重建的中国林业网2010年初正式上线，实现中国林业网、国家生态网和国家林业局政府网“一网三名”，建成了集简体、繁体、英文三大版本，信息公开、在线办事、互动交流和林业展示四大板块，文字、图片、视频三种表现形式于一体的中国林业统一门户，子站数量达到2000多个，充分整合了全行业、各领域资源，网站功能和办事成效实现了质的飞跃。中国林业网在部委网站绩效评估中，实现了前10名、前5名、前3名的逐年跨越，先后获得“优秀政府网站”、“中国政府网站领先奖”、“电子政务管理效能提升奖”、“中国互联网最具影响力政府网站”等多个奖项，实现历史性突破。

中国林业网4.0阶段(2014年开始)。2014年以来，随着云计算、物联网、大数据、智能移动终端等的出现，互联网信息传播规律发生了新变化，对政府网站也提出了新要求。中国林业网顺应发展潮流，进行了全新改版。新版中国林业网采用了扁平化设计理念，保留了“信息发布、在线服务、互动交流”传统板块，设计增加了“走进林业”板块，建设了涵盖官方微博、微博发布厅、微信号、移动客户端的“林业新媒体”，构建了“纵向到底、横向到边、特色突出”的站群体系，立足“服务大局、服务司局、服务基层、服务群众”四个维度，全面提升服务能力，实现林业全周期“一站式”在线服务，使中国林业网进入智慧创新新阶段。

总之，历经15年发展和4次重大改版，中国林业网不断加强网站管理，丰富网站内容，扩展网站功能，整合服务资源，坚持智慧化、国际化发展，努力打造智慧政府网站。

二、中国林业网4.0版主要创新点

顺应国际主流趋势，紧跟当前政府网站发展形势，充分利用大数据技术对中国林业网3.0版进行热力图数据分析、用户访问行为分析、网站用户需求分析，借鉴国内外优秀网站建设经验，根据林业发展实际情况，以用户需求为导向，以主动服务为根本，建成了新一代中国林业智慧政府网站——中国林业网4.0。其主要创新点包括三个“一”、三个“新”、三个“多”。

三个"一"——助推中国林业网全新升级

网站内容"一览无余"。为给公众提供最佳浏览体验效果，我们充分借鉴国际主流政府网站的优点，采用目前流行的扁平化和简约化设计风格，以蓝、白、灰和体现林业特色的绿色为主色调，突出优势栏目、推出重点栏目、整合边缘栏目，图文动静结合，在保留了"信息发布、在线服务、互动交流"三大政府网站传统板块的基础上，设计了"走进林业"板块。通过"走进林业"板块，便于公众随时了解掌握中国林业的整体概况。通过"信息发布"板块，集中展示林业政务文件和业务信息。通过"在线服务"板块，实现林业行业全周期在线服务。通过"互动交流"板块，以在线访谈、建言献策等栏目形式，回应社会关切，解答公众问题。通过采用标签式切换功能，实现了"一屏可视全站"的效果，大大减少首页长度，整个网站"一览无余"，直观、高端、大气、清新。

全球林业"一网打尽"。新版中国林业网构建了"纵向到底、横向到边、特色突出"的站群体系，全国乃至全球林业"一网打尽"。纵向站群建设了世界、国家、省级、市级、县级林业等各层级网站；横向站群覆盖了国有林区、国有林场、种苗基地、森林公园、湿地公园、沙漠公园、自然保护区和主要树种、珍稀动物、重点花卉等林业各领域网站；特色站群突出了美丽中国网、中国植树网、中国信息林、网络图书馆、博物馆、博览会、数据库、图片库、视频库等。目前，中国林业网子站已达3000多个，位居国内前列，大大提升了林业影响力。

各级用户"一站服务"。新版中国林业网立足"服务大局、服务司局、服务基层、服务群众"四个维度，全面提升服务能力。精选林业信息为领导提供决策支持，服务于大局；建设子站为各司局各直属单位提供展示平台，服务于司局；让省市县三级信息走到前台，服务于基层；整合上百项国家、地方审批事项和便民服务，结合场景式模拟，为群众提供林业全周期"一站式"在线服务。

三个"新"——展现中国林业网全新魅力

新媒体。新版中国林业网充分运用新媒体技术，实现主动推送服务，进一步增强与用户互动的功能。新增的"林业新媒体"涵盖了中国林业网官方微博、微信、微视、移动客户端，努力走向"全媒体"、"一站通"新阶段，方便公众随时随地了解林业行业信息、享受在线服务，建成了基于新媒体的政务信息发布和互动交流新渠道。陆续在新浪、央视、人民、新华、腾讯等五大主流门户开通"中国林业发布"官方微博，已策划了多期微访谈、微直播、微话题活动，建立了中国林业微博发布厅，集成了全国40多个各级林业部门的官方微博，发布微博7000多条，粉丝数50多万，社会影响力与日俱增。开发定制了社会化媒体分享插件"正分享"，实现全站信息向新浪微博、腾讯微博、微信、新华微博、人民微博、Linkedin等国内外11个主流社交媒体网站的自由推送，打通中国林业网和社交媒体信息共享通道，促进提升网站社交媒体影响力。

新技术。中国林业网充分利用云计算、大数据、物联网等新一代技术，努力提升智慧化水平。一是中国林业云平台。在“中国林业云”基础平台上，对现有网站群内容管理系统进行调整和优化，提供了支撑网站集群建设的站群云服务平台和网站智能分析云服务平台。站群云服务平台具有自助建站功能、模板管理功能，各站点可以独立运行、独立管理，分级授权，支持多服务器站点的静态发布。网站智能分析云服务平台承载了中国林业网1500多家子站，累计采集超过1670万人次有效访问数据，全面收录了187万个用户站内外搜索关键词、2017万个页面访问记录和2.1万个来源访问渠道数据，总基础数据信息量已超过2T。二是中国林业大数据。中国林业网对数据资源和数据库资源进行整合，建设了林业基础数据服务平台、专业数据服务平台、中国林业数据库，形成覆盖林业领域的综合性信息资源库。中国林业数据量已经从TB级跃升到PB级。同时，开展了面向用户访问行为数据的大数据分析工作，综合运用语义分析、人工梳理、自动聚类等多种手段，对中国林业网94.8万个站内外用户搜索关键词进行了需求梳理，采集中国林业网全站重要页面用户鼠标点击热点数据，对用户关注热点栏目进行了全面分析，确保网站在各个方面更加贴近用户需求和互联网发展潮流。三是中国林业物联网。国家林业局被列为全国首批物联网示范单位之一。2013年5月，首片“中国信息林”落户于北京园博园，通过土壤环境因子、微型气象站、电子摄像头、二维码，实现树木自身状况、林木环境、养护管理等生命全周期监控与管理。中国信息林网不仅集中展示了中国林业物联网的应用，也将进一步加快推动营造林实现标准化、智慧化。

新搜索。为适应智慧林业发展，打造搜索智能、信息全面、渠道先进、用户喜欢的中国林业智慧搜索平台，最终实现对中国林业网站群各类信息的智能搜索服务，大大提升林业信息服务水平。中国林业网智能搜索平台为用户提供7×24小时智能在线搜索和智能应答服务，以信息采集与管理、信息检索系统、信息搜索分类、知识管理平台为核心功能，通过资讯、政策法规、核心业务、实用技术、相关搜索、热点搜索、猜您关心、图片、视频、数据、应用、最近热点12种分类维度进行检索，最终构建出统一的智能搜索平台，提供检索服务。

三个“多”——实现中国林业网全面覆盖

多形式。中国林业网充分利用文字、图片、图解、视频、音频、数据、知识等形式，构建成集优美文字、绚丽图片、精彩视频、宏大数据、实用知识等为一体的林业信息展现形式，让公众一次访问即可全面了解所需内容。一是文字，及时报道重要信息，主动采写重要论述，准确解析文件内容。二是图片，打造绿色摄影，展示林业美景。三是图解，图解重点业务，记录重要瞬间。四是视频，精心制作林业动态，全面传播美丽林业，画音结合生动有趣。五是数据，整编林业多种数据，汇聚林业重点资源，提供林业服务内容。六是知识，突显专家学者智慧经验，提供政府行业权威内容，构建自然生态知识宝库。

多语言。中国林业网建设了中文简体版、繁体版、英文版等多种版本，大大方便了大陆与港澳台、中国与世界各国的互动交流。一是中文简体版，服务广大公众的主要渠道。

二是中文繁体版，采用自动转换技术，将中国林业网中文简体版同步到中文繁体版，为台湾、香港、澳门及其他海外华人快捷方便访问网站提供便利服务。三是外文版，我国林业对外展示的重要窗口。基于将我国林业主要成就和重要实践向世界各国展现的目标，网站采用文字、图片、视频等多种信息服务方式，全面、及时、权威地发布中国林业信息，为国外网民提供信息服务。目前英文版新版已上线运行，联合国其他工作语言版本网站正在建设中。

多终端。中国林业网适应当前发展趋势，确保在PC、手机、平板上都能正常访问，用户可在各渠道获取林业信息和享受在线林业服务。一是PC，用户通过台式或者便携式计算机，均可访问中国林业网。二是智能手机，通过中国林业网移动客户端或者关注中国林业网微信公众号，实现不用访问中国林业网也能获得同样服务。三是智能平板，关注微信公众号或者直接访问中国林业网均可获取所需信息，享受所要服务。

三、中国林业网未来发展展望

时代步伐在不断前进，科学技术在不断发展，政府网站也要不断创新融合。下一步，中国林业网将在智慧化、全面化、服务化三个方面进一步升级。

智慧化。中国林业网将综合运用大数据、云计算、物联网、移动互联网等新技术，建成集智慧感知、智慧建站、智慧推送、智慧评测和智慧决策于一体的智慧化发展体系。一是智慧感知。基于中国林业云平台，构建覆盖中国林业网站群主要站点、林业行业领域信息资源以及搜索引擎、微博、论坛、林业相关教育科研网站、国际组织等的数据资源库，建立网站技术分析、决策分析和在线服务分析等模块，开展网站数据的深入挖掘，为智慧建站、智慧决策、智能服务等提供支撑。二是智慧建站。基于互联网涉林数据的挖掘结果，对中国林业网站群的服务体系进行智慧化提升，包括对前台网站页面和后台模块优化，不断提升网站群智慧建站的规范化、科学化水平。三是智慧推送。在智慧建站的基础上，面向搜索引擎、社交媒体、主流新闻网站、海外用户等互联网信息传播主渠道，开展多种形式的网站信息资源可见性优化，扩大中国林业网互联网影响力。四是智慧评测。进一步完善网站评估指标和评估方式，建设中国林业网站群运行绩效综合监管平台，实现中国林业网各子站运行数据按天收集，并自动按照设定的网站评估指标进行评估。五是智慧决策。建设中国林业网智慧决策系统，围绕林业重点业务和林业热点事件，提供社会关注点分析、舆情趋势预测，为行业管理和领导决策提供参考。

全面化。中国林业网将坚持“五个统一”原则，努力实现行业全站群建设、信息全形式展现、服务全周期提供、内容全平台管理、资讯全媒体发布。一是全站群建设。扩建现有站群，纵向站群延伸至乡镇，横向站群扩展至各主体业务，特色站群继续扩大，努力实现由10000个子站组成的网站集群，打造中国林业网上航空母舰。二是全形式展现。引入多种新的形式，实现在中国林业网一次搜索即可了解关键词的全部内容、相关背景及图音画立体展现，进一步提升社会影响力和知名度。三是全周期服务。根据广大公众需求，着力解决林企、林农最关心的问题和最迫切的需要，整合更多重点服务资源，开通更多便民服务渠道，提供更多专业应用系统，真正打造便民、亲民网上政府。四是全平台管理。中国林业网站群在站群云服务平台统一建设和管理，核心功能统一开发和设定，数据资源统一管理，网站整体形象统一控制，实现信息交互共享，资源统一利用，管理规范高效。五是全媒体发布。真正使中国林业网更加贴近地气，更好为公众服务。

服务化。充分利用新一代信息技术，不断创新服务理念和技术应用，整合各类服务资源，实现个性化服务。一是打造个人页面。依托中国林业云平台，让中国林业网用户按照个人需求和兴趣，自定义中国林业网界面，获取相关信息，切实做到"一切以用户为中心"。二是设置特色栏目。从公众需求角度梳理整合各类业务资源，制定在线办事目录体系，整合搜索引擎、社交媒体和主流论坛的互联网用户需求信息，为企业和个人提供市场动态信息，辅助出行和交易决策。三是主动推送服务。不断拓展服务形式和服务渠道，主动向用户智能终端推送相关数据，让用户了解林业信息和享受林业服务变得更加简便。

全球智慧化趋势已经到来，我们都身在其中。智慧林业门户网站将以林业云为平台支撑，林业物联网为试点展示，林业新媒体为推送渠道，林业大数据为分析工具，探索一条智慧化、国际化政府网站建设之路。

李世东
2015年5月

目 录

CONTENTS

发展综述

四大板块

三大体系

改版优化

发展保障

发展综述

FAZHAN ZONGSHU

林业信息化
Forestry Informatization

第一章
国际前沿

在当前信息时代背景下，面向全球电子政务发达国家，开展广泛调研，通过借鉴其政府网站发展思路，吸收先进经验，紧跟国际潮流，对我国林业政府网站全面实现智慧化、国际化具有重要的现实意义。

一、 政府网站前沿

当前，国际主流政府网站前沿趋势主要包括以下几个方面。

（一）运用大数据技术开展网站分析

信息化与全球化已经成为当前世界发展的主旋律，大数据的价值不断凸显，为了提高国际环境下的政府竞争力，各国政府都在大力加强电子政务与政府网站建设，开发与利用大数据技术。美国、英国、加拿大、俄罗斯、韩国、日本、新加坡等国普遍将电子政务建设上升为国家战略，并出台了相关法规文件，设立了确保战略规划得以落地的管理体制，为规范电子政务建设及政府网站管理提供了宏观指导、执行依据与政策保障。

随着信息革命的深入发展，大数据技术日趋成熟，并在商业网站分析领域得到了广泛应用。受电子商务领域网站分析技术发展变化的影响，近年来，全球电子政务发达国家的政府网站开始普遍采用基于页面标签采集数据，并通过云模式分析和挖掘用户行为大数据的新一代网站分析技术，将用户体验作为建设和改进网站服务内容的依据，实时捕捉用户需求、及时优化服务界面、精准推送服务内容，取得了良好的应用效果。

首先，从政府网站分析工具看，目前美国、英国、澳大利亚、加拿大、日本、韩国、新加坡、荷兰、丹麦、瑞典、挪威、芬兰、新西兰等国的中央政府门户网站和联合国门户网站均已部署了基于云服务模式的网站用户行为分析系统，以汇集访问者数据。基于新一代用户需求挖掘技术，政府可以提供更加个性化的政府网上服务，并通过对用户访问规律和点击行为的动态监测，有针对性地改进政府网上服务。

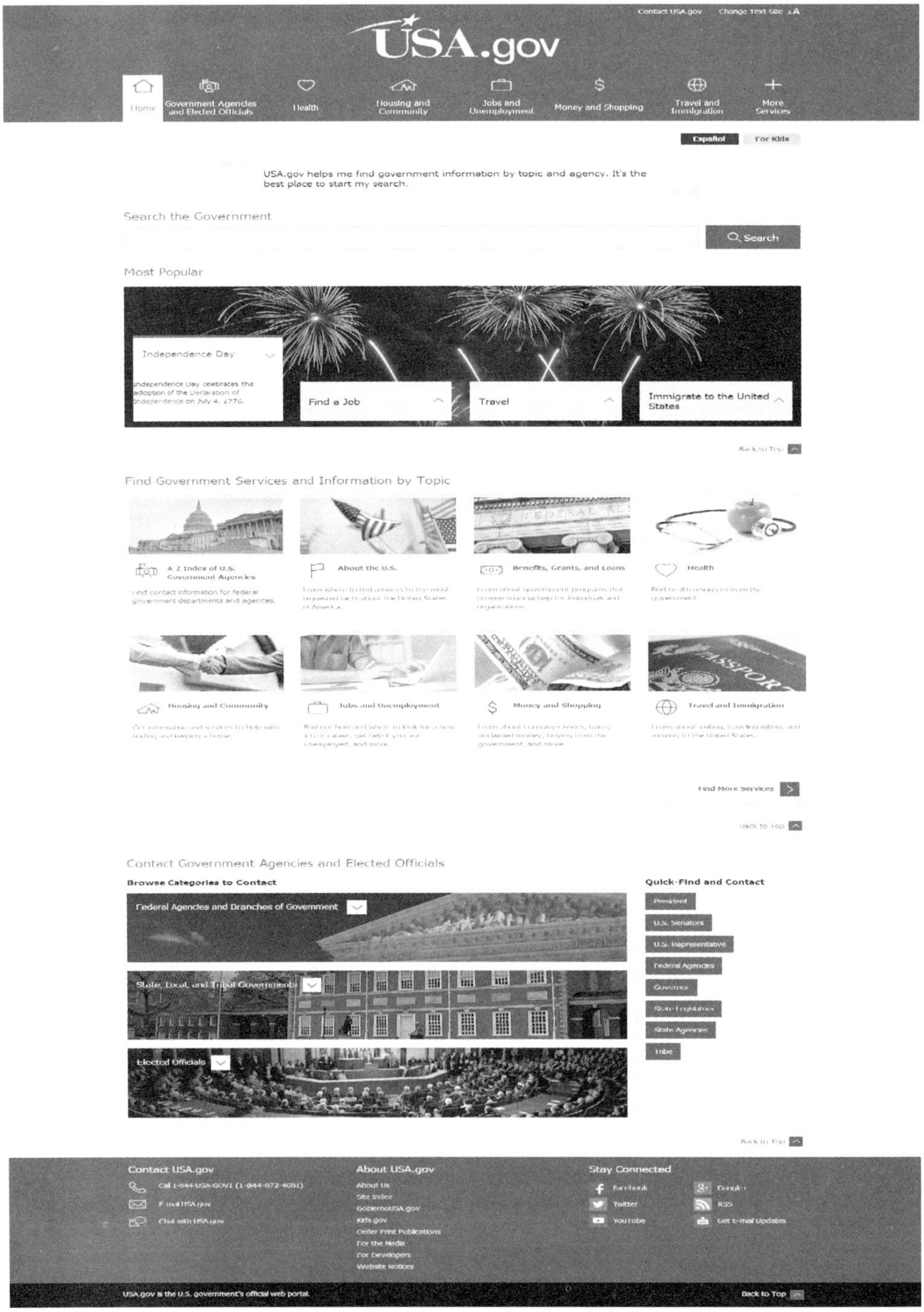

图 1-1　美国联邦政府网站首页

其次，通过应用先进的网站分析技术，发达国家政府网站能够及时、全面、精细地分析网站用户访问行为，对政府网上服务用户的需求特征和行为规律进行深入剖析，帮助网上服务部门及时感知网上服务需求热点，发现政府网上服务短板，有针对性地改进政府网站服务。如美国联邦政府网站（www. usa. gov）（图 1-1）应用了大量个性化定制服务的相关技术，用户登录美国政府网站的同时，系统将会自动记录访问者的地址、登录时间、所用的搜索引擎、所关注的主题和信息等，并提供后续的个性化服务。相对于基于服务器端用户访问日志的传统网站监测分析技术，当前发达国家门户网站普遍采用基于页面标签的新一代政府网站智能分析系统，具有对用户访问行为的分析更加深入、对政府网站服务决策支持更加到位、对网站群的综合集成管理能力更加强大、对网站用户服务需求的响应更加敏捷的优势。

（二）以用户需求为导向的门户服务模式

政府网站作为网络时代政府履行职责的重要平台，已经成为电子政务建设的重要组成部分，得到社会的普遍认同。通过网站的形式整合政府部门资源，解决社会公众关心的热点、难点问题，建设服务型政府网站，是智慧型政府门户网站发展的主要趋势。目前，西方发达国家政府门户网站普遍以用户需求为基本导向，建设网站服务供给，体现出服务一体化与服务个性化并存的特点。

一方面，基于互联网的网络政府服务越来越强调在跨部门协同与资源有效整合的基础上提供一站式、整体性的政务服务，网站建设从“供给导向”转变为兼顾供给与需求的“需求导向”服务模式，用户只需访问政府网站即可按照自己所需来使用服务，由系统在后台自动调配相关各行政部门的服务资源。根据新加坡“电子政府 2015”（eGOV2015）规划，新加坡政府推出了全新的政府一站式数据服务网站——data. gov. sg，汇集了 50 个政府机构创建的 5000 多个数据集，并为用户提供集成化的数据服务。各门户网站所整合的服务，也普遍以用户需求为导向，按照服务主体、服务功能、服务对象等进行分类，简化了用户操作，方便用户精准且迅速地获取相关服务与信息。如新版美国政府网站按照服务主体对服务内容进行分类，将与民众实际需求密切相关的就业、教育、福利、医疗、移民等内容进行主题分类，将用户需要在政府网站上寻找的信息和办理事项全部罗列于其门户网站的各个主题之下，涵盖了公民生活的各个方面，市民、商业用户、政府雇员和外国访问者等不同用户，最多在门户网站点击三次就可获得所需的各种服务和信息。

另一方面，随着各类智能信息技术在网络政府中的应用，网络政府越来越注重在应用智能分析手段跟踪挖掘用户使用行为的基础上，分析用户服务需求，提供更加个性化的政务服务。新加坡推出了“电子市民中心”（eCitizen）网站，每个新加坡公民都在网站上定制自己所需的服务，如缴税、查看政府公告、借阅图书等，网站根据用户的兴趣偏好有针对性地推荐服务。英国中央政府网站（www. gov. uk）（图 1-2）利用 cookies 了解用户浏览网站时的信息，如访问页面、访问时长、渠道来源等，分析用户习惯与需求，在用户再次访问网站时，提供针对用户需求的服务，力求精简，减少冗余，提升服务的智能化、便捷化和个性化水平。

综上所述，坚持以人为本，以服务对象为中心，把用户需求作为政府门户网站建设的出发点和落脚点，以用户需求为导向提供整体化与个性化的服务，以提高电子政务公共服务的用户满意度、公众对政府服务的信任度，是当前政府门户网站建设的主流趋势之一。

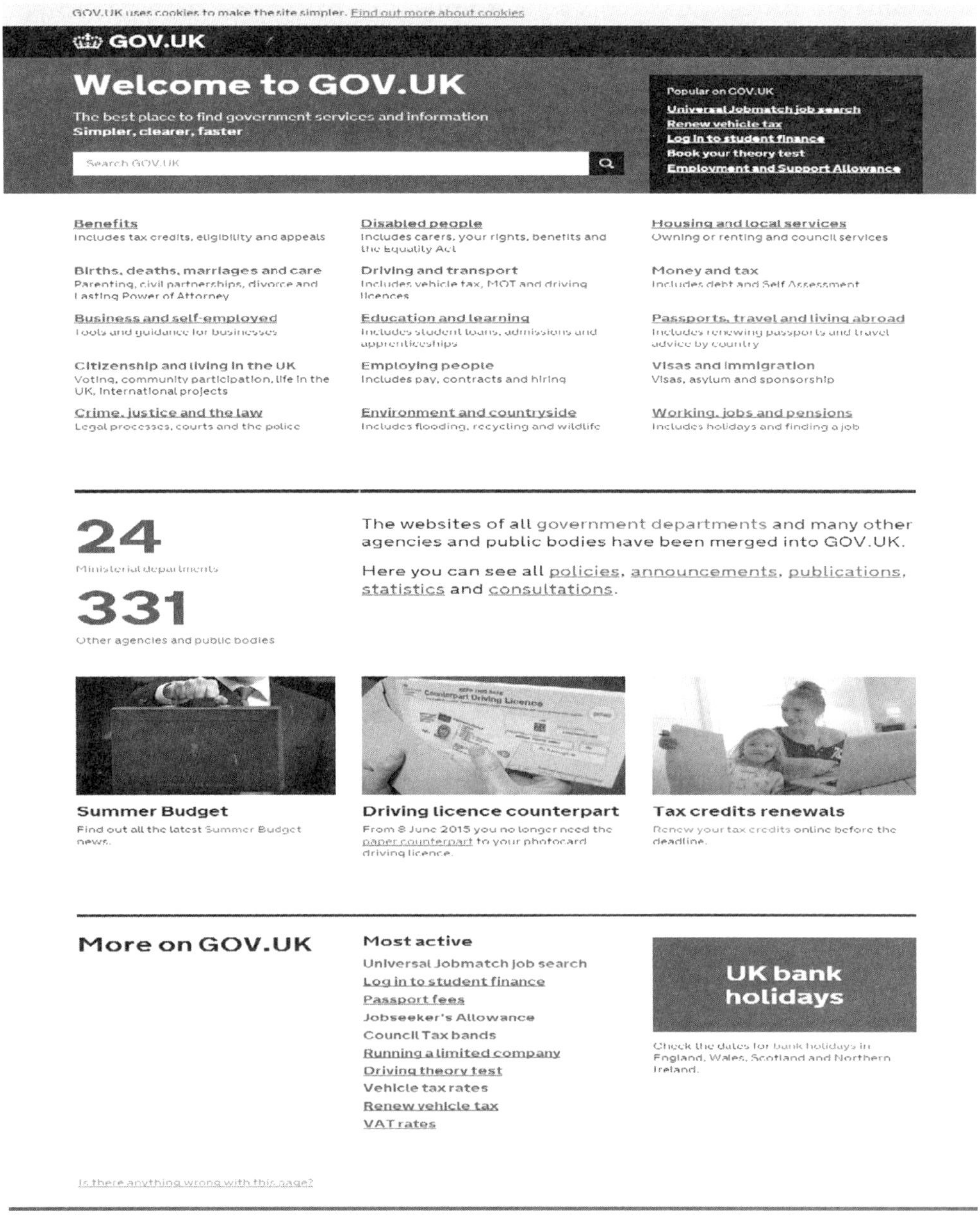

图 1-2　英国中央政府网站首页

（三）全媒体时代主动提升网站影响力

在当前互联网规模呈现爆炸式增长的态势下，大众通过互联网获取各类信息和服务，并在互联网中表达自身诉求和观点的需求不断增加。在新的公共服务价值观引导下，保障公民的参与权、表达权和监督权，已成为服务型政府的基本要求。进一步完善政府门户网站的权威信息传播和公众参与能力，已成为提升政府影响力及公信度的有效举措。在提升网站影响力方面，西方发达国家政府门户网站普遍提供了众多的政民互动渠道，有效实现了门户网站与互联网资源的正面引导、互联互通、网站和用户之间的良性互动。

首先，在门户网站自身建设方面，除了提供服务和有效信息，发达国家政府门户网站面向公众的互动形式也进一步丰富。如政务问答、博客评论、内容订阅等功能，提供了大量政府和公众进行交流的渠道，能够有效提高网站用户的参与度。通过用户的信息反馈、政民之间的有效互动，门户网站与用户的交互更为密切。

其次，搜索引擎飞速发展对政府网上信息传播模式带来了革命性影响。近年来，欧美等国家普遍将网站互联网影响力提升作为政府网站服务效能的重要抓手，充分发挥政府网站原创信息量大、网站群集团作战能力强的优势，运用先进的技术手段，大幅度提高政府网站在搜索引擎上被公众查找到的及时性、准确性。美国、加拿大等国政府已普遍注重自身门户网站在搜索引擎搜索结果中的排名情况，保证来自政府的权威信息在社会舆论中发挥主导作用。美国联邦政府还专门成立了政府网站可见性优化专业委员会，重点开展政府网站可见性优化工作。

再次，以人与人之间关系网络为基础的信息传播媒介——社交媒体迅速兴起。为充分利用新兴媒体资源，政府门户网站开始重点构建互联网社区、政府与公众社交媒体平台，着力打造开放的网络政府。如美国、英国、加拿大、新加坡等国政府门户网站，普遍提供将网站内容一键分享至社交网络的功能按钮，公众可以在浏览政府网站的过程中将感兴趣的信息与他人实时分享。这种共享方式的应用，推动了政府信息的二次传播。同时，美国、加拿大、丹麦、芬兰、新加坡等国政府普遍在知名社交媒体平台开设了账号，主动向用户推送相关信息，以增加正向信息的展现率，扩大政府网站的服务度与影响力。

最后，近年来智能手机用户不断攀升，大多数用户都成为无线互联网终端的使用者，这种趋势决定了政府需要提供基于智能终端的网上服务。面对这一现状，美国、加拿大、新加坡（图 1-3）等发达国家政府门户网站，普遍推出了针对手机及平板电脑等移动终端用户的页面与应用，吸引智能终端用户，提升政府门户网站在移动终端媒体的影响力。

不难发现，近些年来互联网信息传播规律发生了新变化，公众产生了了解和参与政府决策的新需求，对全球政府网站发展产生了深刻影响。政府门户网站不仅需要实现提供政府网上服务功能，还需要打造开放政府网络平台功能，从以信息发布为主的 Web1.0 向以社交互动为主的 Web2.0 过渡，最终推动公众实现从“因需要被动参与”到“因兴趣主动参与”的转变。

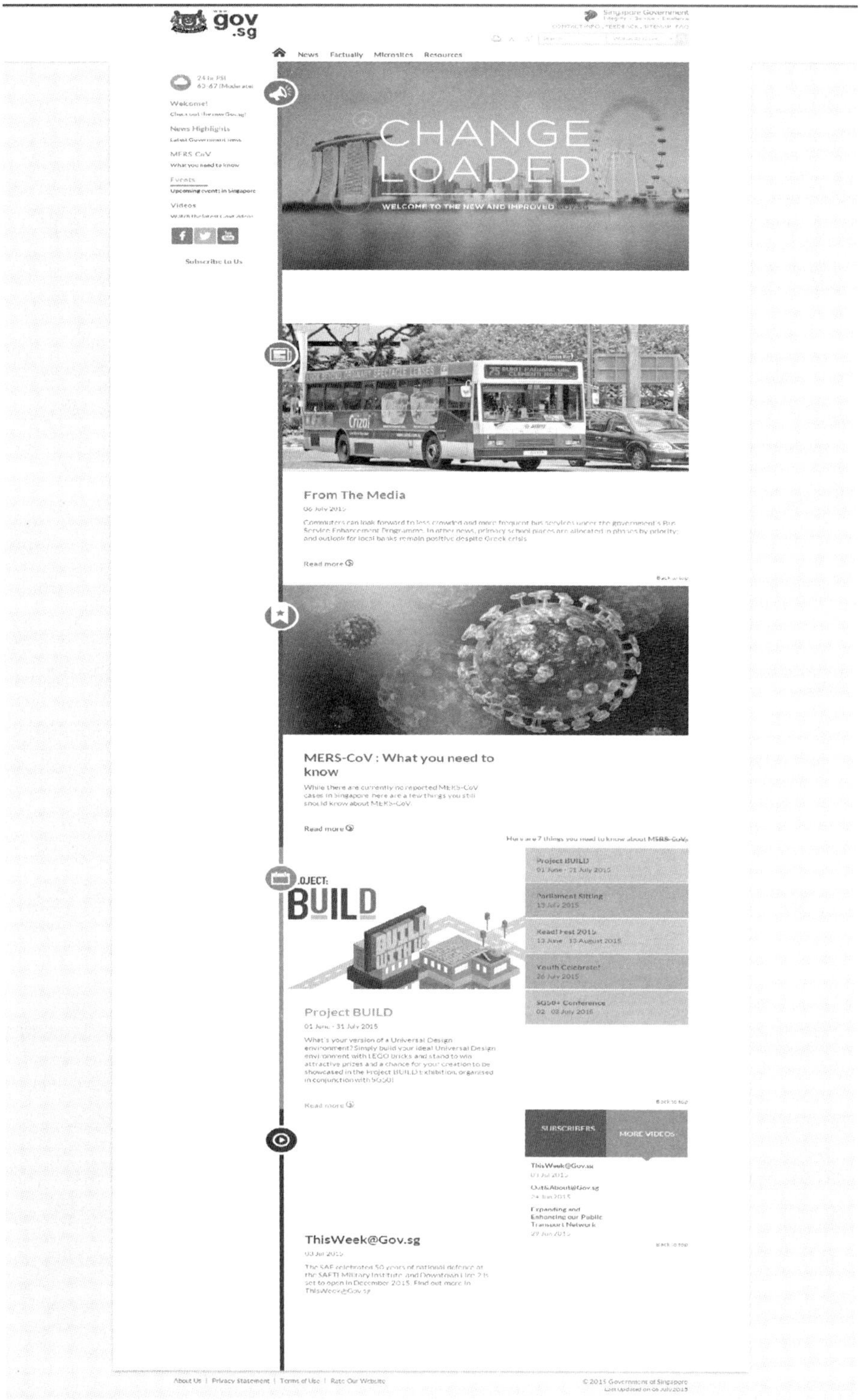

图 1-3　新加坡政府网站首页

二、 林业网站前沿

各国林业政府网站，作为林业政府部门公开信息、回应关切、提供服务的重要载体，其网站发展趋势与本国政府门户网站的发展趋势具有一定共性。在网站建设方面，各发达国家林业政府网站普遍以大数据分析技术为基础，秉持“以人为本”的服务理念，不仅以用户需求为导向发布林业信息，提供网上办事、在线咨询等服务功能，而且注重用户体验优化、网站布局简洁合理、网站功能精简实用。

林业政府网站还是提供所有涉及林业相关服务的平台，是关于改善生态环境、参与植树造林、发展林业产业、森林防火等的林业专业网站，林业政府网站拥有其独特的行业指向和相应的政府职能，因此其网站建设又具有一定的行业特色。依托于林业信息化战略以及完善而规范的林业电子政务系统，各国林业政府网站建设普遍在服务集成、信息公开等方面迈上了新台阶。

（一）网站群管理组织集约化

进入 21 世纪，政府网站已经成为各个国家政府及其部门发布政府信息、提供在线服务、与公众互动交流的重要平台，在提高国家行政效能、提升政府公信力等方面发挥了重要作用。目前，发达国家林业系统政府网站管理普遍重视集约化建设，形成了集群建设网站、集约应用服务、集合数据信息的完备垂直行业管理体系，保障了行业整体管理实现集约化。

首先，各国政府已普遍形成了自上而下的林业政府网站群，为有效应对政府网站建设中面临的多主体协调、跨部门协作和异构资源整合等挑战，从顶层设计的角度统一政府网站管理体制，构建统一化、规范化的技术标准，已成为国外林业政府网站系统管理的主流趋势。网站的集群建设趋势，能够有效实现各级林业系统网站的整合关联，行业技术接口的统一与网站资源的共享。以英国林业政府网站群为例，其网站群建设遵照统一标准、开放源码、注重实用与共享等指导原则，要求全行业严格遵守政府的技术政策和规章：电子政务互操作模型框架（eGIF，e-Government Interoperability Framework）。该框架严格规定了林业行业政府系统网站的数据整合、数据管理和服务中介接口的技术标准，不仅加快了英国林业政府网站群的建设和部署步伐，而且能够积极推进网站资源的互通共享。

其次，针对网站应用服务实行集约化建设管理，各国政府服务越来越强调在跨部门协同与资源有效整合基础上提供一站式、整体性的政务服务，由行业系统在后台自动调配相关各行政部门的服务资源。政府部门之间跨部门协同、不同政务流程的无缝隙连接以及政务信息资源的纵向与横向整合，是政府网站“一站式”服务的管理基础。英国政府的网关计划即为一个典例。该计划将公民网站、商业和部门网站与政府各组成单位的办公室系统等安全地连接在一起，为英国公民提供每年365天和每天24小时的不间断无缝服务。当政府网站通过在线服务响应用户需求，与银行、税务部门等发生交互时，其数据交换通过政府统一网关就可以完成。英国林业电子政务采用了自上而下的森林地理信息系统（Forester GIS）以整合整个英国林业委员会管理的业务。借助该业务应用系统，英国林业政府网站能够将各类林业经营活动，如森林规划、作业设计、木材生产和销售、森林保护、公众服务等功能集成，显著提高了英国林业政府网站的公共服务效能。新加坡政府网站建设则始终遵循“众多机构，一个政府”的基本思路，政府部门不单独建立网站，而是将各个职能部门的业务服务集成到一个统一的网站上，避免重复投资和各自为政。公众或企业在办理网上业务时，不必再考虑要转遍各个政府站点，分别办完各种相关手续，而是按照业务流程，逐步在一个网站上完成该业务的所有手续。这一理念致力于实现政府部门服务的无缝集成，以真正实现“一站式”网上办公，使电子政务建设真正落到实处，发挥实效。

再次，随着林业网站群建设规模的深度扩容和功能的不断提升，网络覆盖向纵深扩展，整合各级各类数据库资源，构建统一、开放、完整的林业综合数据库，建立网站统一的数据资源，也是发达国家林业政府网站管理集约化的实践之一。如英国林业数据库对于林业系统内部的森林资产、森林许可、林地普查、森林清查、农田林网、行政边界和基础地理背景等共22层数据实现了不同业务部门的数据共享，有效解决了数据重复建设和信息共享的问题，为林业系统网站的管理提供了基础信息，充分开发利用了林业信息资源。

（二）网站群管理体制规范化

首先，指定明确的管理机构和执行机构，在全国范围内对林业电子政务的发展、林业政府网站的管理进行统一、协调的领导，是各国林业系统制定与执行信息化战略规划的重要举措之一。如英国林业委员会（图1-4）设有一名首席信息官（CIO，Chief Information Officer），专门负责林业部门的信息化工作，协调各类业务与信息化应用的关系；林业委员会管辖的林业管理局、林业局也都明确了相应的首席信息官和信息化工作人员，其职能和目标是执行英国政府制定的电子政务（UK e-Government）战略规划和计划，实现主要林业业务管理和政务服务的信息化，降低林业政务运行成本和提高公众服务质量。

其次，除了从顶层设计的角度统一政府网站管理体制外，各国林业系统相继出台网站建设方面的政策文件与标准规范，从网站定位、网站展现形式、网站内容建设、网站功能设计、网站安全管理、网站运行维护、网站数据分析、网络传播、网站群管理、舆情监测等方面明确网站工作要求，指导政府网站充实网站内容、优化页面设计、提高网站用户体验、扩大互联网影响力、规范政府网站的建设与管理。

最后，林业政府网站服务功能的效能、效率和效益反映了林业电子政务发展水平，对科学评估发展水平的状态、建立政府网站绩效评估制度非常必要。当前，各国政府网站评估制度除了建立对政府网站功能的考评指标体系之外，还建立了政府信息资源的开发利用

图 1-4 英国林业委员会网站首页

绩效考评指标体系，采纳了多元化、多层面、多种形式的激励措施。以美国政府网站为例，其绩效评估体系针对网站群体及单一网站两类评估对象，制定了两套不同的评价指标与方法，各具侧重点。绩效评价活动和激励措施实施的制度化和规范化有助于完善电子政务和政府网站的管理机制、调动林业系统各方面的能动性和积极性、促进和规范林业政府网站的良性建设，为林业政府网站的可持续发展提供动力。

各国林业信息化已迎来了全新的大数据时代。林业政府网站在林业信息化的基础上，充分利用大数据等信息资源开发利用技术提升服务质量、及时发布信息、打造林业智慧门户网站群，这已成为林业政府网站的发展潮流。

三、 我国网站发展

互联网时代，国家积极推进社会管理创新战略布局，政府网站完善相关功能与服务以满足社会公众多样化的需求，表明我国政府网站正处于重要的发展转型期。近年来，我国高度重视政府网站体系建设，通过出台一系列重大政策文件，有力推动了政府网站的发展。

2001 年 8 月中央组建国家信息化领导小组，在国家信息化领导小组的统一领导下，我国先后出台了多个推进政府网站发展的政策文件，有力推进了各级政府网站体系的建设从无到有、从起步到壮大的发展进程。

2002 年 8 月，中共中央办公厅、国务院办公厅转发《国家信息化领导小组关于我国电子政务建设指导意见》(中办发〔2002〕17 号)，明确提出要“积极推进公共服务。各级政务部门要加快政务信息公开的步伐。在内部业务网络化的基础上，充分发挥部门和地方政府的积极性，推动各级政府开展对企业和公众的服务，逐步增加服务内容、扩大服务范围、提高服务质量。”

2005 年，国家信息化领导小组第五次会议审议通过《2006－2020 年国家信息化发展战略》，提出要“改善公共服务。逐步建立以公民和企业为对象、以互联网为基础、中央与地方相配合、多种技术手段相结合的电子政务公共服务体系。重视推动电子政务公共服务延伸到街道、社区和乡村。逐步增加服务内容，扩大服务范围，提高服务质量，推动服务型政府建设”。

2011 年，工信部组织编制《国家电子政务“十二五”规划》，作为“十二五”期间推动国家电子政务发展的指导性文件。规划中高度强调了政府网站对于电子政务发展的战略意义，指出要“以电子政务科学发展为主题，以深化应用和注重成效为主线，转变电子政务发展方式，充分发挥电子政务应用成效，服务经济结构战略性调整，服务保障和改善民生，服务加强和创新社会管理，促进服务型政府、责任政府、法治政府和廉洁政府建设，走一条立足国情、讲求实效、面向未来的电子政务发展道路”。

2012 年 5 月，国家发改委印发《“十二五”国家政务信息化工程建设规划》，作为“十二五”期间安排国家投资建设重大政务信息化工程的重要依据，其中在主要任务中明确提出，“十二五”期间，要“初步建成共享开放的国家基础信息资源体系，支撑面向国计民生的决策管理和公共服务，显著提高政务信息的公开程度。”

2014 年 12 月，国务院办公厅下发《关于加强政府网站信息内容建设的意见》(国办发〔2014〕57 号)，针对一些政府网站内容更新不及时、信息发布不准确、意见建议未及时回应等问题，提出各级行政机关要加强政府网站信息发布工作、提升政府网站传播能力、完善信息内容支撑体系、加强组织保障，以进一步做好政府网站信息内容建设工作。

以上政策的制订和实施，使得政府网站建设成为我国政府信息化建设的重要组成部分，明确了我国政府网站建设内容，确定了政府网站发展方向，对于推进我国政府网站体系建设起到了重要作用(图 1-5)。

图 1-5　中国政府网首页

近年来，国家林业局紧跟国家政策发展方向，先后出台了一系列政策文件，有力推动了林业信息化和电子政务的快速发展。特别是 2009 年国家林业局信息化管理办公室(以下简称信息办)成立，推动林业信息化飞速发展。据不完全统计，2009－2014 年，国家林业局累计印发信息化相关政策文件 100 多个，充分体现了国家林业局对林业信息化和电子政务发展的高度重视，其中与网站建设相关的重要文件有：

2009年1月，《国家林业局关于印发〈全国林业信息化建设纲要〉和〈全国林业信息化建设技术指南〉的通知》(林办发〔2009〕23号)印发，标志着全国林业信息化建设有了明确的工作指针。

2010年1月，《国家林业局办公室关于开通运行中国林业网和国家林业局办公网有关事宜的通知》(办信字〔2010〕15号)印发，明确了两网开通运行阶段安排和具体工作要求，开启了林业无纸化办公新阶段。

2010年6月，《国家林业局关于成立国家林业局信息中心的通知》(林人发〔2010〕156号)印发，明确了信息中心的工作职责、职级及人员编制等事项。

2010年7月，《国家林业局关于印发〈中国林业网管理办法〉等五项信息管理制度的通知》(林办发〔2010〕185号)印发，明确各地各单位结合实际工作，认真贯彻执行《中国林业网管理办法》、《国家林业局办公网管理办法》、《全国林业专网管理办法》、《国家林业局中心机房管理办法》、《国家林业局网络信息安全应急处置预案》。这标志着国家林业局信息办成立后，在林业信息化制度建设方面迈出了坚实的第一步。

2010年7月，《国家林业局关于印发〈全国林业信息化工作管理办法〉的通知》(林办发〔2010〕187号)印发。《全国林业信息化工作管理办法》明确了全国林业信息化的管理体制、职能定位、运行机制和工作流程等，填补了历史空白，具有里程碑意义，标志着林业信息化在法制化、制度化、规范化、科学化管理方面迈出了关键性的一步。

2010年12月，《国家林业局办公室关于印发〈全国林业网站绩效评估标准(试行)〉和〈全国林业网站绩效评估方法(试行)〉的通知》(办信字〔2010〕187号)印发，填补了林业网站绩效评估的空白，建立了林业网站建设的激励机制，对引导林业网站健康发展，逐步完善林业信息化以评促建、以评促管、以评促用的激励机制具有重要意义。

2011年6月，《国家林业局信息办关于举办森林公园等网站群信息维护培训班的通知》(信项发〔2011〕87号)印发，标志着森林公园、国有林场、种苗基地、自然保护区等中国林业网专业子站群建设开始提速。

2012年4月，《国家林业局办公室关于成立中国林业网编辑委员会的通知》(办信字〔2012〕71号)印发，文件明确了编辑委员会的人员组成、工作职责和工作要求，从而完成了中国林业网的管理架构和工作机制。

2012年9月，《国家林业局信息办关于印发〈中国林业网运行维护管理制度〉等10项管理制度的通知》(信网发〔2012〕70号)印发，林业信息化制度建设又迈出了坚实的一步。

2012年9月，《国家林业局信息办关于将市县林业主管部门纳入中国林业网站群的通知》(信站发〔2012〕67号)印发，标志着市县林业主管部门网站建设得到国家林业局的重视，“纵向到底”的中国林业网站群扩容进一步提速。

2012年10月，《国家林业局办公室关于印发〈林业信息网络项目资金管理办法(试行)〉的通知》(办规字〔2012〕179号)印发，《办法》规定林业信息网络项目支出预算实行归口管理和运行维护定额标准指导下的申报制度，国家林业局各预算单位应当根据林业信息化工作计划，编制下一年度林业信息网络项目支出预算，报国家林业局信息办统一归口审核。这为今后林业信息化资金统筹安排提供了制度保障。

2013 年 8 月，《国家林业局关于进一步加快林业信息化发展的指导意见》(林信发〔2013〕130 号)印发，这是我国林业发展史上第一次专门就林业信息化发展出台综合性的指导意见，具有里程碑意义。《指导意见》共分 10 个方面 22 条，提出了富有针对性和前瞻性的发展思路，是多年来林业信息化发展经验的总结和智慧的结晶。

2013 年 8 月，《国家林业局关于印发〈中国智慧林业发展指导意见〉的通知》(林信发〔2013〕131 号)印发，号召全国林业系统同心协力，推动我国林业信息化发展阶段从“数字林业”向“智慧林业”跨越。《指导意见》共分 4 章，分别阐释了智慧林业内涵与重要意义、总体发展思路、主要建设任务与重点工程一级推进策略，具有重要指导价值。

2014 年 2 月，《国家林业局关于全面加强林业信息安全工作的通知》(林信发〔2013〕21 号)印发，文件从充分认识办好林业网站的重要意义、建立健全林业网站领先发展体系、建立健全林业网站良性运行机制 3 个方面，明确了新时期网站建设和管理工作的主要要求。

2014 年 2 月，《国家林业局关于加强网站建设和管理工作的通知》(林信发〔2014〕2 号)印发，文件要求全国各级林业主管部门要充分认识办好林业网站的重要意义，明确要建立健全林业网站领先发展体系，建立健全林业网站良性运行机制。

以上政策的制订和实施，对于推进我国林业政府网站建设和全国林业信息化建设起到了重要作用。

第二章
发展历程

中国林业网与国家林业局政府网、国家生态网“一网三名”，是国家林业局唯一官方网站(www. forestry. gov. cn)。中国林业网自2000年建成至今，紧跟全球、全国信息化发展浪潮，历经15年发展建设，取得了由简单到丰富、由单一到群体、由落后到先进的跨越式发展。其历程可大致分为4个阶段(表2-1)。

表2-1　中国林业网发展历程

发展阶段		起步探索 1.0阶段 (2000－2005年)	建设发展 2.0阶段 (2006－2009年)	整合提升 3.0阶段 (2010－2013年)	智慧创新 4.0阶段 (2014年开始)
网站名称		国家林业局 政府网	国家林业局 政府网	中国林业网 国家林业局政府网 国家生态网	中国林业网 国家林业局政府网 国家生态网
建设	网站功能	1类 (信息发布)	2类 (信息发布 +个别服务)	3类 (信息发布+服务 +互动)	4类 (信息发布+服务 +互动+新媒体)
	栏目个数	个位数	十位数	百位数	百位数
应用	日访问量	500人次	8000人次	300000人次	1000000人次
	应用服务	0项	10项	80项	100项
维护	日更新量	10条	100条	1000条	1500条
	信息类型	1种 (文字)	2种 (文字+图片)	3种 (文字+图片+ 视频)	4种 (文字+图片+视频 +音频)

一、起步探索(2000－2005年)

国家林业局政府网于2000年11月建成开通(图2-1)，进入中国林业网1.0阶段。这个时期的特点是：网站功能单一，只有简单的信息发布功能。网站页面设计基于 ASP 动态页面设计系统，没有转贴、动漫、视频等功能，后台管理简单，信息加载难度大。网站维护只有简单的信息发布，每天发布量仅 10~20 条，年发布信息量只有 3000~5000 条。谈及政府文件上网，会引来许多诧异的眼光。网站管理落后，既没有明确的管理制度，也没有明确的管理部门。网站信息安全没有提到议事日程，缺乏网站防火墙和防篡改系统。网站的社会关注度很低，日访问量仅有 500 多人次，还没有成为政府信息发布的重要渠道。

图 2-1 中国林业网 1.0 版首页

这一时期，各省级林业部门，先是北京、广东、福建等经济发达地区的林业厅(局)建有网站，之后向湖南、江西、广西、湖北、河南等中部地区延伸，市(县)级林业网站极少。网站只有信息发布功能，色彩单调或混杂、栏目布局不合理或缺失；网站风格杂乱，内容零散；网站内容基本不更新，经常性地打不开；网站首页缺乏联系方式，网站好坏无人问津。省级林业部门的建站率不足 50%，许多省级林业部门没有网站。

二、 建设发展（2006－2009 年）

进入“十一五”，政府网站建设引起了各级政府的高度重视，社会各界广泛关注，网站功能逐步提升，网站进入建设发展阶段。2006 年上半年，国家林业局政府网（国家生态网）进行了技术升级和全面改版（图 2-2），进入中国林业网 2.0 阶段，开启了国家林业局政府网站发展的新篇章。

图 2-2　中国林业网 2.0 版首页

（一）网站功能逐步增强

网站最初只有信息发布功能，只能发布一些政务信息、公开一些政策文件，全部都是文字信息，与传统媒体在感官上差别不大。2006 年以来，网站功能逐步增加，形成了具有视频点播、专题报道、交流互动、办事指南、数据查询等多种功能、多种展现形式、内容更加丰富的门户网站。

（二）信息发布数量增多

信息发布数量由每天 10 ~ 20 条增加到 100 条以上，年发布信息量由 3000 ~ 5000 条增加到 30000 多条。用户来源不断增多，网站访问量不断提升，2008 年突破 500 多万人次。网站建设质量不断提高，大大提升了国家林业局政府网站的社会影响力。

（三）网站绩效不断提升

2006 年，国家林业局政府网站在部委网站绩效评估中位列第 23 位，网站排名逐步上升，并获得了“特色与创新提名奖”，被列入业绩突出、进步较快的政府门户网站。

这一时期，各省级林业政府网站相继建成，网站功能有所扩展，信息质量有所提高，省级林业部门建站率达到 90%，市级林业政府网站数量快速增长到 225 个，建站率大约 50%，经济和林业发达的县级林业部门也纷纷建立网站。最大的特点是各地建站积极性很高，无论自身条件如何、无论业务领域大小都愿意建网站，各种各样的网站蜂拥而上，网站风格五花八门。最大的问题是功能单一，信息内容少，准确度低，更新不及时，形成了一个个小网站，人力和信息资源极为浪费，网站安全没有保障。

三、 整合提升（2010 - 2013 年）

以 2009 年印发《全国林业信息化建设纲要》和《全国林业信息化建设技术指南》、召开首届全国林业信息化工作会议、成立国家林业局信息办为标志，林业信息化步入了全面快速发展的轨道。国家林业局先后启动实施了国家林业中心机房改造扩建、内外网物理隔离和专网扩建、中国林业网站群和内网建设等重点工程。在工程项目带动下，国家林业局政府网进行了全面改版重建，2010 年初正式上线，实现中国林业网、国家林业局政府网和国家生态网“一网三名”（图 2-3），进入中国林业网 3.0 阶段。网站开通第一周，日访问量达到 108 万人次，比改版前增加约 100 万人次。网站访问速度、安全防范、后台监管、服务功能等大大提高，网站功能和办网成效实现了质的飞跃。政府网站的全面性、权威性、准确性、快速反应能力、安全防范能力等得以充分显现，为打造电子政府奠定了坚实基础。从 2010 年到 2013 年，中国林业网在部委网站绩效评估中连续获得第十一名、第十名、第

图 2-3 中国林业网 3.0 版首页

四名、第三名的好成绩，成为发展最快的政府网站，有力推动了服务型政府建设，实现了由服务部门向服务社会、由被动应对向主动出击的转变。先后获得“品牌栏目奖”、“优秀政府网站”、“中国政府网站领先奖”、“电子政务管理效能提升奖”、“中国互联网最具影响力政府网站”等多个奖项。网站互联网影响力日益提高，中国林业网资源被百度收录量达 62.8 万条，高于部委平均水平 24.3 万条，成为中国政府网站的一颗新星。

(一)打造了统一门户

中国林业网以网站群架构技术为支撑，建成了以主站为龙头，集司局、直属单位、省区市等林业部门网站群，森林公园、国有林场、林木种苗基地、自然保护区等专业子站群和美丽中国网、中国信息林网站等特色网站群，共 2000 多个子站为一体的中国林业统一门户。

(二)建成了三大版本

国家林业局政府网、中国林业网、国家生态网“一网三名”，具有简体、繁体、英文三大版本，扩大了网站浏览群体，每天约有 1 万多境外人员访问中国林业网，增强了世界各国对中国在濒危物种保护、湿地保护、防治荒漠化、应对气候变化等方面的政策规定和履约行动的了解与支持，推动中国林业建设成就跨国界展示。

(三)建设了四大板块

按照国办关于网站建设的文件精神，结合林业行业特点，中国林业网建设了信息发布、在线办事、互动交流和林业展示四大板块，以文字、图片、视频三种形式展示网站丰富的内容。在突出林业特色栏目的同时，建设了在线访谈、在线直播、专题建设和中国林业网络电视等新颖的互动性、集中性专业栏目，对重要事件和重要活动做全方位报道。

(四)增强了网站功能

整合林业种苗、植树造林、森林采伐等 37 个林业行政审批事项，发布了各个审批事项的办事指南、审批流程和联系方式等，实行网上受理、网下办理和审批结果网上查询；增建场景式服务和林业快速通道，方便群众查询办事指南和流程；建设林业标准、科技成果、林业专家、树木博览园等多个数据库，增强信息共享和辅助决策功能；打造中国林业网络博物馆、中国林业网络博览会、中国林业网络电视台(CFTV)、中国林业云、中国林业物联网等多形式服务内容，扩大网站信息容量，增强网站服务功能。

(五)加强了制度建设

发布了《中国林业网管理办法》、《全国林业网站绩效评估标准》、《全国林业网站绩效评估办法》和《国家林业局关于加强网站建设和管理工作的通知》等多个管理办法，建立了网站信息内容审核制度、各子站信息更新季报制度等多个管理制度，明确了网站管理责任，逐步实现网站建设和管理规范化。

（六）开拓了网络新渠道

中国林业网不断引入新技术，开发建设了中国林业网移动客户端，开通了林业微博和微信，充分利用新媒体加强服务型政府建设，扩大了服务对象和服务范围，广泛倾听民声民意，及时解答群众问题，极大地提高了网站服务能力。

（七）搭建了生态文化平台

充分利用网络优势，开展首届和第二届全国生态作品大赛、首届信息改变林业征文大赛、首届美丽中国征文大赛等丰富的网络赛事，以弘扬生态文化、倡导绿色生活、共建生态文明为主旋律，全力打造网上生态文化阵地，为建设生态文明、实现美丽中国做出贡献。

这一时期，各省级林业网站整合加入中国林业网的子站后，办网目标和网站定位更为明确，网站功能逐步拓展，政务公开、在线服务和互动交流三大功能协调发展，体现出功能全面、内容丰富、运行安全的良好态势。2011 年，国家林业局实施了信息援藏计划，组织建设了西藏自治区林业局网站，结束了西藏林业局没有网站的历史，实现了全国省级林业网站的全覆盖。各市县级原有网站逐步规范，质量明显提升，建站数量快速增加，市级达到 258 个，县级达到 849 个，成为基层电子政务的主要平台。

四、 智慧创新（2014 年以来）

随着大数据、社交媒体、智能移动终端等新技术的不断出现，互联网信息传播规律发生了新变化，公众期望了解和参与政府决策也有了新需求，对全球政府网站发展产生了深刻影响。尤其是党的十八届三中全会提出，“必须切实转变政府职能，加快构建服务型政府，提高政府为经济社会发展服务、为人民服务的能力和水平”，对政府网站建设提出了更高要求。围绕服务型政府建设，中国林业网以用户需求为导向，通过实时感知用户需求，主动为公众提供便捷、精准、高效的服务，全面提升国家林业局网上公共服务的能力和水平，不断提升网站互联网影响力，建成了基于大数据分析的智慧政府门户（图 2-4），进入中国林业网 4.0 阶段。

（一）设计风格顺应国际主流趋势

新版中国林业网顺应时代发展潮流，借鉴发达国家和国内领先政府网站建设经验，采

图 2-4　中国林业网 4.0 版首页

用扁平化设计理念，界面简约清新、图文动静结合，利用横板替代垂直滚动的竖版设计，通过标签式切换功能，实现了“一屏视全站”的效果，更加直观大气，使浏览者具有流畅的视觉体验。

（二）板块定位突出政府网站功能

新版中国林业网在保留“信息发布、在线服务、互动交流”三大政府网站传统板块的基础上，根据林业特色设计增加了“走进林业”板块，便于公众随时了解掌握中国林业整体概况，实现“四位一体”完美结合。同时，突出优势栏目、推出重点栏目、整合边缘栏目，充实提高网站内容，通过网站增强信息公开、回应社会关切、提升政府公信力。

（三）纵横分明构建完整站群体系

新版中国林业网构建了“纵向到底、横向到边、特色突出”的站群体系，全国甚至全球林业“一网打尽”。纵向建设了世界、国家、省级、市级、县级林业等各层级网站，横向覆盖了森林公园、国有林场、种苗基地、自然保护区和主要树种、珍稀动物、重点花卉等林业各领域网站，特色突出了美丽中国网、植树网（中国植树网）、信息林（中国信息林）、图书馆（中国林业数字图书馆）、博物馆（中国林业网络博物馆）、博览会（中国林业网络博览会）、数据库（中国林业数据库）、图片库（中国林业图片库）、CFTV（中国林业网络电视）等网站。目前，中国林业网子站已达3000多个，位居国内政府网站前列，大大提升了林业影响力。

（四）新媒体技术创新网站多元发展

新版中国林业网进一步增强与用户互动的功能，充分运用新媒体技术，使新增的"林业新媒体"栏目涵盖了中国林业网官方微博、微博发布厅、微信号、移动客户端，并覆盖全终端、全系统，努力走向"全媒体"、"一站通"新阶段，方便公众随时随地了解林业行业信息、享受在线服务，建成了基于新媒体的政务信息发布和互动交流新渠道。

（五）四个维度提升网站服务能力

新版中国林业网立足"服务大局、服务司局、服务基层、服务群众"四个维度，全面提升服务能力。精选林业信息为局领导提供决策支持，服务于林业大局；建设子站为各司局各直属单位提供展示平台，服务于全局各单位；让省、市、县三级网站群基层信息走到前台，服务于各基层单位；整合上百项国家、地方审批事项和便民服务，结合场景式模拟，为群众提供林业全周期"一站式"在线服务。

总的来看，经过 15 年的发展和 4 次重大改版，中国林业网不断加强网站管理，丰富网站内容，扩展网站功能，整合服务资源，坚持朝着智慧化、全面化、服务化发展，打造了一个又一个亮点，建设成为面向世界的智慧政府门户网站。

第三章

建设成就

在我国林业信息化由“数字林业”步入“智慧林业”发展的新阶段，中国林业网着力构建智能化、一体化、服务化的智慧林业网站，采用国际主流设计风格，融入林业特色，将全球林业“一网打尽”，积极整合现有各级、各类资源，构建统一、开放、完整的中国林业网统一数据资源，提升各部门协同能力，提高为民办事的效率，大幅降低政府管理成本，增强决策效率和服务水平，取得了一项项重大突破和重要成就。

一、 全球化覆盖

中国林业网不断丰富信息表现形式、加大信息发布广度，具有中文简体、中文繁体、英文三大版本，展现了林业建设的概貌，扩大了网站浏览群体，加载了100多个国家专题信息，全世界每天约有1万多境外人员访问中国林业网。增强了世界各国对中国在濒危物种保护、湿地保护、森林碳汇、防治荒漠化、应对气候变化等方面的政策规定和履约行动的了解与支持，推动中国林业跨国界展示与交流。

（一）简体中文版

中国林业网简体中文版是服务广大公众的主要平台，网站采用扁平化设计风格，主要有走进林业、信息发布、在线服务、互动交流四大版块，同时建设了纵向站群（世界林业、国家林业、省级林业、市级林业、县级林业等网站群），横向站群（森林公园、国有林场、种苗基地、自然保护区、主要树种、珍稀动物、重点花卉等站群）以及特色站群（美丽中国、植树网、信息林、图书馆、博物馆、博览会、数据库、图片库、视频库等子站），构成了“服务大局、服务司局、服务基层、服务群众”的林业信息服务平台（图3-1）。

图 3-1　中国林业网简体版首页

(二)繁体中文版

中国林业网繁体中文版采用简体中文向繁体中文自动转换技术，将中国林业网简体版发布的各种文字、图片、视频信息同步转换到中国林业网繁体版，为我国台湾、香港、澳门及其他海外华人快捷方便访问网站、了解中国林业提供便利服务(图 3-2)。

图 3-2　中国林业网繁体版首页

（三）英文版

中国林业网英文版是我国林业对外展示的重要窗口。基于将我国林业主要成就和重要实践向世界各国展现的目标，分为重点资讯、政策法规、最佳实践、热点专题、国际合作、重要节日以及信息服务等栏目，采用文字、图片、视频等多种信息服务方式，全面、及时、权威地发布我国林业行业重要政务信息动态，展示我国在森林生态系统、湿地生态系统、荒漠生态系统以及生物多样性保护中取得的重要成就。专题介绍了我国在气候变化、大熊猫保护、生物质能源、林业产业、林业科技等方面的主要做法和重要经验，为国外提供信息服务（图 3-3）。

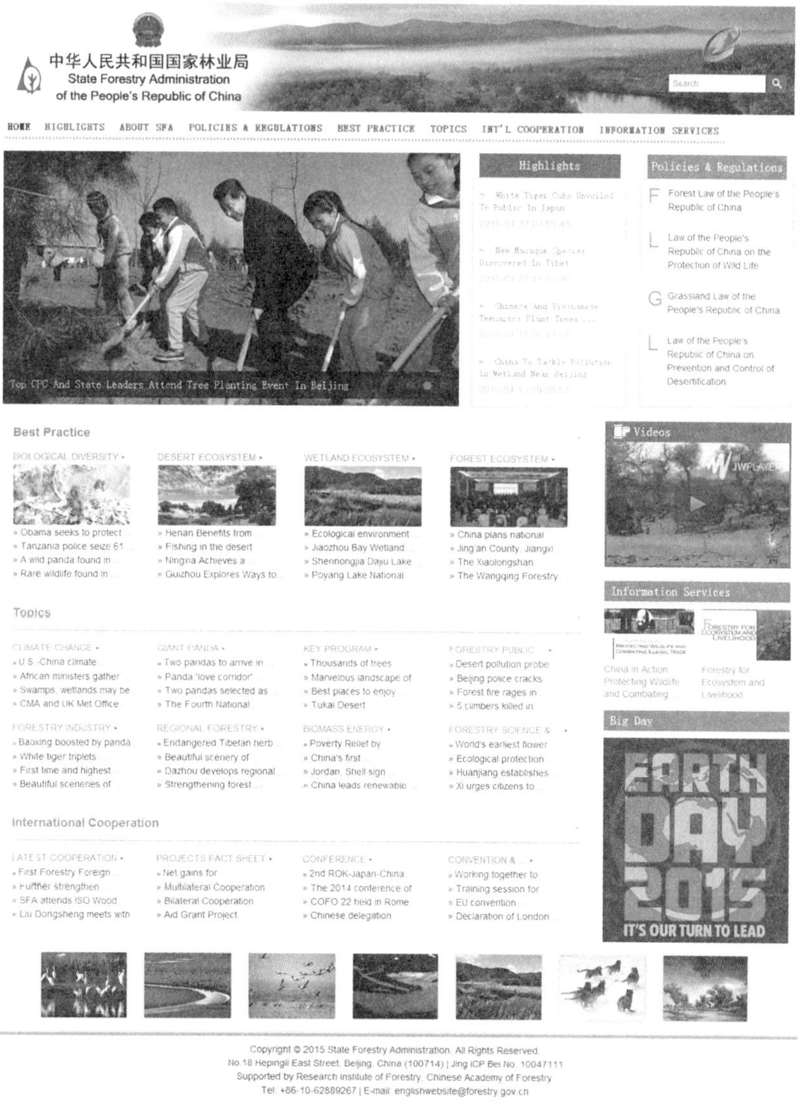

图 3-3 中国林业网英文版首页

(四)无障碍通道

中国林业网政务信息无障碍系统于2014年11月建成，2015年6月进行升级改版。系统包括无障碍功能引擎、语音服务引擎、智能分析引擎、信息无障碍网关、验证码语音技术等主要模块，完善了中国林业网的信息无障碍服务体系，形成了良好的信息无障碍交流社会环境，使信息无障碍的应用技术成为中国林业网公共服务智能化的提升点，加快推进了中国林业网政务信息无障碍系统化建设步伐，提升了中国林业网公共服务能力，让所有人共享林业各类信息，为残疾人等弱势群体提供信息服务工作，使他们能享受到互联网带来的信息盛宴(图3-4)。

图3-4　中国林业网政务信息无障碍系统首页

二、 透明化公开

中国林业网提供了文字、图片、图解、视频、百科五种内容形式，及时发布全国林业政务信息，平均每个工作日发布信息1000多条，每季度采编信息100余万字，每日访问量达到100万人次，平均每月信息被新浪网、光明网、人民网等主流媒体转载约4500次。中国林业网互联网影响力不断增强，截至2014年7月中国林业网资源被百度收录量达73.5万条，高于部委平均水平35万条。

(一)政府信息权威发布

中国林业网设置了“最新资讯”栏目，将重要的最新信息以文字、图片、视频和图解等各种形式及时发布，开设了“信息快报”栏目，将司局动态和地方动态信息及时推送到用户面前，设置了“政府文件”栏目，将国家林业局所有公开发布文件及时发布，保证权威声音第一时间到达公众桌面。同时，国家林业局三公经费、年度预决算等都及时在网站的公示公告栏目发布，最大程度地保证了政府信息的公开透明(图3-5)。

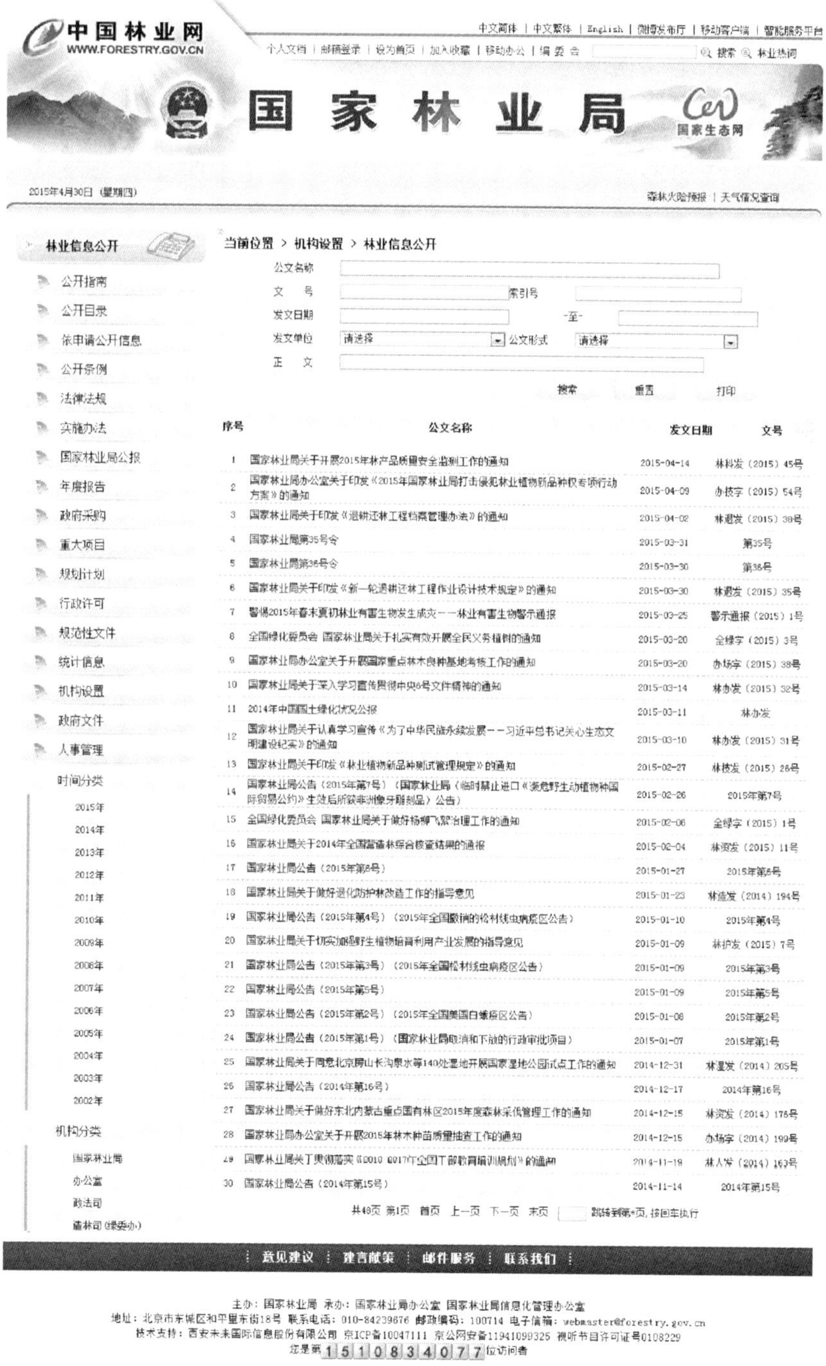

图3-5　中国林业网政府文件栏目

（二）应急信息及时发布

应急管理类栏目分为森林防火、重大沙尘暴灾害监测、陆生野生动物疫源疫病监测、重大外来林业有害生物灾害。其中，森林防火栏目第一时间发布全国森林火灾信息，追踪最新防火动态，每天发布全国森林火险预报，每年发布火灾信息2000多条，发布火险预报近1000条，为加强森林防火宣传、森林火灾防控和及时采取防护措施提供了预警和帮助(图3-6)。国家林业局沙尘暴灾害应急处置短信平台及时将全国沙尘信息发送至相关地区，为公众提前防护沙尘暴侵袭提供方便。

图3-6 全国森林火险气象等级预报

（三）热点信息聚集发布

围绕每年发生的党和国家重要事件，林业热点、焦点和亮点事件，采集和编写相关文字、图片、视频、图解等信息，按照重要会议、重要工作、重要活动和重大事件四个类别制作热点专题，使每一个事件、每一次关注集中展现在广大公众面前(图3-7)。

图 3-7　国有林场和国有林区改革专题

三、 民生化服务

中国林业网围绕建设民生林业的要求，整合了100多项便民服务资源，37项林业行政审批事项，8项场景式服务，开设了我要咨询、建言献策等栏目，完善了在线直播等功能，着力解决林企、林农最关心、最直接、最现实的问题。

（一）重点资源服务

中国林业网整合了公众关注度高、办理量大的80多项重点服务资源。按照国家和地方两大体系整合了37项林业行政审批事项，积极开展网上办事，实行网上受理、网下办理和审批结果网上查询（图3-8）。

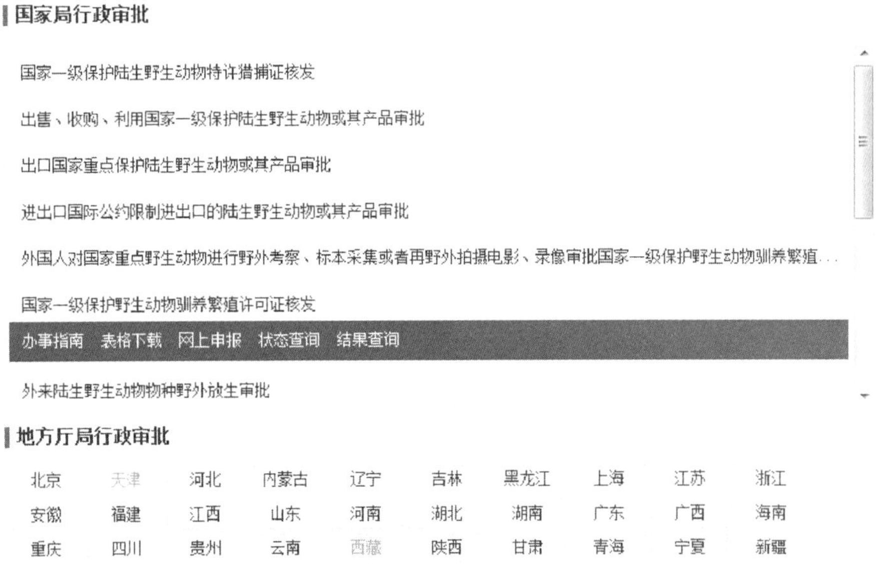

图3-8 中国林业网行政审批页面

（二）便民资源服务

将国家、地方办事服务资源整合，从办事指南、审批流程、结果查询到相关法律，为公众提供全周期服务，提升了在线服务质量，拉近了与公众的距离。开设了我要咨询、建言献策等栏目（图3-9），完善了在线直播、在线访谈、网络电视等功能。组织有关领导和专家进行林业政策解读、技术解答，使林业大政方针和相关知识深入人心。

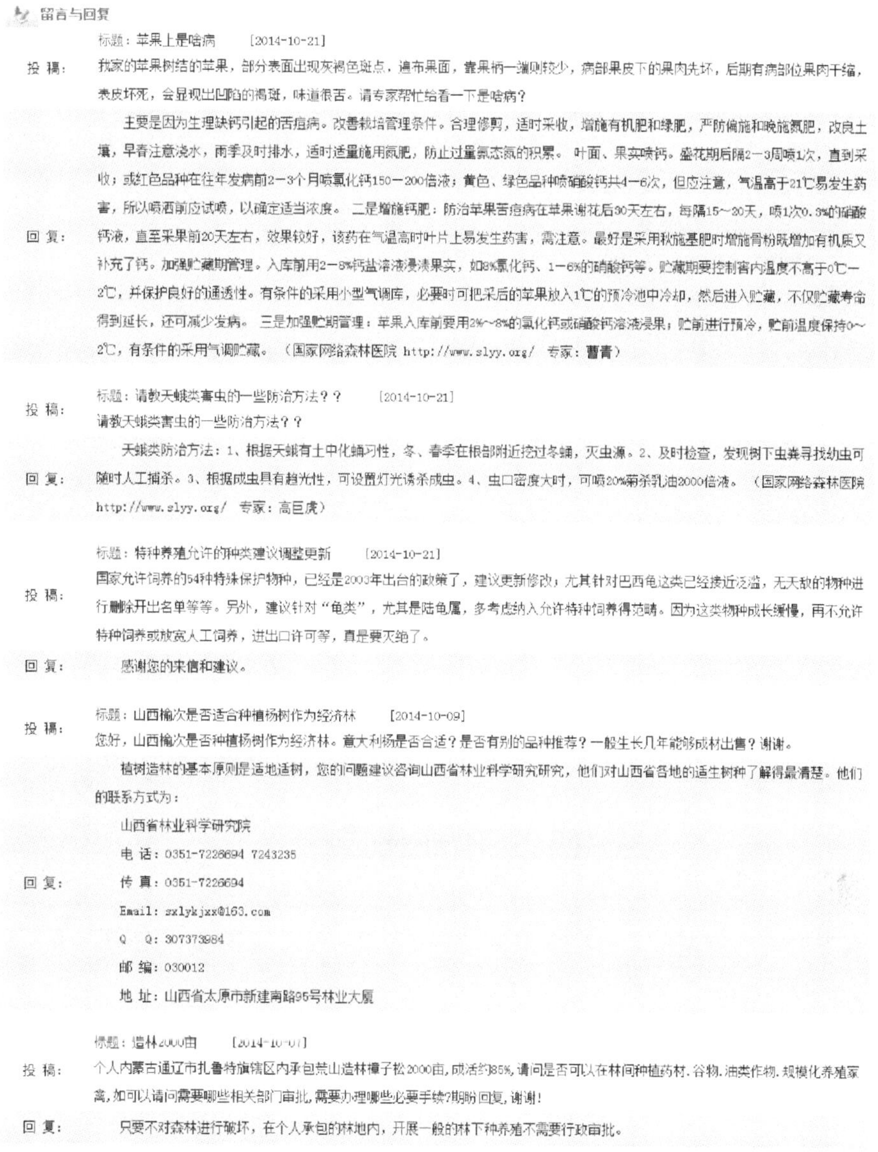

留言与回复

投 稿：	标题：苹果上是啥病　　[2014-10-21] 我家的苹果树结的苹果，部分表面出现灰褐色斑点，遍布果面，靠果柄一端则较少，病部果皮下的果肉先坏，后期有病部位果肉干缩，表皮坏死，会显现出凹陷的褐斑，味道很苦。请专家帮忙给看一下是啥病？
回 复：	主要是因为生理缺钙引起的苦痘病。改善栽培管理条件。合理修剪，适时采收，增施有机肥和绿肥，严防偏施和晚施氮肥，改良土壤，早春注意浇水，雨季及时排水，适时适量施用氮肥，防止过量氯态氮的积累。 叶面、果实喷钙。盛花期后隔2—3周喷1次，直到采收；或红色品种在往年发病前2—3个月喷氯化钙150—200倍液；黄色、绿色品种喷硝酸钙共4—6次，但应注意，气温高于21℃易发生药害，所以喷洒前应试喷，以确定适当浓度。 二是增施钙肥：防治苹果苦痘病在苹果谢花后30天左右，每隔15~20天，喷1次0.3%的硝酸钙液，直至采果前20天左右，效果较好，该药在气温高时叶片上易发生药害，需注意。最好是采用秋施基肥时增施骨粉既增加有机质又补充了钙。加强贮藏期管理。入库前用2—8%钙盐溶液浸渍果实，如8%氯化钙、1—6%的硝酸钙等。贮藏期要控制窖内温度不高于0℃—2℃，并保护良好的通透性。有条件的采用小型气调库，必要时可把采后的苹果放入1℃的预冷池中冷却，然后进入贮藏，不仅贮藏寿命得到延长，还可减少发病。 三是加强贮期管理：苹果入库前要用2%~8%的氯化钙或硝酸钙溶液浸果；贮前进行预冷，贮前温度保持0~2℃，有条件的采用气调贮藏。 （国家网络森林医院 http://www.slyy.org/ 专家：曹青）
投 稿：	标题：请教天蛾类害虫的一些防治方法？？　　[2014-10-21] 请教天蛾类害虫的一些防治方法？？
回 复：	天蛾类防治方法：1、根据天蛾有土中化蛹习性，冬、春季在根部附近挖过冬蛹，灭虫源。2、及时检查，发现树下虫粪寻找幼虫可随时人工捕杀。3、根据成虫具有趋光性，可设置灯光诱杀成虫。4、虫口密度大时，可喷20%菊杀乳油2000倍液。 （国家网络森林医院 http://www.slyy.org/ 专家：高巨虎）
投 稿：	标题：特种养殖允许的种类建议调整更新　　[2014-10-21] 国家允许饲养的54种特殊保护物种，已经是2003年出台的政策了，建议更新修改；尤其针对巴西龟这类已经接近泛滥，无天敌的物种进行删除开出名单等等。另外，建议针对“龟类”，尤其是陆龟属，多考虑纳入允许特种饲养得范畴。因为这类物种成长缓慢，再不允许特种饲养或放宽人工饲养，进出口许可等，真是要灭绝了。
回 复：	感谢您的来信和建议。
投 稿：	标题：山西榆次是否适合种植杨树作为经济林　　[2014-10-09] 您好，山西榆次是否种植杨树作为经济林。意大利杨是否合适？是否有别的品种推荐？一般生长几年能够成材出售？谢谢。
回 复：	植树造林的基本原则是适地适树，您的问题建议咨询山西省林业科学研究研究，他们对山西省各地的适生树种了解得最清楚。他们的联系方式为： 山西省林业科学研究院 电 话：0351-7226694 7243235 传 真：0351-7226694 Email: sxlykjxx@163.com Q　Q：307373984 邮 编：030012 地 址：山西省太原市新建南路95号林业大厦
投 稿：	标题：造林2000亩　　[2014-10-07] 个人内蒙古通辽市扎鲁特旗辖区内承包荒山造林樟子松2000亩，成活约85%，请问是否可以在林间种植药材．谷物．油类作物．规模化养殖家禽，如可以请问需要哪些相关部门审批，需要办理哪些必要手续?期盼回复，谢谢！
回 复：	只要不对森林进行破坏，在个人承包的林地内，开展一般的林下种养殖不需要行政审批。

图 3-9　中国林业网留言与回复页面

（三）专业资源服务

建设了全国林业行政执法人员管理系统、全国木材运输证真伪查询、已审定良种信息查询、国家重点林木良种基地查询、国家林业局专业技术资格申报系统、全国林业调查规划设计单位资格认证管理系统、全国经济林数据上报系统、网络森林医院、野生动物保护救助呼叫系统等，打造了网络服务林农的重要平台(图 3-10)。

图 3-10　中国林业网专业资源服务页面

四、 集成化应用

中国林业网集成数据信息，形成了集站群建设云平台、网站智能感知平台、网站数据服务平台、网站互动服务平台为一体的智慧集成应用平台。

(一)站群建设云平台

在“中国林业云”基础平台上，对现有网站群内容管理系统进行调整和优化，提供了支撑网站集群建设的站群云服务平台。站群云服务平台具有自助建站功能、模板管理功能，各站点可以独立运行、独立管理，分级授权，支持多服务器站点的静态发布，管理员通过简单的设置，不需编写代码即可实现功能强大的网站建设。

(二)网站智能感知平台

2013 年 5 月，引入物联网技术，利用微型气象站、电子摄像头、二维码等技术，建设了首片“中国信息林”。8 月，能够实时反映林木生长生活状况的中国信息林网站正式上线，通过实时更新的土壤环境因子等信息，实现了对树木自身状况、林木环境、养护管理等生命全周期的监控与管理(图 3-11)。

图 3-11　中国信息林实时监控页面

（三）网站数据服务平台

对数据资源和数据库资源进行整合，建设了林业基础数据服务平台、专业数据服务平台、遥感数据应用平台、中国林业数据库、中国林业数字图书馆，形成覆盖林业领域的综合性信息资源库。通过林业管理数据的多平台建设，中国林业数据量已经从 TB 级跃升到 PB 级。

（四）网站互动服务平台

在中国林业网平台上建设的网上植树系统，为义务植树、碳汇造林提供了一个新的参与途径；中国林业网络博览会和中国林业网络博物馆，使实体展品在网上永久保留，并可随时在线浏览，形成 7×24 小时打破时空界限、永不落幕的林业展示盛宴。

五、 创新化发展

中国林业网不断创新网站服务形式，实现对广大用户的实时感知。网站充分利用云计算、物联网、移动互联网等新一代技术，开发了中国林业网移动客户端，开通了中国林业网官方微博微信，上线了中国林业微博发布厅，让广大公众可以随时随地了解林业信息、获取林业服务，显著提升了中国林业网互联网影响力。

（一）微博

建立中国林业微博是推进信息化建设的又一重要成果，旨在汇聚林业智慧，传播林业信息，推动生态民生。自建立以来，秉持“及时性、真实性、权威性”的原则，广泛倾听民声民意，及时回应社会关切，打造了具有巨大行业影响力的微博群体（图 3-12）。

图 3-12　中国林业发布微博首页

（二）微信

中国林业网于 2014 年 5 月和 10 月，相继开通了“中国林业网”官方微信订阅号和服务号，订阅号主要发布林业重要信息，服务号主要提供政策和查询服务。截至 2014 年底，微信账号关注人数达 3500 多人，有效地扩大了林业的社会影响，让更多的人了解林业、关注林业、参与林业（图 3-13）。

图 3-13　中国林业网微信首页

（三）微视

2014 年 11 月，中国林业网微视账号正式开通，借助腾讯微视平台，将林业行业重要事件、重大会议以微视频的形式向公众发布，同时展现我国美丽的森林、湿地、荒漠生态系统和丰富的生物多样性资源，希望借助这一平台，为公众提供更加丰富的林业信息（图 3-14）。

图 3-14　中国林业网微视首页

（四）移动客户端

2013 年 8 月，中国林业网移动客户端正式上线，2014 年 10 月中国林业网移动客户端 2.0 升级完成，扩大了中国林业网服务范围和对象，提供了基于地理位置的在线服务，使公众可以更方便地通过移动互联网获取林业政务的应用服务，成为移动电子政务时代推行政府信息公开、服务社会公众、展示林业形象的新渠道（图 3-15）。

图 3-15　中国林业网移动客户端

（五）智能互动

充分运用大数据等新技术，成功打造林业智能服务平台。依靠强大的网站信息数据，整理建设了强大的智能互动知识库，为网友提出的各类林业相关问题提供全天候在线实时解答（图 3-16）。

图 3-16　林业智能服务平台首页

（六）中林智搜

为适应智慧林业发展，打造搜索智能、信息全面、渠道先进、用户喜欢的中国林业智能化搜索平台，最终实现对中国林业网主站，横向站群、纵向站群及特色站群各类信息的智能搜索服务，大大提升林业信息服务水平。中国林业网智能搜索平台为用户提供 7×24 小时智能在线搜索和智能应答服务，以信息采集与管理、信息检索系统、信息搜索分类、知识管理平台为核心功能，通过资讯、政策法规、核心业务、实用技术、相关搜索、热点搜索、猜您关心、图片、视频、数据、应用、最近热点 12 种分类维度进行检索，最终构建统一的智能搜索平台提供检索服务（图 3-17）。

六、多形式展现

为丰富展现形式，向公众提供更加形式多样、易于了解的信息内容，中国林业网从文字、图片、图解、视频、百科五个方面进行了展示。

（一）文字

中国林业网每天发布文字信息 1500 条，约合 100 多万字，为公众及时提供林业政府、政务信息，各类业务和产业资讯，以及生态文化美文等。

（二）图片

中国林业网适应“读图时代”的要求，主动通过采集和拍照，记录林业发生的重大事件和重大会议，抓取美丽的森林、绚丽的湿地、雄浑的沙漠、可爱的动植物等美丽瞬间（图 3-18）。

图 3-17　中林智搜示意

图 3-18　中国林业网图片信息示例

（三）图解

图解是政府向公众解读政策内容的一种重要方式，通过数字化、图表图解、卡通符号等方式，将政策相关背景、案例、数据、细则等内容深入浅出、通俗易懂地展示给公众，显著增强了中国林业网的吸引力、亲和力(图 3-19)。

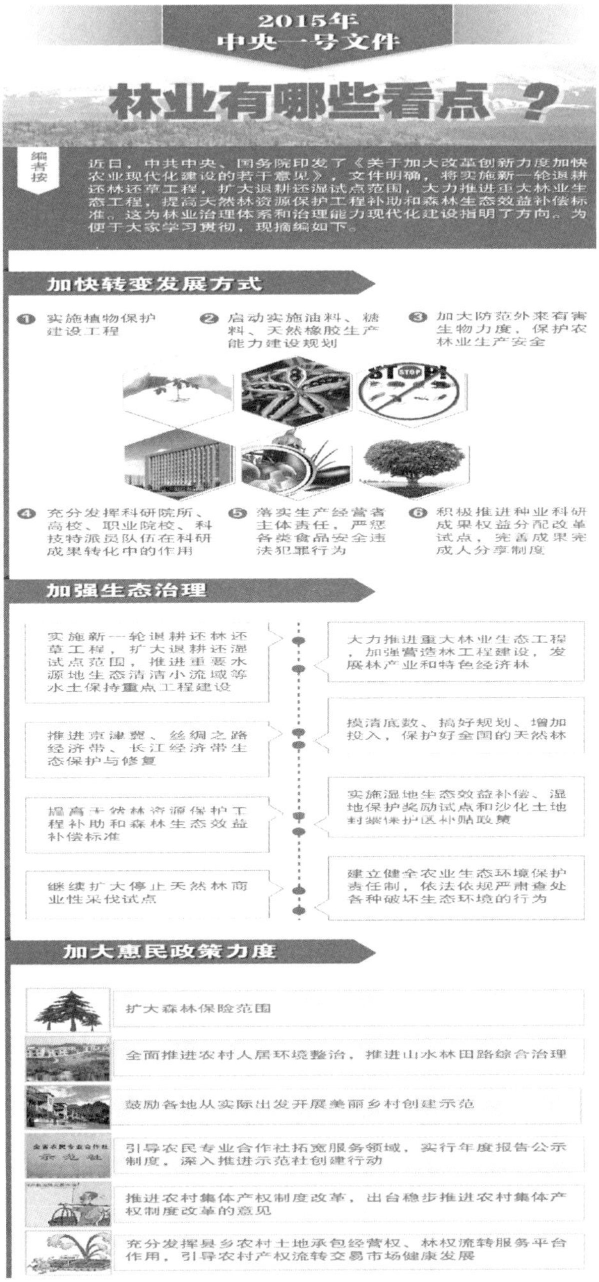

图 3-19　中国林业网图解示例

（四）视频

中国林业网通过中国林业网络电视（CFTV），将国家和地方的重要林业信息、林业行业的重要专题信息、林业生态文化信息以视频的形式向公众展示，同时还有对领导、专家的访谈直播，让公众更直观地了解我国林业的方方面面（图 3-20）。

图 3-20　中国林业网视频信息示例

（五）百科

中国林业百科将林业行业的知识以图片、图表、数据等形式，以权威、科普的形式向公众展示，让公众通过阅读百科知识获取想要的信息（图 3-21）。

图 3-21　中国林业网百科知识示例

—第四章—
发展目标

近年来，“人民满意”成为政府网站的建设目标。中国林业网遵循“服务大局、服务司局、服务基层、服务群众”的服务理念，坚持“统一规划、统一标准、统一制式、统一平台、统一管理”的管理理念，秉承“信息化引领、一体化集成、智慧化创新”的发展理念，全面融合各领域、各渠道的服务资源，扩充功能，完善系统，改进技术，努力构建智慧化、集群化、服务化建设模式，构建中国林业智慧门户网站群。

一、智慧化

按照《中国智慧林业发展指导意见》的要求，中国林业网将综合运用大数据、云计算、物联网、移动互联网等新技术，建成集智慧感知、智慧建站、智慧推送、智慧评测和智慧决策于一体的智慧化发展体系。

（一）智慧感知

智慧感知是基于中国林业云平台，构建覆盖中国林业网站群主要站点、林业行业领域信息资源以及搜索引擎、微博、论坛、林业相关教育科研网站、国际组织等的数据资源库，形成市场服务知识库、公益服务知识库等一批知识库、模型库和方法库，建立网站技术分析、决策分析和在线服务分析等模块，开展网站数据的深入挖掘，为智慧建站、智慧决策、智能服务等提供支撑。一是对互联网全网涉林信息态势进行常规监测，包括互联网渠道相关信息分布、核心工作关键词分布、核心工作关键词演化情况、正负面话题分布情况等。以构建林业服务网站、国家林业局政府网等相关渠道为核心，覆盖主要论坛、新闻媒体、博客、微博、贴吧、社交网站等境内网站和重要境外网站等数据源的互联网数据采集体系，通过对互联网数据的分析，了解网民的林业服务需求和关注点，及时掌握重大政策话题的互联网舆情态势，为林业互联网大数据分析模型研究及监测分析平台建设奠定数据基础。二是组织开展林业系统互联网大数据分析，积累林业相关网站运行效能分析、服务效能分析、用户行为分析、用户需求分析、用户体验分析、跨部门需求分析、热点机构及人物关联分析、互联网热点话题和传播趋势分析等一系列分析模型，探索形成林业互联网大数据分析关键技术和核心方法。

（二）智慧建站

智慧建站是基于互联网涉林数据的挖掘结果，对中国林业网站群进行智慧化提升，包括对首页及关键页面、网站技术功能和动态栏目等体系进行前台展示的优化和对网站用户在线帮助体系、内容发布管理体系、智能站内搜索体系、热词推荐体系、服务自动聚合体系等后台模块的优化。借助网站建设技术和服务规范体系以及安全保障体系的建设，不断提升网站群智慧建站的规范化、科学化水平。一是开展林业系统网站群搜索引擎可见性优化工作，通过相关技术化手段改进网站，帮助网民便捷地访问政府网站，精准获取所需信息及服务等基础性服务工作，使网民在使用搜索引擎查询同林业系统各级领导、办事机构、工作事项等相关信息时，有序组合政府网站上关于政府工作的讲话、活动、新闻图片等权威信息，使网民第一时间获取信息，从而有效提升林业系统网站群上大量正面、主流信息的搜索引擎可见性，提升中国林业网的互联网影响力，塑造中国林业网在互联网上的良好形象。二是推出更加符合移动终端显示需求的网站页面设计方案。当前互联网用户使用终端呈现多元化趋势，欧美国家政府网站和大部分商业网站均采用移动终端自适应技术，根据用户终端的类型和尺寸自动推送最佳显示效果页面。中国林业网站群在升级改造过程中，将逐步尝试采用移动终端自适应技术，确保不同尺寸和不同终端的用户在访问中国林业网时都能获得最佳的用户体验。三是收集中国林业网站群移动政务服务应用（APP、WAP门户等）运行情况基础数据，对移动用户服务需求和访问行为开展数据分析，为中国林业网站群开展移动服务终端建设和优化提供数据支撑。

（三）智慧推送

智慧推送是在智慧建站的基础上，面向搜索引擎、社交媒体、主流新闻网站、海外用户等互联网信息传播主渠道，开展多种形式的网站信息资源可见性优化，通过主动推送、技术改进、精准营销等技术手段，提高中国林业网站群面向各级领导、行业部门、基层站点、行业用户、社会公众和国际用户的服务能力和互联网影响力。一是网站要提供面向主要社交媒体的信息分享服务，加强手机、平板电脑等移动终端应用服务，积极利用微博、微信等新技术、新应用传播政府网站内容，方便公众及时获取政府信息和分享网站信息，努力开创林业网站发展新局面。二是借鉴欧美国家成功经验，统一建设覆盖中国林业网站群的移动应用业务服务平台(APP Store)，推动各地林业网站主管部门结合移动终端用户的行为习惯和需求规律，整合位置服务(LBS)、自动推送、移动社交等移动特色功能，规划推出有针对性的移动终端业务服务(APP)内容，突出特色服务和特色功能。

(四)智慧评测

智慧评测是在现有网站群服务内容评测的基础上，进一步完善指标体系和评估方式方法，研究新增用户体验和互联网影响力评估指标，建设林业网站群运行绩效综合监管平台，实现网站用户体验评估指标数据按天收集、按月发布，网站互联网影响力指标数据按季度收集、半年度发布，网站综合绩效评估指标数据年度发布的常态化网站评估工作机制。一是建设全国林业网站群信息发布综合监测平台。根据《国务院办公厅关于加强政府网站信息内容建设的意见》要求，建设中国林业网站群信息发布综合监测平台，开发全国林业网站群信息发布雷达扫描系统，实时扫描读取各级林业政府网站，实现对各级林业政府网站更新情况的摸底排查，并能够对不同部门、不同级别的子站或栏目，按月、季、年反映其横向、纵向的排名对比，有效提高全国林业系统信息发布集成监管力度。二是建设全国林业网站群网际传播力综合监测平台。按照《国务院办公厅关于加强政府网站信息内容建设的意见》要求，要把握互联网传播规律，适应公众需求，理顺管理体制，完善协调机制，创新表现形式，提高保障能力，加强协同联动，打造传播主流声音的政府网站集群，适时推进建设全国林业网站群网际传播力综合监测平台，提升站群的互联网传播力。

(五)智慧决策

智慧决策是构建以林业系统政府网站群为核心，覆盖搜索引擎、社交媒体、新闻网站等渠道的互联网全网涉林信息大数据分析与决策支持体系。围绕林业有害生物防治、野生动物疫病疫源、林业重点工程、气象灾害应对、林产品市场波动、涉林纠纷等重大事件，提供社会关注点分析、群众情绪及倾向性分析、网情趋势预测、热点发现、话题识别、网站群运行态势、动态推送、国际热点跟踪等情况分析，为林业行业管理和领导决策提供参考。综合运用自然语言理解、趋势预测、数据可视化、社会网络分析、地理信息展示等多种手段，构建我国林业互联网大数据监测分析平台。对林业互联网大数据进行监测分析和全方位可视化展现，完成林业重大事件、政策、突发事件、话题、政务工作等信息的网民态度分布情况、舆情地理分布演进趋势展现，林业信息重点人物、重点机构舆情关联度综合展现，使国家林业局各级领导快速掌握林业发展中热点事件的互联网发展态势，形成林业系统互联网大数据监测常态化监测和互联网大数据分析体系，以便形成应对机制和响应策略库，支撑领导的科学决策(图 4-1)。

图 4-1　中国林业网智慧决策系统首页

二、 集群化

中国林业网坚持“统一规划、统一标准、统一制式、统一平台、统一管理”的五个统一原则，实现行业网站集群建设、重要信息集中发布、网上服务集中整合、热点专题集中制作，保证中国林业网站群整体功能丰富易用、信息内容及时权威、数据资源充分共享、网站管理规范高效。

(一) 集群建设网站

在中国林业云基础平台上，提供支撑网站集群建设的站群云服务平台，支持多级网站群的创建，使全国林业系统网站建设从无序到有序、从粗放到集约、从分散到整合，目前已形成了数千个由国家、省、市、县级子站组成的纵向到底的四级林业政府网站体系，由森林公园、国有林场、种苗基地、自然保护区、主要树种、珍稀动物等子站组成的横向到边的林业专业网站体系，由美丽中国、中国植树、中国信息林等组成的特色网站体系，未来将努力实现由 10000 个子站组成的纵横分布的网站集群，打造中国林业网“航空母舰”。

（二）集中发布信息

中国林业网提供文字、图片、视频3种信息内容形式，采取原创信息、上报信息、转载信息等方式，不断加强信息挖掘、提高信息质量、加大信息发布力度。实行重要信息在中国林业网主站集中发布，平均每日发布信息100万字，被各大媒体转载100多条，日访问量100万人次，访问者来自100多个国家，提升了林业行业的社会影响力和知名度，为广大公众了解林业、关心林业、参与林业建设提供了平台，加强了透明型政府建设。

（三）集中提供服务

中国林业网围绕生态林业民生林业建设，根据广大公众需求，着力解决林企、林农最关心的现实问题，整合了80多项重点服务资源，30多项林业行政审批事项，开通10多种便民服务渠道，提供多种专业应用系统，积极开展网上办事和服务，提供业务、市场、便民、公益多种服务，打造便民亲民的网上政府。

（四）集中制作专题

中国林业网围绕时事热点、社会热点、林业热点，设置重要会议、重要工作、重要活动和重大事件四类专题信息，面向广大公众，及时集中发布各类重要事项发生发展全过程，做到一个热点、一个专题、全程追踪、集中发布、一站浏览，更好地服务社会、服务林业大局、服务生态民生。

（五）集中提供数据

中国林业网将基于成熟的技术架构，逐步整合现有各级、各类数据资源，建设基础数据库、专业数据库、专项数据库和数字图书馆等，构建统一、开放、完整的网络数据资源，为推动林业改革发展、服务生态民生、建设生态文明提供强大的支撑和保障。

（六）集中平台管理

中国林业网站群按照“统一部署、统一标准、统一规范、统一管理”的思路，在站群云服务平台统一建设和管理，核心功能统一开发和设定，数据资源统一管理，网站整体形象统一控制，实现了信息交互共享、资源统一利用、管理规范高效。

三、服务化

在全面加快智慧林业建设的进程中，中国林业网以服务林业大局、服务林业业务、服务基层单位、服务林农群众为宗旨，充分利用大数据等新兴技术，不断创新服务理念和技术应用，整合各类服务资源，实现一体化服务进程。下一步，中国林业网站群将切实建立以用户体验为导向、兼顾供给和需求的政府网站发展模式，进一步增强中国林业网的吸引力、亲和力。

（一）业务服务

从公众需求角度梳理整合各类业务资源，制定在线办事目录体系，提供林地林权、林木种苗、植树造林、动植物保护、森林旅游、林木采伐、木材经营和科学研究等全周期业务服务，满足不同阶段所需。同时，突破常规行政办事空间、时间的束缚，提供深度、集成服务，使用户可以随时、随地查询需要的办事资料、便民服务信息，下载相应表格，实现在线申请、在线办理，并获得相应结果信息。

（二）市场服务

以国有林场、种苗基地市场供求信息，森林公园、自然保护区旅游营销需求信息为突破口，整合搜索引擎、社交媒体和主流论坛的互联网用户需求信息，分析用户对于林木资源价格信息、市场趋势、森林公园票价信息、交通出行、特色民俗等信息服务的需求，构建基于互联网用户需求动态分析和线下林业资源供给情况的林木资源价格与市场走势情况，为林业企业和个人提供市场动态信息，辅助出行和交易决策。

（三）公益服务

以主要树种和珍稀动物的公益信息服务需求为突破口，开展面向基层林场、涉林企业、科研人员、林业工作者、消费者和海外用户的需求分析，了解用户涉林资讯需求、用网习惯和上网特征，构建覆盖主要珍稀树种和资源性树种从繁殖、栽培、施肥、养护、病虫害防治等全生命周期信息组织模型，提供动植物养护和需求服务。

（四）便民服务

不断拓展服务形式和服务渠道，明确服务主题，充分展示林业核心业务、重点服务领域，增加公共服务资源比重，利用“三微一端”多个平台和渠道，监测分析重大突发事件、应急事件和百姓关注的话题信息，依法按程序在第一时间通过林业系统网站发布信息，公布客观事实，并根据事件发展和工作进展及时发布权威动态信息。完善公众意见的收集、处理、反馈机制，了解民情，回答问题。同时网站在发布相关政策文件时，加大政策解读力度，注重政策解读的配发，提供相关背景、案例、数据等，通过数字化、图表图解、音频、视频等方式予以展现，增强网站的吸引力、亲和力。为社会公众提供更加及时、广泛、深入的服务。

（五）个性服务

基于用户的使用行为、习惯、偏好和特点，向用户提供满足其个性化需求的服务。可以根据用户提出的明确要求，向用户提供其需要的信息和服务，用户也可以自己设定信息来源方式、表现形式、网上功能及服务等，以此促进信息服务的多样化和多元化发展。通过对用户使用习惯的分析，设计栏目入口，压缩栏目路径，增设目录、排序、标签、链接等智能导航手段。通过分析栏目访问群体的相似性，合并同类栏目、增加相关栏目之间的友情链接和智能推荐等技术导引体系，促进提高林业网站群用户黏性。逐步整合在线办事系统与国家林业局网站全站的用户管理系统，实现国家林业局网站门户与在线办事系统之间内容的无缝对接，实现用户单点登录、全站访问，提高用户浏览使用网站的便捷度。不断研究网站用户访问行为规律，指导调整和优化网站页面设计和在线服务流程。

四大板块

SIDA BANKUAI

林业信息化
Forestry Informatization

第五章
走进林业板块

为体现林业特色，让公众更全面、更深入、更直观地了解中国林业，中国林业网在政府网站传统的“信息发布、在线服务、互动交流”三大板块的基础上，特别建设了“走进林业”板块。该板块根据中国林业网用户访问行为分析结果，将用户关注度高的栏目，如：领导专区、机构简介、林业概况在显著位置优先显示。同时将林业展厅、热点专题、热点信息置于页面右侧，结合绿色标识、形象展示、历史上的今天、图书期刊等栏目内容，全面、全景、全角度展示了林业行业的独特魅力和绿色底蕴（图5-1）。

图5-1　中国林业网走进林业板块页面

一、领导专区

领导专区主要是国家林业局领导班子成员介绍，以及各位领导的主要活动和工作动态，是公众了解领导风采的主要窗口和重要渠道。主要包括个人简历、领导分工、主要活动、重要讲话、重要论述、重要会议、图片报道、视频报道8个栏目(图5-2)。

图 5-2　中国林业网领导专区页面示意

历届领导主要展示近年来已退休或者调任的原国家林业局局领导的一些重要讲话、重要论述，公众可以通过查看这些信息了解中国林业的发展历程。

二、 机构简介

机构简介主要是国家林业局各司局、各直属单位介绍自己的工作性质、业务职能、处室设置、联系方式等内容，是公众了解和熟悉国家林业局及各单位职能的重要途径。机构简介包括国家林业局简介，司局设置(图 5-3)。

图 5-3　中国林业网机构简介页面示意

三、 林业概况

林业概况集中整合林业基本情况、林业资源、年度发展报告、国土绿化报告、信息公开报告、林业分析、林业大事记等重要林业行业资料和报告，包含了资源清查报告、政府信息公开报告、国土绿化状况公报、调查报告等，通过查阅相关报告，可以了解到中国森林资源的现状、中国森林蓄积量、中国湿地数量、林业产业发展情况等内容，是公众全面了解林业、深入认识林业的重要窗口(图 5-4)。

图 5-4　中国林业网林业概况页面示意

四、林业展厅

林业展厅包括综合厅、专题厅、地方厅、博览会4部分。综合厅从领导关怀、发展历程、机构沿革、生态建设、林业产业、生态文化、林权改革等方面宏观介绍了我国林业概况。专题厅展示了我国林业森林防火、天然林保护、退耕还林等方面的主要成果。地方厅全面展示了我国33个省(自治区、直辖市)、森工(林业)集团近年来在森林资源保护、湿地保护、荒漠化治理、林业产业发展、野生动植物保护等方面取得的主要成就。博览会在线展示了世界园艺博览会、花博会等大会情况，打造永不落幕的网上博览盛宴(图5-5)。

图5-5　中国林业网林业展厅页面示意

五、热点专题

中国林业网热点专题栏目围绕时事热点、社会热点、林业热点，设置重要会议、重要工作、重大事件3个类别，面向广大公众及时集中发布各类重要事项发生发展全过程，做到一个热点、一个专题、全程追踪、集中发布、一站浏览，以更好地服务社会、服务林业大局、服务生态民生。自2006年3月开通“中央关于新农村建设的政策”首个专题以来，制作各类专题74个，包含600多个栏目，近40000条信息(图5-6)。

图 5-6　中国林业网热点专题页面示意

(一) 重要会议专题

围绕全国重要会议、林业行业重要会议和各类专题会议，设计制作各类会议专题 26 个(表 5-1)，从会议的前期筹备、会议的进展情况到会议后期的贯彻落实，全程实时报道，通过一个专题即可了解一个会议的全部内容(图 5-7)。

表 5-1　中国林业网热点专题重要会议专题列表

序号	重要会议专题	序号	重要会议专题
1	林业信息化全面推进 5 周年专题	14	第三届全国林业信息化工作会议
2	2013 年全国“两会”	15	全国林业厅局长会议(2012 年 12 月 27 ~ 28 日 · 北京)
3	首届全国林业信息办主任协作组会议	16	全国林业厅局长会议(2012 年 7 月 20 ~ 22 日 · 福建)
4	2012 年全国“两会”	17	首届 APEC 林业部长级会议(中国 · 北京 2011 年 9 月 6 ~ 8 日)
5	第二届全国林业信息化工作会议	18	国家林业局信息办成立三周年专题
6	中央林业工作会议专题	19	全国林业厅局长会议(2011 年 12 月 29 ~ 30 日 · 北京)
7	全国林业厅局长会议(2011 年)	20	全国林业厅局长会议专题(2010 年)
8	2011 年全国“两会”	21	全国集体林权制度改革百县经验交流会
9	全国林业信息化工作会议	22	2009 年全国林业厅局长会议专题
10	2009 年“两会”专题	23	全国天然林资源保护工程工作会议
11	全国林业信息化示范省建设工作座谈会	24	2008 年全国林业厅局长电视电话会议
12	2008 年林业厅局长会议	25	2007 年全国林业厅局长会议
13	2006 年全国林业厅局长视频会议	26	2015 年全国林业厅局长会议

图 5-7　中国林业网热点专题栏目林业信息化全面推进 5 周年专题首页

（二）重要工作专题

围绕林业重要工作，适时推出国有林场和国有林区改革、生态红线保护、国家公园等专题（图5-8、表5-2），不但吸引了大量的访问者，直接为工作提供了便利，而且使林业工作引起广泛关注，产生了一定的社会影响，为树立林业形象发挥了重要作用。

图5-8 中国林业网热点专题栏目国家公园专题首页

表 5-2　中国林业网热点专题重要工作专题列表

序号	重要工作专题	序号	重要工作专题
1	生态红线保护行动	10	国家公园建设
2	绿化荒漠 美丽中国	11	国家储备林划定结果
3	森林资源清查成果	12	电子政务专题
4	集体林权改革专题	13	国家林业局青年联合会
5	中国林业物联网	14	中国林业云
6	林业信息化专题	15	油茶专题
7	生态文明专题	16	“小金库”治理专题
8	新农村建设	17	林业工作手册
9	北方荒漠化防治能力建设项目	18	国有林场和国有林区改革

（三）重大事件专题

围绕全国和林业行业重大事件，设计制作“为了中华民族永续发展”等专题（表 5-3），及时公开信息、回应社会关切、引导正确舆论方向。围绕“两转变两服务”活动和党的群众路线教育实践活动等重要活动（图 5-9），号召全国林业系统广大职工积极参与各项活动，进一步激发工作热情。

表 5-3　中国林业网热点专题重大事件专题列表

序号	重要工作专题	序号	重要工作专题
1	为了中华民族永续发展	16	3·12 中国植树节专题
2	全国爱鸟周	17	首个国际森林日
3	“两转变两服务”活动	18	党的群众路线教育实践活动
4	中国防治荒漠化履约 20 年	19	第二届美丽中国大赛
5	森林公安 30 周年	20	林业信息化全面推进 5 周年征文活动
6	第二届全国生态作品大赛	21	中国林业网访问量突破 10 亿人次
7	首届“美丽中国”征文大赛	22	热点祝贺党的“十八大”召开
8	全民义务植树三十年	23	热烈庆祝中国共产党建党 90 周年
9	新中国林业 60 年专题	24	赠台大熊猫专题
10	第 29 届奥运会专题	25	中国 2010 上海世博会
11	青海玉树县 7.1 级地震	26	万众一心 抗震救灾
12	抗击雨雪冰冻专题	27	学习贯彻党的“十七大”
13	首届“信息改变林业”故事网络征文大赛	28	首届全国生态作品大赛
14	森林为民 2011 年国际森林年	29	“干部集中教育管理活动”
15	学习实践科学发展观	30	第二届中国国际林业产业博览会

图 5-9　中国林业网热点专题栏目党的群众路线教育实践活动专题首页

六、 热点信息

中国林业网热点信息（图5-10）主要对国内林业重要工作或者事件进行突出展示，内容丰富多样，既有一线基层村官评选投票页面，也有“春天去哪儿”（图5-11）这类便民活动页面，进一步增强了网站用户凝聚力和互联网影响力，目前已制作100个热点信息。

图5-10 中国林业网热点信息页面示意

图5-11 中国林业网热点信息“春天去哪儿”页面示意

七、 绿色标识

标识可以对一个部门或者机构起到识别和推广的作用，可以让公众记住业务主体和部门文化。绿色标识栏目(图 5-12)展示了林业信息化(图 5-13)、中国野生动物保护协会、中国森林防火、国家林业局管理干部学院、国家林业局调查规划设计院、国家林业局工业规划设计院、中国林业教育培训、中国林学会、国家种苗、湿地中国、现代林业产业 17 个标识，通过点击标识，公众可以了解每个标识的背景知识、知晓标识的真正含义。

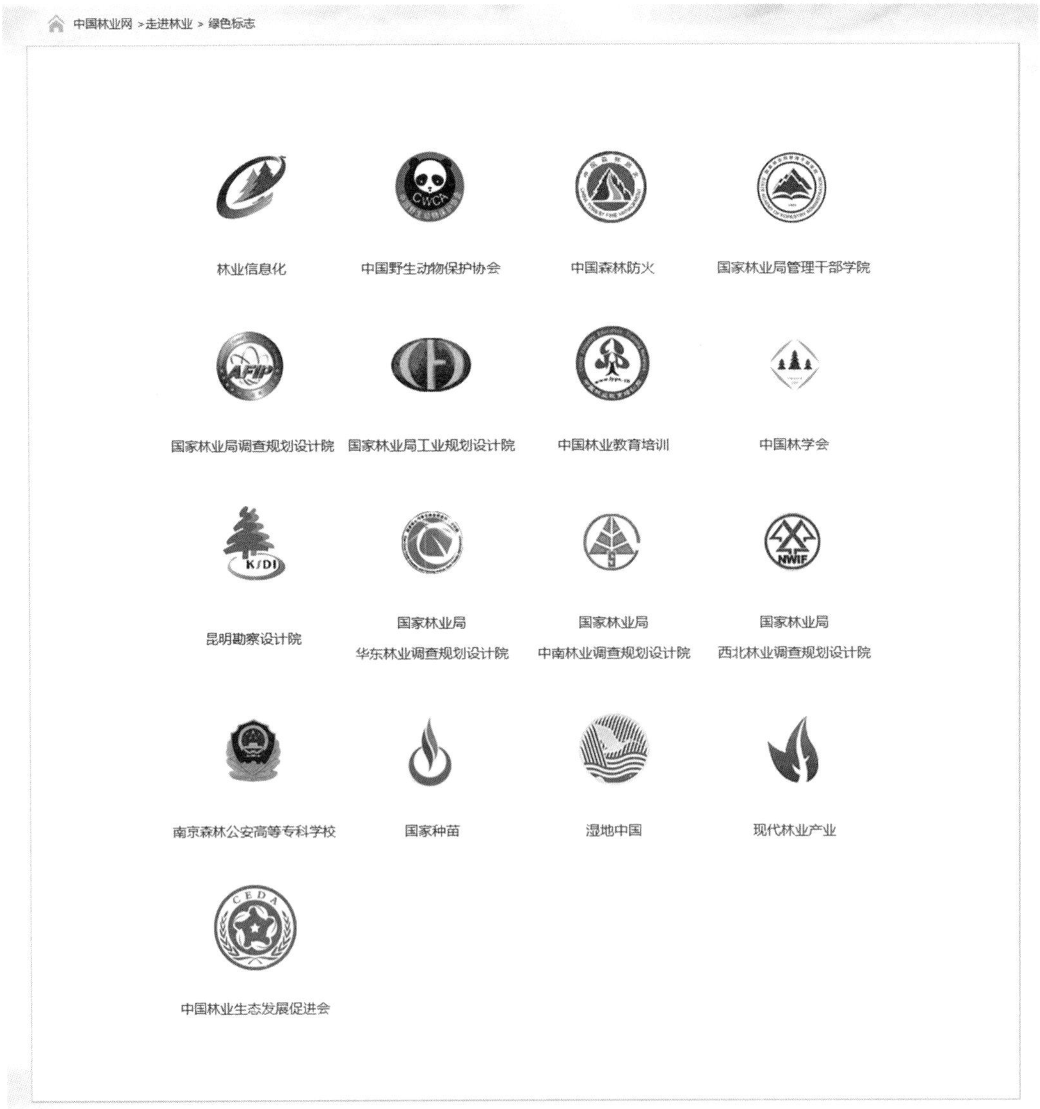

图 5-12　中国林业网绿色标识页面示意

图 5-13　中国林业网绿色标识"林业信息化标识"示意

八、 形象展示

形象展示以视频的形式介绍包括林业信息化标识——飞翔的林业、森林防火标识——虎威威等内容，充分展示森林的幽静美丽，显示出自然和谐、天人合一的林业形象(图 5-14)。

图 5-14　中国林业网形象展示页面示意

九、 历史上的今天

历史上的今天栏目是公众了解全国历史和林业历史的窗口，重点展示全国和林业历史上重要任务、重大事件、重要文件、重要会议等(图 5-15)。

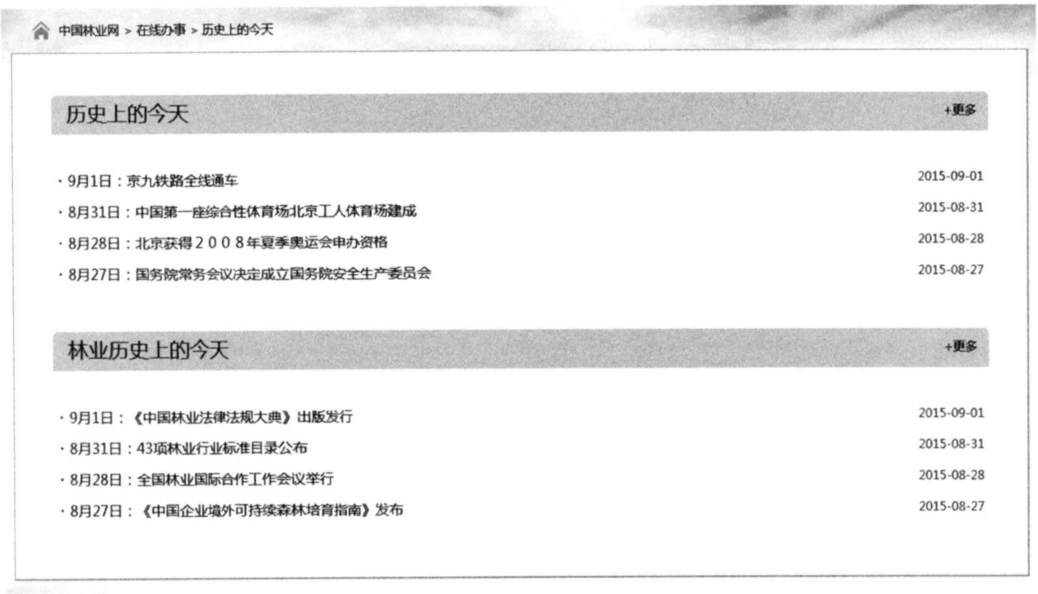

图 5-15　中国林业网历史上的今天页面示意

十、 图书期刊

图书期刊包括林业行业的报纸、杂志、年度报告和重点图书、最新书目等内容，是公众了解林业行业出版物的重要渠道，也是林业行业展示工作成果的重要栏目(图 5-16)。

图 5-16 中国林业网图书期刊页面示意

第六章

信息发布板块

中国林业网信息发布主要集中分为三部分。第一部分是在中国林业网首页信息发布区，包括图片信息、最新资讯、公告图解、信息快报、社会关注 5 个栏目。第二部分是信息发布专区，将林业行业的重要政府文件和各重要业务信息集中进行展示。第三部分设置了政府信息公开专栏。根据互联网用户访问数据分析结果，按照用户访问热度和网站信息种类，信息发布专区重新进行页面布局，旨在让公众更方便、更快捷地获取到所需信息（图 6-1、图 6-2）。

图 6-1　中国林业网首页信息发布区页面示意

图 6-2　中国林业网信息发布专区页面示意

一、 首页信息发布

(一)图片信息

图片信息栏目是中国林业网 4.0 版特色栏目之一，通过在首页大面积进行图片展示，满足公众对网站信息的“读图需求”，使网站重要信息一目了然，让公众迅速掌握近期林业重要事件、工作、会议等。该栏目属于综合内容栏目，包括最新图片(图 6-3)、热点信息、热点专题(图 6-4)、意见征求等重要内容都在此进行展示。

图 6-3　中国林业网图片信息栏目“最新图片”页面示意

图 6-4　中国林业网图片信息栏目"热点专题"页面示意

（二）最新资讯

最新资讯栏目是中国林业网的金牌栏目，是公众点击量最多、内容关注度最高的信息发布栏目。每天上午 8 点前发布当天中央、国家林业局、全国各省（自治区、直辖市）林业最重要的信息，全天及时转发重要实时信息，保证为公众提供最及时、最权威、最重要的信息。最新资讯栏目包括林业每日头条、最新林业信息、林业图片信息等 3 个子栏目（图 6-5）。

图 6-5　中国林业网最新资讯栏目页面示意

（三）公告图解

按照国务院办公厅对网站信息内容建设的最新要求，中国林业网 4.0 版为公众提供包括文字、图片、视频、图解等形式多样的信息，其中将原来的公示公告栏目整合成公告图解栏目，下设公示公告和林业图解 2 个子栏目。公示公告栏目及时发布国家林业局公告、通知、公示等重要信息。林业图解栏目将中央、国务院、国家林业局发布的重要文件、规划、意见等，及时通过表格、图样等方式，将文件重点提炼出来，配以精炼的文字说明，为公众提供简单、易懂、便于掌握的政策解读（图 6-6）。

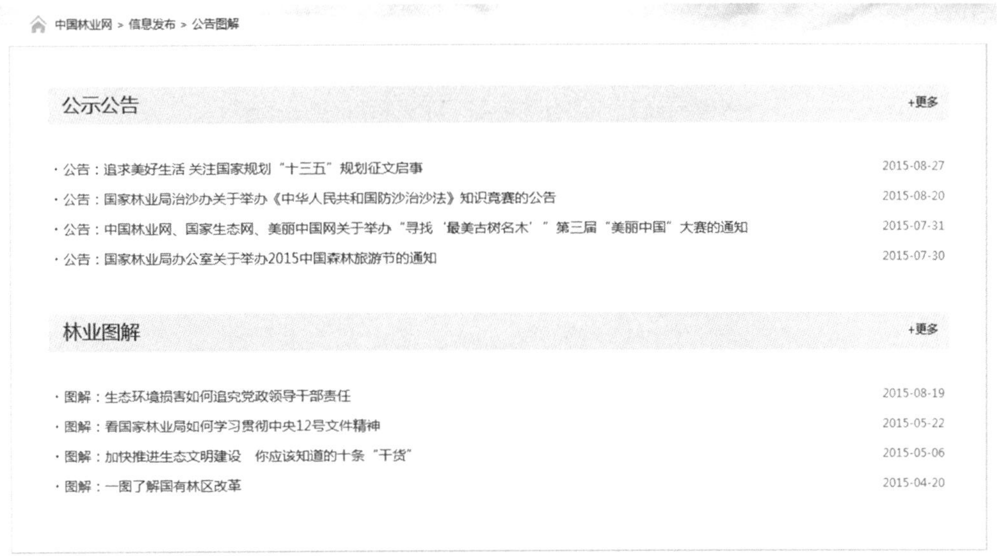

图 6-6　中国林业网公告图解栏目页面示意

（四）信息快报

信息快报栏目从中国林业网 3.0 版本开始，一直是社会公众及各地各单位重点关注的栏目，栏目下设司局动态和地方动态 2 个子栏目。司局动态栏目展示了国家林业局各司局、各直属单位最新、最重要的政务信息，地方动态栏目展示了全国各省级林业主管部门的最新、最重要的政务信息，同时 2 个栏目也是公众了解国家林业局各司局、各直属单位以及各省（自治区、直辖市）林业主管部门发布动态信息的主要窗口（图 6-7）。

（五）社会关注

社会关注栏目下设国务院重要信息、时政、财经、信息、科技、文体、军事、综合等子栏目，收集了包括中国政府网、人民网、新华网、光明网等各大主流媒体每天发布的非林业信息，让公众在了解林业信息的同时，也能随时关注到当天其他领域的重要信息（图 6-8）。

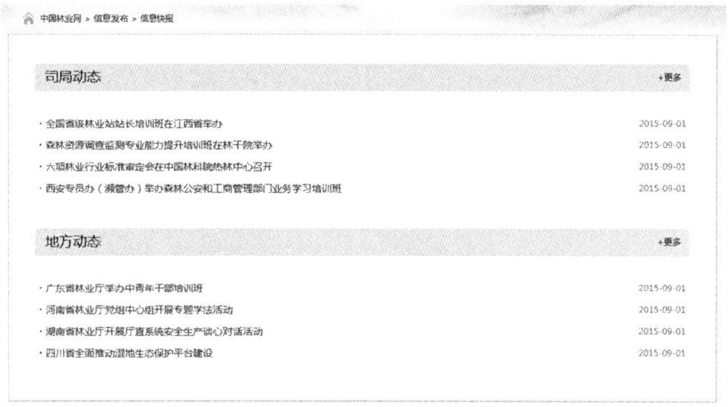

图 6-7　中国林业网信息快报栏目页面示意

图 6-8　中国林业网社会关注栏目页面示意

二、信息发布专区

(一)重要文件

重要文件栏目下设中央文件、国家林业局文件、政策解读、行政许可等子栏目，及时发布国家林业局令、公告公报、通知等重要文件，公众可以通过访问重要文件栏目，第一时间获取权威发布的公文信息，保证公众及时知晓和了解政府文件内容。

(二)政策法规

政策法规栏目下设政策法规动态、林业法律、行政法规、部门规章、相关法律法规、名录、司法解释 7 个子栏目。公众可通过浏览该栏目，了解林业相关的法律法规等内容，同时还能及时掌握各项法规条例的修订动态(图 6-9)。

图 6-9　中国林业网政策法规页面示意

(三)科学技术

科学技术栏目下设科技动态、科学研究、科技推广、林业成果4个子栏目。公众可通过浏览该栏目，了解中国林业科技方面的最新动态信息、最新研究成果和在全国的科技推广情况(图6-10)。

图6-10 中国林业网科学技术页面示意

(四)人事教育

人事管理栏目下设人事任免、职称评定、招考招聘、先进表彰、教育培训5个子栏目。公众通过浏览该栏目，可以及时获取国家林业局人事变动信息，了解最新公务员招考信息，查看最新表彰结果。每年下半年，职称评定栏目也是点击量比较高的栏目，林业系统各地各单位领导干部通过查看相关内容，按时准备提交申请材料(图6-11)。

中国林业网 > 信息发布 > 人事管理

人事任免 +更多

- 张建龙任国家林业局局长 2015-07-17
- 张建龙任国家林业局党组书记 2015-07-01
- 国家林业局干部任免 2014-07-09
- 国家林业局任命厉建祝等人职务 2014-03-24

职称评定 +更多

- 国家林业局专业技术资格评定办公室关于开展2015年度职称评审工作的通知 2015-06-30
- 国家林业局专业技术资格评定办公室完成2014年度职称评审工作 2015-01-12
- 公告：关于对国家林业局2014年度工程系列中级、会计经济系列高级、新闻出版系列专业技术资格评审会评审通过人员进行公示的通知 2014-12-16
- 关于对国家林业局2014年度工程系列高级专业技术资格评审会评审通过人员进行公示的通知 2014-12-05

招考招聘 +更多

- 北方航空护林总站召开新录用毕业生见面会 2015-07-16
- 人力资源社会保障部 国家林业局 关于印发《关于国有林场岗位设置管理的指导意见》的通知 2015-06-26
- 人才中心为林产工业规划设计院提供人事代理服务 2015-06-25
- 局直属单位2015年公开招聘高校毕业生工作正式启动 2015-04-16

先进表彰 +更多

- 以身边典型为标杆 为林业改革发展贡献力量 2015-08-18
- 林业系统两家单位和一名个人入选全国职工职业道德建设候选标兵单位和候选标兵个人 2015-08-06
- 中国林科院继续保持全国文明单位荣誉称号 2015-07-13
- 江西省林业厅举行纪念建党94周年暨“七一”表彰大会 2015-07-06

教育培训 +更多

- 上海专员办参加上海市法治宣传工作骨干培训班 2015-08-28
- 南航总站派员参加办公室人员业务能力提升培训班 2015-08-25
- 森防总站举办2015年全国松材线虫病监测鉴定技术培训班 2015-08-20
- 人事司、中国林科院到新疆林科院调研人才队伍建设情况 2015-08-19

图 6-11　中国林业网人事教育栏目页面示意

（五）森林防火

森林防火与森林公安栏目下设防火信息、火险预报、森林火灾、公安动态、执法办案、队伍建设 6 个子栏目。公众通过浏览该栏目，及时获取防火信息，了解森林火灾最新态势，特别是每天发布的森林火险气象等级预报将每天 20 点至第二天 20 点全国森林火灾高发地带以图例形式标注，及时提醒广大森林武警官兵做好防火准备，警醒广大公众注意野外防火，切勿引发灾害，以免对国家、人民造成重大损失(图 6-12)。

图 6-12　中国林业网森林防火栏目页面示意

（六）有害生物

重大外来林业有害生物灾害栏目下设工作动态、监测预警、应急预案、应急处置、公文公告、政策法规 6 个子栏目。公众通过浏览该栏目，可以了解全国防治重大外来林业有害生物灾害的最新动态，获取最新监测预警信息，查阅有害生物防治的应急预案和后续处置，甚至相关的规范性文件和法律法规都可以在这里找到（图 6-13）。

中国林业网 > 信息发布 > 重大外来林业有害生物灾害

工作动态　+更多

· 全国重大林业有害生物防治检疫技术高级研修班在呼伦贝尔举行　2015-09-02
· 青海省林业有害生物普查工作已取得阶段性成果　2015-09-01
· 江苏省林业有害生物普查工作阶段总结会在南京召开　2015-08-31
· 国家林业局要求进一步加强林业鼠（兔）害防治工作　2015-08-26

监测预警　+更多

· 上海市林业有害生物发生趋势呈现新特点　2015-08-13
· 新疆林业有害生物测报技术培训班暨趋势会商会议（北疆片区）在博乐召开　2015-07-20
· 警惕国际重大林木害虫——小圆胸小蠹危害的警示通报　2015-07-14
· 广西上半年林业有害生物发生同比增加近20%　2015-07-13

应急预案　+更多

· 山东省政府森防指办印发2015年重大林业食叶害虫防控方案　2015-03-31
· 福建省重大林业有害生物灾害应急预案　2012-07-23
· 甘肃省处置重大外来和突发性林业有害生物事件应急预案　2012-07-23
· 北京市突发林木有害生物事件应急预案　2012-07-16

应急处置　+更多

· 大兴安岭林业有害生物灾害应急处置演练活动在塔河举行　2015-09-02
· 辽宁省鞍山市开展“绿盾行动”严防病虫害疫情发生和扩散　2015-08-21
· 辽吉黑蒙四省区共商美国白蛾等重大林业有害生物联防联治对策　2015-08-03
· 辽宁省鞍山市释放10亿周氏啮小蜂围剿美国白蛾　2015-07-29

公文公告　+更多

· 警惕国际重大林木害虫——小圆胸小蠹危害的警示通报　2015-07-14
· 林业有害生物警示通报（警惕2015年春末夏初林业有害生物发生成灾）　2015-04-01
· 国家林业局公告（2015年第4号）（2015年全国撤销的松材线虫病疫区公告）　2015-01-20
· 国家林业局公告（2015年第3号）（2015年全国松材线虫病疫区公告）　2015-01-19

政策法规　+更多

· 国家林业局关于贯彻落实《国务院办公厅关于进一步加强林业有害生物防治工作的意见》的通知　2014-07-11
· 国务院办公厅关于进一步加强林业有害生物防治工作的意见　2014-06-13
· 松材线虫病疫区和疫木管理办法　2014-02-12
· 引进林木种子、苗木检疫审批与监管规定　2014-01-03

图 6-13　中国林业网重大外来林业有害生物灾害页面示意

（七）重大沙尘暴

沙尘暴是危害人类的重大自然灾害之一，严重影响着人类生产生活的正常运行。近年来，国家林业局通过京津冀防护林、三北防护林等重大生态工程，有效遏制了土地沙化和重大沙尘暴。重大沙尘暴灾害栏目下设沙尘暴灾害应急处置短信平台、工作动态、监测评估、应急预案、法律法规等5个子栏目。公众通过浏览该栏目，及时获取沙尘暴灾害最新消息，及时做好防护准备（图6-14）。

图6-14　中国林业网重大沙尘暴栏目页面示意

（八）疫源疫病

陆生野生动物疫源疫病监测下设野生动物疫源疫病工作动态、监测预警、应急预案、公文公告、法律法规5个子栏目。公众通过浏览该栏目，及时获取陆生野生动物疫源疫病监测信息。各地通过报送系统报送防疫情况，及时按照应急预案进行处理(图6-15)。

图 6-15　中国林业网野生动物疫源疫病栏目页面示意

（九）国际合作

国际合作栏目下设合作动态、国际项目、公约履约、重要国际会议、重要外事活动5个子栏目。公众通过浏览该栏目，及时获取我国与世界各国在政府间与非政府间国际合作的动态，相关国际项目建设情况、公约履约情况等（图6-16）。

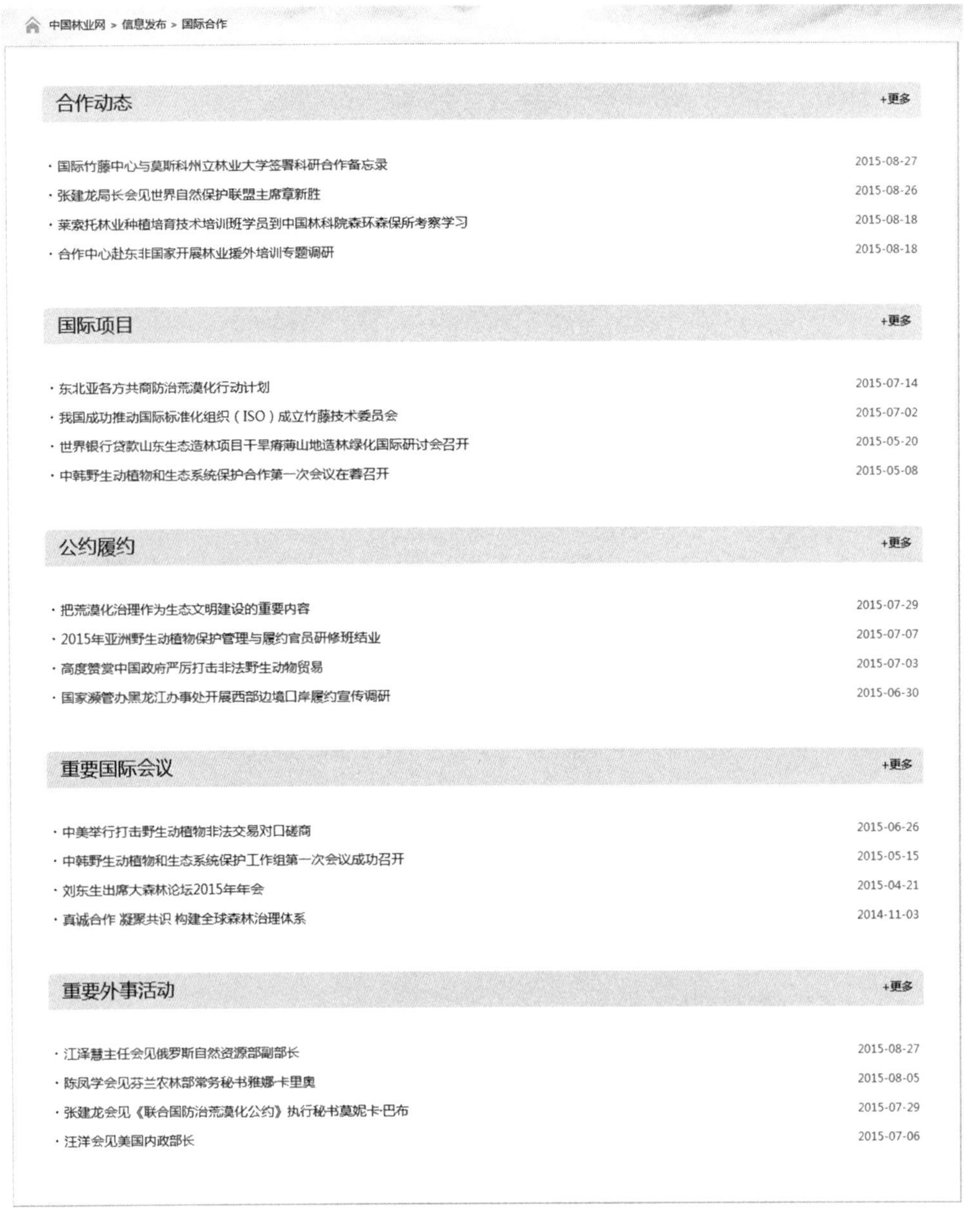

图6-16　中国林业网国际合作栏目示意

（十）政府采购

政府采购栏目下设招标公告、中标公告、政策法规、网站链接4个子栏目。公众通过浏览该栏目，可以及时获取国家林业局招标、中标公开情况，并对政府采购的相关法规条例有更深入的认识和了解。

（十一）规划与资金

规划与资金栏目下设建设项目、工作动态、财税政策、部门预算、专项资金、年度计划、工程资金、预算执行、资产管理、发展规划、林业涉外经济、统计与信息、农业综合开发、援疆援藏、对口支援扶贫等17个栏目。公众通过浏览该栏目，可以全面了解国家林业局在发展规划、工程建设、预算执行等方面的内容(图6-17)。

图6-17　中国林业网规划与资金栏目页面示意

（十二）机关两建

机关两建栏目下设党建工作、党风廉政、纪检监察、共青妇工会、学习园地、协会组织、离退休活动 7 个子栏目。公众通过浏览该栏目，可以获取国家林业局在党建工作、工会工作、协会工作、统战工作等方面的信息（图 6-18）。

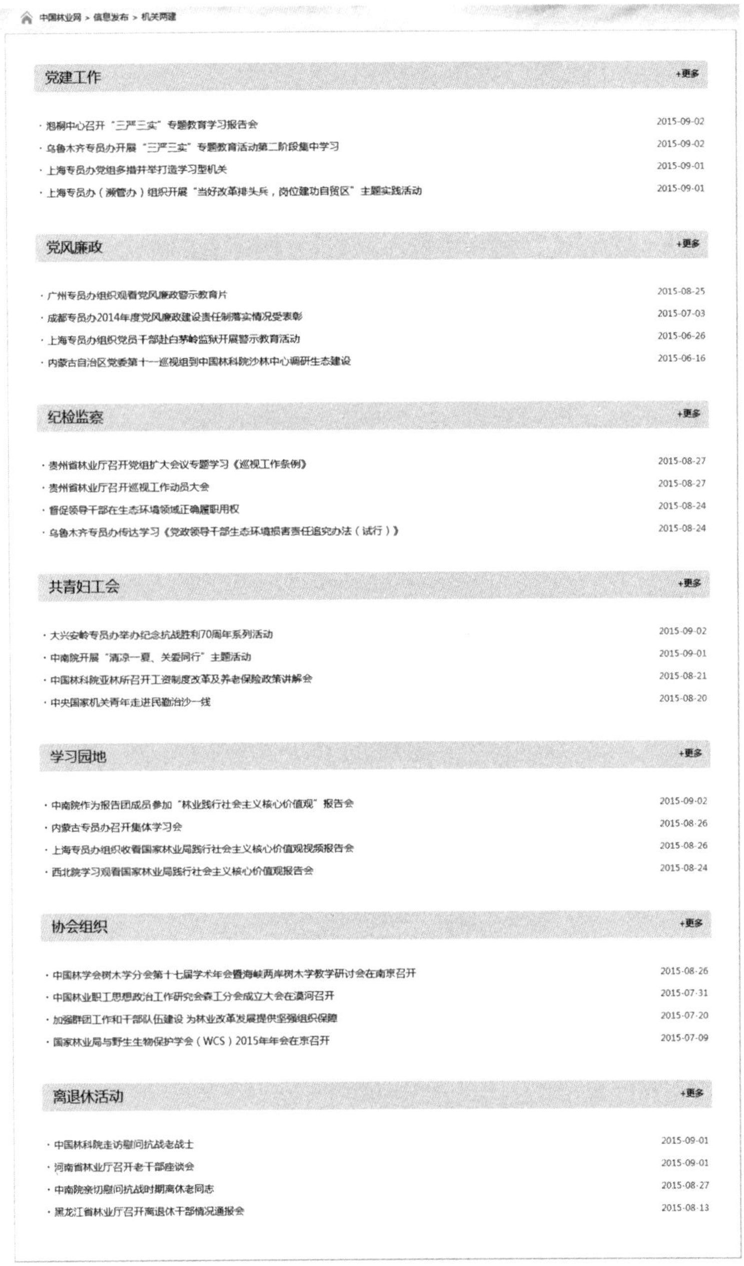

图 6-18　中国林业网机关两建栏目页面示意

（十三）造林绿化

造林绿化栏目下设植树造林、国土绿化、林业有害生物防治、绿化基金、防护林建设5个子栏目。公众通过浏览该栏目，可以了解我国各地植树造林动态，掌握国土绿化的基本概况，认识中国绿化基金等内容（图6-19）。

图6-19　中国林业网造林绿化栏目页面示意

（十四）资源管理

资源管理栏目下设综合信息、资源监测、采伐利用、林地林权、林政执法、资源监督6个子栏目。公众通过浏览该栏目，可以从森林资源的监测、林地确权、林木采伐利用、林政执法等角度了解森林资源管理的主要内容，了解我国森林面积、森林覆盖率、森林蓄积量等重要指标（图6-20）。

图6-20　中国林业网资源管理栏目页面示意

（十五）天然林保护

2000 年 10 月，经国务院批准，天然林资源保护工程正式启动，工程包括长江上游地区、黄河上中游地区、东北和内蒙古等重点国有林区，2017 年后全国天然林商品性采伐将全面停止。天然林保护栏目下设工程进展、工程简报、经验交流 3 个栏目。公众通过浏览该栏目，可以及时了解工程的最新动态，获取保护经验等（图 6-21）。

图 6-21　中国林业网天然林保护栏目页面示意

（十六）退耕还林

我国退耕还林工程自 2001 年起正式实施，工程包括全国 25 个省（自治区、直辖市）和新疆生产建设兵团。退耕还林（草）工程的实施，使严重沙化耕地得到治理，有效增加工程区内林草覆盖率，较大改善工程治理地区的生态环境。退耕还林栏目下设政策法规、工程进展、图片资讯、工程简报、经验交流 5 个子栏目。公众通过浏览该栏目，及时获取退耕还林工程相关信息，了解工程最新动态（图 6-22）。

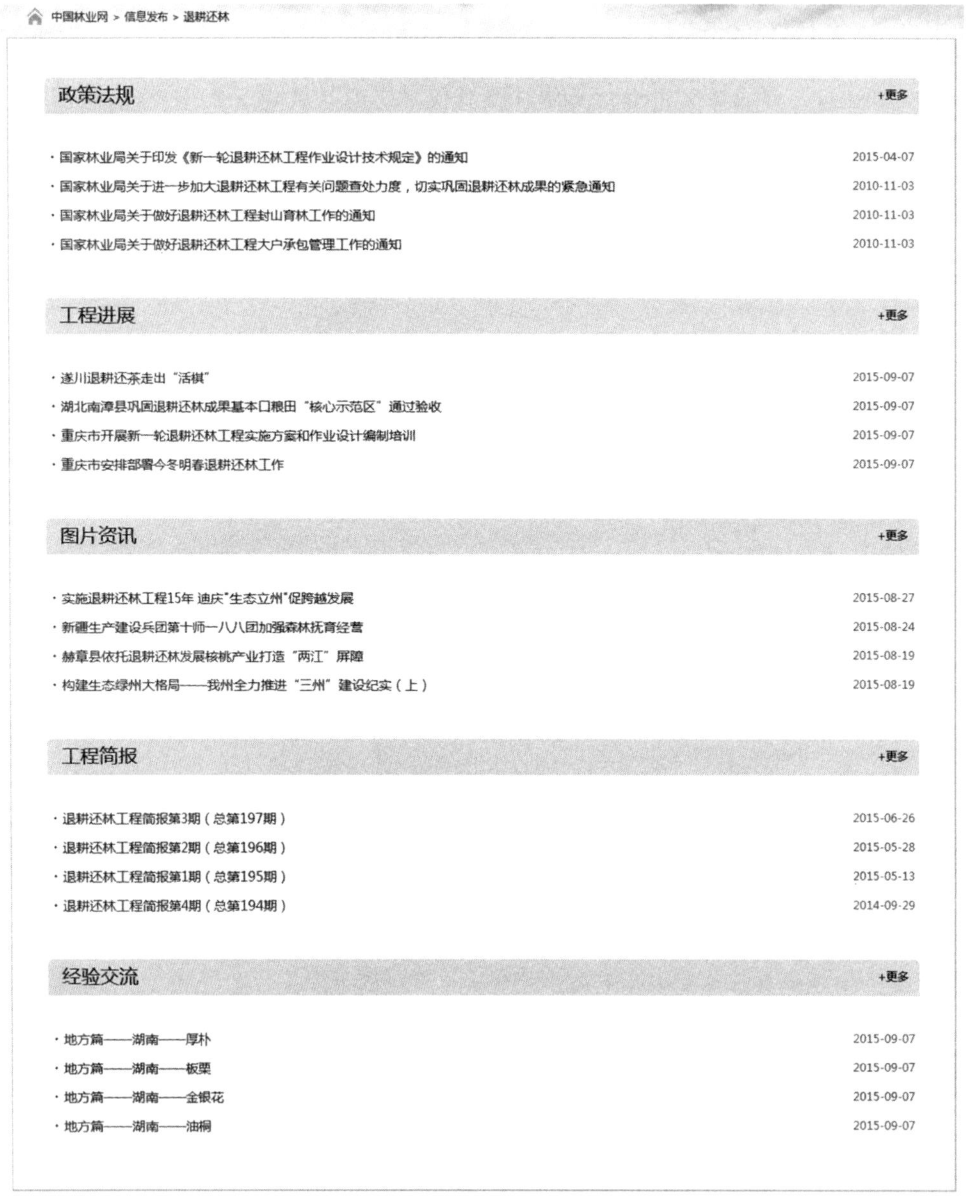

图 6-22　中国林业网退耕还林栏目页面示意

（十七）湿地保护

湿地保护栏目下设湿地动态、法律法规、各地实践 3 个子栏目。公众通过浏览该栏目，可以了解我国在湿地保护方面取得的成绩，掌握各省（自治区、直辖市）在湿地保护方面的相关动态信息等（图 6-23）。

图 6-23　中国林业网湿地保护栏目页面示意

(十八)防沙治沙

防沙治沙栏目下设工作动态、沙尘暴预警、石漠化治理、国际履约、政策规定、经验交流、京津风沙源 7 个子栏目。公众通过浏览该栏目，可以掌握我国荒漠化和沙化土地的现状及其治理情况。每年 6 月 17 日，是世界防治荒漠化和干旱日，公众在该栏目可以及时获取相关主题和背景知识(图 6-24)。

中国林业网 > 信息发布 > 荒漠生态系统

工作动态 +更多

- 沙棘资源培育技术培训交流会在内蒙赤峰召开 2015-09-02
- “丝绸之路”经济带防沙治沙思路研讨会在西安举行 2015-09-02
- 中南院承担完成西藏自治区第五次荒漠化和沙化监测工作 2015-09-02
- 川西藏区规划沙化治理第一期工程进展顺利 2015-08-28

沙尘暴预警 +更多

- 今春北方沙尘天气次数强度低于近年均值 2015-07-02
- 河北省今春重大沙尘暴灾害应急管理工作告一段落 2015-06-08
- 《沙尘暴灾害预防常识》汉语版和维语版 2015-05-12
- 河北省积极做好重大沙尘暴灾害应急管理工作 2015-04-29

石漠化治理 +更多

- 中南院参加建言贵州“十三五”规划暨石漠化治理与区域发展院士专家论坛 2015-09-02
- 林业成滇桂黔石漠化片区脱贫致富主要产业 2015-08-25
- 发挥部门优势 加大支持力度 坚决打赢扶贫开发攻坚战 2015-08-24
- 云南石漠化土地面积十年减少6.2万公顷 2015-08-04

国际履约 +更多

- 伊朗农业部代表团赴甘肃、宁夏考察我国治沙情况并与国家林业局举行座谈 2015-08-11
- 把荒漠化治理作为生态文明建设的重要内容 2015-07-29
- 张建龙会见《联合国防治荒漠化公约》执行秘书莫妮卡·巴布 2015-07-29
- 东北亚各方共商防治荒漠化行动计划 2015-07-14

政策规定 +更多

- 国家林业局关于印发《国家沙化土地封禁保护区管理办法》的通知 2015-06-02
- 国家林业局关于印发《国家沙漠公园试点建设管理办法》的通知 2014-01-08
- 国家林业局关于印发京津风沙源治理二期工程林业建设项目技术规定的通知 2014-01-06
- 国家林业局关于做好沙区开发建设项目环评中防沙治沙内容评价工作的意见 2013-08-30

经验交流 +更多

- 昔日风沙源 今朝后花园 2015-08-20
- 扎根沙漠的“樟子松” 2015-07-30
- 库布其模式引领绿色中国梦 2015-07-29
- 傲立沙海的青松 2015-07-28

京津风沙源 +更多

- 山绿沙退人增收 2015-08-13
- 风沙线上，国有林场群拱卫京津 2015-07-30
- 河北丰宁：被击退的风沙 2015-07-07
- 让黄沙带来“绿”效益——透视辽宁沙产业 2015-06-30

图 6-24　中国林业网防沙治沙栏目页面示意

（十九）生物多样性

生物多样性栏目下设工作动态、物种保护、自然保护区、物种进出口、疫源疫病、保护目录6个子栏目，其中物种进出口子栏目包含组织机构、管理动态、政策规定、国际公约4个栏目。公众通过浏览该栏目，能够及时了解我国在保护生物多样性方面做出的努力以及物种保护方面的最新动态（图6-25）。

图6-25　中国林业网生物多样性栏目页面示意

(二十)集体林改

集体林改包括重要新闻、领导讲话、典型材料、综合信息、高层关注、政策文件、重要会议、各地动态、媒体聚焦、背景资料10个子栏目。公众通过访问该栏目，可全面了解和深入认识我国集体林权改革的核心内容、背景资料、主要成就等(图6-26)。

图6-26　中国林业网集体林改页面示意

（二十一）林业产业

林业产业栏目下设木材及其他原料培育产业、林产工业、木本粮油和特色经济林产业、森林旅游产业、林下经济产业、竹产业、花卉苗木产业、林业生物产业、野生动植物繁育利用产业、沙产业10个子栏目。公众通过浏览该栏目，可全面了解我国林业十大产业最新动态和最新成果（图6-27）。

图6-27　中国林业网林业产业栏目页面示意

(二十二)电子政务

电子政务栏目下设工作动态、应用培训、相关政策、发展历程、地方实践5个子栏目。公众通过浏览该栏目，能及时了解我国电子政务发展概况及林业行业电子政务发展的最新动态和取得的成果(图6-28)。

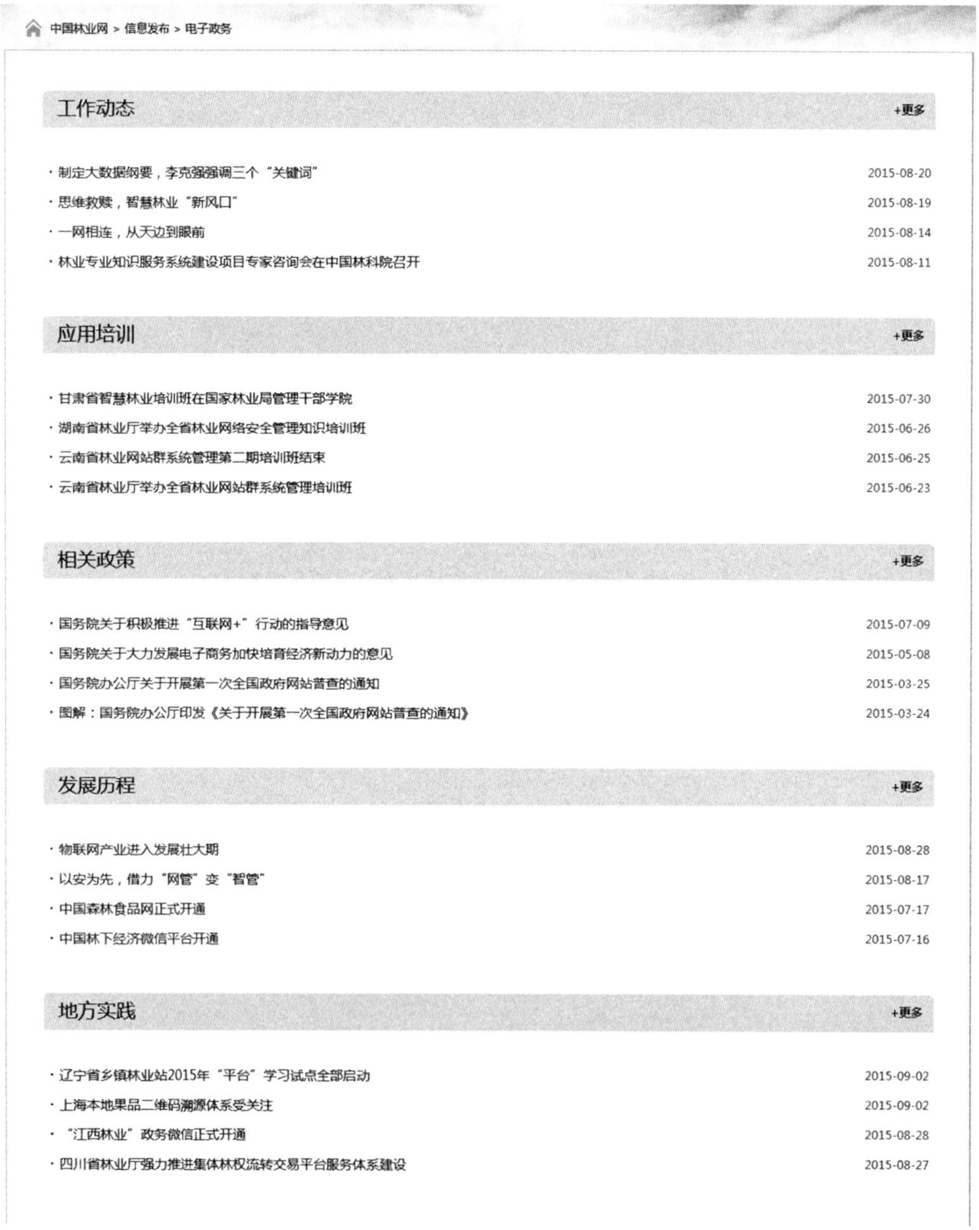

图6-28　中国林业网电子政务栏目页面示意

(二十三)生态文化

生态文化栏目下设文化活动、关注森林、生态文艺 3 个子栏目。公众通过浏览该栏目，感受林业行业网络生态文化氛围，了解林业行业网络生态文化内涵(图 6-29)。

图 6-29　中国林业网生态文化栏目页面示意

三、 信息公开专栏

按照《中华人民共和国政府信息公开条例》要求，及时公开政府信息、规范公开方式和程序。信息公开专栏包括公开指南、规范性文件、实施办法、公开目录、依申请公开、年度报告，下设公开条例、法律法规、信息公开实施办法、国家林业局公报、信息公开年度报告、政府采购、重大项目、规划计划、行政许可、规范性文件、统计信息、机构设置、政府文件、人事管理等 17 个栏目(图 6-30)。

序号	公文名称	发文日期	文号
1	国家林业局关于下达2015年林业行业标准制修订项目计划的通知	2015-06-23	林科发（2015）83号
2	国家林业局关于严格禁止围垦占用湖泊湿地的通知	2015-06-18	林湿发（2015）62号
3	国家林业局办公室关于加强年度国家级公益林管理情况报告工作的通知	2015-06-17	办资字（2015）98号
4	人力资源社会保障部 国家林业局 关于印发《关于国有林场岗位设置管理的指导意见》的通知	2015-06-09	人社部发（2015）54号
5	国家林业局关于公布第六批获得中国国家森林公园专用标志使用授权的国家级森林公园名单的通知	2015-06-05	林场发（2015）70号
6	国家林业局关于印发《国家沙化土地封禁保护区管理办法》的通知	2015-05-28	林沙发（2015）66号
7	国家林业局公告（2015年第13号）	2015-05-27	2015年第13号
8	国家林业局办公室关于2012年中央财政造林补贴试点国家级核查结果的通报	2015-05-26	办造字（2015）87号
9	国家林业局公告（2015年第12号）	2015-05-26	2015年第12号
10	国家林业局公告（2015年第11号）	2015-05-26	2015年第11号
11	国家林业局关于深入学习贯彻中央12号文件精神的通知	2015-05-08	林办发（2015）61号
12	国家林业局办公室关于印发《2015年林业知识产权战略实施推进计划》的通知	2015-05-06	办技字（2015）69号
13	国家林业局公告（2015年第10号）	2015-05-04	2015年第10号
14	国家林业局第37号令	2015-04-30	第37号
15	国家林业局公告（2015年第9号）	2015-04-29	2015年第9号
16	国家林业局公告（2015年第8号）	2015-04-28	2015年第8号
17	国家林业局关于公布第九次全国森林资源清查吉林等7省（市）主要清查结果的通知	2015-04-24	林资发（2015）51号
18	国家林业局关于开展2015年林产品质量安全监测工作的通知	2015-04-14	林科发（2015）45号
19	国家林业局办公室关于印发《2015年国家林业局打击侵犯林业植物新品种权专项行动方案》的通知	2015-04-09	办技字（2015）54号
20	国家林业局关于印发《标准化林业工作站建设检查验收办法（试行）》的通知	2015-04-03	林站发（2015）39号
21	国家林业局关于印发《退耕还林工程档案管理办法》的通知	2015-04-02	林退发（2015）38号
22	国家林业局第35号令	2015-03-31	第35号
23	国家林业局第36号令	2015-03-31	第36号
24	国家林业局关于印发《新一轮退耕还林工程作业设计技术规定》的通知	2015-03-30	林退发（2015）35号
25	警惕2015年春末夏初林业有害生物发生成灾——林业有害生物警示通报	2015-03-25	警示通报（2015）1号
26	全国绿化委员会 国家林业局关于扎实有效开展全民义务植树的通知	2015-03-20	全绿字（2015）3号
27	国家林业局办公室关于开展国家重点林木良种基地考核工作的通知	2015-03-20	办场字（2015）38号
28	国家林业局关于深入学习宣传贯彻中央6号文件精神的通知	2015-03-14	林办发（2015）32号
29	2014年中国国土绿化状况公报	2015-03-11	林办发
30	国家林业局关于认真学习宣传《为了中华民族永续发展——习近平总书记关心生态文明建设纪实》的通知	2015-03-10	林办发（2015）31号

图 6-30　中国林业网信息公开专栏页面示意

第七章
在线服务板块

《国务院办公厅关于进一步加强政府信息公开回应社会关切提升政府公信力的意见》(国办发〔2013〕100号)明确指出，要完善政府网站服务功能，及时调整和更新网上服务事项，确保公众能够及时获得便利的在线服务。中国林业网在线服务板块结合林业行业特点，打造全周期在线服务模式，结合热点办事、快速通道、在线办事等，为公众提供全面、及时、高效的在线服务。在线服务板块主要分为全周期服务、热点办事、快捷通报、在线办事等栏目(图7-1)。

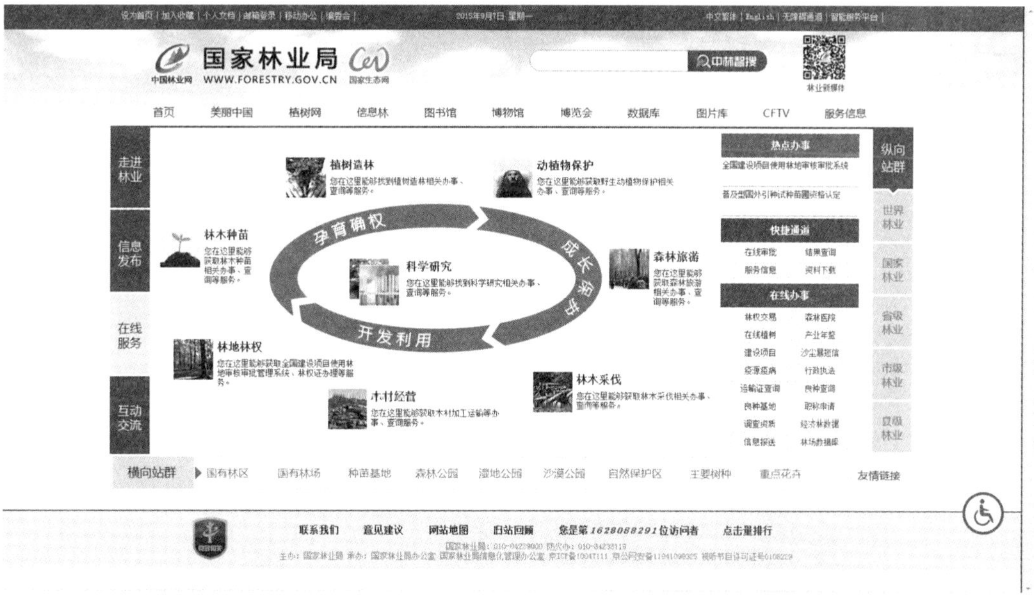

图7-1 中国林业网在线服务板块

一、 全周期服务

林业全周期服务结合林业行业特点，从林地、种苗到造林、保护，再到旅游、采伐等利用，整合国家和地方办事资源，提供办事指南、办事流程、场景式服务、便民服务，力求为公众打造全周期的在线办事服务。

(一)八大分类覆盖林业行业全流程

全周期办事服务共分为林地林权、林木种苗、植树造林、动植物保护、森林旅游、林木采伐、木材经营、科学研究 8 大类，将林业行业审批事项全部覆盖，让公众在一个窗口完成所有申报事项(图 7-2)。

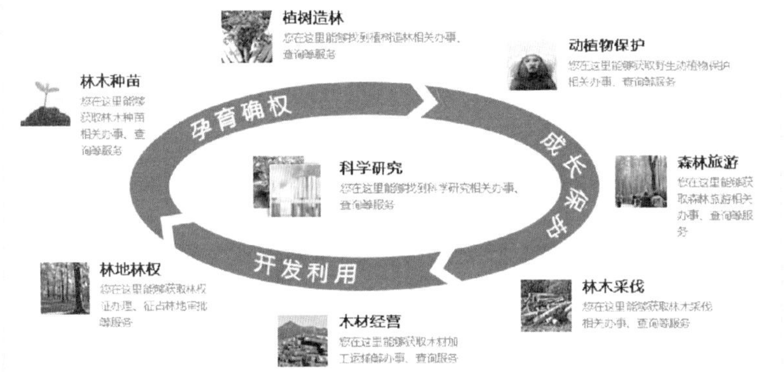

图 7-2　中国林业网八大类全周期服务页面示意

(二)两级资源提供完整服务

全周期服务整合 30 多项国家和 100 多项地方两级办事资源，从办事指南、办理流程、结果查询等方面，让公众可以方便找到并了解所需办事项目(图 7-3)。

图 7-3　中国林业网国家和地方两级便民服务资源

(三)场景式引导办事一条龙服务

特别设置的在线场景式服务以第一人称为公众提供服务，按照事项每一个环节的不同情况，引导用户一步步完成在线办事(图 7-4)。

图 7-4　中国林业网场景式服务主页面

(四)整合资源提供便民服务

选取古树名木、林木种苗、林权交易、林业百科、野生动物、野生植物、森林公园、自然保护区、生态旅游、专家信息等主题，为公众提供实用技术、权威数据查询等便民服务项目(图 7-5)。

图 7-5　中国林业网便民服务页面

二、热点办事

热点办事栏目是最近5年内在中国林业网在线申报最多的在线办事事项，包括全国建设项目使用林地审核审批系统，普及型国外引种试种苗圃资格认定等(图7-6)。

中文简体 | 中文繁体 | English | 微博发布厅 | 移动客户端 | 智能服务平台

中国林业网 WWW.FORESTRY.GOV.CN

个人文档 | 邮箱登录 | 设为首页 | 加入收藏 | 移动办公 | 编 委 会 搜索 林业热词

国家林业局 国家生态网

2015年9月7日（星期一） 森林火险预报 | 天气情况查询

普及型国外引种试种苗圃资格认定

基本信息 表格下载

第二项 普及型国外引种试种苗圃资格认定

一、实施机关

国家林业局。

二、承办机构

国家林业局植树造林司。

三、依据

（一）《国务院对确需保留的行政审批项目设定行政许可的决定》（国务院令第412号）；

（二）《普及型国外引种试种苗圃资格认定管理办法》（国家林业局令第17号，2005年9月23日公布）。

四、条件

（一）申请人资格条件

从事林木种子、苗木及其他繁殖材料生产、经营的单位或个人。

（二）申请人需提交的材料

1、《普及型国外引种试种苗圃资格申请表》（见附表1）；

2、从事主要林木种子生产的，应提供《林木种子生产许可证》复印件；从事林木种子经营的，应提供《林木种子经营许可证》复印件和营业执照复印件；

3、具备准予行政许可所需条件的证明材料：①苗圃周围一定距离内无与所引种试种植物同科、同属的植物，②具有围墙、防疫沟等引种试种隔离条件，③具有检疫和除治病虫害的设施、设备，④引种试种的管理措施和制度健全，⑤配备林业有害生物防治专业技术人员，⑥苗圃地使用权期限不少于3年；

4、所在地省级林业主管部门的书面意见及专家论证意见。

（三）准予行政许可需具备的条件

1、苗圃周围一定距离内无与所引种试种植物同科、同属的植物；

2、具有围墙、防疫沟等引种试种隔离条件；

3、具有检疫和除治病虫害的设施、设备；

4、引种试种的管理措施和制度健全；

5、配备林业有害生物防治专业技术人员；

6、苗圃地使用权期限不少于3年。

五、数量

无数量限制。

六、程序

（一）申请人向国家林业局提出申请；

（二）国家林业局接到申请后，需要对申请材料的实质内容进行核实的，应指派2名以上工作人员进行调查，并告知申请人；

（三）国家林业局根据需要，可以组织专家论证；

（四）审查合格的，由国家林业局向申请人核发"普及型国外引种试种苗圃"资格证书；审查不合格的，由国家林业局书面通知申请人并说明理由，告知复议或诉讼权利。

七、期限

20日内。经批准可延长10日。

八、收费标准和依据

不收费。

地址：北京市东城区和平里东街18号，国家林业局政策法规司行政许可工作管理办公室

邮编：100714

咨询电话：010-84238613

办理时间：周一至周五8:00-17:00（法定节假日除外）

点击查看流程

意见建议 | 建言献策 | 邮件服务 | 联系我们

主办：国家林业局 承办：国家林业局办公室 国家林业局信息化管理办公室

地址：北京市东城区和平里东街18号 联系电话：010-84239676 邮政编码：100714 电子信箱：webmaster@forestry.gov.cn

技术支持：西安未来国际信息股份有限公司 京ICP备10047111 京公网安备11941099325 视听节目许可证号0108229

您是第1628088291位访问者

图7-6 中国林业网热点办事页面

三、 快捷通道

快捷通道栏目主要包括在线审批、结果查询、服务信息、资料下载 4 项，为公众在线申请、查询审批结果等提供快速便捷服务。

(一)在线审批

链接至国家在线审批系统，包括申报中心、申报管理、结果公示、信息公告、用户注册和登录、申报查询、办件统计 7 部分(图 7-7)。

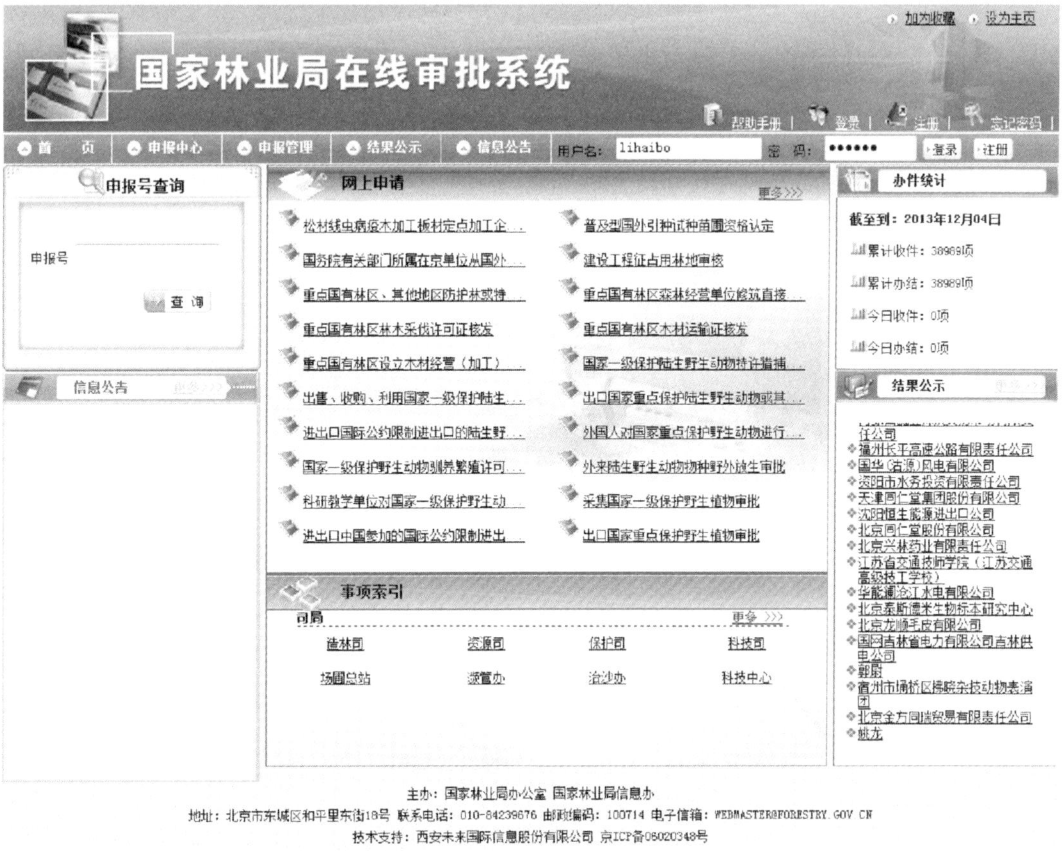

图 7-7　中国林业网在线审批系统

(二)结果查询

公众访问审批结果查询页面，可以根据事项编号、申请人、申请日期等分类快速查询到审批结果(图 7-8)。

高级查询 (隐藏查询面板)

事项编号 项 目 号
厅局文号 许可文号
申 请 人 省 市 区 --请选择省市区--
申请日期 至
办结日期 至
查询

ID	项目号	许可项目	申请人	省市区	申请日期	厅局文号	许可文号	司局	许可日期
3124	25	国家林业局质检机构设立审批	广东省林业科学研究院	广东	2014-08-18	粤技函【2014】320	林科许准[2014]第07号	科技司	2014-08-28
2869	25	国家林业局质检机构设立审批	国家林业局林业机械质量检验检测中心（哈尔滨）	黑龙江	2014-06-25	科技函字【2014】32	林科许准[2014]第06号	科技司	2014-07-22
2553	25	国家林业局质检机构设立审批	宁夏回族自治区林业厅	宁夏	2014-06-04	宁林（科）发【2014】137号	林科许准[2014]第04号	科技司	2014-07-07
2554	25	国家林业局质检机构设立审批	国家林业局华东木材及木制品质量监督检验中心	上海	2014-06-17	沪木质检站[2014]05号	林科许准[2014]05号	科技司	2014-07-07
2463	25	国家林业局质检机构设立审批	国家林业局林业机械质量检验检测中心	北京	2014-06-25	科技函字【2014】32	林科许时【2014】06	科技司	2014-07-03
1991	25	国家林业局质检机构设立审批	国家林业局华东木材及木制品质量监督检验中心	上海	2014-06-17	沪木质检站[2014]005号	林科许时【2014】05	科技司	2014-06-25
1992	25	国家林业局质检机构设立审批	国家林业局林木种苗质量检验检测中心（广州）	广东	2014-06-18	粤林函【2014】320	林科许时【2014】04	科技司	2014-06-25
1940	25	国家林业局质检机构设立审批	西南林业大学	云南	2014-04-03	西南林【2014】12	林科许准[2014]02	科技司	2014-06-09
1876	25	国家林业局质检机构设立审批	宁夏回族自治区林业局	宁夏	2014-06-04	宁林（科）发【2014】137号	林科许时【2014】03	科技司	2014-06-09
1940	25	国家林业局质检机构设立审批	西南林业大学	云南	2014-04-03	西南林【2014】12	林科许准（2014）02	科技司	2014-06-09
1876	25	国家林业局质检机构设立审批	宁夏回族自治区林业局	宁夏	2014-06-04	宁林（科）发【2014】137号	林护许时【2014】03	科技司	2014-06-09
1941	25	国家林业局质检机构设立审批	国家林业局林产品质量检验检测中心（郑州）	河南	2014-03-10	豫林科[2014]3	林科许准[2014]03	科技司	2014-06-09
880	25	国家林业局质检机构设立审批	西南林业大学	云南	2014-04-08	西南林【2014】12	林科许时【2014】02	科技司	2014-04-11
507	25	国家林业局质检机构设立审批	国家林业局林木种苗质量检验检测中心（郑州）	河南	2014-03-10	豫林科[2014]41号	林科许时【2013】01	科技司	2014-03-13

图 7-8　国家林业局在线审批结果查询

（三）资料下载

资料下载栏目为公众提供必需资料下载（图 7-9）。

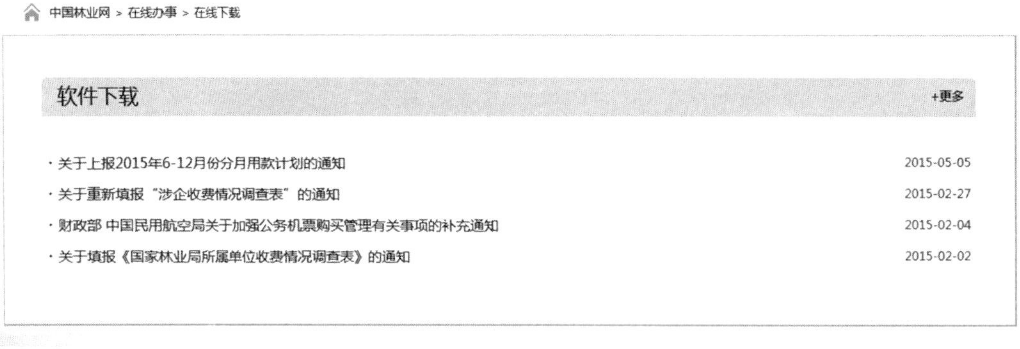

图 7-9　中国林业网资料下载页面

四、在线办事

在线办事栏目包括林业产权交易服务平台、国家网络森林医院、在线植树、中国林业产业与林产品年鉴、林业建设项目管理系统、沙尘暴灾害应急处置短信平台、野生动植物疫源疫病数据报送系统等 10 多项服务。

(一)林业产权交易平台

平台包括中国林业产权交易所、南方林业产权交易所、华东林业产权交易所等6个交易平台，为林业产权交易等活动提供了便利(图7-10)。

图7-10　中国林业网林业产权交易服务平台

(二)国家网络森林医院

为林业病虫害和野生动物疫源疫病的防治提供24小时在线服务(图7-11)。

图7-11　中国林业网国家网络森林医院

(三)在线植树

在线植树链接了中国植树网在线植树栏目，让公众在网站感受植树快乐，并了解植树常识(图7-12)。

图7-12　中国林业网在线植树体验

(四)中国林业产业年鉴基础数据上报系统

中国林业产业年鉴基础数据上报系统为行业提供每年中国林业产业基础数据上报通道，由各省级单位组织下属各县(旗、市、区、局)林业部门根据相关统计调查资料收集整理，并经省、地、县三级审核，通过中国林业产业与林产品信息网络平台填写上报。

(五)国家林业局林业建设项目管理系统

国家林业局林业建设项目管理系统为行业提供每年林业建设项目管理数据，为林业建设项目数据查询与管理提供信息支持。

(六)灾害应急处置短信平台

灾害应急处置短信平台及时通过短信渠道，向公众发布沙尘暴预警信息，提醒公众对沙尘暴灾害进行防护，是国家预防天气灾害和做好灾害处理的重要手段。

(七)野生动植物疫源疫病数据报送系统

野生动植物疫源疫病数据报送系统为行业提供野生疫源疫病信息报送渠道，为及时发现、防治野生动植物疫源疫病提供保障。

（八）全国林业行政执法人员管理系统

全国林业行政执法人员管理系统进一步规范林业行政执法行为，加强林业行政执法监督，实现林业行政执法人员的信息化、动态化和实时化管理。

（九）全国木材运输证真伪查询系统

全国木材运输证真伪查询系统为用户提供查询窗口。用户只需输入木材运输证号，马上可以查询真伪，并获取相关的具体信息。

（十）已申定良种信息查询系统

已申定良种信息查询系统使用户通过输入查询树种的品种名称，查到已审定的良种的学名、类别、良种编号、用途、选育人、审定机构、品性特征、栽培技术要点、适用种植范围等内容。

（十一）国家重点林木良种基地查询系统

国家重点林木良种基地查询系统让用户通过输入关键词，查询到包括良种基地建设地点、名称、基地类型、单位性质、联系人等基本情况以及仓储设施、人员构成等基地信息。

（十二）国家林业局专业技术资格申报系统

林业行业进行专业技术资格申报的主要平台，通过注册账户登录个人界面进行专业技术资格申报，按照提示信息完成相关表格的填写内容。

（十三）全国林业调查规划设计单位资格认证管理系统

全国林业调查规划设计单位资格认证管理系统是让用户可以通过注册登录界面，进行林业调查规划设计资格认证。

（十四）全国经济林数据上报系统

全国经济林数据上报系统让用户通过登录，将水果类、干果类、林产饮料类、林产调料类、森林食品类等经济林数据上报。

（十五）国有林场、树木种苗和森林公园数据库

国有林场、树木种苗和森林公园数据库为各单位提供登录窗口，录入包括年份、种子收入、穗条收入、财政补贴、其他收入等本单位生产概况等相关信息。

第八章

互动交流板块

《国务院办公厅关于进一步加强政府信息公开回应社会关切提升政府公信力的意见》(国办发〔2013〕100 号)明确指出，拓展政府网站互动功能，围绕政府重点工作和公众关注热点，通过领导信箱、公众问答、网上调查等方式，接受公众建言献策和情况反映，征集公众意见建议。中国林业网按照国务院办公厅要求，互动交流板块建设了在线访谈、在线直播、常见问题解答、建言献策、咨询留言和我要咨询 6 个栏目，主动回应公众关切，热心解答公众难题，积极公开业务内容(图 8-1)。

图 8-1　中国林业网互动交流板块

一、在线访谈

在线访谈包含国家林业局以及全国各地制作的访谈类信息，内容涉及政策解读、经验介绍、成果展示等，所有内容按照年份进行分类，采访嘉宾包括国家林业局领导、各司局和直属单位负责人、各省级林业厅局长、各地基层林业干部、知名专家学者等(图 8-2)。

图 8-2　中国林业网在线访谈列表页面

二、 在线直播

在线直播栏目是全国林业厅局长会议、重要新闻发布会、重大专题会议等重要会议及活动的网络直播，让公众可以及时全面了解会议情况，所有内容按照年份进行分类(图 8-3)。

图 8-3　中国林业网在线直播列表页面

三、常见问题解答

及时快速回复公众问题，为公众解决林业工作中遇到的问题、将公众常用的问题进行收集整理、方便公众在提问前先查阅，提高工作效率(图 8-4)。

图 8-4　中国林业网常见问题解答页面

四、 我要咨询

我要咨询是公众咨询的主要窗口，设置了表格式提问栏，让公众对提问方式一目了然，及时组织专家及相关部门回复公众留言，确保公众得到满意答复。咨询留言让公众可以浏览以往问题，帮助解决自身问题，避免出现重复问题等(图 8-5)。

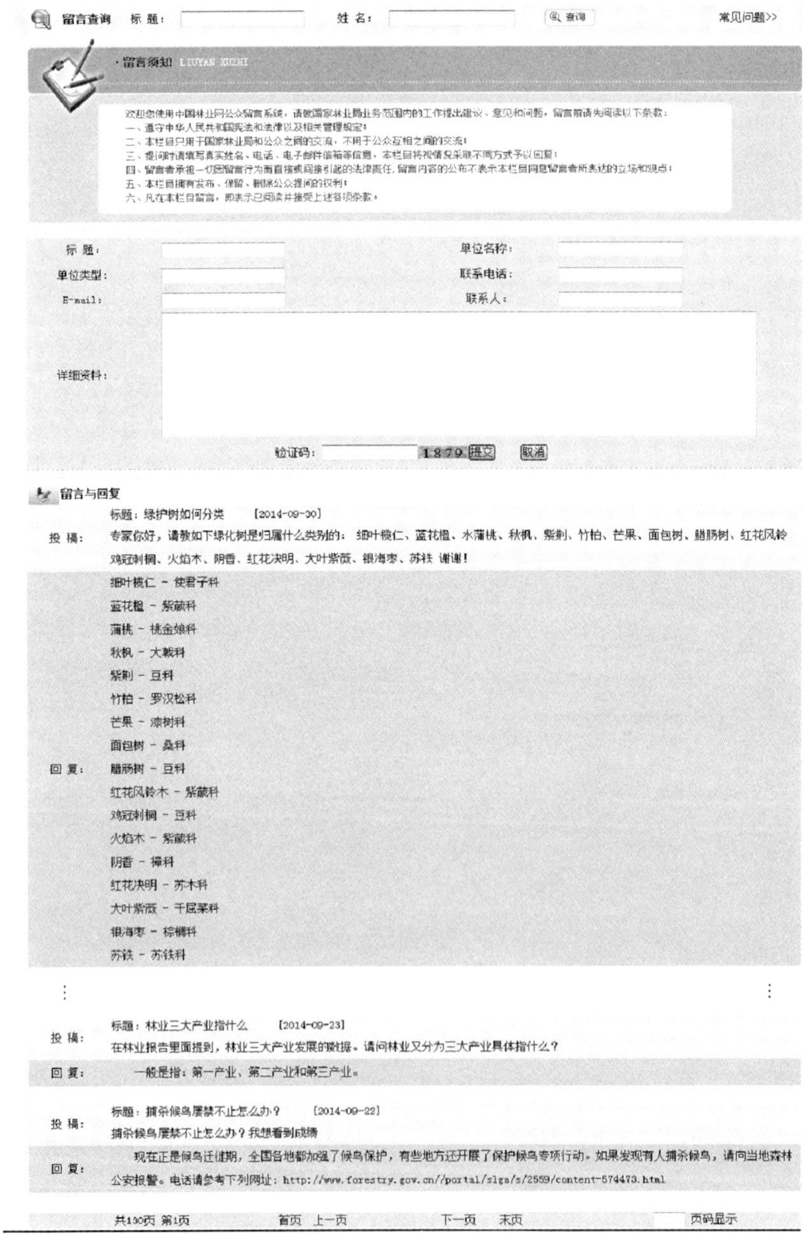

图 8-5 中国林业网我要咨询页面

五、 建言献策

建言献策栏目主要是在一些重大规划、意见和办法出台前，面向社会公众征集意见，并吸收采纳合理性意见，以更好地适用于公众，服务于公众(图8-6)。

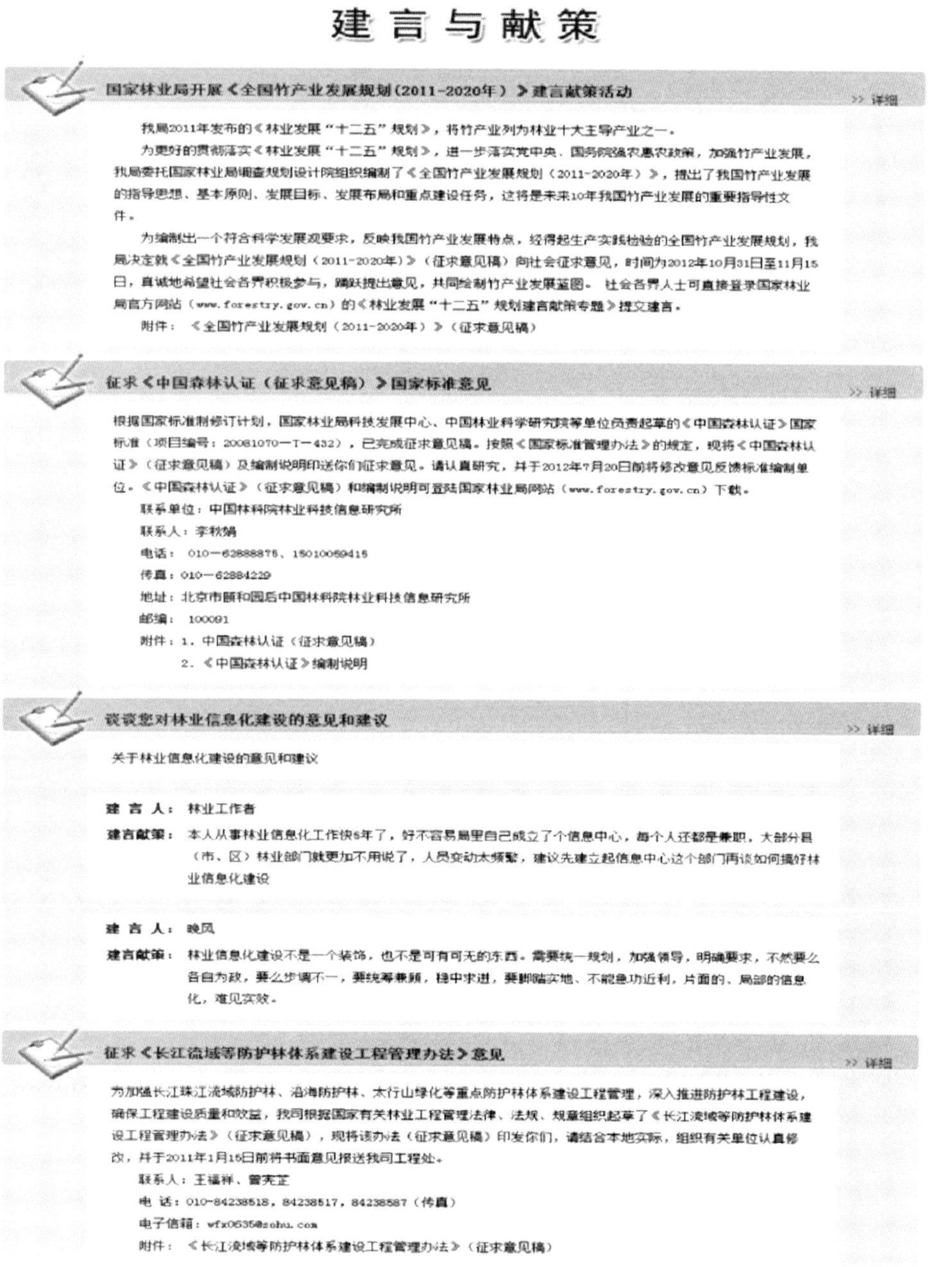

建 言 与 献 策

国家林业局开展《全国竹产业发展规划(2011-2020年）》建言献策活动 >> 详细

我局2011年发布的《林业发展“十二五”规划》，将竹产业列为林业十大主导产业之一。

为更好的贯彻落实《林业发展“十二五”规划》，进一步落实党中央、国务院强农惠农政策，加强竹产业发展，我局委托国家林业局调查规划设计院组织编制了《全国竹产业发展规划（2011-2020年）》，提出了我国竹产业发展的指导思想、基本原则、发展目标、发展布局和重点建设任务，这将是未来10年我国竹产业发展的重要指导性文件。

为编制出一个符合科学发展观要求，反映我国竹产业发展特点，经得起生产实践检验的全国竹产业发展规划，我局决定就《全国竹产业发展规划（2011-2020年）》（征求意见稿）向社会征求意见，时间为2012年10月31日至11月15日，真诚地希望社会各界积极参与，踊跃提出意见，共同绘制竹产业发展蓝图。 社会各界人士可直接登录国家林业局官方网站（www.forestry.gov.cn）的《林业发展“十二五”规划建言献策专题》提交建言。

附件： 《全国竹产业发展规划（2011-2020年）》（征求意见稿）

征求《中国森林认证（征求意见稿）》国家标准意见 >> 详细

根据国家标准制修订计划，国家林业局科技发展中心、中国林业科学研究院等单位负责起草的《中国森林认证》国家标准（项目编号：20081070—T—432），已完成征求意见稿。按照《国家标准管理办法》的规定，现将《中国森林认证》（征求意见稿）及编制说明印送你们征求意见。请认真研究，并于2012年7月20日前将修改意见反馈标准编制单位。《中国森林认证》（征求意见稿）和编制说明可登陆国家林业局网站（www.forestry.gov.cn）下载。

联系单位：中国林科院林业科技信息研究所

联系人：李秋娟

电话： 010—62888875、15010069415

传真：010—62884229

地址：北京市颐和园后中国林科院林业科技信息研究所

邮编： 100091

附件：1. 中国森林认证（征求意见稿）

2. 《中国森林认证》编制说明

谈谈您对林业信息化建设的意见和建议 >> 详细

关于林业信息化建设的意见和建议

建 言 人： 林业工作者

建言献策： 本人从事林业信息化工作快8年了，好不容易局里自己成立了个信息中心，每个人还都是兼职，大部分县（市、区）林业部门就更加不用说了，人员变动太频繁，建议先建立起信息中心这个部门再谈如何搞好林业信息化建设

建 言 人： 晚风

建言献策： 林业信息化建设不是一个装饰，也不是可有可无的东西。需要统一规划，加强领导，明确要求，不然要么各自为政，要么步调不一，要统筹兼顾，稳中求进，要脚踏实地、不能急功近利，片面的、局部的信息化，难见实效。

征求《长江流域等防护林体系建设工程管理办法》意见 >> 详细

为加强长江珠江流域防护林、沿海防护林、太行山绿化等重点防护林体系建设工程管理，深入推进防护林工程建设，确保工程建设质量和效益，我司根据国家有关林业工程管理法律、法规、规章组织起草了《长江流域等防护林体系建设工程管理办法》（征求意见稿），现将该办法（征求意见稿）印发你们，请结合本地实际，组织有关单位认真修改，并于2011年1月16日前将书面意见报送我司工程处。

联系人：王福祥、曾宪芷

电 话：010-84238518，84238517，84238587（传真）

电子信箱：wfx0635@sohu.com

附件： 《长江流域等防护林体系建设工程管理办法》（征求意见稿）

图8-6　中国林业网建言献策页面

三大体系

SANDA TIXI

林业信息化
Forestry Informatization

第九章 纵向站群体系

中国林业网纵向站群由世界林业、国家林业、省级林业、市级林业和县级林业5个站群组成，自上向下，将林业行业全部打通，形成了林业信息发布、提供在线服务、进行互动交流的综合平台，让林农足不出户就可以了解最新、最贴近的信息内容。下一步，站群将继续向下延伸至乡级林业部门。

一、世界林业站群

2012年10月，世界林业站群建设工作正式启动。通过对不同国家的林业网站建设模式、内容风格、特色特点进行深入分析，建设统一平台的世界林业站群，便于林业专业人士以及普通用户及时了解国外林业发展现状、趋势等，学习林业发达国家的先进经验。截至2014年底，已建成上线40个子站(图9-1)。

图9-1 中国林业网世界林业站群页面示意

各国家林业子站设置国家概况、热点资讯、政策法规、生态系统、生物多样性、生态建设、林业产业、科技教育、国际合作、相关机构、森林旅游、精美相册和精彩视频 13 个栏目，全面介绍各国林业发展概况，供用户了解、学习和使用(图 9-2)。

图 9-2　中国林业网世界林业站群子站示例

二、国家林业站群

国家林业站群是中国林业网最早建立的子站群，包括国家林业局各司局、各直属单位的子站。通过集群建设，将国家林业局政府网与各单位子站紧密结合在一起，根据各单位业务特点，建立特色鲜明的国家林业站群，构建国家层面林业信息综合发布平台(图 9-3)。截至 2014 年底，共建立 49 个子站。

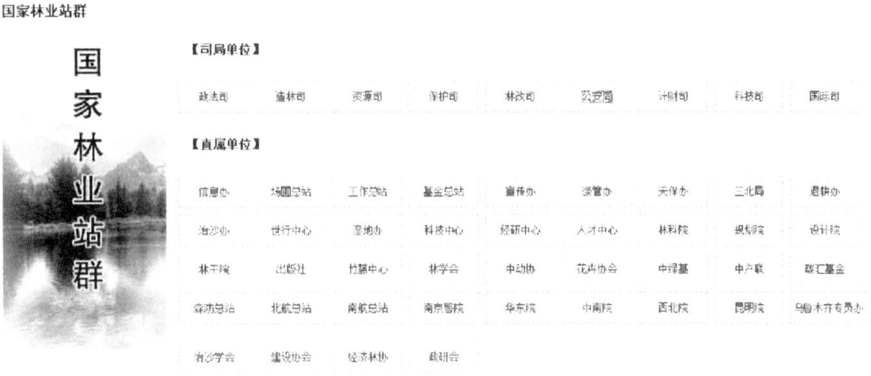

图 9-3　中国林业网国家林业站群

图 9-4　中国林业网国家林业站群司局子站示例

以“国家林业局野生动植物保护与自然保护区管理司”为例，子站有重要新闻、地方动态、合作交流、简报丛林等 8 个栏目，全面介绍我国野生动植物和自然保护区保护事业发展情况(图 9-4)。

以“国家林业局信息化管理办公室”为例，子站有最新要闻、互联网热点、信息快递、厅局长论坛、前沿技术、国外借鉴、成就展览、调研培训等 19 个栏目，不仅展示了林业信息化发展概况，而且及时报道了全球信息化前沿技术等(图 9-5)。

图 9-5　中国林业网国家林业站群直属单位子站示例

三、 省级林业站群

在中国林业网形成站群体系之前，各省林业网站都各自为政，国家林业局政府网与各省子站、各省子站之间缺乏联系、沟通，信息不能共享，无法形成网站共同发声的合力。为促进全行业信息资源共享、开发和利用，实现互联互通，省级林业站群整合了全国 42 个省级林业主管部门子站，包括 31 个省(自治区、直辖市)、5 个森工集团、新疆生产建设兵团和 5 个计划单列市林业子站(图 9-6、图 9-7)，完成了由国家到省级的林业站群体系。

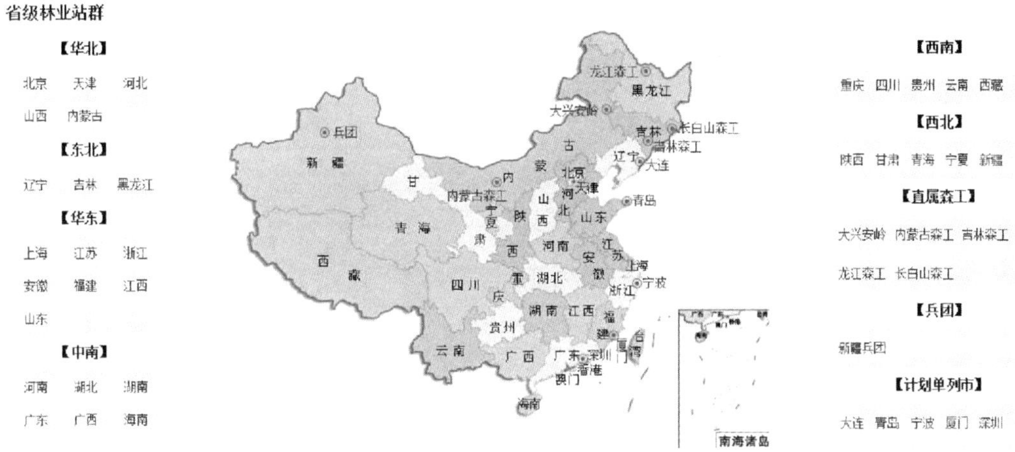

图 9-6　中国林业网省级林业站群页面示意

图 9-7 中国林业网省级林业站群示例

四、 市级林业站群

随着林业业务的发展，人们对林业信息越来越关注，公众参与度越来越高，对林业的综合要求也越来越高，建设覆盖全国的林业网站群迫在眉睫。2013 年 7 月，顺应时代发展和公众对各级林业信息的需求，在国家、省级林业站群的基础上，进行了全国市、县林业局网站群建设，实现全国林业网站全覆盖，加强了基层林业信息发布和信息服务能力。市级林业站群设置了林业资讯、政策法规、生态建设、资源保护、林业产业、林业科技、党建工作、互动交流、林业图片等多个栏目(图 9-8、图 9-9)，目前已建成 283 个市级子站(表 9-1)。

图 9-8　中国林业网市级林业站群页面示意

图 **9-9** 中国林业网市级林业站群示例

表 9-1　中国林业网市级林业站群列表

省份	已上线市级林业子站
河　北	保定市、承德市、邯郸市、廊坊市、石家庄市、唐山市、张家口市
山　西	长治市、晋中市、临汾市、忻州市
内蒙古	阿拉善盟、巴彦淖尔市、包头市、赤峰市、鄂尔多斯市、呼和浩特市、呼伦贝尔市、大兴安岭林管局、乌海市、乌兰察布市、兴安盟、锡林郭勒盟
辽　宁	朝阳市、丹东市、抚顺市、阜新市、葫芦岛市、锦州市、辽阳市、盘锦市、沈阳市、铁岭市、营口市
吉　林	白山市、白城市、吉林市、辽源市、松原市、四平市、通化市、延边州
黑龙江	大庆市、大兴安岭地区、鹤岗市、黑河市、佳木斯市、鸡西市、牡丹江市、齐齐哈尔市、七台河市、双鸭山市、绥化市、伊春市
江　苏	常州市、淮安市、连云港市、南通市、宿迁市、徐州市、盐城市、扬州市
浙　江	杭州市、湖州市、嘉兴市、金华市、丽水市、舟山市、衢州市、绍兴市、台州市、温州市
安　徽	蚌埠市、池州市、滁州市、阜阳市、合肥市、淮北市、亳州市、淮南市、黄山市、六安市、马鞍山市、宿州市、铜陵市、芜湖市、宣城市
福　建	龙岩市、南平市、宁德市、泉州市、三明市、漳州市
江　西	抚州市、赣州市、九江市、景德镇市、吉安市、南昌市、萍乡市、上饶市、新余市、鹰潭市、宜春市
山　东	滨州市、东营市、济南市、济宁市、临沂市、聊城市、日照市、泰安市、潍坊市、威海市、烟台市、淄博市、枣庄市
河　南	安阳市、鹤壁市、济源市、焦作市、开封市、洛阳市、漯河市、南阳市、平顶山市、濮阳市、三门峡市、商丘市、新乡市、许昌市、信阳市、周口市、驻马店市
湖　南	郴州市、常德市、长沙市、衡阳市、怀化市、娄底市、湘潭市、湘西州、益阳市、岳阳市、永州市、张家界市、株洲市、邵阳市
湖　北	恩施市、黄冈市、黄石市、荆门市、荆州市、十堰市、随州市、武汉市、襄阳市、孝感市、咸宁市、宜昌市
广　东	东莞市、广州市、河源市、惠州市、江门市、茂名市、梅州市、韶关市、汕头市、云浮市、阳江市、珠海市、中山市、肇庆市、湛江市
广　西	百色市、北海市、防城港市、桂林市、贵港市、贺州市、河池市、柳州市、来宾市、钦州市、梧州市、玉林市
四　川	阿坝州、巴中市、达州市、德阳市、甘孜州、广安市、泸州市、凉山州、眉山市、绵阳市、内江市、南充市、攀枝花市、遂宁市、宜宾市、雅安市、自贡市、资阳市
海　南	海口市、三亚市
重　庆	长寿区、垫江县、大足区、丰都县、涪陵区、奉节县、合川区、江津区、黔江区、沙坪坝区、铜梁区、潼南县、巫溪县、万州区、武隆、巫山县、万盛区、秀山、永川区、酉阳
贵　州	安顺市、贵阳市、六盘水市、黔东南州、黔南州、黔西南州、铜仁市、遵义市
云　南	保山市、楚雄州、德宏州、红河州、昆明市、丽江市、临沧市、怒江州、昭通市、西双版纳州、玉溪市
陕　西	安康市、宝鸡市、商洛市、铜川市、渭南市、西安市、咸阳市、榆林市
甘　肃	白银市、定西市、甘南州、嘉峪关市、金昌市、酒泉市、兰州市、陇南市、临夏州、平凉市、庆阳市、天水市、武威市、张掖市林科技术推广站、张掖市
青　海	海北州、海西州、海东市、西宁市
宁　夏	固原市、石嘴山市、吴忠市、银川市
新　疆	阿勒泰市、巴音郭楞州、昌吉州、吐鲁番市、乌鲁木齐市

五、 县级林业站群

中国林业网县级林业站群设置了林业资讯、政策法规、生态建设、资源保护、林业产业、林业科技、党建工作、互动交流、林业图片和林业视频等多个栏目（图 9-10、图 9-11），目前已建成904 个县级子站（表 9-2）。

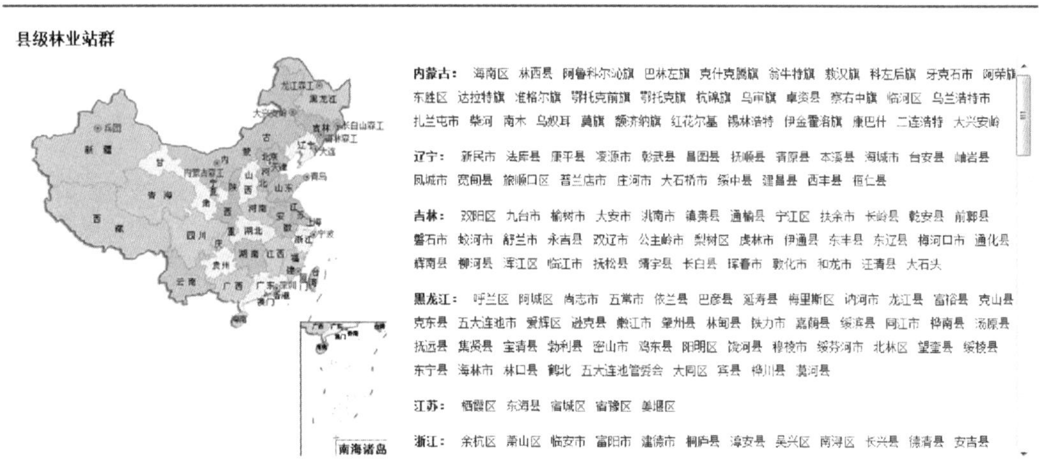

图 9-10　中国林业网县级林业站群

图 9-11　中国林业网县级林业站群示例

表 9-2　中国林业网县级林业站群列表

省份	已上线县级林业子站
河北	赤城县、承德县、阜平县、怀安、栾城县、隆化县、涞源县、临漳县、满城县、平泉县、邱县、顺平县、涉县、唐县、蔚县、新华区、行唐县、兴隆县、宣化县、阳原县、鹰手营、易县、赵县、涿鹿县、正定县
内蒙古	阿拉善盟经济开发区林业局、敖汉旗、阿鲁科尔沁旗、阿拉善左旗、阿荣旗、巴林左旗、巴林、柴河、察哈尔右中旗、大兴安岭、达拉特旗、东胜区、鄂托克旗、鄂托克前旗、二连浩特、额济纳旗、额尔古纳市、根河市、海拉尔区、海南区、红花尔基、克什克腾旗、科左后旗、康巴什、科尔沁右翼中旗、林西县、临河区、杭锦旗、莫旗、满洲里、南木、突泉县、翁牛特旗、乌审旗、乌兰浩特市、乌奴耳、乌拉特前旗、锡林浩特、牙克石市、伊金霍洛旗、准格尔旗、卓资县、扎兰屯市
辽　宁	岫岩县、本溪县、昌图县、大石桥市、法库县、抚顺县、凤城市、海城市、桓仁县、建昌县、康平县、宽甸县、凌源市、旅顺口区、普兰店市、清原县、绥中县、西丰县、新民市、彰武县
吉　林	长岭县、长白县、大安市、东丰县、东辽县、敦化市、大石头、抚松县、扶余市、公主岭市、辉南县、浑江区、珲春市、和龙市、九台市、蛟河市、靖宇县、梨树区、柳河县、临江市、梅河口市、宁江区、磐石市、乾安县、前郭县、双阳区、舒兰市、双辽市、洮南市、通榆县、通化县、汪清县、榆树市、永吉县、伊通县、镇赉县
黑龙江	阿城区、爱辉区、宾县、北林区、勃利县、宝清县、巴彦县、东宁县、大同区、富裕县、抚远县、方正县、富锦市、呼玛县、虎林市、呼兰区、桦南县、海林市、桦川县、嘉荫县、集贤县、鸡东县、克山县、克东县、龙江县、林甸县、林口县、梅里斯区、密山市、穆棱市、漠河县、讷河市、嫩江市、青冈县、饶河县、尚志市、绥滨县、绥芬河市、绥棱县、塔河县、铁力市、同江市、汤原县、五常市、五大连池市、望奎县、五大连池管委会、逊克县、依安县、友谊县、依兰县、延寿县、阳明区、肇源县、肇州县
江　苏	东海县、姜堰区、栖霞区、宿城区、宿豫区
浙　江	安吉县、长兴县、奉化县、富阳市、黄岩区、建德市、江山市、椒江区、开化县、临安市、路桥区、临海市、乐清市、莲都区、南浔区、瑞安市、松阳县、上虞区、三门县、桐庐县、天台县、吴兴区、婺城区、萧山区、淳安县、云和县、余杭区、义乌市、永嘉县、诸暨市
安　徽	长丰县、砀山县、肥西县、肥东县、广德县、含山县、徽州区、金寨、灵璧县、临泉县、来安县、郎溪县、六安市、蒙城县、全椒县、天长市、桐城市、涡阳县、芜湖市、无为县、萧县、歙县、休宁县、岳西县、黟县
福　建	城厢区、长汀县、德化县、东山县、福安市、光泽县、华安县、蕉城区、荔城区、鲤城区、洛江区、连城县、明溪县、闽清县、宁化县、南靖县、清流县、泉港区、顺昌县、沙县、上杭县、同安区、武夷山市、仙游县、芗城区、永安市、云霄县、漳浦县、诏安县
江　西	安福县、安远县、安源区、崇义县、德安县、分宜县、永修县、靖安县、吉安市、吉水县、芦溪县、南昌县、鄱阳县、青原区、瑞昌市、遂川县、泰和县、万年县、武宁县、婺源县、新建县、修水县、信丰县、渝水区
山　东	昌邑市、茌平县、城阳区、长清区、东营区、东昌府区、东阿县、东平县、岱岳区、肥城市、广饶县、高青县、高密市、环翠区、河东区、莒县、金乡县、济阳县、利津县、莱阳市、兰山区、临清市、莱州市、宁阳县、平度市、平阴县、平邑县、曲阜市、日照开发区、荣成市、日照山海天度假区、泗水县、商河县、郯城县、滕州市、泰山区、微山县、文登区、汶上县、潍坊滨海新泰市、沂源县、沂水县、淄川区、邹城市、芝罘区、章丘市、招远市

（续）

省份	已上线县级林业子站
河　南	安阳县、桐柏县、博爱县、宝丰县、长葛市、长垣县、川汇区、邓州市、登封市、郸城县、扶沟县、方城县、封丘县、风泉区、范县、固始县、巩义市、鼓楼区、光山县、惠济区、获嘉县、湖滨区、红旗区、淮滨县、辉县、睢阳区、睢县、华龙区、潢川县、滑县、浚县、郏县、祥符区、开发区林业局、鹿邑县、罗山县、卢氏县、洛宁县、灵宝市、龙安区、林州市、龙亭区、栾川县、兰考县、临颍县、马村区、牧野区、民权县、泌阳县、渑池县、孟津县、孟州市、宁陵县、内黄县、南乐县、南召县、内乡县、濮阳县、平桥区、平舆县、台前县、湛河区、清丰县、杞县、淇县、汝阳县、汝州市、顺河回族区、遂平县、山阳区、商城县、陕县、商水县、社旗县、沈丘县、上蔡县、浉河区、嵩县、太康县、汤阴县、唐河县、通许县、卫滨区、卫辉市、尉氏县、卫东区、舞钢市、武陟县、温县、舞阳县、卧龙区、宛城区、魏都区、西峡县、新郑市、新密市、荥阳市、夏邑县、新野县、项城市、许昌县、新安县、新华区、新乡县、襄城县、息县、新县、西华县、修武县、新蔡县、禹州市、偃师市、宜阳县、原阳县、延津县、伊川县、叶县、义马市、永城市、鄢陵县、驿城区、郾城区、虞城县、召陵区、淅川县、中牟县、柘城县、镇平县
湖　北	安陆市、巴东县、保康县、蔡甸区、赤壁市、崇阳县、大冶市、点军区、鄂城区、樊城区、广水市、公安县、谷城县、汉川市、汉南区、黄州区、红安县、黄梅县、洪湖市、建始县、嘉鱼县、江夏区、荆州区、监利县、江陵县、老河口市、利川市、罗田县、梁子湖区、麻城市、南漳县、蕲春县、屈家岭管理区、潜江市、沙洋县、随州市、沙市区、天门市、武当山特区、郧阳区、襄州区、兴山县、咸丰县、襄城区、孝南区、仙桃市、宣恩县、夷陵区、宜都市、远安县、云梦县、应城市、英山县、秭归县、钟祥市、竹山县、枣阳市、曾都区
湖　南	安乡县、安化县、安仁县、保靖县、北湖区、茶陵县、常宁市、长沙县、城步县、辰溪县、东安县、洞口县、道县、鼎城区、凤凰县、古丈县、桂东县、鹤城区、洪江市、洪江区、会同县、花垣县、汉寿县、赫山区、华容县、衡阳县、衡南县、衡山县、衡东县、靖州县、吉首市、江永县、江华县、津市、君山区、嘉禾县、浏阳市、澧县、临澧县、汨罗市、临湘市、醴陵市、耒阳市、临武县、冷水滩区、娄星区、冷水江、涟源市、泸溪县、龙山县、零陵区、蓝山县、隆回县、麻阳县、南岳区、宁远县、宁乡县、南县、平江县、平舆县、祁东县、祁阳县、汝城县、双峰县、绥宁县、双牌县、桑植县、石门县、韶山市、苏仙区、桃江县、通道县、桃源县、武陵区、武冈市、望城区、武陵源、湘阴县、湘乡市、湘潭县、新宁县、溆浦县、新晃县、新化县、新田县、新邵县、永定区、沅江市、云溪区、岳阳县、攸县、炎陵县、永兴县、宜章县、岳阳楼区、沅陵县、永顺县、资兴市、中方县、芷江县、邵东县、邵阳县、慈利县、资阳区、株洲县
广　东	潮南区、东源县、大埔县、广宁县、黄埔区、花都区、和平县、海丰县、惠城区、惠阳区、惠东县、鹤山市、蕉岭县、揭东县、开平市、乐昌市、廉江市、梅江区、梅县、平远县、普宁市、清新区、台山市、翁源县、新丰县、新兴县、信宜市、英德市、紫金县
广　西	巴马县、北流市、苍梧县、都安县、德保县、东兰县、东兴市、大新县、凤山县、扶绥县、桂平市、横县、环江县、合山市、靖西县、金秀瑶族自治县、柳江县、罗城县、荔浦县、柳城县、鹿寨县、灵山县、龙州县、乐业县、临桂县、隆林县、马山县、蒙山县、宁明县、那坡县、南丹县、凭祥市、浦北县、平果县、岑溪市、容县、融安县、融水县、三江县、上思县、田东县、藤县、天等县、田阳县、田林县、天峨县、武宣县、西林县、象州县、忻城县、阳朔县、宜州市、资源县、钟山县
海　南	保亭县、白沙县、澄迈县、昌江县、东方市、定安县、陵水县、临高县、乐东县、琼海市、琼中县、五指山市、万宁市、儋州市
四　川	安岳县、北川县、巴州区、翠屏区、长宁县、大英县、东兴区、德昌县、古蔺县、合江县、会理县、江阳区、开江县、罗江县、阆中市、隆昌县、龙马潭区、泸县、乐至县、芦山县、泸定县、沐川县、茂县、绵阳市、纳溪区、南江县、彭州市、平武县、平昌县、渠县、清神县、容县、三台县、射洪县、松潘县、通江县、通川区、武胜县、威远县、万源市、新津县、西充县、宣汉县、小金县、西昌市、营山县、仪陇县、雁江区、雨城区、雅江县、资中县

（续）

省份	已上线县级林业子站
贵　州	碧江区、大方县、道真县、都匀市、德江县、福泉市、黄平县、锦屏县、龙里县、湄潭县、南明区、盘县、普定县、七星关区、思南县、威宁县、瓮安县、习水县、兴义市、修文县、余庆县、玉屏县、沿河县、遵义县、织金县
云　南	会泽县、梁河县、陇川县、芒市、勐海县、勐腊县、巧家县、瑞丽市、盈江县、永仁县
陕　西	岚皋县、韩城市、横山县、汉滨区、汉西佳县、洛南县、宁陕县、宁西桥山、神木县、石泉县、商南县、山阳县、吴堡县、旬阳县、榆阳区、紫阳县、镇平县、镇安县
甘　肃	成县、迭部县、定西市、高台县、环县、华亭县、徽县、金塔县、康乐县、临潭县、临泽县、灵台县、临夏州、民乐县、岷县、山丹县、肃南裕县、武山县、小陇山张家县、镇原县、庄浪县、舟曲县
青　海	班玛县、大通县、德令哈市、都兰县、贵南县、共和县、格尔木市、甘德县、贵德县、刚察县、化隆县、湟源县、互助县、乐都区、门源县、玛沁县、祁连县、天峻县、同德县、乌兰县、巫溪县
宁　夏	惠农区、海原县、金凤区、六盘山、利通区、平罗县、青铜峡市、沙坡头区、同心县、兴庆区、西夏区、原州区、盐池县、中宁县
新　疆	博州、枞阳县、阜康市、和硕县、呼图壁县、和静县、喀什市、若羌县、尉犁县、焉耆县、伊犁州

第十章
横向站群体系

随着林业信息化的深入推进，各森林公园、自然保护区、国有林场、种苗基地等林业单位的网站建设需求愈加强烈。建立统一管理、统一部署、统一标准、统一规范的专业网站群，是节约资源、降低成本的有效方法，有助于统一信息发布、互动交流和开展服务。基于此，国家林业局建设了横向专业站群，实现站群核心应用一体化。横向站群使用统一的数据管理平台，核心功能统一开发和设定，各子站自主管理和维护，子站个性化功能个性化开发。目前，按照林业主题业务范围和实体单位，建设了国有林区网站群、国有林场网站群、种苗基地网站群、森林公园网站群、湿地公园网站群、沙漠公园网站群、自然保护区网站群、主要树种网站群、珍稀动物网站群和重点花卉网站群。这些网站，在统一技术架构基础上分级管理、分级维护，信息可以实现基于特定权限共享呈送的网站集合。网站群系统技术标准统一，能够互联互通，实行集群化管理，形成相对一致的网站运行和服务规范。

一、国有林区站群

国有林区是我国重要的生态安全屏障和森林资源培育战略基地，是维护国家生态安全的重要基础，在经济社会发展和生态文明建设中发挥着不可替代的重要作用，为国家建设做出了重大贡献。为积极探索国有林区改革路径，进一步增强国有林区的生态功能和发展活力，中国林业网建设了国有林区站群。国有林区站群设置了林业资讯、政策法规、生态建设、资源保护、林业产业、林业科技、党建工作、互动交流、林业图片和林业视频等多个栏目(图 10-1、图 10-2)。已建成 35 个国有林区子站(表 10-1)。

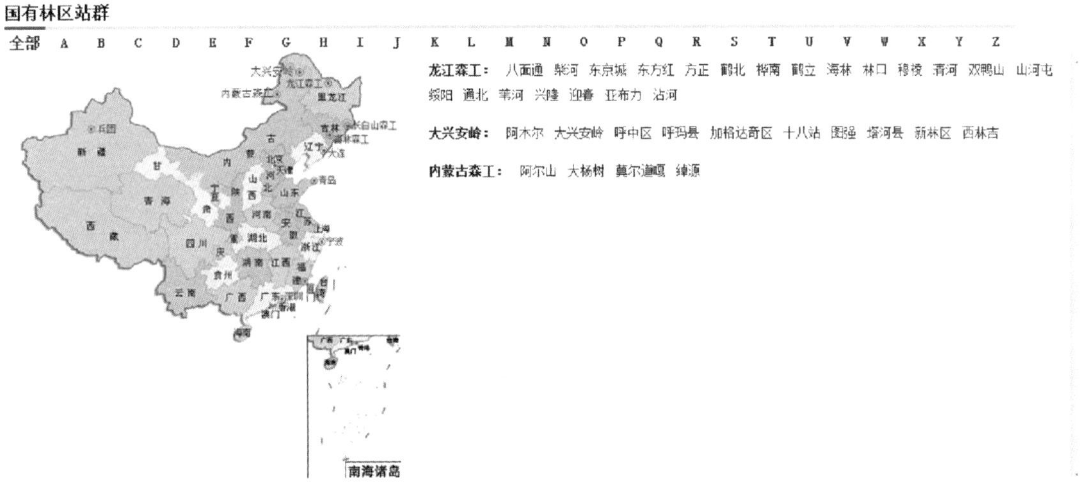

图 10-1 中国林业网国有林区站群

表 10-1 中国林业网国有林区网站群列表

国有林区	已上线国有林区子站
龙江森工	八面通、柴河、东京城、东方红、方正、鹤北、桦南、鹤立、海林、林口、穆棱、清河、双鸭山、山河屯、绥阳、通北、苇河、兴隆、迎春、亚布力、沾河
大兴安岭	阿木尔、大兴安岭、呼中区、呼玛县、加格达奇区、十八站、图强、塔河县、新林区、西林吉
内蒙古森工	阿尔山、大杨树、莫尔道嘎、绰源

图 10-2　中国林业网国有林区站群子站示例

二、 国有林场站群

中国林业网国有林场站群设置了林场简介、信息动态、公示公告、下属机构、图片展示、特色产品、产业动态、森林经营、周边景点、周边饭店等栏目(图 10-3、图 10-4)。目前已开通福建省尤溪国有林场、山东省寿光市国有机械林场、湖北省荆门市彭场林场、湖南省炎陵青石冈国有林场、广西国有高峰林场等 801 个国有林场网站(表 10-2)。

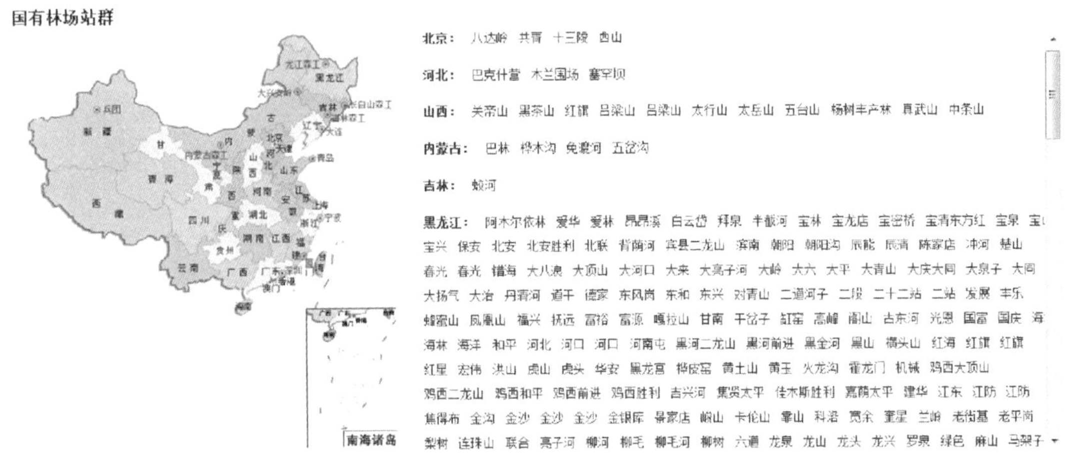

图 10-3 中国林业网国有林场站群

图 10-4　中国林业网国有林场站群示例

表 10-2　中国林业网国有林场网站群列表

省份	已上线国有林场子站
北　京	八达岭、共青、十三陵、西山
河　北	巴克什营、隆化县、木兰围场、塞罕坝
山　西	关帝山、红旗、吕梁山、太行山、太岳山、五台山、杨树丰产林、中条山、真武山
内蒙古	敖汉旗新惠、巴林、广兴、桦木沟、联峰、免渡河、热水、太本庙、五岔沟
吉　林	蛟河
黑龙江	爱辉江防、爱华、爱林、昂昂溪、阿木尔依林、白云岱、拜泉、半截河、宝林、宝龙店、宝清东方红、宝泉、宝山、宝兴、保安、北安、北安胜利、北联、背荫河、宾县二龙山、滨南、长兴、朝阳、朝阳沟、辰能、辰清、陈家店、冲河、楚山、春光、错海、长青、大同、大扬气、大治、丹清河、道干、德家、东风岗、东和、东兴、对青山、大八浪、大顶山、大河口、大来、大亮子河、大岭、大六、大平、大青山、大庆大同、大泉子、二道河子、二站、二十二站、二段、方正东方红、发展、丰乐、蜂蜜山、凤凰山、福兴、抚远、富裕、富源、嘎拉山、甘南、干岔子、缸窑、高峰、阁山、古东河、光恩、国富、国庆、海林、海洋、和平、河北、河口、河南屯、黑河二龙山、黑河前进、黑金河、黑山、横头山、红海、红星、宏伟、洪山、虎山、虎头、华安、黑龙宫、桦皮窑、黄土山、黄玉、火龙沟、霍龙门、金沟、佳木斯金沙、金银库、景家店、峻山、鸡东曙光、鸡东红旗、机械、鸡西大顶山、鸡西二龙山、鸡西和平、鸡西前进、鸡西胜利、吉兴河、集贤太平、嘉荫太平、建华、江东、焦得布、卡伦山、靠山、宽余、奎星、科洛、兰岭、老街基、老平岗、梨树、连珠山、联合、亮子河、柳河、柳毛、柳毛河、柳树、六道、龙泉、龙山、龙头、龙兴、罗泉、绿色、梅里斯江防、密山金沙、麻山、马架子、玛县、满天、茂山、茂兴、帽儿山、孟家岗、密山珠山、牡丹江青山、木兰太平、木良、木斯团结、南天门、平房、平山、七台河金沙、七二七、七峰、七虎林、七台河东方红、七台河东风、七台河红旗、七星、奇克、茄子河、青梅山、青年、青阳、青背、清河、庆安东风、饶河东安、饶河青山、绥芬河、孙吴红旗、三道、三道岭、三公里所、三吉台、三间房、三九六、三林、三零三、三站、森川、山泉、上游、尚志、胜利、胜山、十八号、石场沟、石门子、石头河、世纪、双龙、双鸭东安、双鸭山、四宝、四道、四丰、四海店、四家子、四块石、四零四、四山、四十里河、四站、松林、松木河、绥滨条通、绥滨新建、绥滨中兴、驼腰子、太平山、泰来县东方红、汤原东风、汤原正阳、桃山、铁山、通河、通肯河、通天、通天一、头道岗、头道岭、五七、万人欢、望峰、望奎、苇河、卧都河、乌拉浑、五林、新民、新青山、新站、兴隆川、兴山、幸福、新江实验、向阳(桦南)、西风嘴子、西岗子、西林经营所、西南岔、先锋、向阳、小北湖、小黑河、小九、小兴安、新甸、新开道、鸭北、烟筒山、延寿、延寿胜利、沿江、腰岭子、腰屯、一面坡、依兰东风、依兰红旗、依兰珠山、义顺、驿马山、银浪、引龙河、营城子、涌泉、玉河、元宝、元青山、中三阳、柞木、肇东东风、正阳、中央站、朱家、转山、自治、正阳(孙吴)
江　苏	大丰、虞山、阳东、赵疃
浙　江	开化
安　徽	孤山、黄山、金寺山、芦山公益、庙首、沙河集林业、瓦山、歙县歙西、岳西县林业
福　建	白濑、白砂、白云、白云山、坂头、长泰亭下、长泰岩溪、蟾溪、赤湖、大荣、坫头、丰田、福口、光泽华桥、光泽止马、葛坑、葛山、古峰、古田水库、故县、官庄、后坪、化蛟、黄龙、黄田、建瓯水西、九龙岭、将乐、腊洋、楼子坝、路马头、罗山、罗源、林下、美菰、宁化、埔上、邱家山、水南、松溪、天宝、汀溪、亭下、天竺山、卫闽、武夷山、五台山、西陂、峡阳、下蔡、下溪、仙岽、香洋、祥溪、溪口、永春碧卿、永泰大湖、尤溪、杨梅岭、永丰、寨下、诏安岭下溪、政和、漳平、樟湖

（续）

省份	已上线国有林场子站
江　西	百丈峰、生态、枫树山、官山、金盘山、马头山、明月山、双圳、五府山、婺源、犹江、玉女峰
山　东	徂徕山、大泽山、孤山、鹤伴山、环海、腊山、莲花山、崂山、牛山、尼山、十八盘、石门寺、寿光、谭阳、吴宝庵、原山、芝罘
河　南	薄山、板桥、陈庄、大沟河、大虎岭、大坪、东湾、辉县市、荆关、乐山、灵宝川、龙峪湾、老君山、内黄、淇河、石漫滩、陶村、五岳庙、五马寺、愚公、中牟
湖　北	八卦山、白玉垭、白云山、百户湾、北风垭、长寿、大花坪、大口、大崎山、大堰、东坪、大柏、凤凰山、伏山、福宝山、富尔山、甘溪山、高岩子、古市、观坪、官塘驿、桂花、国有林场工作站、红花朵、红坪、红岩背、胡家坪、壶瓶山、花山寨、鸡鸣寺、九华山、金银岗、九口山、九岭头、李家洲、六官坪、麻羊垴、玛峪河、木鱼、娘娘顶、牛皮寨、盘石岭、彭场、前山、潜山、清风岭、七峰山、任家岗、神龙山、十里牌、石板岭、石龙、实验、试验、双峰、双竹、四股平、松柏、松乐山、嵩阳、太平、太子山、桃花冲、铜盆水、王岭、温水、武当山、西张店、仙女、咸宁、肖家坪、新华、熊口、徐家庄、雁门、杨岔山、有名店、源茂、岳姑、樟村坪、沼山
湖　南	白云庵、白云山、常德、滁口、大形山、大庙头、斗蓬山、打鼓坪、岱山、东山福寿、岣嵝峰、挂榜山、高望界、黑山、花岩溪、红山、黄丰桥、迴峰、江华、浆洞、金子岭、金紫山、九峰、金鸡岭、津市、芦头、泸阳、罗溪、龙山、洛浦、连云、毛易、南岭、南洞、南岳、暖水、排牙山、骑田、桥头、青石冈、青羊湖、青龙湾、岐山、齐眉界、桥头（洞口）、溶家洞、四方山、水口山、石岩头、宋坪、索溪峪、三阳、胜峰、砂子坡、石长溪、塔市、桐山、桃林、桃花源、天供山、天子山、万峰、五盖山、五星岭、五峰仙、雾云山、漩水、雪峰山、益将、月溪、云马、玉池、云阳、紫云山、猪石头、张家界
广　西	博白、大桂山、东门、高峰、林朵、六万、南宁、派阳山、七坡、钦廉、三门江、维都、雅长、资源
海　南	抱龙、保梅岭、白马岭、澄迈、儋州、岛东、岛西、枫木鹿场、佛罗、南高岭、卡法岭、六连、毛瑞、猕猴岭、三亚、上埇、通什、昌化
重　庆	白马山、茶山竹海、轿子顶、接龙、梁平县、金佛山、茂云山、桥口坝、四面山、永川、红池坝、竹海
贵　州	长坡岭、拱拢坪、龙里、马鞍山、扎佐
云　南	海口、金城、牛达、香坪山、西山、芷村
甘　肃	百花、党川、东岔、高桥、观音、黑虎、江洛、李子园、立远、连家砭、龙门、麻沿、麦积、山门、太碌、滩歌、洮坪、小陇山、严坪、榆树、冶力关、云坪、张家庄、左家
青　海	北山、宝库、大通实验、东峡、格尔木市、河北、湟水、互助实验、江拉、玛可河、纳家山、南山、南朔山、祁连、上北山、塔尔山、乌兰、峡群、下北山、洋玉、药草台
宁　夏	金沙、吴忠、原州区
新　疆	阿克苏、博州、布尔津、巴尔鲁克山、次生、察布查尔、福海、阜康、胡杨林（库车）、霍城分局、胡杨林（且末）、哈巴河、胡杨林（阿瓦提）、胡杨林（沙雅）、昆仑山、拉布润、玛纳斯南山、三道河子、双水磨、天山（阿克苏）、天山（库车）、五一、伊宁分局、昭苏

三、 种苗基地站群

中国林业网种苗基地站群设置了基地简介、最新要闻、生产概况、基地风采、良种介绍、供求信息、技术支撑、计划总结、资料共享、基地风采等栏目(图10-5、图10-6)。目前已开通福建省洋口林场国家杉木良种基地、江西省吉安市青原区白云山林场国家杉木湿地松良种基地、中国林科院亚热带林业实验中心油茶良种基地、湖北省恩施市铜盆水林场国家杉木良种基地、宁夏林木良种繁育中心国家杨树良种基地等265个种苗基地网站(表10-3)。

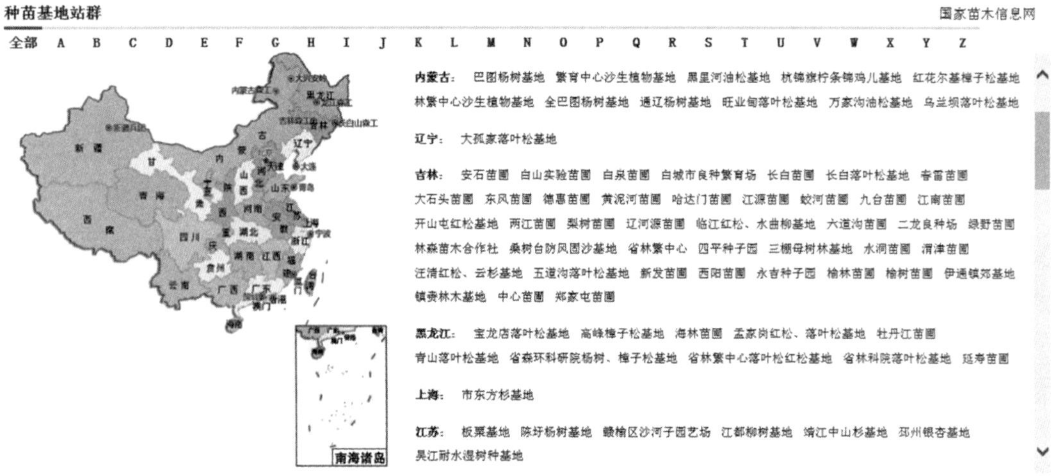

图10-5 中国林业网种苗基地站群

图 10-6　中国林业网种苗基地站群示例

表 10-3　中国林业网种苗基地网站群列表

省份	已上线种苗基地子站
北　京	大东流苗圃、黄垡彩叶树种基地、十三陵白皮松基地
河北	沧县枣树基地、衡水白蜡基地、良繁中心榆树核桃基地、龙头山落叶松基地、七沟油松基地、魏进河板栗基地、威县杨树基地、盐山抗盐碱树种基地
山　西	汾阳核桃基地、吉县刺槐基地、上庄油松基地
辽　宁	大孤家落叶松基地
吉　林	安石苗圃、白山实验苗圃、白泉苗圃、白城市良种繁育场、长白苗圃、长白落叶松基地、春雷苗圃、大石头苗圃、东风苗圃、德惠苗圃、黄泥河苗圃、哈达门苗圃、江源苗圃、蛟河苗圃、九台苗圃、江南苗圃、开山屯红松基地、林森苗木合作社、二龙良种场、绿野苗圃、六道沟苗圃、临江红松、水曲柳基地、辽河源苗圃、梨树苗圃、两江苗圃、桑树台防风固沙基地、省林繁中心、四平种子园、三棚母树林基地、水洞苗圃、渭津苗圃、汪清红松、云杉基地、五道沟落叶松基地、五棵树苗圃、新发苗圃、西阳苗圃、榆树苗圃、榆林苗圃、永吉种子园、伊通镇郊基地、镇赉林木基地、中心苗圃、郑家屯苗圃
黑龙江	宝龙店落叶松基地、高峰樟子松基地、海林苗圃、牡丹江苗圃、孟家岗红松、落叶松基地、青山落叶松基地、省森环科研院杨树、樟子松基地、省林繁中心落叶松红松基地、省林科院落叶松基地、延寿苗圃
上　海	市东方杉基地
江　苏	板栗基地、陈圩杨树基地、赣榆区沙河子园、艺场江都柳树基地、靖江中山杉基地、邳州银杏基地、吴江耐水湿树种基地
浙　江	长乐杉木、火炬松基地、金华油茶、油桐基地、开化杉木基地、刘家塘金钱松良种基地、姥山马尾松基地
安　徽	黄山油茶、马尾松基地、祁门枫香基地、西田杉木基地、镇头光皮桦基地
福　建	白砂马尾松、杉木基地、官庄杉木、马尾松基地、光泽华桥杉木基地、将乐林木良种基地、五一马尾松基地、卫闽杉木、马尾松基地、溪口福建柏、马尾松基地、尤溪杉木基地、洋口杉木基地
江　西	白云山杉木、湿地松基地、陈山杉木基地、抚州马尾松、油茶基地、官山枫香、楠木基地、吉安龙脑樟基地、林科院油茶基地、牛犬山杉木基地、武功山杉木、火炬松基地、峡江松类油茶基地、信丰杉木基地、宜春华木莲、银鹊基地、中国林科院亚热带油茶基地
山　东	东营试验白蜡基地、垛山刺槐、黑松基地、高桥杨树基地、冠县杨树基地、金乡白榆基地、林科院白蜡基地、莱阳苗圃、日照林科所省林木种质中心、珍稀树种基地、园艺场枣树基地、中国北方绿化苗木基地
河　南	火炬松良种基地、黄县大枣基地、济源市种子站郑县侧柏基地、桐柏县马尾松基地、温县毛白杨基地、信阳东方林业基地、镇平苗圃、郑州市苗木场
湖　北	长岭岗落叶松基地、鄂州林研所基地、鄂州种苗管理站潜江林研所石首杨树基地、铜盆水杉木基地、太子山马尾松基地、五脑山油茶基地、兴山核桃基地
湖　南	安化林科所马尾松、杜仲基地、慈利种苗基地、城步马尾松基地、常德种苗基地、二铺种苗基地、会同杉木基地、衡东种苗基地、江华杉木马尾松基地、泸溪种苗基地、林业种苗中心浏阳油茶基地、排牙山杉木基地、苏仙种苗基地、沙湾种苗基地、桃源种苗基地、桃林湿地松、油茶基地、天鹅山杉木基地、通道种苗基地、永州种苗基地
广　东	岑溪油茶基地、东门桉树基地、林科院油茶、红锥基地、林科所马尾松基地、派阳山马尾松、八角基地、覃塘马尾松基地、藤县马尾松基地、西山杉木基地、咸水杉木基地
广　西	东门林场国家桉树良种基地、林科院国家油茶红锥良种基地、国家马尾松八角良种基地、咸水林场国家杉木良种基地、藤县大芒界种子园国家马尾松良种基地、岑溪市国家油茶良种基地、林科所国家重点马尾松良种基地、覃塘林场国家马尾松良种基地、融安县西山林场国家杉木种苗基地

（续）

省份	已上线种苗基地子站
海　南	霸王岭苗圃、岛东苗圃、岛西苗圃、海口林业服务中心尖峰岭苗圃、林科所苗圃、临高加勒比松、相思基地、儋州苗圃
重　庆	长生杉木马尾松基地、南川马尾松杉木基地、綦江柏木基地、万州木姜子基地、巫溪核桃基地、新开源苗木基地、秀山皂荚基地、银木马林光基地、酉阳马尾松基地
四　川	高县马尾松基地、广元核桃基地、高县杉木基地、洪雅杉木、柳杉基地、金鼓柏木基地、凉山州油橄榄基地、通江银杏基地、筠连杉木基地
贵　州	东风杉木基地、马尾松基地、省种苗示范基地、威宁华山松基地
云　南	九龙山核桃板栗基地、马关林木种苗站、云南华山松基地
陕　西	厚畛子落叶松、油松基地、略阳杜仲基地、桥山油松基地、商洛核桃基地、宜君核桃基地、榆林樟子松基地
甘　肃	瓜州胡杨基地、龙渠青海云杉、祁连圆柏基地、码头杨树基地、清水刺槐基地、沙坝落叶松、云杉基地、武威杨树、樟子松基地、中湾油松基地
青　海	北山祁连圆柏基地、城南苗圃、城关苗圃、东峡青海云杉基地、互助苗圃、湟水杨树基地、麦秀紫果云杉基地
宁　夏	华北落叶松基地、灵武沙生灌木基地、六盘山种苗基地、省林繁中心杨树基地、中宁枸杞基地
新　疆	阿克苏国家核桃、枣树基地、哈密落叶松基地、吉木萨尔榆树、沙棘基地、尼勒克天山云杉基地、平原杨树、榆树基地、青河大果沙棘基地、于田杏、核桃基地、伊犁州杨树、白榆基地、泽普枣树基地
吉林森工	东兴苗圃、露水种子园、泉阳苗圃、三岔子种子园、松江河育苗基地、望江楼苗圃、湾沟苗圃、新发苗圃
内蒙古森工	巴图杨树基地、繁育中心沙生植物基地、黑里河油松基地、杭锦旗柠条锦鸡儿基地、红花尔基樟子松基地、林繁中心沙生植物基地、全巴图杨树基地、通辽杨树基地、旺业甸落叶松基地、万家沟油松基地、乌兰坝落叶松基地
龙江森工	带岭林繁中心、苇河红松、落叶松基地
大兴安岭	阿木尔苗圃、大兴安岭樟子松、落叶松基地、呼中苗圃、加格达奇苗圃、加格达奇种子园、塔河云杉林木基地、塔河苗圃、新林苗圃

四、 森林公园站群

中国林业网森林公园站群设置了公园简介、热点新闻、场景式服务、特色景观、生态文化、旅游产品、特色商品、图片列表、风光掠影、风景视频、科研科普等栏目(图 10-7、图 10-8)。目前已开通莲花山国家森林公园、兴凯湖省级森林公园、神农架国家森林公园、桃花源国家森林公园、哈里哈图国家森林公园等 287 个森林公园网站(表 10-4)。

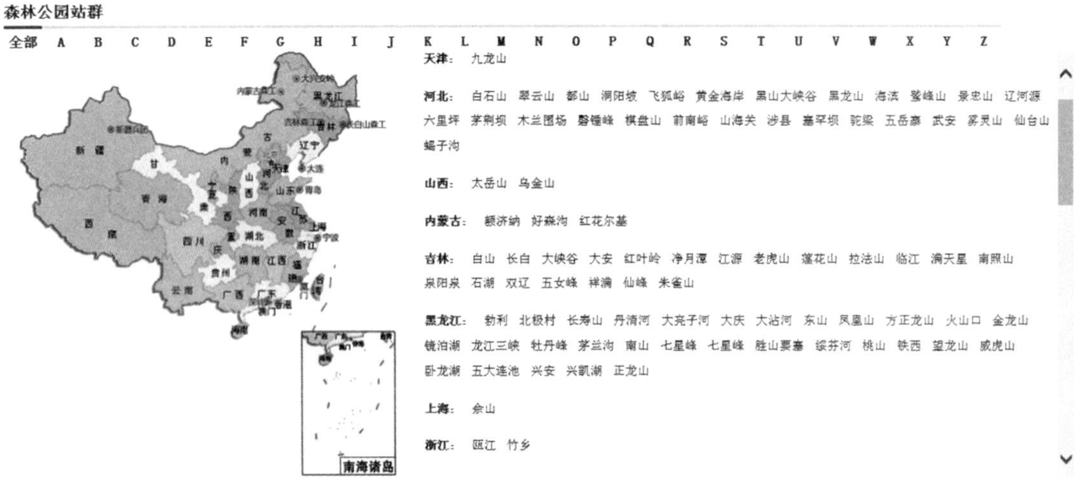

图 10-7 中国林业网森林公园站群

图 10-8　中国林业网森林公园站群示例

表 10-4 中国林业网森林公园网站群列表

省份	已上线森林公园子站
北　京	八达岭、北宫、鹫峰、蟒山、云蒙山、银河谷
天　津	九龙山
河　北	白石山、翠云山、都山、洞阳坡、飞狐峪、黄金海岸、黑山大峡谷、黑龙山、海滨、鹫峰山、景忠山、辽河源、六里坪、茅荆坝、木兰围场、磬锤峰、棋盘山、前南峪、山海关、涉县、塞罕坝、驼梁、五岳寨、武安、雾灵山、仙台山、蝎子沟
山　西	太岳山、乌金山
内蒙古	宝格达乌拉、二龙什台、额济纳、好森沟、红花尔基
吉　林	白山、长白、大峡、谷吊、水壶、大安、红叶岭、江源、净月潭、老虎山、莲花山、拉法山、临江、满天星、南照山、泉阳泉、石湖、双辽、五女峰、祥满、仙峰、朱雀山
黑龙江	勃利、北极村、长寿山、东山、大亮子河、大庆、大沾河、丹清河、凤凰山、方正龙山、火山口、金龙山、镜泊湖、龙江三峡、牡丹峰、茅兰沟、南山、七星峰、胜山要塞、绥芬河、桃山、铁西、望龙山、威虎山、卧龙湖、五大连池、兴安、兴凯湖、正龙山
上　海	佘山
浙　江	瓯江、竹乡
安　徽	琅琊山、马仁山、天柱山
福　建	壁舟里、白云山、蟾溪、长乐大鹤、福州、古峰、古田溪、古云、葛山、霍童溪、化蛟、华安、九龙山、匡山、莲花、良岗山、龙湖山、吕洞、美菰、旗山、天池、天竺山、天宝山、天星山、乌山、武夷山、仙风山、杨梅岭、圆山、支提山
江　西	安源、龟峰、灵岩洞、明月山、清凉山、三爪仑、铜钹山、天柱峰、陡水湖、岩泉、瑶里、毓秀山、柘林湖
山　东	徂徕山、鹤伴山、腊山、莲花山、牛山、尼山、日照、寿阳山、驼山、仰天山、沂山、峄山
河　南	白云山、倒回沟、甘山、黄柏山、焦作、七峰山、七十二潭、石柱山、燕子山、云台山
湖　北	柴埠溪、大别山、大崎山、东方山、桂花、官山、黄山头、黄荆山、横岗山、沮河、鹿门寺、七里山、潜江、诗经源、神农架、狮子峰、双峰山、太子山、吴家山、五脑山、薤山、银杏
湖　南	蔡伦竹海、东台山、大熊山、大云山、大围山、福音山、凤凰山、岣嵝峰、花岩溪、河洑、黑麋峰、九疑山、夹山、金洞、九龙江、蓝山、两江峡谷、罗溪、丽峰、莽山、幕阜山、南华山、千家峒、神农谷、嵩云山、四明山、舜皇山、桃花江、桃花源、天鹅山、天门山、天泉山、天堂山、五尖山、西瑶绿谷、熊峰山、雪峰山、新邵、阳明山、月岩、云山、云阳、攸州、张家界、柘溪、坐龙峡
广　东	新丰江
广　西	爱山、大瑶山、大容山、姑婆山、九龙瀑布群、龙滩大峡谷、龙潭、良凤江、林湖、十万大山、五皇山
海　南	霸王岭、吊罗山、尖峰岭、黎母山
重　庆	仙女山
四　川	措普、夹金山、九寨、米仓山、五峰山、云湖
贵　州	百里、毕节、长坡岭
云　南	古田、灵宝山、清华洞、西双版纳
青　海	北山、大通、哈里哈图、上北山
陕　西	楼观台
宁　夏	六盘山
新　疆	南山
内蒙古森工	阿尔山、达尔滨湖、莫尔道嘎
吉林森工	红石、露水河、临江瀑布群、泉阳泉、松江河、三岔子、湾沟

五、 湿地公园站群

中国林业网湿地公园站群设置了公园简介、热点信息、场景式服务、特色景观、生态文化、旅游产品、特色商品、图片列表、风光掠影、风景视频、科研科普等栏目(图 10-9、图 10-10)。已开通虎林国家湿地公园、始丰溪国家湿地公园、漩门湾国家湿地公园、东江源国家湿地公园、九龙湾国家湿地公园、唐河国家湿地公园、金沙湖国家湿地公园、远安沮国家湿地公园、普者黑国家湿地公园 9 个湿地公园网站。

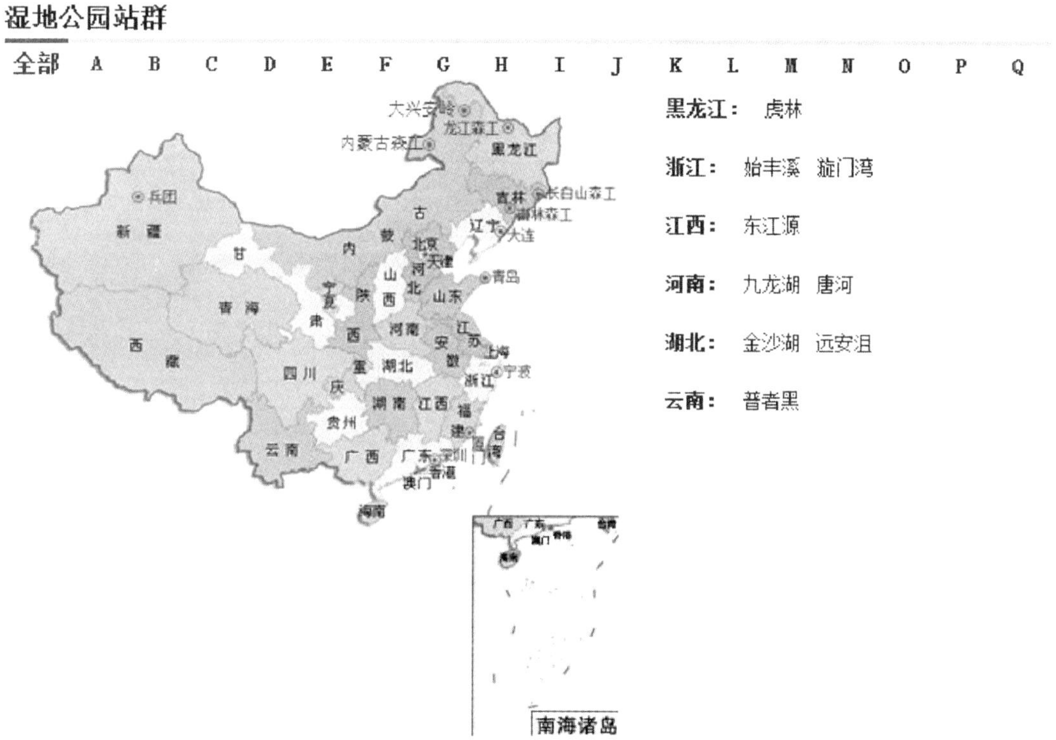

图 10-9 中国林业网湿地公园站群

图 10-10　中国林业网湿地公园站群示例

六、 沙漠公园站群

为扩充中国林业网的服务范围，2015 年 6 月中国林业网建设了沙漠公园站群，旨在弘扬大漠文化，向公众展示沙漠公园之美，推动防沙治沙工作。沙漠公园站群设置了公园简介、热点新闻、场景式服务、特色景观、生态文化、旅游产品、特色商品、图片列表、风光掠影、风景视频、科研科普等栏目(图 10-11，图 10-12)。已建成新疆奇台硅化木沙漠公园和沙雅国家沙漠公园等网站。

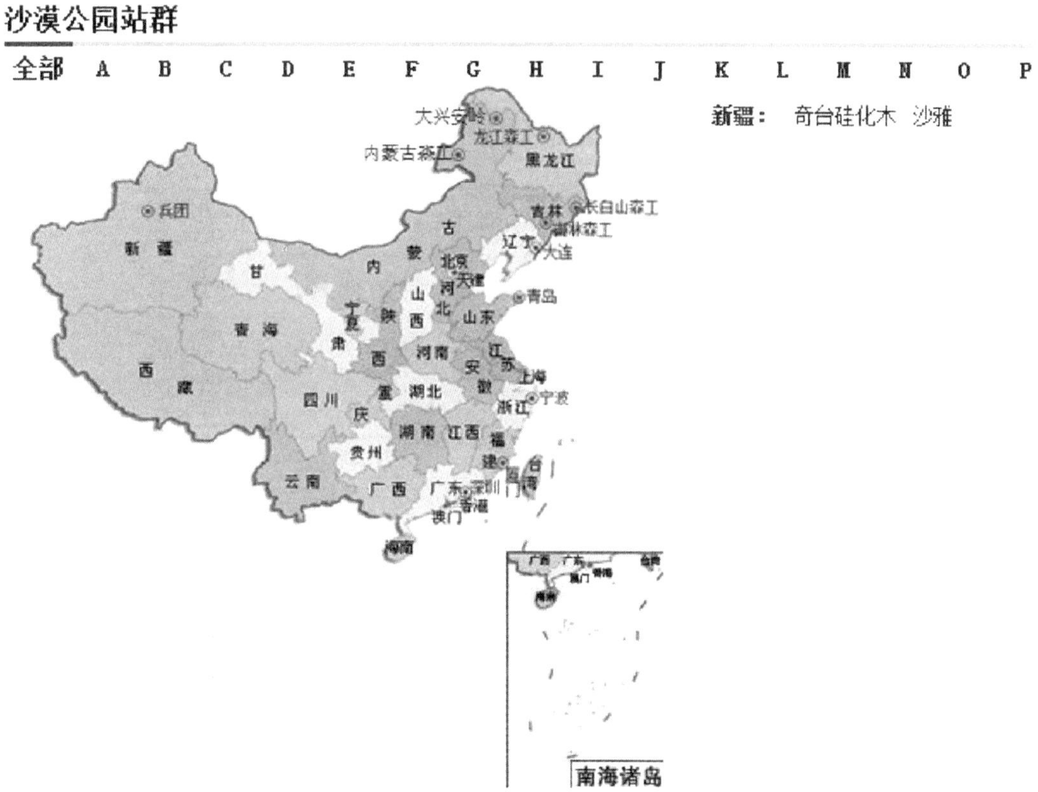

图 10-11　中国林业网沙漠公园站群

图 10-12　中国林业网沙漠公园站群示例

七、 自然保护区站群

中国林业网自然保护区站群设置了保护区概况、工作动态、自然资源、自然保护、公众教育、生态旅游、保护区风光等栏目(图 10-13、图 10-14)。已开通北京百花山国家级自然保护区、吉林黄泥河自然保护区、浙江凤阳山自然保护区、湖南莽山国家级自然保护区、广西猫儿山国家级自然保护区等 270 个自然保护区网站(表 10-5)。

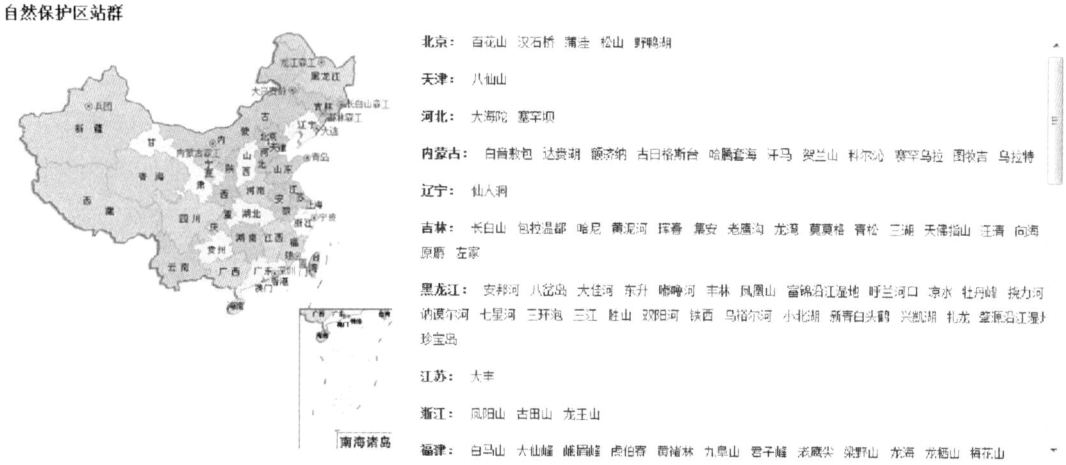

图 10-13　中国林业网自然保护区站群

图 10-14 中国林业网自然保护区站群示例

表 10-5 中国林业网自然保护区网站群列表

省份	已上线自然保护区子站
北京	百花山、汉石桥、蒲洼、松山、野鸭湖
天津	八仙山
河北	大海陀、塞罕坝
内蒙古	白音敖包、毕拉河、达赉湖、额济纳、古日格斯台、哈腾套海、汗马、贺兰山、罕乌拉、科尔沁、赛罕乌拉、森林管护局、图牧吉、乌拉特
辽宁	双台河口、仙人洞
吉林	包拉温都、长白山、哈尼、黄泥河、珲春、集安、老鹰沟、龙湾、莫莫格、青松、三湖、天佛指山、汪清、向海、原麝、左家
黑龙江	安邦河、八岔岛、大佳河、东升、嘟噜河、凤凰山、丰林、富锦沿江湿地、呼兰河口、凉水、牡丹峰、挠力河、讷谟尔河、七星河、三环泡、三江、胜山、双阳河、松花江、铁西、乌裕尔河、小北湖、新青白头鹤、兴凯湖、扎龙、珍宝岛、肇源沿江湿地
江苏	大丰
浙江	凤阳山、古田山、龙王山
福建	白马山、大仙峰、峨眉峰、瓜溪、虎伯寮、黄楮林、九阜山、君子峰、老鹰尖、梁野山、龙海、龙栖山、龙山、梅花山、闽江河口、闽江源、藤山、天宝岩、牙梳山、鸳鸯猕猴、漳江口
江西	都昌候鸟、官山、九连山、井冈山、庐山、南矶湿地、鄱阳湖、齐云山、湿地办、桃红岭、武夷山、阳际峰、阳岭、野保局、章江源
山东	南四湖、荣成、三角洲、泰山、太平山
河南	宝天曼、董寨、丹江、黄河、三门峡、淮滨、小秦岭
湖北	巴东金丝猴、堵河源、丹江口、二仙岩、洪湖、龙感湖、木林子、南河、七姊妹山、十八里长峡、赛武当、万朝山、网湖、五道峡、五龙河、星斗山、野人谷、漳河源
湖南	白云山、八面山、八大公山、都庞岭、东洞庭湖、东安舜皇山、高望界、壶瓶山、黄桑、衡山、借母溪、六步溪、莽山、桃源洞、乌云界、西洞庭湖、小溪、鹰嘴界、阳明山
广东	车八岭、福田、海丰、华南虎、黑石顶、罗坑、南岭、南昆山、淇澳－担杆岛、青云山、石门台、象头山、湛江
广西	崇左、花坪、九万山、猫儿山、木论、弄岗、千家洞
海南	保梅岭、邦溪、霸王岭、东寨港、吊罗山、人田、佳西、尖峰岭、尖岭、茄新、黎母山、八连岭、猕猴岭、南林、南湾、番加、青皮林、上溪、五指山、鹦哥岭
重庆	大巴山、缙云山、金佛山、五里坡
四川	蜂桶寨、龙溪－虹口、马边大风顶、美姑大风顶、苏铁、唐家河、瓦屋山、王朗、卧龙
贵州	草海、大沙河、梵净山、宽阔水、麻阳河、习水
云南	阿姆山、哀牢山、大围山、大山包、古林箐、高黎贡山、黄连山、剑湖、老君山、南滚河、普者黑、铜壁关、巍山、文山、无量山、药山、元江、元阳、云岭、云龙天池
陕西	长青、佛坪、牛背梁、青木川、桑园、太白山
青海	柴达木、格尔木、孟达、青海湖、三江源、托素湖
甘肃	白水江、敦煌西湖、尕海、民勤连古城、太统－崆峒山、太子山、盐池湾
宁夏	哈巴湖、贺兰山、罗山、青铜峡
龙江森工	大沾河、东方红、丰林、红星、乌伊岭、新青、友好
大兴安岭	绰纳河、多布库尔、呼中、南瓮河、双河

八、 主要树种站群

中国林业网主要树种站群设置了概览、资讯、培育、利用、文化、旅游、科技教育、政策法规、国际合作、机构队伍、相册、视频等栏目，展示了主要树种的特色和优势，用户通过访问本站群可以获得林业主要树种的相关信息和服务（图 10-15、图 10-16）。已开通中国松树网、杉树网、柏树网、杨树网、柳树网、榆树网、槐树网、泡桐网、银杏网、竹子网、桉树网、樟树网、核桃网、板栗网、枣树网、油茶网、沙棘网、桃树网、楠木网、枫树网等 50 个子站。

图 10-15　中国林业网主要树种站群

九、 珍稀动物站群

中国林业网珍稀动物站群是普及珍稀动物知识的窗口，设置了我是谁、我的家园、我的近况、我的成长、请保护我、我的故事、海外关系、科技教育、政策法规、爱心机构、我的相册、我的视频等栏目，公众可以通过本站群查看和学习国家珍稀动物的相关知识和信息，包括珍稀动物的有关资料、论文、科研成果、文件、标准、法律法规等，起到对珍稀动物知识的普及教育作用（图 10-17）。目前，已开通中国猴类网、熊类网、大熊猫网、狮子网、豹子网、老虎网、大象网、麋鹿网、鹿类网、藏羚羊网、黑鹳网、朱鹮网、天鹅网、孔雀网、丹顶鹤网、龟类网、扬子鳄网、鱼类网、中华鲟网、蝴蝶网、野马网、中华秋沙鸭网、鹰类网、褐马鸡网、红胸角雉网等 45 个子站。

图 10-16　中国林业网主要树种站群示例

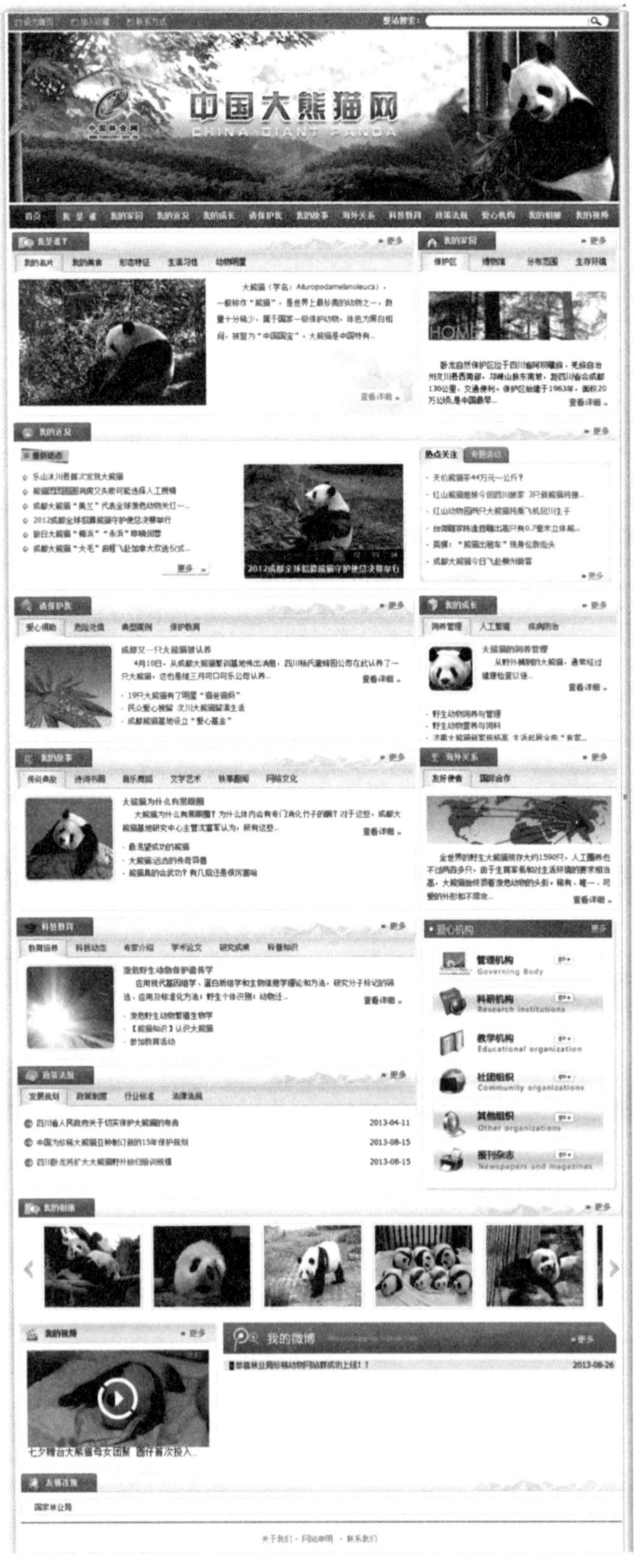

图 10-17　中国林业网珍稀动物站群示例

十、 重点花卉站群

中国林业网重点花卉站群是普及花卉知识的窗口，设置了概况、资讯、科技、产业、文化、旅游和普及教育、政策法规、国际合作、机构队伍、相册和视频等栏目，公众可以通过本站群了解和学习相关花卉知识，包括栽培、繁殖、产业、文化等，从而加深对各种花卉的了解(图 10-18、图 10-19)。目前，已开通牡丹、月季、杜鹃、菊花、荷花、梅花、茶花、兰花、桂花、水仙、石竹、玉兰、海棠、百合和芍药等 35 个花卉网站。

图 10-18　中国林业网重点花卉站群

图 10-19　中国林业网重点花卉站群示例

第十一章 特色站群体系

中国林业网特色站群包括美丽中国网、中国植树网、中国信息林网、中国林业数字图书馆、中国林业网络博物馆、中国林业网络博览会、中国林业数据库、中国林业图片库、中国林业网络电视等子站。

一、 美丽中国网

为弘扬生态文化、推进生态文明、建设美丽中国，中国林业网发挥网站群优势，充分整合现有森林公园、自然保护区、珍稀动物等专题站群内容，组织建设了美丽中国网（http：//beautifulchina. forestry. gov. cn）。我国壮美秀丽的自然风光、引人入胜的人文景观、悠扬深邃的文化遗产、种类丰富的动植物资源，构成了一幅“美丽中国”的精彩图画。美丽中国网旨在为公众提供尊重自然、热爱自然、保护自然的平台，运用互联网思维，建设公众参与的开放平台，充分发挥每个人的力量，结合微博、微信、微视等新媒体，通过广泛途径收集美丽中国的信息，打造“权威、全面、特色”的美丽中国网。

美丽中国网首页采用中国文化元素设计，篆刻字体和蝴蝶结瞬间激起爱国情怀。栏目展示设计突破传统网站风格，一级栏目用大图片叠片设计，二级栏目用卷轴展示，进入首页就能让人感受到美的气息。网站包括最美时讯、最美自然、最美城乡、最美人文、最美世界、最美活动、最美图片、最美视讯 8 个一级栏目（图 11-1）。

最美时讯包括图片报道和最新动态 2 个二级标题，主要包括美丽中国建设相关的最新资讯和新闻报道。

最美自然包括浩瀚林海、秀美湿地、雄浑大漠、自然保护区、神奇动物、瑰丽植物、辽阔草原、雄伟山峰、迷人海岛、险峻峡谷 10 个二级标题，主要呈现祖国壮美河山和美好风光。

最美城乡包括最美城市、最美乡村、最美校园、最美厂区、最美小区 5 个二级标题，突出城市化建设的成果和居住环境水平的提高。

最美人文包括绿海思潮、最美人物、最美事件、最美文化、最美公益、最美节庆 6 个二级标题，主要让公众品味中国悠久的历史文化，感悟道德文化，体会最美的人和事。

最美世界包括综合资讯、最美欧洲、最美亚洲、最美美洲、最美非洲、最美大洋洲 6 个二级标题，主要从世界的范围，感受异域的美好景色和风土人情。

最美活动包括美丽中国行、首届“美丽中国”征文大赛、第二届“美丽中国”作品大赛、首届全国生态作品大赛、第二届全国生态作品大赛、首届“信息改变林业”网络征文作品大赛等二级标题。通过组织活动，在字里行间感受美丽风景，从别人眼中看到独特的美好事物。

最美图片包括森林万象、植物千姿、动物百态、湿地掠影、大漠风情、最美山水、最美人物、民族风情 8 个二级标题，主要展现最美丽的风景、最可爱的动物、最感人的故事，通过图片欣赏最美的一切。

最美视讯包括在线访谈、地方风采、专题频道、生态文化、绿色时空、大地寻梦 6 个二级标题，通过视频了解美丽中国，倾听权威讲述，感受原生态风土气息（图 11-1）。

图 11-1　美丽中国网首页

二、 中国植树网

中国植树网（http://etree.forestry.gov.cn）适应信息时代的要求，利用现代信息技术，将网上捐款与网下植树有机结合起来，实现了虚拟与现实世界的完美连接，为社会各界和广大公众参与植树造林、绿化祖国提供了一个更加方便快捷的渠道。中国植树网开设首页、植树、资讯、科普、排行榜、植树流程6个一级栏目，公众可以获取与植树造林有关的最新资讯、科学知识、实用技术、政策法规、产业信息等；可以选择植树项目、植树地点、植树树种及数量，进行网上捐款和查询捐款使用情况等；可以进行互动交流，分享植树造林心得体会，发表现代林业建设意见和建议等。网站的开通对我国应对气候变化、保障生态安全、发展现代林业、建设生态文明具有积极意义（图11-2）。

图11-2　中国植树网首页

三、中国信息林网

中国信息林网（http://smartforest.forestry.gov.cn）以展示中国信息林建设成就为主要宗旨，同时报道国内外林业信息化发展情况监测、相关法律法规等方面资讯。主要包括资讯报道、概况简介、生长环境、生态环境、信息林博览、创新应用、政策法规等栏目，内容丰富，信息翔实。网站可以实时查看中国信息林的生态环境实时数据和监控视频，集中展示了利用物联网技术打造的首片中国信息林的生长状况，轻点鼠标足不出户就能看到信息林状况，为加快林业实现信息化、网络化、智能化，具有积极的示范意义。

“中国信息林”是由国家林业局设计，北京市园林绿化局具体实施的林业物联网示范项目，坐落于北京园博园。为充分展示物联网技术在林业中的应用，国家林业局信息办组织建设了中国信息林网，旨在展示先进信息技术，实时监测信息林生长变化情况，为信息技术在林业中的应用做出有益探索（图 11-3）。

图 11-3　中国信息林首页

四、 中国林业数字图书馆

中国林业数字图书馆依托林业行业图书信息资源，建立传递快捷、管理高效、服务多元、面向全行业的数字图书馆系统。该系统包括行业数字图书馆资源子系统和行业数字图书馆管理子系统，主要涉及林业电子图书资源和林业电子图书的存储、交换、流通等方面的内容。中国林业数字图书馆通过知识概念引导的方式，突破信息存储和地域限制，将林业行业相关的数字化信息进行网络传输，达到资源共享，实现任何时间、任何地点的使用，为林业行业和社会公众提供便捷的文化服务(图 11-4)。

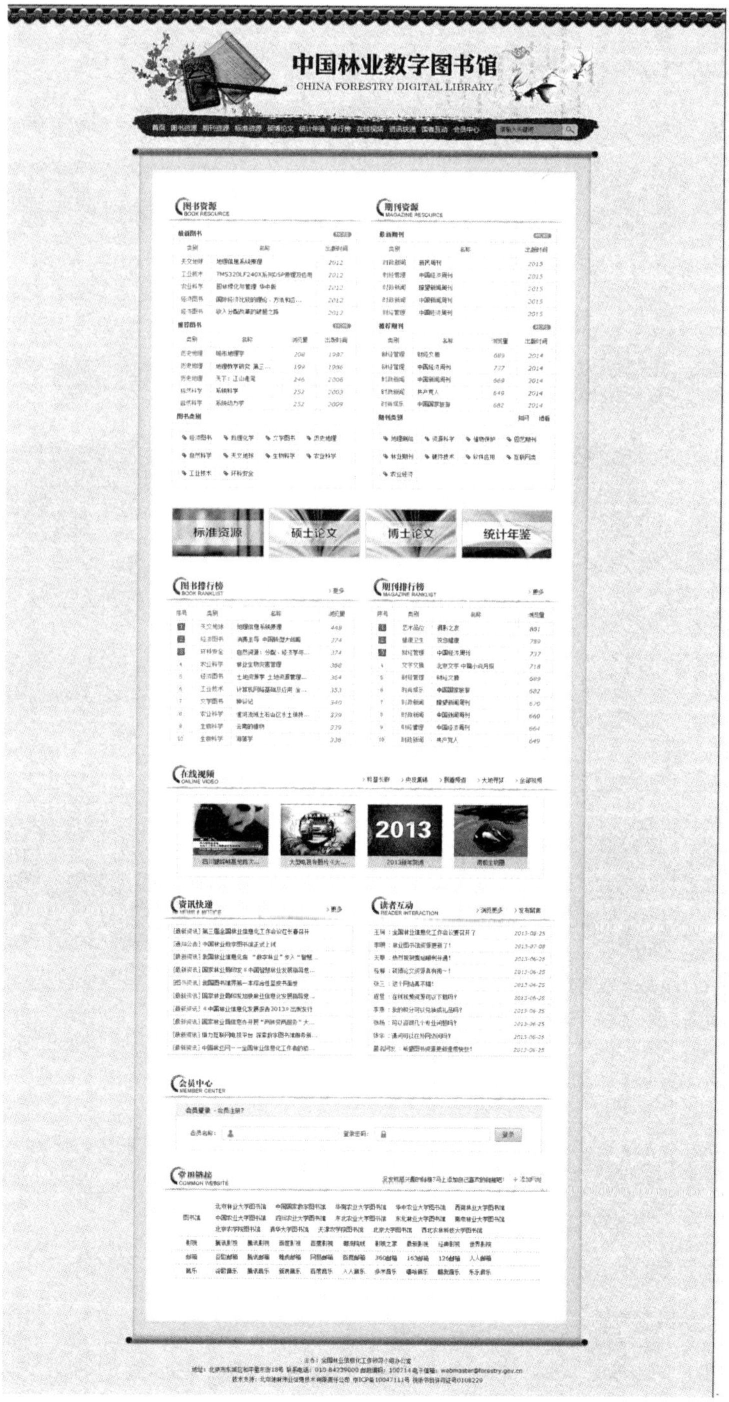

图 11-4　中国林业数字图书馆首页

五、 中国林业网络博物馆

为了给公众提供更多的关于林业的展览服务，中国林业网络博物馆通过虚拟现实技术和网上展览技术融合，构造栩栩如生的三维网上博物馆，将逼真的现场效果推送至每一位参观者。中国林业网络博物馆包括森林馆、花卉馆、野生动物馆、野生植物馆、湿地馆和荒漠化馆，充分展示林业生态文化产品，参观者可在展厅任意漫游，与展品实时互动，了解展品的生产加工过程，了解林业资源对低碳经济的重要作用，仿佛置身于真实的森林资源世界。中国林业网络博物馆的建立，为企业和个人用户提供了一座沟通与交流的桥梁（图 11-5）。

图 11-5　中国林业网络博物馆首页

六、 中国林业网络博览会

中国林业网络博览会基于产品管理系统运行，实现新闻资讯、供应商、产品、工程项目、客户 5 类信息的浏览检索，提供整合的 B2B 站内即时通讯系统，实现网站用户和客服人员或者供应商之间的即时沟通，实现在线洽谈和交易。中国林业网络博览会设置了行业资讯、供求信息、产品、公司、招投标、展会、技术、人才和会员等栏目，作为及时、全面发布林业行业供求信息、项目整合、技术进步和新产品开发的专业平台，是目前服务于林业终端用户及相关产业、报道国内外最新动态的专业性权威行业网站，读者覆盖林业相关用户的中高管理层、技术人员以及生产厂商的中高管理层，其专业性和权威性得到了业内认可(图 11-6)。

图 11-6　中国林业网络博览会首页

七、 中国林业数据库

中国林业数据库从林业基础数据信息入手，以内容管理为基础，以多样信息的采集、存储、分析、定义、目录展示为过程，对国家林业局的历年统计数据、林业科学数据、林业区划数据等进行整合，通过高效便捷的检索手段为国家林业局用户提供统一的林业信息数据目录展示服务，为林业决策提供决策支持和应用支撑。中国林业数据库主要包括历年统计数据、历年统计分析报告、林业科学数据库数据、林业区划数据库数据、四大资源清查数据库数据、各司局共享数据、政策法规数据、林业标准数据、中国生态状况报告、林业信息化发展报告、林业重大问题调研报告、林业重点工程及社会经济效益报告和林业工作手册等(图 11-7)。

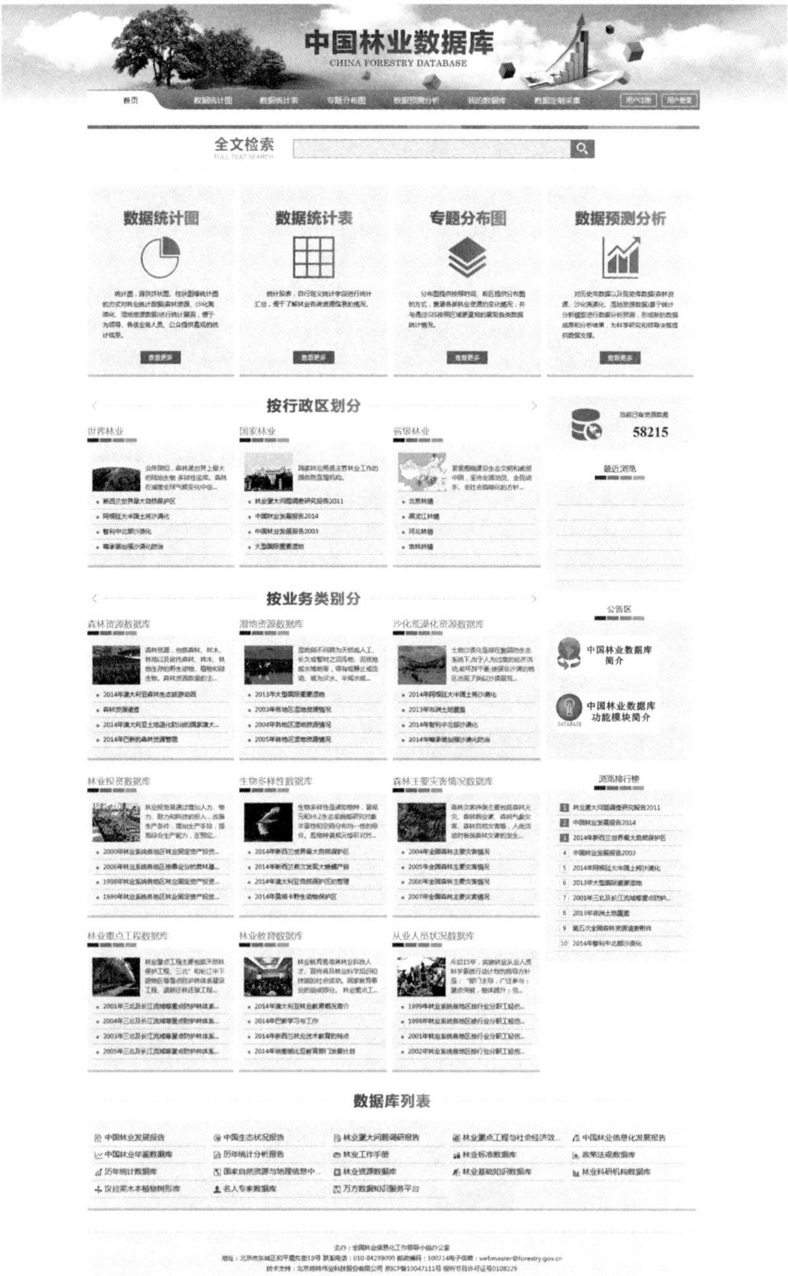

图 11-7　中国林业数据库首页

八、 中国林业图片库

中国林业图片库是一个自然风光宝库，包含森林万象、植物千姿、动物百态、秀美山川、大漠风情、绿色产业、务林人风采等20多个栏目，将森林的风采、林业的建设成果、先进集体和人物、各种展示盛会、各种动植物和花卉、文化活动、产业发展等以图片的形式直观地展现在网络平台，供用户欣赏(图11-8)。

图11-8　中国林业图片库首页

九、 中国林业网络电视

中国林业网络电视依托中国林业网平台，收集整理有关生态文明的专题片，制作各种形式的宣传生态文明的视频，借助全新的电视观看方法，实现按需观看、随看随停、个性化互动的便捷方式，加大对生态文化的传播力度。中国林业网络电视包括资讯频道、在线访谈、地方风采、专题报道、生态文化、远程教育、绿色时空、林改频道、科普长廊、央视集锦、展播频道、大地寻梦12 个频道，全方位多层次利用流媒体展示全国生态文化建设情况(图 11-9)。

图 11-9 中国林业网络电视首页

十、服务信息

服务信息主要包括国家林业局4个宾馆——北京国林宾馆、北戴河国林宾馆、厦门新中林大酒店、北京松鹤山庄，教育培训网站——教育培训网、国家林业局幼儿园(图11-10，11-11)。

图11-10　特色站群国林宾馆子站示例

图 11-11 特色站群国家林业局幼儿园网站

改版优化

GAIBAN YOUHUA

林业信息化
Forestry Informatization

第十二章
改版决策优化

一、整合行业离散数据

近10多年来，我国进入互联网飞速发展的历史时期。据中国互联网络信息中心(CNNIC)统计，2014年12月中国网民规模达到6.49亿，互联网普及率达到47.9%，网民规模雄踞世界第一。

我国林业信息化，特别是林业政府网站发展迅猛，成效突出。2000年11月，国家林业局政府网正式建成并投入运行，标志着我国林业发展正式进入了网络信息时代。此后，经过长期不断建设发展，历经4个发展阶段，基本形成了以中国林业网为主体，“纵向到底、横向到边、特色突出”的具有行业特色的全国林业网站群体系。中国林业网子站数量超过3000家。自2011年以来，中国林业网在全国部委政府网站测评中稳居前列，2013年首次进入前三甲，2014年荣获第二名。伴随着2013年《中国智慧林业发展指导意见》的发布，中国林业政府网站跨入智慧化发展新阶段。今后一段时期，中国林业政府网站将秉承“信息化引领、一体化集成、智慧化创新”的智慧化建站理念，切实提升林业网站群公共服务效能整体化、智慧化水平。

经过多年发展，中国林业网建设已经取得了较为突出的成就，业务应用系统建设和基础设施建设都有了长足进步，网站数量也实现了“从无到有，从少到多”的重大突破。但是，应该看到，目前中国林业网在充分发挥政府网上信息资源和网上公共服务在信息社会治理中的应有作用，在支撑互联网舆论引导、公共服务能力提升、互联网形象宣传、科学决策等方面还有一定欠缺。尤其是随着网站数量的大幅增加，在行业数据整合方面，林业网站离散化明显，并没有足够的技术能够有效地将全国林业网站信息数据整合管理，更不具备统一精准挖掘分析的能力，从而导致网站持续改进优化和支撑领导决策能力不强。

基于上述问题，如何实现全国林业政府网站群有效、便捷地管理，实现行业各类离散数据整合，并运用先进的技术手段充分挖掘数据信息背后的潜在价值，成为中国林业网乃至林业信息化建设过程中亟待解决的问题。

为此，自 2013 年 12 月起，国家林业局采用先进的页面标签技术追踪记录用户访问行为，依托国家电子政务外网基础设施资源，面向全国林业政府网站，启动了中国林业网数据采集工作。通过在全国林业政府网站内部署量化采集代码，实时采集用户访问的各类信息数据，并将所有数据统一存储在具有国家三级安全等保资质的核心机房，实现数据的集中存储和统一管理。自 2014 年 2 月起，全面形成了覆盖横向网站群、纵向网站群、特色网站群和中国林业网在内的全国林业政府网站群用户数据采集能力，随着林业政府网站的不断建设，数据采集工作也在同步推进。

2010 年以来，我国互联网发展呈现出崭新格局，主要表现在移动互联网和社交媒体平台的异军突起和迅猛发展。据统计，截至 2014 年 1 月，我国移动互联网用户总数达 8.38 亿户，其中手机网民规模达 5 亿，占总网民数的 8 成多，手机保持第一大上网终端地位。我国移动互联网发展进入全民时代。另据 CNNIC 历年《中国互联网络发展状况统计报告》显示，自 2011 年起，即时通信工具(社交媒体平台)在互联网用户使用率排序中持续保持首位。

面对互联网发展全新态势，国家林业局积极应对，于 2013 年全面开通国家林业系统政务微信、微博，并建成中国林业网移动门户，通过部署政府网站社会化媒体分享插件，构建互联网涉林信息大数据采集与融合分析云应用等方式，实现面向中国林业网移动门户和社交媒体平台相关涉林信息的数据采集和整合能力。至此，国家林业局初步形成以全国林业政府网站群为核心，覆盖移动门户和主流互联网社交媒体平台的林业信息采集体系。为后续林业政府网站智慧化发展和辅助科学决策奠定了良好的数据资源基础。

二、 建成大数据云中心

(一)中国林业网大数据分析云中心建设概况

从全球范围来看，随着大数据、云计算和智能挖掘等新一代信息技术模式不断成熟，政府网站建设越来越向智慧化、精准化、主动化的方向发展。这种全球政府网上公共服务发展趋势的背后，有着深刻的技术变革背景，那就是近几年来政府网上公共服务分析工具的技术创新，开始朝向基于云模式采集用户行为数据、应用大数据分析平台开展用户行为挖掘的模式转变。欧美发达国家基于先进的网站智能分析工具，及时发现用户需求热点，并且精准推送网站服务的做法已经非常普遍，并且取得了良好的效果。但与欧美国家相比，我国各级林业政府网站在用户行为挖掘和需求分析技术方面普遍较为落后，之前普遍的做法为基于网站后台系统的日志数据对网站基本运行情况和用户访问频率进行初步描述。事实证明，此种做法具有很大的局限性：一是无法有效跟踪并记录用户访问网站行为数据；二是无法满足对网站进行精准分析的需求；三是无法针对网站服务效能进行量化分析；四是无法与大数据、云计算和数据挖掘等先进技术有效结合；五是基于日志数据的分析不能有效指导网站进行服务层面的优化改进。

针对此现象，国家林业局在全国林业政府网站群广泛部署数据采集代码后，建成国内首个覆盖副省级以上行业政府网站大数据分析云中心。仅仅经过半年时间积累，林业系统网站群大数据分析云中心就已累计采集超过 1670 万人次的有效访问数据，沉淀了 187 万个用户站内外搜索关键词、2017 万个页面访问记录和 2.1 万个来源访问渠道数据，数据总量已超过 2T。目前，该云中心已成为国内规模最大、数据最齐全、分析功能最强大的行业网站群运行大数据分析中心，为后续各项工作顺利开展奠定了坚实的数据基础。

大数据分析云中心的建设，旨在解决当前林业行业网上服务和决策分析缺乏对互联网用户需求的掌握、缺乏对总体服务情况的了解等现状，运用云计算、大数据、数据仓库和智慧挖掘等先进技术手段，建设覆盖中国林业网站群的政府网上服务用户行为基础数据采集技术体系，将数据整合并处理后存储到云数据平台上。在云数据平台之上，搭建林业政府网站智能分析应用系统，并针对网站群数据分析处理功能需求，基于大数据挖掘分析技术和数据仓库技术，提供面向中国林业网站群数据的多维度自由剖析功能，充分挖掘网站用户访问数据，精准识别广大用户真正需求，掌握其需求意愿表达和访问行为的内在规律，为后期网上服务改进、决策分析工作奠定数据基础。同时，通过建设林业大数据云中心，提高面向全国林业系统政府网站相关信息的集成、精准、实时绩效管理能力和网上公共服务效能水平，充分体现政府网站数据支撑的重要性，有力提升全国林业政府网站发展的科学化、集约化水平。

系统由中国林业网站群数据采集模块、后台存储与数据处理模块、前台数据展现模块 3 部分组成。系统通过数据采集模块收集用户访问数据，将数据安全传输给后台服务器组进行存储处理，依托先进的数据仓库技术支持海量数据分类存储和多维度自由钻入剖析，并通过前台数据展现客户端满足用户的访问和各种交互操作需求。

（二）大数据云中心数据采集模块

数据采集的基本原理，是在网站的网页上嵌入一个 JS 代码链接地址（非 JS 代码本身），用户访问网页时在客户本地浏览器执行 JS 代码链接地址，向网站大数据云中心调用 JS 代码并在用户本地运行，实时将用户访问数据安全发送到网站大数据云中心。数据采集过程中，通过技术手段保证跟踪代码在出错的情况下也不会影响浏览者访问网页。

数据采集和服务的基本流程如图 12-1 所示。

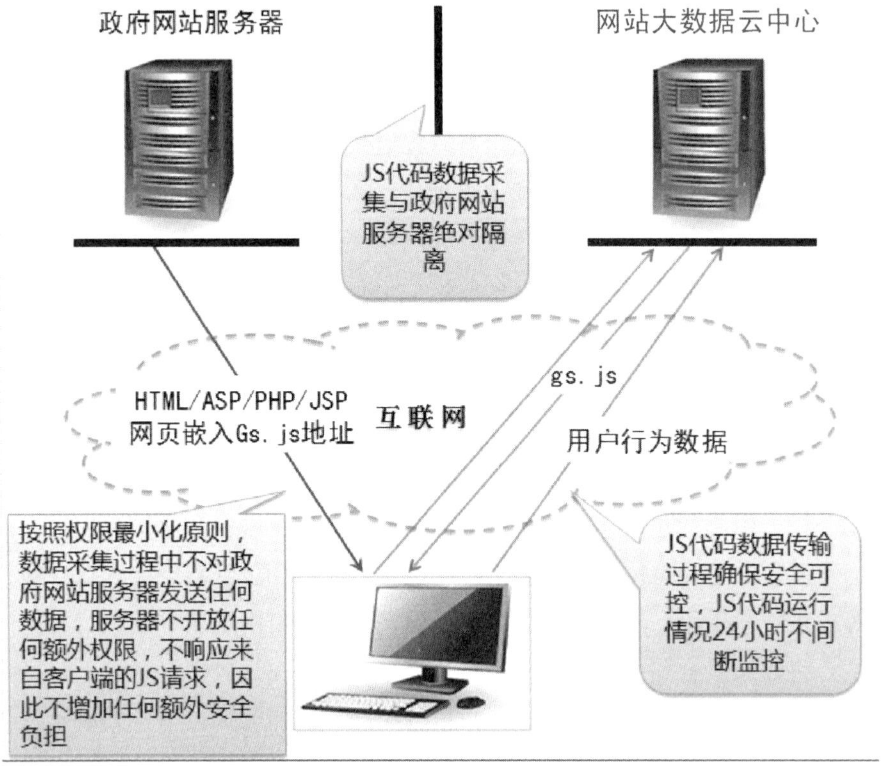

图 12-1　林业大数据分析云中心数据采集流程

（三）大数据云中心后台存储与数据处理模块

后台存储与数据处理模块由 3 组服务器构成：数据接收服务器、数据处理服务器、数据分析服务器。其中只有数据接收服务器与互联网连接，其余服务器均部署在内部局域网内，采取相应的安全防护措施保证数据安全。

数据接收服务器。负责接收数据，收集脚本所发送过来的数据，并且将数据记录在日志文件中。

数据处理服务器。负责读取数据接收服务器的日志文件，进行后期处理，对数据进行 ETL（Extract、Transform、Load，即提取、转换、加载），数据经过整理、加工、过滤后被插入到数据仓库中。

数据分析服务器。负责读取数据仓库中的内容，根据维度和指标的定义，构建多维度数据立方体的数据结构，建立便于 OLAP 数据查询的聚合数据，并且负责查询数据的缓存管理，负责高效向查询者提供多维度分析数据。

(四)大数据云中心前台数据展现模块

前台数据展现模块是将后台所分析到的网站数据展现给用户查看，并支持用户各类交互和进行多维度数据钻入分析操作的应用程序，通过浏览器即可登录查看。前台数据展现模块由涉林信息多维度剖析、用户群体细分与流量过滤、自然语言处理等功能组成。

1. **涉林数据多维度剖析**。对收集到的各种监测数据进行关联、剖析，从而发现数据之间的潜在关系，并辅助网站管理者深入挖掘网站存在问题，进而为解决问题提供科学依据。基于 OLAP 技术，构建支持多维度自由钻入式剖析的大数据系统，对用户的行为数据进行格式化处理后，以数据仓库的形式集中存储，使网站管理者根据数 10 项用户行为指标(如平均访问时间、跳出率、平均访问页数等)、100 余项用户属性维度(如地域、着陆页、关键词、系统环境、来源渠道等)进行切片分析。

2. **用户群体细分与流量过滤**。引入用户群体定义算法，快速选择特定用户群体进行流量分析和对比。基于基本逻辑运算关系(大于、小于、包含等)，对本系统所收集的数 10 项用户行为数据进行过滤分析，形成简单用户群体。同时，支持将各个简单用户群体进行任意逻辑组合，形成复合用户群体。

3. **自然语言处理**。基于站外、站内搜索词等，构建用户需求分类语义库，引入中文分词、词频统计、编辑距离等自然语言处理工具，对用户需求热点词进行自动分类处理。基于党政职务词、常见人名组合、公务公文词、办事服务词、政府机构词、其他机构词、文化旅游词、地名区划词等词后缀格式，采用后向匹配的方式自动处理政务网站用户需求热点词。引入编辑距离算法，对编辑距离低于某一阈值的关键词子集进行优化归并，并存入用户需求热点词库。

4. **需求热点自动识别**。设计基于用户需求的热点探测功能，更加科学清晰地分析特定时间段内网民需求热点和变化情况，有效应对突发事件，提升网上服务的针对性和主动性。基于用户总体行为规律和网站流量变化规律的统计分析，设计多层次探测规则，基于用户访问多类型对象(关键词、着陆页面、栏目等)的基础数据集，对某一时间段内访问量或访问时间出现剧烈波动的高访问度对象，进行自动识别，并实时推送到系统前台(图12-2)。

中国林业网大数据分析云中心在网站流量分析、用户访问情况分析、栏目页面分析、站内外搜索情况分析、用户点击行为热力图分析、多维度数据分析等国际主流网站分析功能之外，还首创增加了基于林业政府网站绩效评估体系的综合诊断、以及关注用户实际需求的热点探测等功能，为各级林业政府网站提供更可靠、全面、及时、实用的监测结果，支持超过 100 项指标和 80 多个维度的无限制自由钻入式剖析，满足各级各类林业政府网站数据分析需求，帮助政府网站实现整体性优化和智慧化发展。

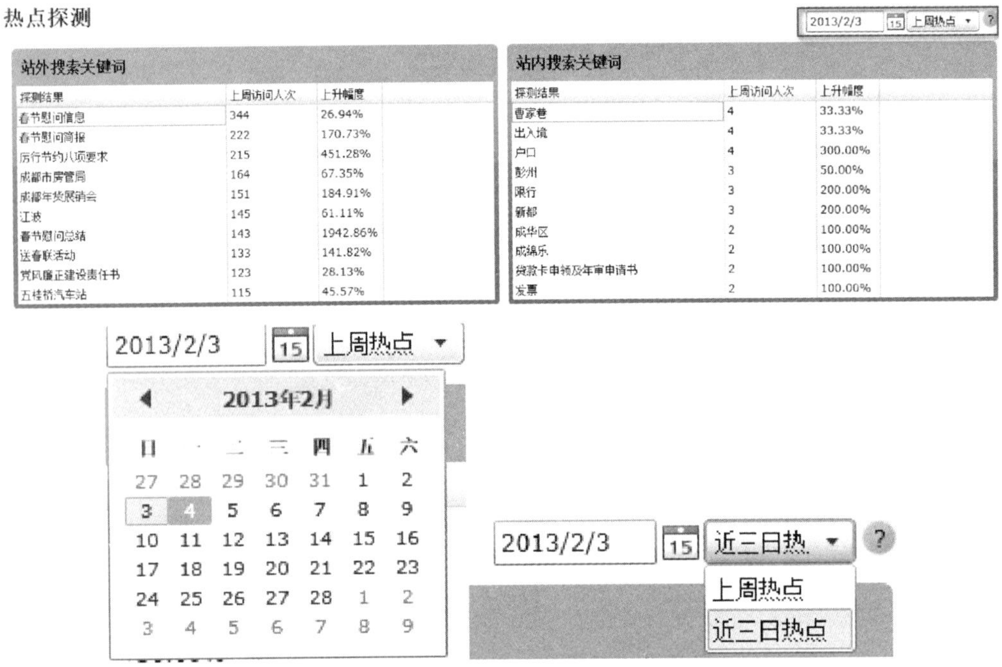

图 12-2　热点探测选择时段及跨度区域

三、构建智慧决策系统

（一）中国林业网智慧决策系统建设概况

随着中国林业网发展进入4.0阶段，国家层面全国林业系统互联网治理“一盘棋”的格局初步形成，林业政府网站、林业政务微博微信、林业移动政务门户等互联网主流信息渠道协同配合力度空前加强，以精准感知需求、科学改进服务、落实统筹管理和辅助科学决策为主要内容的智慧化发展路径成为未来发展趋势。

先期建成林业系统网站大数据分析云中心，有效提升了网站建设精准感知需求、科学改进服务的能力，但该云中心服务于具体林业政府网站，在落实林业系统网站群统筹管理，综合调度和辅助科学决策方面表现乏力。为进一步贯彻落实《国务院办公厅关于进一步加强政府信息公开回应社会关切提升政府公信力的意见》（国办发〔2013〕100号）和《中国智慧林业发展指导意见》（林信发〔2013〕131号）等文件要求，充分发挥云计算、大数据等新技术优势，国家林业局在全国范围内建成首例面向全国林业系统政府网站群和互联网主要信息传播渠道的行业大数据智慧决策支持系统——中国林业网智慧决策系统（图12-3）。

中国林业网智慧决策系统依托林业系统网站大数据分析云中心，通过构建互联网涉林信息大数据采集与融合分析、互联网涉林信息大数据决策支撑应用功能，进一步强化全国

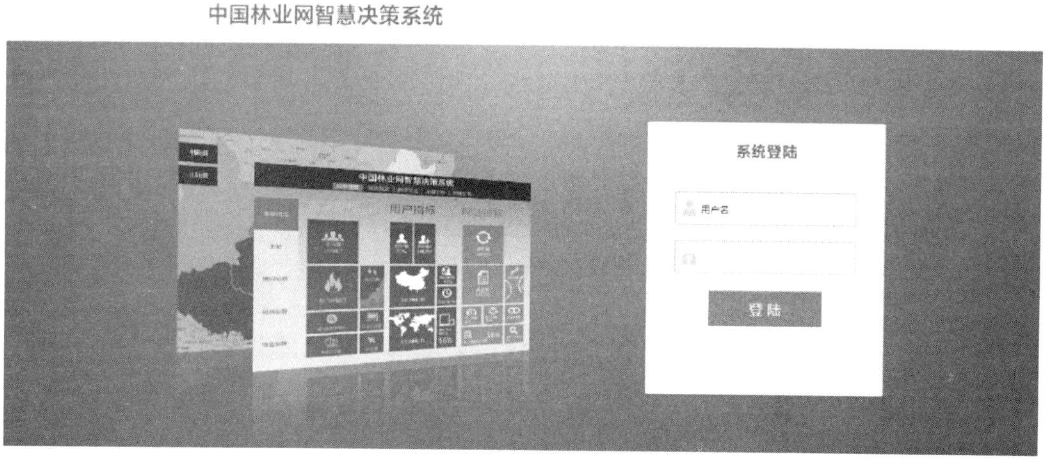

图 12-3　中国林业网智慧决策系统示意图

林业政府网站发展和监管信息资源的采集、整理及开发利用。

（二）互联网涉林信息大数据采集与融合分析应用

建设覆盖互联网主要信息传播渠道的大数据采集与分析机制。在数据采集机制方面，面向重点新闻网站、搜索引擎、微博、博客、论坛等互联网信息传播主渠道，广泛采集各类舆论和话题信息，综合运用大规模数据抓取程序和协调相关站点开放数据接口等多种方式，确保数据采集的及时性和准确性。在数据集成管理方面，重点解决异构数据信息融合、事件分类引导、模板动态匹配等技术问题，实现跨平台数据集成管理和互操作。

（三）互联网涉林信息大数据决策支持应用

综合运用话题识别、情感分析、新事件探测、热点聚类等语义分析技术，实现林业重要事件、热点话题舆情监控和实时分析。形成专题分析报告和决策分析模型，支持决策方案的自动化生成和无障碍展示。对网络事件的分析与政府在线服务的分析实现直接映射，将事件分析与政府工作紧密结合，研究并提出关键政府机构、服务整改重点、信息推送方向等内容。在全面收集中国林业网站群数据基础上，构建以全国林业政府网站群为核心，覆盖搜索引擎、社交媒体、新闻网站等渠道的互联网全网涉林信息大数据分析与决策支持体系。依托跨平台多系统数据的整合和综合展现等先进技术手段，对各类互联网涉林信息数据资源进行整合、比较、关联分析等融合处理，重点从中国林业网站群运行数据集成显示、用户体验和互联网影响力绩效评价、网站横向比较、用户访问数据时空分布、政务主题舆情分析等方面着手，实现对中国林业网站群的实时、动态监管以及对比、关联分析，基于大数据技术，全面提升全国林业政府网站群联动集成服务能力、统筹管理和综合调度能力和辅助科学决策能力。

第十三章 用户体验优化

一、实时感知需求

用大数据技术分析感知林业门户网站用户需求，是网站建设和优化工作的决策基础。本节主要从网站用户需求表达方式、用户需求分析方法、用户需求获取来源 3 个方面介绍针对用户需求分析的方法与工具，以期在智慧林业门户网站建设过程中充分发挥大数据、云计算等新技术的优势，满足用户需求，提升服务水平。

作为电子政务系统中面向公众提供服务的部分，政府网站的建设和优化高度依赖用户需求分析的有效开展。以用户需求为出发点，通过对用户网上行为的分析，辨别用户需求特征，识别网站服务短板，然后网站管理部门通过栏目、功能以及页面布局等方面的优化，缩小"用户需求"和"服务短板"之间的差距，从而带来网上公共服务绩效的提高，实现用户满意度的提高，使网站真正实现用户体验与服务供给之间的有效衔接。

(一) 用户需求表达方式

用户需求本身是一个主观的概念，但在特定的信息系统中，用户需求总是以某些文本、符号或动作集合的方式体现出来。在政府网站中，用户的需求主要表现为以下两种方式。

1. **站外搜索关键词**。站外搜索关键词就是用户在搜索引擎的搜索框中输入的文字，可以是任何语言文字、数字，或文字与数字等的混合体，这些关键词代表了用户在使用搜索引擎时对特定信息服务的需求。但需要指出的是，站外搜索关键词只能在一定程度上代表用户对于政府网站的真实需求，它可能会因搜索引擎技术功能局限而存在偏差。比如某政府网站的某类服务页面没有被搜索引擎收录，那么用户即便对该政府网站的服务有需求，并且在搜索引擎上输入相关检索词进行了搜索，也会因为在搜索结果中找不到该政府网站相关信息，而无法在政府网站的站外搜索词中找到该类需求。

2. **站内搜索关键词**。站内搜索关键词就是用户在使用站内搜索功能时输入的搜索文本。站内搜索是一种帮助网站用户快速找到网站中所包含的目标信息的技术，一般在形式上包括两个要件：搜索入口和搜索结果页面。目前，一般政府网站都开发了专门的站内搜索引擎功能，相对而言，用户在站内搜索上输入的检索词最为准确和真实地反映用户的服务需求。与站外搜索关键词相比，站内搜索的关键词具有两个特点：其一，站内搜索有效避免了因搜索引擎“误导”而来到政府网站的用户需求，使用站内搜索功能的用户一般具有比较明确的需求导向；其二，站内搜索中，不会出现类似“某门户网站”这样的信息导引型搜索需求，用户发起站内搜索时，其需求一般是十分具体的。以上两个特性决定了站内搜索词对于用户需求的辨识度要高于站外搜索词。

分析政府网站用户站内搜索需求的另一个重要指标是用户站内搜索的发起页，即用户在网站中发起站内搜索活动的页面。站内搜索发起页的分布取决于两个因素：首先，是用户本身开展站内搜索的需求强烈程度，比如政务公开栏目中的信息量较大，无法快速找到信息，用户会选择站内搜索的方式快速找到所需信息；其次，是网站站内搜索的覆盖情况，目前政府网站的站内搜索覆盖面较窄，这也会导致用户站内搜索发起页集中在某一两个栏目之中。对于网站管理者来说，首先要扩展站内搜索发起入口在网站上的覆盖面，这样即使用户在搜索时实际覆盖的信息内容不能达到所有栏目，但至少可以帮助管理者定位用户站内搜索需求的集中区域；在此基础上，找出站内搜索覆盖需求最强烈的栏目加以针对性的改进。

除以上两类搜索关键词之外，政府网站的用户需求还有其他表现形式，比如用户访问的页面集合分布以及在关键页面上的鼠标点击分布情况等，而站外与站内搜索两类信息需求同时也是用户行为的一种具体体现。

（二）用户需求分析方法

用户需求分析主要包括 3 个层面：其一，来到政府网站的需求分析，又称“狭义”的用户需求分析，指对来到政府网站的用户进行需求分析；其二，全网用户需求分析，即对在搜索引擎、社交媒体、新闻媒体、论坛等各种互联网信息传播渠道中聚集的用户对于政府网上服务的需求的分析；其三，网站群用户的整体分析，即将本地区本行业网站群用户视为一个整体服务群体，对这个用户群体的需求进行一体化分析。

通过对政府网站的狭义用户需求以及互联网和政府网站群的广义用户需求的全面分析，可以充分发掘不同用户的服务需求，指导网站改版规划设计工作者做好需求细化与应用分类，帮助实现从用户需求视角重构服务体系，突出服务需求满足度，引导服务供给，实现业务与服务的无缝对接。目前，政府网站用户需求信息的主要来源是用户通过站内和站外搜索关键词体现出来的需求内容。具体来说，政府网站用户需求分析主要有以下几种方式。

1. **用户需求的主题分析**。据对政府网站数据的不完全统计，政府网站用户的站外搜索词和站内搜索关键词的数量比约为 5.5∶1，因此面向站外搜索关键词的需求分类方法，提出了针对用户站外搜索关键词的需求科学分类框架，对政府网站的数据进行分类统计，是政府网站用户需求分析的重要部分。

关键词语义分类。政府网站作为一类较为特殊的公共信息服务网站，其用户需求带有明显的以政府行政工作和社会公共话题为核心的特征。政府网站用户的站外搜索词大致可划分为政府机构名称、公务公文词、办事服务类、人名和职务关键词、文化旅游类、地名区划类、其他机构名称、非中文关键词等八类。部委门户网站用户中，公务公文类用户搜索关键词比重明显高于省级门户和市区县门户，而对于办事服务词所代表的用户需求比重较低(图 13-1)。

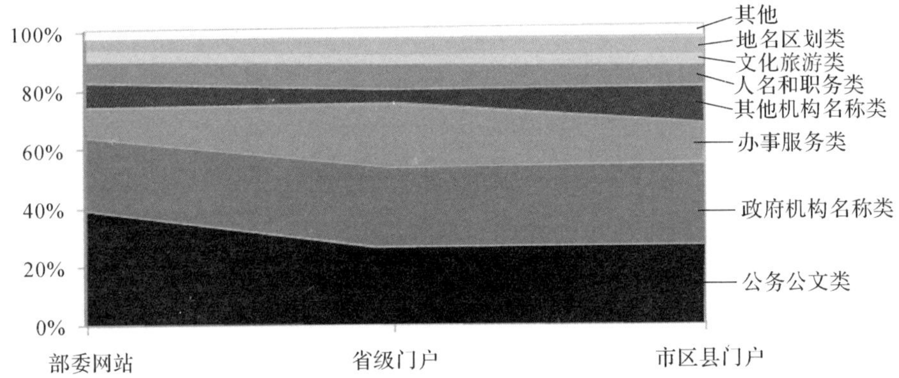

图 13-1　政府网站站外搜索关键词主题分布情况

用户需求的主题聚类。针对政府网站用户站外搜索词构建一个初步的主题分类框架，能够帮助我们大致了解不同类型政府网站用户对于网站服务信息的需求分布。但这种分类是比较初级的，难以帮助网站分析人员详细地了解政府网站用户的需求情况。对于政府网站而言，其用户搜索关键词往往是海量的，一个省部级政府网站每年积累的用户站外搜索关键词数量平均在 100 万个左右。要想处理如此之多的搜索关键词，就需要依靠文本聚类的方法对政府网站关键词进行进一步分析。由于政府网站用户站内站外搜索词的长度不大且大部分关键词的长度差异不十分明显，因此可以采用计算机程序，实现基于编辑距离(Edit Distance)算法的站外和站内搜索关键词聚类算法。其基本思路为：两两判断关键词之间的编辑距离，同时使用关键词字符长度的差异性作为调整变量，将其作为关键词的相似度，并自动输入前 N 个规模最大的高相似关键词团。

2. **用户需求的时空分析**。政府网站用户需求与社会公众政治、经济、文化生活密切相关，因此往往带有明显的时空变化规律。因此，在政府网站需求识别框架中，整个分析工作都是在访问时间和页面空间构成的时空轴上展开，而不是基于一套静止的截面数据。分析政府网站用户需求的时空变化规律，有助于帮助政府网站制定更加有针对性和动态化的服务策略。

用户需求的时间演化分析。政府网站用户的服务需求，会随着不同时间段经济社会发展的变化而变化，因此这些需求热点实际上在搜索引擎等互联网传播渠道上也存在同步热动的现象。如2013年，“森林防火”及其相关服务需求主题4月达到了搜索高峰，可以看出，用户对于“森林防火”方面的信息需求主要集中在春季。值得注意的是，具体到某一类特定用户服务需求，其也会随着不同时间段的事件的变化而出现服务需求内容的内在迁移。如农业部门户网站用户对于“玉米”方面的信息需求主要集中在春季和秋季两个时间段，但具体说来，关于“玉米价格”的访问人次高峰主要集中在9月份前后，这一时期临近玉米的成熟期，用户开始关心玉米价格变化情况，而关于“玉米除草”的访问人次高峰主要集中在春季，即玉米的播种期，可见，这部分用户的需求主要集中于玉米除草和病虫害防治等信息。

用户需求的地域差异分析。我国幅员辽阔，各地区经济状态、自然环境、文化习俗等千差万别，不同省份、不同地域用户对于同一类政府公共服务的需求同样存在显著差异。然而，用户需求与政府网站业务规律之间在地域分布上却高度同步，因此，政府网站，尤其是面向行业用户提供公共服务的网站，完全可以仿照商业网站的成功经验，设计面向不同地域用户的服务频道，并且根据用户IP地址来源，或根据用户个人喜好重新选择其他地域，自动推送符合本地区用户特殊需求规律的服务界面，从而有效提高政府网站服务的智慧化和个性化水平。

3. **页面点击行为分析**。所谓页面点击行为，就是用户在任意一个政府网站服务页面上进行的鼠标左键点击(Click)行为。用户页面点击行为分析最常见的分析工具为热力图。按照一定的统计标准，热力图使用颜色的亮度表示图中各个区域指标数据的高低，从而将区域的全局特征直观地展示在人们面前。

鼠标点击热力图是最能展示和反映用户的需求热点分布情况的一种分析工具，因为在政府网站上，有些时候由于设计人员的主观认识疏漏，往往会设置一些貌似可点击，但实际上无法点击的区域，从而吸引了大量用户的鼠标点击。对于链接热力图而言，这些位置由于不存在链接，因此不产生任何实际跳转行为，这些用户鼠标点击也就无法被记录下来。但这些区域往往是导致政府网站用户体验不佳的设计“死角”，因此基于鼠标点击热力图的分析经常会收到意想不到的效果。通过直观地展现政府网站用户在特定页面上的点击行为情况，鼠标热力图能够帮助网站管理者准确判断用户需求热点及本站服务短板，针对性地优化网站栏目及内容，从而切实满足用户需求。

（三）用户需求获取来源

中国林业网通过采用国家信息中心政府网站智能分析系统（Government Web Dissector，GWD）诊断版，在符合用户隐私政策的情况下，深入挖掘网站浏览者的访问行为，进行多维度数据分析。

全时全指标监测。从用户端采集每一个用户访问网站时实时的访问行为数据，并传输至系统后台服务器进行存储处理，然后通过数据展现端随时提供查看分析。

逐层自由多维剖析。GWD 的多维数据剖析不仅可以在单维度数据中发现异常问题，还可以从数据关联剖析中发现许多隐性的异常，并帮助网站监测者深入挖掘问题的原因，进而为解决问题提供更科学可靠的思路。

网站绩效展现与解读。通过绩效指标仪表盘，围绕网站资源是否被网民“看得见”、网站信息和服务是否被“用得上”、网站内容是否能通过站内搜索“找得到”、网民在政府网站上是否“体验好”等指标综合诊断并直观展现政府网站的状态。

网站可见性基础诊断。通过对网站有关要素的检查考核，指出当前网站中对搜索引擎不够友好的网站建设问题，针对相关的要素给出常用的改进建议。

网站动态热点跟踪。系统自动捕获网站近期内用户关注多、且关注人次增幅达到设定值以上的内容。包含了若干个预设热点监测项。

用户群体细分。支持政府网站管理者快速选择感兴趣的重要用户群体进行流量分析和对比。

用户点击热力图。收集所有来到监测页面的用户鼠标点击，并以颜色深浅区分用户点击效果。同时对特定区域的点击后续追踪，发现特定需求用户的行为特征及规律，改善网站的用户体验。

多维分析气泡图。同时从四个自选定的可视维度来呈现多个分析对象，对大量的分析对象的多维度考察结果作直观展现和交互操作。

访问路径扩散图。通过统计网站用户在任意入口页上的路径扩散分布，显示出网站访问者所访问的网页和网页之间的导向关系。

指定路径漏斗图。通过设置关注服务流程的步骤页及目标页，监测并直观展现进入流程的用户于各页面的到达情况。

网站用户访问异常报警。通过异常报警设置，自主设定其关注的用户群体、报警条件以及报警周期、报警重要程度和接收邮箱等。

二、 围绕数据引导

通过对中国林业网站外搜索关键词的语义分析，研究用户的需求分布情况。站外搜索关键词的分类占比情况，代表了搜索引擎用户对中国林业网的需求分布。

(一)站外搜索需求分析

通过语义分类、主题聚类等用户需求分析方法，对中国林业网主站一年内(2013 年 4 月 1 日至 2014 年 3 月 31 日)访问人次较高的近 60 万个关键词进行分类，统计各部分所占比例，如表 13-1 所示。

表 13-1 中国林业网主站站外搜索关键词主题分布情况

主题	搜索次数	搜索占比
领导与机构	352880	60.03%
林业相关政策	61417	10.45%
时政信息	28436	4.83%
动植物	27793	4.73%
林业技术	15577	2.65%
林业服务	23157	3.94%
林业基本概况	37127	6.32%
生态系统	8323	1.42%
林业相关公司	9515	1.62%
林业工程	3321	0.56%
其他	20299	3.45%
总计	587845	100%

对中国林业网主站站外搜索用户的搜索信息需求分析发现，网站用户对领导与机构和林业相关政策的需求较为强烈，站外搜索关键词比例分别排名第一和第二位，两类需求之和已超过 70%(图 13-2)。

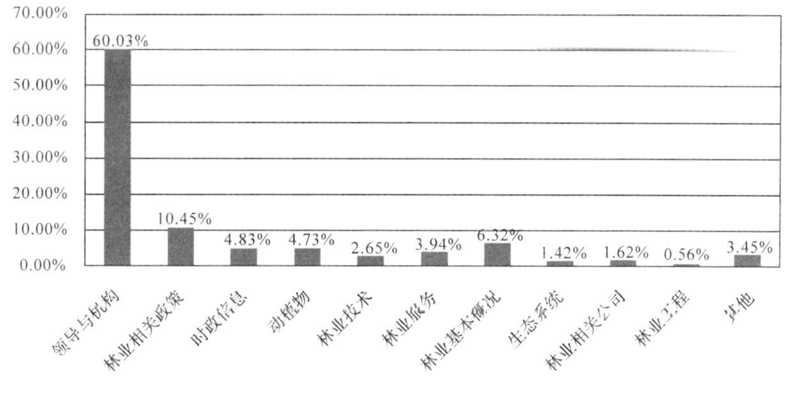

图 13-2 中国林业网站外搜索关键词主题分布情况

除此之外，时政信息内容搜索量也较多，占所有搜索关键词的 4.83%，动植物的搜索量占比 4.73%，林业技术的搜索量占比 2.65%，林业服务的搜索量占比 3.94%，林业基本概况的搜索量占比 6.32%，也是用户关注的重点。

中国林业网主站站外搜索用户的领导和机构分类，及其代表性搜索关键词分布详细情况如表 13-2 所示。

表 13-2　中国林业网主站领导和机构分类分布详细情况

分类	搜索人次	搜索占比
林业局	226286	64. 62%
林业厅	37470	10. 70%
协会	10554	3. 01%
林业网站	16028	4. 58%
公安局/派出所	7905	2. 24%
网站	7775	2. 22%
学院	6754	1. 93%
出版社	6448	1. 84%
林业部	6040	1. 72%
规划设计院	5357	1. 53%
领导干部	4746	1. 36%
林科院	3691	1. 05%
中央领导	1836	0. 52%
办公室	1821	0. 52%
工作站	1009	0. 29%
森工局	945	0. 27%
营业厅	870	0. 25%
森林总队	798	0. 23%
护林站	587	0. 17%
基金会	580	0. 16%
护林局	380	0. 11%
指挥部	359	0. 10%
学会	248	0. 07%
林业部领导	285	0. 08%
交流中心	211	0. 06%
服务中心	178	0. 05%
造林局	155	0. 04%
林业厅领导	151	0. 04%
林业局局长	116	0. 03%
委员会	106	0. 03%
森警	83	0. 02%
合作社	79	0. 02%
其他	2867	0. 86%
总计	350192	100%

中国林业网主站站外搜索用户对于林业相关政策分类，及其代表性搜索关键词分布详细情况如表 13-3 所示：

表 13-3　中国林业网主站林业相关政策分类分布详细情况

分类	代表性搜索关键词	搜索人次	搜索占比
公约	濒危野生动植物种国际贸易公约、国际贸易公约、公约附录	4200	6. 84%
法律	中华人民共和国森林法、中华人民共和国草原法、关于审理破坏野生动物资源刑事案件具体应用法律若干问题的解释、林业执法相关法律政策	4431	7. 21%
法规	福建森林条例、贵州森林条例、河南省绿化条例、黑龙江省森工条例、湖南省森林公园管理条例、森工条例、陕西省森林公园管理条例、四川省森林植物检疫条例、云南森林条例、云南省林地管理条例、云南省森林条例、云南省湿地保护条例、浙江省森林管理条例、植物新品种保护条例、种子管理条例、植物检疫条例、自然保护区相关条例政策、湿地保护条例、林地保护条例	5099	8. 30%
规章	监控系统管理办法、国家公益林管理、林场林木管理、广西壮族自治区公益林管理办法、河南省城市绿化管理办法、占用征用林地审核审批管理办法、林木良种推广使用管理办法、林权抵押贷款管理办法、森林采伐更新管理办法、森林防火项目资金管理办法等、生态公益林效益补偿资金管理办法、湿地补偿管理办法、国有资产处置管理办法、广西壮族自治区集体林权制度改革确权发证办法、广西壮族自治区反走私综合治理办法、基金征收使用办法、森林抚育检查验收办法、林木林地权属争议处理办法、上海市居住区绿化调整实施办法、国有资产处置规定、黑龙江省森工总局九项规定、派出所建设规范、森林抚育规程、湿地保护管理规定、湿地公园管理办法	34639	56. 40%
规范性文件	福建省林业发展意见、关于加快林下经济发展的实施意见、关于进一步促进农业增效农民增收的若干政策意见、关于进一步深化集体林权制度改革的若干意见、河北省人民政府关于加快林下经济发展的实施意见、国发号、国务院办公厅关于加强林木种苗工作的意见、关于加强林木种苗工作的意见、“关于加快造纸工业原料林基地建设的若干意见”、关于进一步加快发展沙产业的意见、国家林业局公告、国家林业局加强木材经营加工通知、林权管理通知、国家林业局相关通知、林业有害生物防治通知、国家林业局关于发布商业性经营利用驯养繁殖技术成熟的梅花鹿等 54 种陆生野生动物名单的通知	3160	5. 15%
政策	林场管理制度、林业政策、森林保护与发展政策、林业自然保护政策、林业改革、育林基金政策、森林保险政策/法规、森林所有权、林业自然保护政策、退耕还林政策	3328	5. 42%
规划	全国野生动植物保护与自然保护区建设“十二五”发展规划、花卉/油茶/森林防火/产业发展规划、造纸行业“十二五”规划、森林经营方案编制与实施纲要	2378	3. 87%
报告	中国林业发展报告、楼堂馆所自查报告、理事会工作报告、林木种质资源调查报告、年度预算、林业行政案件统计分析、森林资源目标责任制/森林资源监督报告、森林资源清查	3906	6. 36%
案卷	林业行政处罚案卷评查标准、行政许可案卷、河北省行政许可(案卷)	276	0. 45%
总　计		61417	100%

中国林业网主站站外搜索用户对于时政信息分类，及其代表性搜索关键词分布详细情况如表 13-4 所示。

表 13-4　中国林业网主站时政信息分类分布详细情况

分类	代表性搜索关键词	搜索人次
时政信息	十八大生态文明、行政图、呼伦贝尔市行政图、党的宗旨、党的作风建设、群众路线教育实践、学习八项规定会议记录、学习第十二届全国人民代表大会讲话、学习两会精神、只有社会主义才能救中国、林业与生态、生态文明建设、中国梦、两会、毛泽东思想/群众路线、全国林业厅局长会议/座谈会、林业学术大会/大事记、十八大、两会热点	28436

中国林业网主站站外搜索用户对于动植物分类，及其代表性搜索关键词分布详细情况如表 13-5 所示。

表 13-5　中国林业网主站动植物分类分布详细情况

分类	代表性搜索关键词	搜索人次	搜索占比
野生动植物	孢子、野生动物保护、奇妙的植物世界、三有动物、冰岛(树)茶、大熊猫、金叶复叶槭、金叶杨/金叶栾/金叶椿等、西双版纳印奇果	18758	67.49%
动物科普	蛙的种类、重要野生动物名录、最大的动物、海豚、黑猩猩、鸟的智商、熊猫特征、熊猫趣事、短命的动物、动物的舌头、有爱的动物、像龙的动物、最短命的动物、怕热的动物	1985	7.14%
植物科普	发财树开花结果、中国野生植物资源、吃野生动植物危害	4580	16.48%
树种树苗	葡萄/桂花/杏树/杨梅/草莓等新品种、经济价值高的树种、香樟树苗、珍贵树种、林木种苗、各地乡土树种	2470	8.89%
总　计		27793	100%

中国林业网主站站外搜索用户对于林业技术分类，及其代表性搜索关键词分布详细情况如表 13-6 所示。

表 13-6　中国林业网主站林业技术分类分布详细情况

分类	代表性搜索关键词	搜索人次	搜索占比
培育技术	牡丹花的种植、油茶种植技术、种植技术、核桃修剪、种子催芽、造林技术、油用牡丹及其品种和发展、杨树育苗、君子兰授粉、食用菌栽培技术培训、大红袍花椒栽培技术、大枣栽培技术、茶油树栽培技术、奉化水蜜桃栽培技术、牡丹栽培技术、苹果梨栽培技术、葡萄栽培技术、清香核桃栽培技术、水稻栽培技术、速生杨栽培管理技术、香椿树栽培技术、杏树的栽培技术、杨树丰产栽培技术、樱桃树的栽培技术、枣树栽培技术	6613	42.45%
病虫害防治	杜鹃花病虫害及防治、樟树病虫害及防治、梅花病虫害及防治、森林病虫害及防治、香樟病虫害及防治、草坪病虫害防治、雪松病虫害防治、月季病虫害防治、地下病虫害防治、杨树病虫害、桃树蚜虫防治、美国白蛾防治、林业有害生物防治、重庆林业有害生物	4829	31.00%
扦插技术	月季扦插技术、银杏扦插技术、银中杨扦插技术、枸杞扦插技术、扦插繁殖技术	249	1.60%
涉林科技知识	内蒙古鸟类、国家级自然保护区、生物质能源、林业培训、森林保险、核桃产量、油茶产量、茶叶分级	3886	24.95%
总　计		15577	100%

中国林业网主站站外搜索用户对于林业服务分类，及其代表性搜索关键词分布详细情况如表 13-7 所示。

表 13-7　中国林业网主站林业服务分类分布详细情况

分类	代表性搜索关键词	搜索人次	搜索占比
生态文化	爱鸟周、熊猫诗歌、森林散文、森林日、2011 国际森林年、健康森林、森林健康、义务植树、植树节、健步走活动、世界防治荒漠化和干旱日、美丽的西双版纳、每个人都有属于自己的一片森林	10307	44.51%
文化活动	我为美丽中国建言献策、我运动我健康我快乐、党日活动、竹文化、关爱英模、林博会	5988	25.86%
项目服务	木材战略储备、进出口野生动植物种商品目录、林业贷款项目、农业综合开发林业项目申报指南、全国木材运输管理系统、全国乡镇林业工作站岗位培训在线学习平台、森林管护、公益林等管护	2595	11.21%
行政许可	资格证书、国家林业局职业技能鉴定、资质业务范围、野生动物驯养繁殖许可	2013	8.69%
能源交易	碳汇造林	1656	7.15%
商业文化	世界园艺博览会	385	1.66%
美丽中国作品大赛	中国最美海岸、中国最美的六大瀑布、中国最美十大森林	165	0.71%
设计规范	森林公园设计规范	48	0.21%
总　计		23157	100%

中国林业网主站站外搜索用户对于林业基本概况分类，及其代表性搜索关键词分布详细情况如表 13-8 所示。

表 13-8　中国林业网主站林业基本概况分类分布详细情况

分类	代表性搜索关键词	搜索人次	搜索占比
林业信息	广西壮族自治区基本情况、呼伦贝尔林业、广西基本情况、贵州的基本情况、林业基本情况、四川的基本情况、云南的基本情况、云南林情、白龙江林业、森林面积、森林覆盖率、各地林业信息、其他林业信息、国家储备林、英国森林、森林云南、古树名木、森林城乡、黑龙江省拜泉县、森林城市、国家林业局工作要点、林业工作总结、缉枪治爆工作总结、升本工作总结、野保工作总结、创森工作总结、飞防工作总结、林业专业合作社章程/工作总结、林业工作	14429	38.86%
森林防火	各地森防、森林防火标语/知识/宣传/动连机制等、江西森林防火知识竞赛、冷水江森林大火、各地森林火灾、县火灾、云南大理森林火灾	10859	29.25%
林业工作	林业执法工作、绿化工作、财政部门预算及编制、林业队伍建设、林业公益性行业科研专项、实施办法、项目绩效目标	6118	16.48%
林业发展	植树造林、林业科技、林业发展、林业学术	3137	8.45%
林业资源	林业资源管理、森林资源现状、森林资源评估、森林资源保护	2584	6.96%
总　计		37127	100%

中国林业网主站站外搜索用户对于生态系统分类，及其代表性搜索关键词分布详细情况如表 13-9 所示。

表 13-9　中国林业网主站生态系统分类分布详细情况

分类	代表性搜索关键词	搜索人次	搜索占比
湿地	湿地生态系统特点、湿地生态系统保护、湿地生态系统功能、湿地中国、湿地现状、湿地公园、内蒙古湿地、人工湿地	4542	54.57%
自然保护区	可可西里、龙山、卧龙等自然保护区、内蒙古大兴安岭林区	1154	13.87%
森林公园	森林公园、国际森林、武夷山、霸王岭、凤凰山、莲花山、威虎山、红花尔基	2627	31.56%
总　计		8323	100%

中国林业网站外搜索用户的林业相关公司分类分布详细情况如表 13-10 所示。

表 13-10　中国林业网主站林业相关公司分类分布详细情况

分类	搜索人次	搜索占比
建材市场	4248	44.65%
林业集团	1012	10.64%
进出口公司	908	9.54%
森工集团	812	8.53%
新能源公司	498	5.23%
竹产业	476	5.00%
绿化公司	469	4.93%
生物科技有限公司	447	4.70%
木材公司	291	3.06%
机械公司	190	2.00%
龙头企业	107	1.12%
招投标公司	57	0.60%
总计	9515	100%

中国林业网主站站外搜索用户对于林业工程分类，及其代表性搜索关键词分布详细情况如表 13-11 所示。

表 13-11　中国林业网主站林业工程分类分布详细情况

分类	搜索人次	搜索占比
三北防护林项目	1545	46.52%
天然林保护工程	1179	35.50%
南水北调中线干线工程防护林及绿化工程	216	6.51%
辽宁省青山保护规划	202	6.08%
平原造林	179	5.39%
总　计	3321	100%

通过聚类不难发现，使用站外搜索关键词比例来分析网站各栏目对于需求的满足度，有助于网站管理者针对性地进行栏目定位和组织编排上的优化，如在合适的页面增加对应

的关键词，提高搜索引擎对此类服务内容的识别准确性；增加主题聚类关键词之间的跳转链接，有助于用户通过超链接方式链接到所需内容，从而增强栏目内容的黏度。

（二）站内搜索需求分析

站内搜索关键词直接代表了用户需求，能反映用户最希望从网站中获取的信息。对站内搜索关键词集合并语义分类发现，站内搜索关键词类别分布情况如表 13-12 所示。

表 13-12　中国林业网主站站内搜索主题分布情况

主题	搜索次数	搜索占比
动植物	574	18.17%
林业服务	567	17.95%
林业相关政策	496	15.70%
领导与机构	468	14.81%
生态系统	391	12.38%
林业技术	229	7.25%
林业基本概况	201	6.36%
时政信息	91	2.88%
其他	142	4.50%
总　计	3159	100%

通过对中国林业网主站站内搜索用户的搜索信息需求分析发现，中国林业网主站用户对动植物、林业服务、林业相关政策的需求较为强烈，站内搜索关键词比例排名前三位，3 类需求之和已超过 50%（图 13-3）。

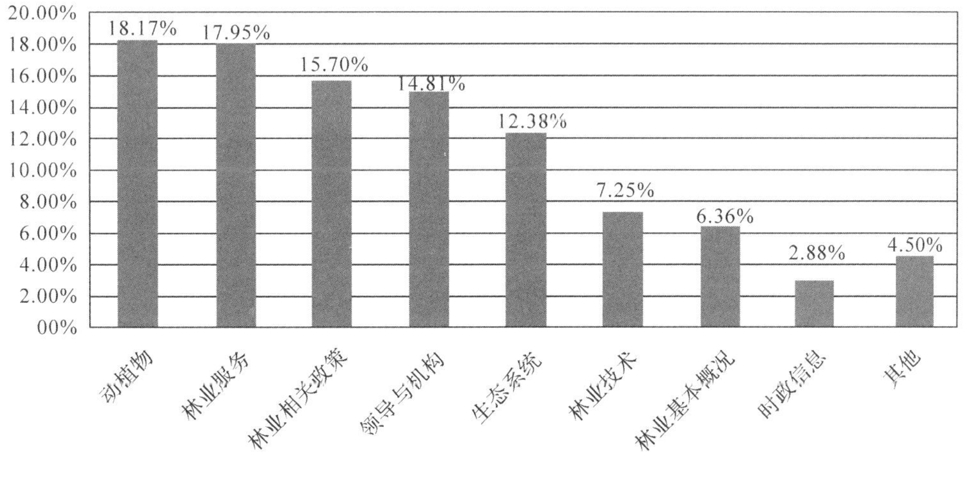

图 13-3　中国林业网站内搜索主题分布情况

各类需求的具体分类情况如表 13-13 所示。

表 13-13 中国林业网站内搜索具体分类情况

主题	分类	代表性关键词	搜索次数
动植物	动物	象牙、麝、东北虎、朱鹮、大熊猫	96
	植物	竹柳、竹柳的经济效益、油茶、茶油、油茶补贴、油茶投资报告、红豆杉、红豆杉种子、油用牡丹、牡丹、核桃、核桃产量、核桃油、桉树、丰产林、桉树材积表、阔叶黄檀、濒危中药材、古树保护	478
林业服务	调查规划	林业调查规划设计单位资格认证管理系统、《林业调查规划设计单位资格认证管理系统》、规划设计队、林业调查规划设计单位资质	182
	林权证	林权证、林权、软件、林权申请登记表、林权证办理、林权限	93
	育林基金	育林基金、育林基金收费标准	26
	野生动物行政许可	野生动物、项目申报、野生动物保护管理行政许可事项申请表、许可证、野生动物资源普查项目、野生动物行政许可事项申请表	81
	木材运输	木材运输、木材检疫、办证要求	26
	林业经济	林下经济、林业专业合作社、人造板、纤维板、农业综合开发、名优经济林、葡萄酒、胶合板	159
林业相关政策	法律法规	森林法、林业行政处罚程序规定、林业法、林业法规、中华人民共和国森林法实施条例	96
	规章	林地间伐、占用征用林地审核审批规范、政策法规、退耕还林年度检查办法、棚户区改造管理办法、国家公益林认定办法	106
	政策文件	公告、国有林场改革、国有林场、林场工作会讲话、关于进一步规范树木采挖管理的通知、《关于进一步规范树木移植管理的通知》、农村种植树木的政策、森林生态效益补偿、造林补贴、林业补贴、补贴、云南森林抚育、森林抚育	294
领导与机构	各级领导	彭有冬、刘东生、印红、李冰、李风山	66
	各地方机构	嘉祥县、嘉祥县林业局、邹平、滨城、大竹、大竹县、平昌、巴东、通江、宣汉县、宣汉县林业局、绿化模范县、全国绿化模范县	402
生态系统	森林公园	森林公园、九龙江、森林公园建设与经营、森林公园的目的、国家森林公园、梁希国家森林公园	144
	自然保护区	自然保护区、牛背梁自然保护区、凤凰山保护区、金丝猴保护区、保护区、国家自然保护区、省级自然保护区	56
	湿地	湿地、批复、落实奖励补助保障措施、湿地公园、湿地公园数据、全国森林公园建设经营情况	191
林业技术	病虫害防治	病虫防治、进行森林病虫防治、病虫防治信息	80
	营造林	造林管理、造林技术、营造林质量管理	86
	森林覆盖率	森林覆盖率、森林覆盖率计算方法	63
林业基本概况	国家重点保护野生动物名录	国家重点保护野生动物名录、纳入野生动物专用标识管理的品种、保护野生动物	25
	森林资源清查	第八次森林资源清查、第八次森林、森林面积、第八次森林资源	60
	森林城市	森林城市、国家森林城市、森林城市研究中心	65
	森林防火	森林防火、清明节森林防火、森林火灾统计表、森林防火队伍、森防指、防火办	51
时政信息	党的群众路线教育实践活动	党的群众路线教育实践活动、群众路线教育实践活动、群众路线、党的群众路线	91
其他		标准、材积表、保险、清查、退耕还林、石漠化、林向图、棚户区	142

结合上述图表可以看出，中国林业网主站站内搜索词中，搜索各种信息公开的比重非常高，占所有站内搜索词近65%的比重，说明用户对林业相关信息公开的需求较大。为此，可着力提升站内搜索有效度，增强站内搜索结果中有关信息公开等相关信息的精准度，保障站内搜索功能及时有效地满足用户需求。

此外，林业概况作为中国林业网主站的专有内容，用户需求也相对较高，除提升该类信息的站内搜索有效度外，还可加强相关专栏建设，突出林业网站的特色服务，满足同类用户的信息需求，提升网站服务水平。

(三)热力图需求分析

热力图直观反映了网站用户的需求热点，根据中国林业网首页的热力图对林业用户需求进行分析。

中国林业网3.0版首页共5屏，按结构布局将首页分为17个功能区块，分别为：Logo、站内搜索、站内导航及网站群导航、领导专区、信息公开、图片新闻、文字新闻、公示公告、专题专栏、网络电视、在线服务、林业相关单位链接、政民互动、林业展厅、林业地图、摄影图片、站外导航。这17个区块用户点击占比和点击量分布情况如图13-4所示。

第一屏			站内搜索3.62% 50234	
	Logo1.32% 18389			
	站内导航及网站群导航 15.38% 213521			
	领导专区 7.36% 102167	图片新闻 11.95% 165937	文字新闻 21.36% 296500	公示公告 1.72% 23940
第二屏	信息公开 17.84% 247640			专题专栏 1.14% 15891
	网络电视 0.38% 5280			
第三屏	在线服务 6.90% 95814			
	林业相关单位链接 0.15% 2126			
第四屏	政民互动 3.20% 44365			
	林业展厅 0.77% 10724		林业地图 1.21% 16859	
第五屏	摄影图片 0.47% 6533			
	站外导航 3.04% 42146			

图13-4　中国林业网3.0版首页栏目区块点击分布图

从中国林业网3.0版首页用户点击热力图(图13-5)可以看出，用户热点集中在第一屏中。第一屏用户点击热点区域或栏目主要是站内搜索(点击占比3.62%)、领导专区(点击占比7.36%)、图片新闻(点击占比11.95%)、文字新闻(点击占比21.36%)。而在网站导航体系中，司局网站群、国有林场网站群、种苗基地网站群是网站导航中点击最热的三个区域，说明用户对该部分内容需求较为强烈，应重点优化，这一情况与站外、站内搜索需求分析的结果也较为一致。而公示公告右侧展开按钮点击很热，说明用户在目前公示公告区域无法找到自身需求的信息，可优化此栏目内容的组织方式。

图 13-5　中国林业网 3.0 版首页首屏热力图

三、 开展体验优化

用户体验(User Experience，简称 UE)是从产品设计的人机工程学发展过来的，早期的产品设计领域，用户最先关注的是产品的功能性，也就是通常所说的可用性。当产品设计发展到一定程度，人们开始关注产品的易用性，同时非常强调用户使用过程中的心理感受，也就是用户体验。简而言之，用户体验是用户在特定条件下与产品进行交互时所获得的所思、所感、所想。用户体验将落脚点放在了对用户的理解上，主要关注如何吸引用户到网站中来、如何引导用户在网站中做些事情、提供何种体验。积极的用户体验能够给网站、产品或服务带来信誉和盈利能力，增强用户的回访意愿、购买意愿、满意度和产品的口碑；反之，消极的用户体验则带来不利的影响，并降低用户的回访意愿、购买意愿、满意度和产品的口碑。因此，关注用户体验的设计对网站来说是至关重要的环节。

近 10 多年来，我国进入互联网飞速发展的时期。网民规模不断壮大，要求政府重视互联网上这个新的社会群体及其相关的各种社会现象。未来，政府网站作为政府在互联网上服务社会公众、沟通社情民意的重要窗口的战略地位将越来越突出。在新的历史条件下，面对互联网飞速发展的大趋势，如何满足用户日益多样化和个性化的服务需求，充分发挥政府网站服务社会公众、树立政府形象、贴近民众生活方面的重要作用，是摆在广大政府网站面前的全新挑战。当前，我国政府网站建设已经进入以用户体验为导向、以用户需求为出发点、以提升互联网影响力为着力点的创新发展阶段。注重用户体验是当前构建智慧型、服务型政府的重要手段，是国家政策导向的必然要求。国外及商业网站在用户体验优化方面有诸多优秀做法和经验值得借鉴。

因此，关注用户体验是林业系统网站建设工作的必然要求。如果说林业系统网站服务是国家林业局向公众提供的公共产品，那么林业系统网站的用户体验就是用户能够在网站上方便、快捷地满足其各种服务需求的行为和感受。林业系统网站用户如拥有积极的体验，将对提升网站的服务水平和公众满意度有重要促进作用。反之，用户的消极体验常导致用户忠诚度丧失、信任危机等，进而影响林业系统网站公信力和满意度。

为紧扣国家林业信息化发展战略，围绕提高用户体验的最终目标，进一步提升网站服务水平和互联网影响力，推动网站发展实现智慧化、科学化转型，从 2014 年 1 月份开始，全面开展中国林业网用户体验优化工作。利用大数据分析的网站智能监测分析工具，能够对网站用户访问数据等一系列数据进行细致分析，有效提取网站用户需求。通过对网站内容供给与网站用户需求的对比分析，能够精准定位网站服务的短板，从而有针对性地开展用户体验优化工作，提高网站的用户友好性，达到网上政府治理能力提升的目的。

（一）在线办事系统技术功能优化

优化提高在线办事与门户网站的服务整合水平，压缩网上办事流程环节数量，整合在线办事系统栏目内容及导航体系，提高用户访问网上办事服务的便捷度。

【案例一】　在线办事系统能够实现与中国林业网全站用户管理系统的无缝对接，提高了用户浏览使用网站的便捷度（图 13-6）。

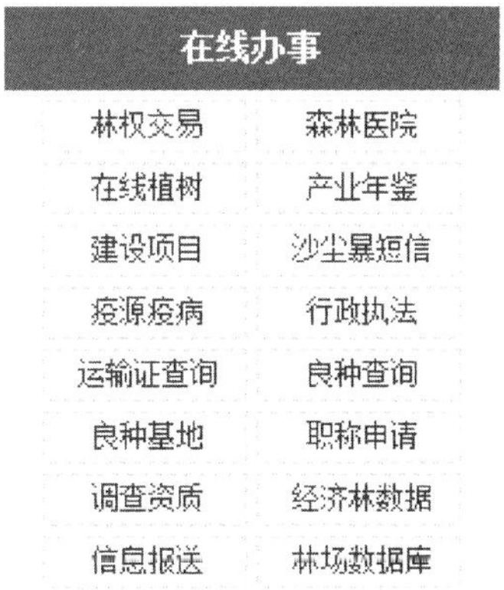

图 13-6　中国林业网在线办事栏目

（二）完善中国林业网全站栏目导航体系（Logo）

Logo 作为网站形象的代表，应设置于醒目位置，遵循网站用户的视觉访问习惯。良好的 Logo 设置会起到标识网站特征、加深网站品牌形象的作用。

【案例二】 中国林业网的品牌 Logo 设置在页面的左上角，遵循网站 Logo 设置惯例。点击 Logo 区域会显示 Logo 标识设计的理念与寓意，加深网站用户对国家林业局形象的直观印象，增进对国家林业局文化理念的了解(图 13-7)。

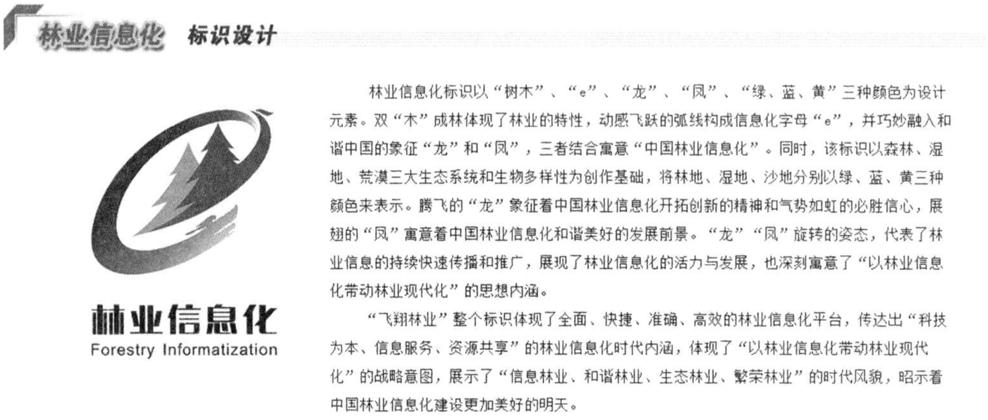

图 13-7 中国林业网 Logo

(三)提高网站导航标签内容的规范性和可用性(局部导航)

局部导航即栏目导航，用于导航定位特定栏目中的内容。页面导航区应尽量突出栏目内容，便于用户了解栏目内容定位，提高网站页面导航区的导航效率。

网站页面的导航标签文字应当简洁明了、易于理解，尽量采用用户习惯或政府网站通用的语言，避免造成用户不理解或误导用户的问题。

【案例三】 中国林业网栏目导航的建设区块位置摆放合理、简洁明晰、全站风格统一，访问界面设计使用户易读易用。此外，根据业务类型的不同，设置了个性化的栏目导航(图 13-8)。

图 13-8 中国林业网栏目导航

（四）提高网站导航标签内容的规范性和可用性（辅助导航）

辅助导航即“面包屑导航”，用于标识用户在网站中的位置以及实现快速返回的功能。面包屑导航通常在页面顶部水平出现，一般会位于标题或页头的下方。它们提供给用户返回之前任何一个页面的链接，在层级架构中通常是这个页面的父级页面。面包屑导航提供给用户回溯到网站首页或入口页面的一条路径，通常是以大于号（ > ）出现，尽管一些设计是其他的符号（如 > > ）。

通常的面包屑导航形式包括：首页 > 分类页 > 次级分类页或者首页 > > 分类页 > > 次级分类页。

【案例四】 如图 13-9 所示，中国林业网创建了面包屑导航，从而使用户能够了解当前所处位置，以及当前页面在整个网站中的位置，体现了网站的架构层级，能够帮助用户快速学习和了解网站内容和组织方式，从而形成很好的位置感。面包屑导航通常样式简单、水平排列，不会占用网站页面太多空间。面包屑导航也有利于网站内链的建设，增强了网站的全站导航效能，同时在一定程度上有助于网站可见性的提高。

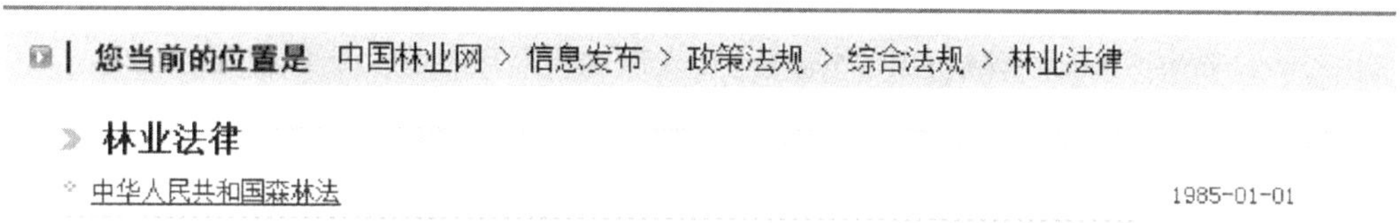

图 13-9　中国林业网面包屑导航

（五）科学规划网站首页区块设计

网站首页中，通过对用户点击行为的统计分析，对用户点击较为集中的栏目内容进行重点加强，将其规划放置于网站首页的醒目位置，满足网站用户的访问需求，提高其体验效能。

【案例五】 中国林业网首页页面布局较为合理，在首页提供了基于不同维度划分的多种导航，页面设计简洁高效，能够在一屏的有限区域内满足不同着眼点用户的访问需求（图 13-10）。

（六）站内搜索入口优化设计

站内搜索入口优化设计能够有效提高用户使用站内搜索技术功能的便捷度、站内搜索使用率和用户满意度。

【案例六】 由于部分网站用户习惯于通过站内搜索直接进入查找的内容页，站内搜索词是最能直观反映网站用户需求的数据之一。中国林业网的站内搜索设置在首页顶部，采

图 13-10　中国林业网走进林业首页

用留白设计，简洁美观，有效提升了站内搜索入口的视觉吸引力(图 13-11)。

图 13-11　中国林业网全局导航

四、 形成优化对策

通过用户体验优化分析，结合网站内容供给与网站用户需求，梳理网站用户体验问题，并为出现的相关问题提供针对性的提升建议。聚合各方面各维度的提升建议，形成用户体验优化建议库，提供随时查询与索引提升建议的功能，切实保障网站服务效能的可持续提升。

（一）科学规划网站首页区块设计

网站首页中，重点分析网站用户需求热点，规划设计网站首页区块。提升点击集中的栏目区块在首页的权重，将其放置于首页的醒目位置。遵循用户的访问习惯，依照“从上至下，从左至右”用户注意力分布递减的规律来组织页面内容。

（二）提高网站导航标签内容的规范性和可用性

在不影响页面整体显示效果的前提下，页面导航区尽可能地突出栏目内容，便于用户了解栏目内容定位，提高网站页面导航区的导航效率。网站页面的导航标签文字应当简洁明了、易于理解，尽量采取符合用户习惯或政府网站通用的语言，避免造成用户的误解。

栏目标签页设计时，注意提高滑动标签的区分度，尤其要注意避免采用将翻页标签置于页面右侧或下方等不符合用户行为习惯的设计方案。

（三）在网站首页设置热点服务区

选择用户搜索关注较多的内容，设置热词推荐或首页热点服务区栏目。

（四）通过动态标签技术提高首页用户需求能力

在网站运行过程中，通过一定时间的数据监测，定位热点标签，通过合理的标签设置满足用户需求，提高网站响应用户需求的能力。

（五）提高网站重要页面技术可用性

区分可点击与不可点击的按钮/区域的样式。充分考虑用户使用习惯，减少用户误点击情况，同时保证不出现可点击按钮不可点击的状况。尽量避免冗余、不必要的设计细节，做到简洁、大气。

（六）提高网站页面显示的分辨率兼容性

通过数据分析了解网站用户常用分辨率的分布，在针对主要分辨率用户进行设计的同时，兼顾其他较为常用的分辨率用户。条件允许的情况下，探索开发网站页面显示分辨率自适应技术，设计 3 个版本首页，根据用户分辨率情况动态调整首页显示效果。

对中国林业网过去一年数据分析发现，网站用户最常用的 3 种分辨率分别是 1366 * 768、1440 * 900 和 1024 * 768。在设计首页时，以 1366 * 768 分辨率用户为主要设计目标用户群体，同时兼顾 1440 * 900 和 1024 * 768 用户使用效果。

近年来，网站多频分辨率自适应技术日益普及，可适应不同类型终端用户访问。在新版网站首页设计中，采用区块分割技术，便于用户通过平板电脑、手机等终端访问时，网站首页界面能够自动变化显示序列。

（七）提高网站页面在主流浏览器中的技术兼容性

确保在网站用户最常用的浏览器中不出现首页功能区块无法显示、页面区块错位、技术按钮失效等兼容性问题。

（八）优化站内搜索入口设计

优化站内搜索入口设计，如使用与周围网页元素颜色对比较为强烈的搜索按钮吸引用户注意力等。有效提高用户使用站内搜索的便捷度、站内搜索使用率以及用户满意度。

（九）提高站内搜索入口的可用性

提供站内搜索相关词推荐功能。用户在站内搜索文本框中输入检索词时，自动显示与当前搜索词相关的检索词推送用户使用。提供站内搜索词错别字识别功能，如“您要找的是不是……”等，有效提高网站用户站内搜索的查全率与查准率。

（十）提高一站式搜索功能的信息覆盖面

网站站内搜索引擎确保网站办事服务、信息公开、动态新闻、互动内容等信息都被站内搜索覆盖到。在站内搜索功能未覆盖到的栏目页面中，不提供站内搜索功能入口，避免造成用户使用时因无法找到当前栏目内容而影响用户使用体验的情况。

（十一）提供搜索结果分级分类显示功能

在搜索结果显示页面中加入搜索结果按照栏目、用户群体、职能部门、主题等分类功能，提高用户浏览搜索结果的效率。

（十二）提高搜索结果显示细节的用户体验效果

在搜索结果页提供多种结果排序等一系列的搜索结果显示细节的优化与丰富，便于用户在搜索结果中进行快速有效的二次筛选查找，提高网站用户使用站内搜索的结果命中比率与用户体验效果。

（十三）在线办事系统技术功能优化

提高在线办事与门户网站的服务整合水平。整合在线办事系统与全站的用户管理系统，实现网站与在线办事系统之间内容的无缝对接，实现用户单点登录、全站访问，提高用户浏览使用网站的便捷度。

压缩网上办事流程、环节、数量，提高用户使用便捷度。在严格遵循正常业务办理流程的基础上，对于用户一次登录可以填写完成的不同环节信息，允许用户在一个表单页面中填写完毕，避免出现多次不必要的页面提交动作，在提高用户办理体验的同时，降低网站后台服务器的额外负担。

具体设计上，采用 Ajax 技术，按照用户办理的不同环节分步骤显示页面表单内容，避免用户因为单页提交内容过多而出现畏难情绪。重新整合排版在线办事系统栏目内容，提高用户访问网上办事服务的便捷度。

进一步完善在线办事内容导航体系。在具体办事页中增加同类办事条目导航栏，便于用户快速切换到其他服务。

（十四）围绕站外需求热点优化搜索引擎可见性

围绕站外需求热点组织开展相关搜索引擎优化工作，扩充该类信息在网站关键词描述中的比例，提升信息公开和在线服务类信息在搜索引擎渠道上的可见度，使用户更加方便地搜索到所需网站。

在今后的网站建设与设计当中，加强信息公开和在线服务板块的内容维护与可见性优化，以便充分满足用户的需求，提供更好的用户体验。

（十五）面向站内需求热点优化站内搜索有效度

在网站用户体验优化方面，着力提升站内搜索有效度，增强站内搜索结果中有关信息公开等相关信息的精准呈现力度，保障用户需要的信息能通过站内搜索功能及时找到。

林业概况作为中国林业网的专有内容，用户需求相对较高，除提升该类信息的站内搜索有效度外，还可加强相关专栏建设，突出特色服务，满足同类用户的信息需求，提升用户体验水平。

（十六）基于访问规律优化网站内容组织

数据表明，用户对网站的访问在时间分布上具有一定规律。因此在网站日常运营维护中，应结合用户逐日、跨日以及跨周的访问规律，做好相关内容组织工作。选择网站用户访问的高峰时段做好网站重要信息的推送工作、相应的硬件准备以及人员配备，以在不同时间段应对不同的网站流量，最大效率的做好网站运营。

（十七）不同类别用户的访问质量优化

挖掘网站新用户的需求，组织相关内容服务，协调供给，迎合用户需求。而对于老用户而言，在保持现有服务的基础上，通过精准推送等措施进一步提升其访问质量，从而提升网站用户的整体访问黏度。

（十八）基于网站栏目关系动态调整网站栏目体系

将网站栏目用户需求相似度分析和栏目用户关联规则分析模型固化到网站后台程序中，自动调整栏目页面相关导航内容，有效提升网站用户的访问黏度。形成网站栏目关系分析的常态化机制，开展网站栏目用户需求相似度和栏目用户跳转关系分析，根据不同时间段的栏目关系，动态调整网站栏目之间的智能导航和相关推荐机制。

（十九）结合栏目用户需求动态调整栏目服务定位

在网站后台程序中，将网站栏目用户需求热点探测模型、网站栏目需求分布以及需求满足度分析模型固化。通过实时数据监测，动态监测近期网站用户的热点需求，发现网站栏目中需求满足度较低的栏目，向网站管理部门发出提示，便于网站后台编辑人员及时调整工作定位，不断提升栏目内容的用户体验度。

第十四章 社交媒体优化

随着互联网的深刻变革，在日常生活中人们接收与传播信息的渠道和平台都发生了革命性的改变，一种以人与人之间关系网络为基础的信息传播媒介应运而生——它就是社交媒体。在全面深化改革和全球范围新技术革命的大背景下，当前我国互联网治理已经成为国家治理体系的重要组成部分，并面临全新形势和机遇。特别是随着中央网络安全和信息化领导小组的成立，国家层面互联网治理“一盘棋”的格局初步形成，政府网站、微博微信、舆情引导、网络安全、产业发展等互联网相关部门协同配合力度空前加强，以及时感知、主动回应、精准导控、科学服务为主要特征的互联网综合治理体系建设成为未来发展趋势。当前，应从落实网络强国战略、推动国家治理体系与治理能力现代化的战略高度，切实转变互联网治理工作思路，坚持以群众需求为导向，主动顺应和利用互联网传播规律的深刻变革，不断提高政府网上公信力和互联网舆论引导力。基于上述背景，中国林业网积极开展搜索引擎和社交媒体优化，通过网站相关技术优化以及在全站部署政府网站社会化媒体分享插件，综合提升网站互联网信息传播力和影响力，进一步将中国林业网打造成全国林业系统政府服务的重要平台和政府信息化推进的坚强阵地。

一、社交媒体的兴起

（一）Web2.0时代下社交媒体发展情况

社交媒体（Social Media）又称社会化媒体，指允许人们撰写、分享、评价、讨论、相互沟通的网站和技术。社交媒体是人们彼此之间用来分享意见、见解、经验和观点的工具和平台，现阶段主要包括社交网站、微博、微信、博客、论坛、播客等等。社交媒体在互联网的沃土上蓬勃发展，爆发出令人炫目的能量，其传播的信息已成为人们浏览互联网的重要内容，不仅制造了人们社交生活中争相讨论的一个又一个热门话题，更进而吸引传统媒体争相跟进。所谓社交媒体传播应该是大批网民自发贡献、提取、创造新闻资讯，然后传播的过程。有两点需要强调，一是人数众多，二是自发的传播，如果缺乏这两点因素的任何一点就不会构成社交媒体的范畴。社交媒体的产生依赖于 Web2.0 的发展，如果网络不赋予网民更多的主动权，社交媒体就失去了群众基础和技术支持，失去了根基。如果没有技术支撑那么多的互动模式，那么多互动的产品，网民的需求只能被压制无法释放。如果没有意识到网民对于互动和表达自我的强烈愿望也不会催生那么多眼花缭乱的技术。社交媒体正是得益于群众基础和技术支持才能够发展。

社会化媒体一词最先出现在安东尼·梅菲尔德的《什么是社会化媒体?》一书中，安东尼·梅菲尔德是一位长期在媒体和公共关系工作领域中的资深人员。他定义社会化媒体是一种给予用户极大参与空间的新型在线媒体，能够提供用户参与、内容公开、用户交流、能对话、社区化、社区间信息连通性的功能。美国的传媒专家埃里克·奎尔曼指出社会化媒体出现对整个人类社会都产生了巨大的影响和改变。他认为社会化媒体是能够令人们轻松随意地与朋友保持联系，在应对网络海量信息，能够帮助其排除干扰的免费快捷的工具，其能降低新闻与杂志影响力，是一种信息传播的新渠道。

Web2.0 技术中的社会化媒体区别于传统媒体的特点：一是媒体网络化。媒体网络化是在互联网环境下，媒体在网络上发布和传播信息。二是信息全球化。社会化媒体传播跨地域特点促进了信息的广泛传播。互联网拉近了用户的距离，信息的传播跨越了地域的限制，社会化媒体通过互联网把信息传播出去，使得用户随时随地都可以获取到。三是便捷的交流性。社会化媒体能够提供用户间、订阅者与博主间、订阅者之间的交流，用户的交流方式发散性更强。四是信息社会化。互联网发展已经成为现代社会发展的重要标志，社会化媒体的普遍使用，加快了信息的覆盖速度。

社会化媒体是通过基于 Web2.0 技术的广泛运用而兴起的网络通信方式。目前较为常见的社会化媒体主要有博客、微博、微信、微视、百度百科、社交网络服务等。

1. **博客**。博主在博客网站上撰写的电子日志。通过网络传播表达自己的看法和观点，它是一个可以随时更新的网页，通常由个人或者团队来维护，及时更新文章或者图片显示在首页上。博客最大的特点是允许人们进入他人的博客，并且在主页进行评论、对话。开设博客简单且免费，能够被任何人所访问，门槛低。但若要经营好一个博客，需要投入大量的时间和精力，充实里面的有意义的内容。反过来，一个内容充实、有意义的博客，能够迅速被网友点评和推销。2006 年影视明星徐静蕾的“老徐博客”在新浪推出 100 多天，点击率突破了 1000 万，日平均点击量达 10 万，也就是说每天都有超过 10 万网友关注她发布的内容，其影响力甚至超出了电视媒体广告的效应。

2. **微博**。即一句话博客，是一种通过关注机制分享简短实时信息的广播式的社交网络平台。微博是一个基于用户关系信息分享、传播以及获取的平台。用户可以通过WEB、WAP等各种客户端组建个人社区，以140字(包括标点符号)的文字更新信息，实现即时分享。微博的关注机制分为可单向、可双向两种。微博作为一种分享和交流平台，更注重时效性和随意性。目前，国内微博主要有新浪微博、腾讯微博、网易微博、搜狐微博、人民微博等，国外较为流行推特。

3. **微信**。腾讯公司推出的一个为智能终端提供即时通讯服务的应用程序。微信支持跨通信运营商、跨操作系统平台通过网络快速发送语音短信、视频、图片和文字。同时，也可以使用通过共享流媒体内容的资料和基于位置的社交插件"摇一摇"、"漂流瓶"、"朋友圈"、"公众平台"、"语音记事本"等。截至2015年第一季度，微信已经覆盖中国90%以上的智能手机，月活跃用户达到5.49亿，用户覆盖约200个国家、超过20种语言。此外，各品牌的微信公众账号总数已经超过800万个，移动应用对接数量超过85000个，微信支付用户则达到了4亿左右。

4. **微视**。腾讯的一款独立APP。微视的定位是基于开放关系链的8秒短视频分享社区，用户通过QQ号、腾讯微博、微信以及腾讯邮箱账号登录，可以将拍摄的短视频同步分享到微信好友、朋友圈、QQ空间、腾讯微博。随着网络电影电视的丰富与多元化，人们很难将一部长达90分钟的电影分秒不落的看完，而是选择"跳着看"，这样就错过了平常而又精彩的视频段落，人们更专注于精简省时的小视频，微视的出现正好满足了不能专注于一的人们的需求。微视频的时间可在5～30分钟，因为时间短，占内存又小，便于人们下载与收藏，所以微视会逐步成为主流趋势。如中国政府网就开通了微视，通过微视频的方式向人民群众播报国家领导人重要活动或讲话。

5. **百度百科**。百度公司推出的一部内容开放、自由的网络百科全书。其测试版于2006年4月20日上线，正式版在2008年4月21日发布。旨在创造一个涵盖各领域知识的中文信息收集平台。百度百科强调用户的参与和奉献精神，充分调动互联网用户的力量，汇聚上亿用户的头脑智慧，积极进行交流和分享。同时，百度百科实现与百度搜索、百度知道的结合，从不同的层次满足用户对信息的需求。

6. **社交网络服务**。又称为SNS(Social Networking Service)社区。它的应用是帮助用户建构一个内容丰富个性的主页，这种主页能够传达比博客内容更丰富的信息和影响力，SNS还可以定制信息，登入网站就能看到所定制的信息的更新。比如用户定制《南方周末》，登入后即可看到及时更新的信息，不断翻滚的新闻和图片。在社区内，用户可以聊天、发邮件、分享日志、参与讨论、共享音乐等等，这种虚拟的网络社区比现实人际交往更活跃。国内社交网络兴起于2005年，王兴把国外Facebook网站复制到中国，成立了校内网，并在建立的第二年被广泛使用，一度用户量暴涨。饭否网是基于社会网络关系系统思想建立的网站，旨在帮助人们建立个性的网络主页，目的用于交友和信息分享。国外有Myspace、Facebook，中国当属人人网和QQ空间，都是极具个人特质的主页。

（二）社交媒体助力政府公共关系良性发展

政府公共关系，即政府与社会公众之间的传播管理。从动态上看，政府公共关系即政府机构与社会公众之间的双向传播沟通活动；从静态上看，政府公共关系是发生在政府与公众之间的一种信息交流、沟通与传播的行为和状态；从管理学角度看，政府公共关系是一种组织职能，政府公共关系管理即对政府组织与社会公众之间的传播行为与状态进行管理。政府公共关系中有 5 对关系。

1. **知名度与美誉度**。公关工作始终追求高知名度、高美誉度。由于特殊的地位和影响，政府在本地是无须追求知名度的，但要注重从质的方面提高在本地社会公众中的美誉度，不能通过纯粹的“美容”来自我感觉良好。要不断提高地域在新时期更大范围、更高层次的知名度与美誉度。政府公关必须进行宣传策划和适度包装，努力打造富有特色地域品牌，积极扩大影响，但绝对不能搞恶意炒作、哗众取宠。

2. **形象塑造与解决具体问题**。政府公关既有务虚的一面，又有务实的一面，既要重视塑造政府形象，又要重视解决具体问题。树立和维护良好的政府形象，可以减少、消解日常工作中的困难矛盾，赢得理解支持，提高行政效率。解决具体问题要遵循公关伦理和公关原则，坚决反对那种所谓的“只重结果、不重过程”的做法，如果为达到目的而不择手段“公关”，最终会严重损害政府的整体形象。

3. **政府公关与社会公关**。政府要加强对地域范围内企事业单位、社会团体等公关行为的指导和监管，围绕本地经济社会发展的大局，努力将公关目标、公关资源整合起来，形成本地鲜明的公关基调和独特的公关风格，使地域形象更加丰满、和谐、统一。要成立公关协会组织，加强公关行业自律。对于造成恶劣影响，违背公关伦理和法律法规的不正当公关行为，要及时制止和查处。

4. **公关成本与公关效益**。政府公关需要投入大量人力、物力、财力，必须获得相应的效益回报。政府在开展公关活动之前，要做好可行性分析，在公关活动结束之后，要认真评估社会效益和经济效益。在举办大型公关文化活动时，要尽量做到既热烈隆重又不铺张浪费，一些地方政府不顾经济承受能力，动辄花巨资请明星等做法要引以为戒。

5. **对内公关与对外公关**。这是政府公关的双翼，偏颇一方就“飞”不起来。要重视部门关系的协调，提高公务员队伍的素质，克服小集团利益和短期利益趋向，强化发展意识、大局意识，增强政府的内聚力和外张力。要认真开展社情民意调查，争取民众支持，净化社会风气，维护社会和谐。要创造有利的外部环境，努力争取上级政策支持，不断吸引资金、信息、人才、技术的流入，创造和把握区域经济发展的黄金时期。

政府公共关系媒体的功能。媒介是政府公共关系的要素之一，媒介的选择对政府公共关系的功能起着重要的作用，能够促进公共关系目标的达成。社会化媒体时代政府公共关系媒介传播，政府生来就处于社会公共关系中，尤其是现代服务型政府建设，政府对民意的重视程度毋庸置疑，某种程度上政府与公民的关系决定着政府能否合法存在。媒体在政府公关、收集民意、管理舆情、政民互动、危机管理中发挥着重要功能。

政府公共关系——单向传播媒介。报纸、电视、广播，曾经是政府传播的主流媒介，他们在政府公共关系中发挥过重要的作用，在传播信息、宣传方面充当政府公共关系与民众互动的主流的媒介。公共关系主体运用单项传播媒介进行政府公关，有针对性和有重点的开发，能在更大程度上引起公众的关注，起到提升政府信誉的效果。

政府公共关系——双向传播媒介。社会化媒体的特点是用户参与性与交流性、社区化和内容公开性等特点，有效实现了用户可以在线对话和交流，实现了政府获取民意，了解大众互动的要求。如政府微博时代的到来，作为典型的社会化媒体，微博在政府部门和民众数量上都占有了绝对优势。社会化媒体符合政府公共关系对政府行使信息传播、主流社会意识形态宣传、公共政策互动、民意收集与互动、危机政府干预的要求，所以社会化媒体对政府公共关系总体是利大于弊。

（三）政府公共关系下社交媒体态势分析

SWOT分析又称态势分析法，该方法把研究对象密切相关的各种主要内部优势（Strength）、劣势（Weakness）、外部的机会（Opportunity）、威胁（Threat），按因素相互匹配加以分析，从而得到一系列相应的结论。在政府公共关系中，SWOT 分析主要是从社会化媒体传播特点和整体网络环境进行分析。

1. **优势**（Strength）。第一，社会化媒体的传播优势。社会化媒体使得信息传播快速、方式多样、互动性强。微博、社交网站、论坛都超越了传统媒体，成为人们深度交流的重要工具。社会化媒体使用方便，收发信息、定制消息便捷，具有上传视频等功能。社会化媒体依托 Web2.0 技术，可以让人们随时了解政府信息，丰富了人们政治参与方式，把现实政府与网络政府融为一体，成为新时代推动政府信息传播方式变迁的重要工具。第二，智能手机的普及使用趋势。移动化是互联网发展的新特点，手机 PC 终端的广泛采用，使网民不需要在电脑桌前，使用手机客户端就能接受信息。主流的智能手机是社会化媒体的重要载体，加快了社会化媒体普及率，拓展了社会化媒体的信息传播渠道。

2. **劣势**（Weakness）。第一，使用者集中性。6.49 亿网民只是中国 13 亿人口中的一部分，据国家互联网络信息中心统计，社交网站的用户主体多为 30 岁以下的年轻群体，网民中比重最高的 20 ~29 岁之间的达 29.8%，其次是 19 岁以下的为 28.4%。所以对于社会化媒体表达的利益诉求，政府要慎重分析是否代表真实的广大群体的要求。第二，社会化媒体发布的消息真实性和情绪的连通性。社会化媒体信息的特点是原创和转载，每一个人都可以是新闻的发布者，在这种情况下容易引发劣质虚假新闻发生。社会化媒体主流用户表达能力较强，但社会心理不成熟，生活和就业压力很大。所以用户会关注突发事件和负面问题，进而随即产生抱怨情绪，容易引发整个网络负面情绪。

3. **机会**(Opportunity)。第一，政府的积极倡导作用。随着政府机构、官员进驻微博，社会化媒体成为信息发布、政民互动的重要渠道。第二，3G网络移动技术不断成熟。社会化媒体使用的重要条件是相关设备和技术的成熟和广泛应用。第三，社会化媒体使用法律法规的完善。政府对社会化媒体使用规范法律的完善，如《北京市微博客发展管理若干规定》，对该地区微博使用行为进行了若干限定，人人网等社交网站推出实名制等等都给社会化媒体环境提供了保障，可以有效限制人们非法言论和恶意传播等不法行为。

4. **威胁**(Threat)。第一，社会化媒体用户的分层。由于用户群体所处阶段不同，网络上的观点并不能代表主体利益。第二，社会化媒体发布消息的真实性和可靠性有待考评。

(四)社交媒体时代下优化政府公关

1. **社交媒体时代下政府常态公关**。常态政府公关的目标是传达政府信息和获取公众意向，协调政府与公众关系，使政府行为得到公众认可和支持，塑造政府形象。无论是政民互动或者政府信息传播，都应积极整合传统媒体和网络媒体，有效应用多种传播媒体，增强政府公关的影响力，达到预期的传播效果。

利用互联网传播机制运用新技术为政府公关服务。任何新媒介的使用都有其本身的特点和功能，社会化媒体功能需要政府主体积极主动去掌握和使用。社会化媒体作为一种大势，其潮流不可逆转，只有积极主动学习和了解社会化媒体，才能用得其所。拓宽沟通渠道、完善政府的沟通协调机制，在完善传统的信访、新闻发布和发言人制度的同时，还要重视多样化沟通道路，更要专注于新兴网络传媒技术的开发和学习。政府公共关系活动开展时应积极发挥政府主体主观能动性，利用不同方式和类别媒体积极开展政府沟通和传播。

运用社会化媒体引导用户创建和谐的网络环境。政府公共关系要树立以人民利益为主的观念，任何影响社会公共利益的事件都应制止，积极倡导正面的价值理念，重视与公众之间的沟通，积极利用社会化媒体掌握舆论的主动权。政府在信息传播方面具有权威性和唯一性，掌握舆论主动权有先天优势，对涉及公共利益的不利舆论开展有效沟通、舆论导向等，建设更加和谐的网络环境。

2. **社交媒体时代下应对政府危机公关**。及时回应网民关注的热点问题。危机事件发生后，为了保证对事件及时有效处理，需要组织和协调相关的人力、物力和财力，移动短信、微博、微信、即时通讯等工具可以协助传统渠道的信息传播。借助社会化媒体及时公开政府应对做法，使群众可以减轻忧心情绪。同时，通过了解政府动态，社会组织等群体力量可以参与危机事件，利用政府和社会共同的力量把危机降到最小。

运用社会化媒体积极引导舆论。危机事件发生后，政府和行政人员的及时回应是很重要的，正确的媒介运用对回应的效果很明显。一般网络社会化媒体涉及的范围、影响力和传播效果高于传统媒介。政府解决危机的重点在于借助更好的媒体平台开展沟通，澄清事实和赢取信任。在政府面对网络舆论危机时，政府公共关系工作包括以下几个内容：首先，组建政府公共关系舆情预警机制，对多渠道发布的信息尤其是网络信息做分析处理，帮助群众分析是非，通过政府官方网站、政务微博、领导博客、移动通讯等渠道传播信息，尽快让公众知晓工作进展，从而把社会群体的关注引导到正确的方向上来，并要注重危机事件处理过程中相关信息的管理；第二，发挥社会化传播媒介的传播沟通作用。对社会舆论的反应，特别是在与公众对话过程中，政府公共关系人员应冷静分析，使用社会化媒体协助政府新闻发言应对公众舆论，特别对网络舆论，政府认真听取群众的意见和建议，及时权威发布相关信息，控制危机使消极的舆论转化为积极的舆论。

把控事件和解决措施。危机事件解决需要对事件的整体动向有效把控，需要采取各种有效的调查手段，收集真实和全面的材料作为决策依据。除了使用传统信息渠道外，群众、舆论、事件利害的部门和社会个体都可以作为了解情况的对象。在制定解决措施中，特别是紧急情况下，社会化媒体信息传播呈现的是一种海量的平面的信息点发布传播，这时对于网络传播的信息要有一定的判断和论证。

二、社交媒体的优化

随着社交媒体的不断流行，近年来在互联网界兴起了一个新的营销方法——社交媒体优化(Social Media Optimization，SMO)。所谓社交媒体优化，是指通过社会化媒体、在线组织及社区网站等渠道提高网站信息资源的互联网传播能力的一整套方法。简而言之，社交媒体优化就是利用各类社交媒体对外发布和传播网站上的各种信息，其主要不是针对网站本身的各种元素进行优化，而是要求网站的管理者加入到社会网络之中，通过与网民的积极互动达到网站服务内容营销的目的。在商业网站中，常见的SMO方法包括添加RSS订阅、“Digg This”顶上去、博客写作及非合作形式的第三方社区功能(如Flickr图片幻灯片、YouTube的视频分享等)。

近年来，随着全球政府网站对于社交媒体的高度重视，上述社交媒体可见性优化的方法也被不同程度地引入到政府网站之中。具体来说，政府网站的社交媒体可见性优化技术可以包括以下几个方面。

(一)开通政府网站官方社交媒体账号

政府网站开通政务微博或其他社会化媒体官方账号，是促进官方权威、正面信息在社交媒体中传播的重要手段。如美国政府网站就在Facebook、Blog等多家社交媒体平台上开通了账号，方便在互联网上进行政府网站信息的正向引导。随着国内微博的迅速发展，越来越多的党政机构和党政干部开通了政务微博。据统计，截至2013年底，新浪政务微博总数共计100151个，其中机构官方微博66830个，公职人员微博33321个。

但我国政务微博发展存在一个普遍问题，就是政务微博与政府网站之间在后台管理体制方面存在“隔阂”。目前，我国大部分政务微博的开通和运营维护是由政府宣传部门负责，而政府网站则大多由办公厅主管，两者之间信息不同步甚至无关联的问题较为普遍。下一步需要提高政府网站与政务微博这两大信息发布渠道的整合力度：一是在政府网站上增加政务微博入口，有效提高政务微博的点击率；二是政务微博在发布相关信息时，首选转载来自政府网站的动态新闻，并且在微博内容中提供超链接地址，有效提高政府网站在微博用户中的影响力。

除了政务微博、微信之外，其他一些重要的社交媒体渠道也应引起政府网站的高度重视。例如，当前网民在获取文档时，往往倾向于使用道客巴巴、豆丁、百度文库等社会化文档分享网站；在查询信息时，则往往喜欢使用百度知道、百度百科等社会化知识库。政府网站应在上述社会化传播渠道中进一步提升信息的影响力，通过注册政府网站官方账号，以官方权威身份回答百度知道等社会化渠道中用户提出的与政府网站工作相关的问题，将网站信息主动推送到诸如百度文库等渠道之中，从而提高网站信息在主要互联网传播渠道中的正面影响力。

此外，还有一类比较特殊的信息推送渠道，其尽管不属于典型的社会化媒体推送，但与上述的社会化媒体有一定相似性，这就是专业网址导航网站。所谓网址导航网站，就是一些专门将常用网站地址整理归类后提供给用户使用的一类网站。这些网站大多由一些浏览器提供商（如搜狗浏览器集成的搜狗网址导航）或搜索引擎（如百度旗下的 hao123 网址导航）提供，对于一些上网方式固定的用户而言，这类网站具有很强的用户黏度，因此也成为互联网信息传播和推送中一类不可忽视的传播渠道。由于政府网站往往是本行业或本区域内最为权威的网站，因此应提高政府网站针对主流网址导航网站的推送能力，通过技术手段进行网站信息推送和优化，确保网站地址被常见的主流导航网站收录。图 14-1 显示了基于对部分政府网站统计的主要网址导航网站的政府网站用户访问情况。

（二）建立面向社交媒体的信息推送机制

所谓网站面向社交媒体的信息推送机制，是指政府网站管理者自身不主动发布相关信息，而是通过网民在浏览相关网页时自发进行的分享推送行为促进政府网站信息在社会化媒体中的传播。这种分享尽管相比主动推送的方式见效较慢，但被推送的内容由于都是网民自发转载的，其往往更加符合互联网公众的浏览需求，从而传播效率更高、效果更好。

政府网站可以通过开通 RSS 订阅、短信订阅、邮件订阅、分享到社会化媒体等技术功能，最大限度提高网站信息在互联网上的传播效率，提升网站信息互联网影响力。如美国政府网站就在全站相关页面中都加入了社会化分享按钮，方便用户直接向相关渠道推送网站信息。如图 14-2 所示。

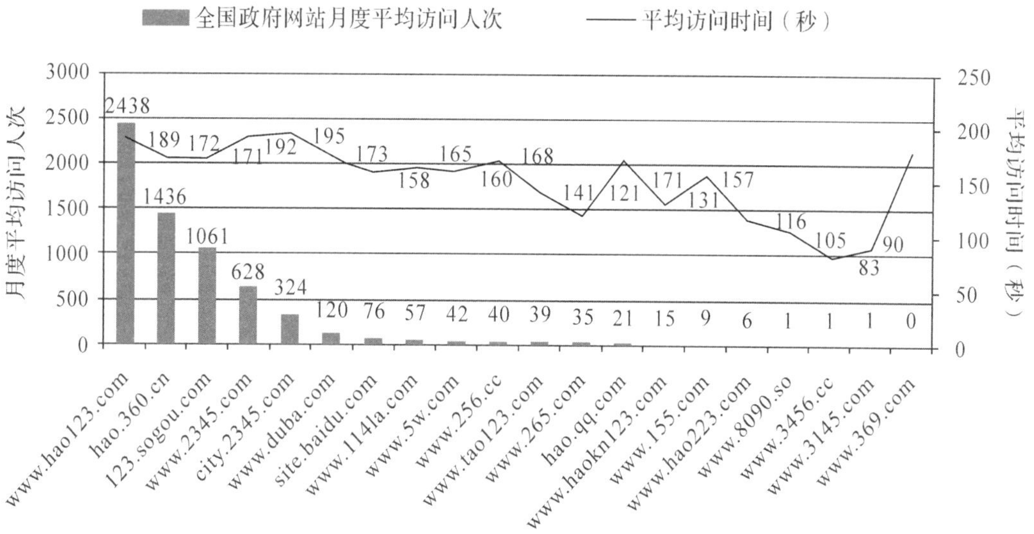

图 14-1　全国政府网站各目录导航网站来源访问情况

图 14-2　美国政府主页“share”分享按钮

近期，为了提升政府网站信息在微博、微信等社会化媒体上的影响力，国家信息中心还面向各级各类政府网站推出了“阳光分享”免费插件，为政府网站提供了安全可控的社会化分享功能，帮助政府实时了解用户分享的热点和趋势变化，并及时把政府网上信息分享到社会化媒体上，提升政府网上信息的覆盖面和影响力(图 14-3)。

图 14-3 专门面向政府网站提供的社交媒体分享插件

（三）运用社交媒体提高政府突发事件应对能力

随着发展和社会化普及，社会化媒体作为沟通媒介的功能日益彰显。社会化媒体与传统媒体的区别表现在用户参与性、信息发布与接受界限模糊性，其在平等对话、监督政府、维护社会公正中发挥重要作用。社会化媒体作为网络的新兴媒体，其用户之间可以随时沟通，随时获取信息。同时，社会化媒体是政府公共管理媒介与活动的重要工具，在政府公共关系中有着重要的意义。因此，政府应在突发事件应对中充分发挥社交媒体网站的重要作用，做到及时应对、主动引导。

社会化媒体作为一种沟通媒介，随着它的发展和普及，其功能日益彰显。社会化媒体与传统媒体的区别表现为用户参与性、信息发布与接受界限模糊性和平等对话性，这些特点使得社会化媒体在监督政府工作，维护社会公正方面发挥重要作用。作为网络新兴媒体，社会化媒体能够充当政府公共事务管理的重要工具，让用户之间可以随时沟通，随时获取信息，在政府公共关系处理中具有重要意义。因此，政府应在突发事件应对中充分发挥社交媒体网站的重要作用，做到及时应对、主动引导。

以四川会理“领导悬浮照”事件为例，当地政府充分运用论坛、微博等信息传播渠道，对网民质疑问题进行了正面回应，取得了较好的平息社会质疑的效果。2011 年 6 月 26 日，一名网友在天涯论坛上发帖，称在登入四川省会理县网站看到一张领导视察的新闻图片，里面的 3 位官员好像是悬浮在一条新修的马路上，该网友评论照片说 PS(图片处理)太明显，甚至“这个业余的不能再业余的都知道是 PS 的”。这则消息很快被天涯社区网友关注，并且被网民“恶搞”，把 3 位官员的头像 PS 至阿富汗战场、侏罗纪公园、里约热内卢基督像的手臂，甚至和美国奥巴马总统观看美军突袭本·拉登等各种场景中。笑骂声的背后是人们对这几位官员虚假新闻事件的讽刺和嘲笑，地方政府形象大跌，甚至所有人都觉得会理县从此将与“丑闻”二字相伴，“永世不得翻身”。然而第二天下午 5 时，会理县的门户网站发布了《向网络媒体、各位网友道歉信》，同时在论坛、微博上贴出相同道歉信，工作人员承认了 PS 行为并解释了实情，该信息被转帖上万次，成功地转移了网民注意力，网友的批评和嘲讽随之消散。

再以昆明市螺蛳湾批发市场的群体性事件为例。2009 年 11 月 21 日，针对昆明市螺蛳湾批发市场的群体性事件，在云南省宣传部副部长伍皓的主导下，云南省政府新闻办在新浪微博开设了国内第一家政府微博客“微博云南”，并在第一时间对螺蛳湾事件做出了简要说明。微博云南开设后引起社会高度关注。11 月 23 日《人民日报》载文，将“微博云南”称为国内第一家政府微博，并评论说“现场直播”不一定只在电视上才有，突发事件现场的每个人都可以是“记者”，应对突发事件要“边做边说”才有主动。

三、 国外社交媒体优化

随着社交媒体的飞速发展，近年来欧美国家普遍将网站面向社交媒体等传播渠道的互联网影响力提升工作，作为提升政府网站服务效能的重要抓手，充分发挥政府网站原创信息量大、网站群集团作战能力强的优势，运用先进的技术手段，大幅度提高政府网站在社交媒体上被公众查找到的及时性、准确性。以美国为例，自奥巴马总统上任以来，美国政府高度重视社会化媒体技术对于政府网站服务透明度的提升。2010 年，美国公共与预算管理办公室(OMB)专门发布了一个关于政府网站应用社会化媒体的指南性文件，指出“为了进一步提高社会公众的参与度，政府网站应当扩大社会化媒体和其他基于网络的交互技术的应用范围。”在上述一系列文件的指导下，美国各级政府网站均将社交媒体技术充分运用到网站建设和运营维护之中。通过上述工作的开展，欧美国家政府逐步提高了政府信息资源的互联网影响力，在应对突发事件中取得主动，树立了互联网时代政府尊重市场、取信于民、贴近公众的新形象。

（一）广泛应用面向各类社交媒体渠道的信息推送技术

近年来，社交媒体发展十分迅速，2004 年 Facebook（脸谱网）在美国正式上线，5 年后新浪微博也正式登上国内舞台并取得越来越高的社会影响力。人们除了利用搜索引擎获取信息之外，还会在社交媒体平台上获取信息。与此同时，社交媒体平台还赋予用户一项新的权利，那就是信息的发布与传播。在充分认识到社交媒体的强大功能后，美国、新加坡、英国、加拿大等都在本国政府门户网站上提供分享功能，当用户访问政府网站时可以自愿将其关心的重要信息转发到社交媒体平台上，推动政府信息的二次传播。

图 14-4 为美国政府门户网站提供的分享功能，从图中可以看到用户可以将美国政府门户网站的信息分享到 Facebook、Twitter 等社交媒体平台上，增加了正向信息的展现率。

图 14-4　美国政府门户网站分享功能

（二）形成“政府网站 + 社交媒体”的整合发布平台

目前，很多国家政府网站都已开通了社交媒体平台账号，并专门在社交媒体平台上主动向用户推送政府相关的信息。如英国政府在 Twitter、Facebook 等网站均开通账号。其中政府 Twitter“gov. uk”拥有 20.7 万粉丝，每月发布 5 ~ 10 条推文，主要内容包括信息推介、节日庆祝等（图 14-5）。

美国政府网站开通了 Facebook、Twitter、Youtube 等多种平台的账号，一方面增加了信息的多元化展现，如图文、视频等，提高了用户的视听效果。另一方面，美国政府在不同平台上发布的信息，在内容上也有所不同。在 Facebook 平台上美国政府大多发布实时、与民众相关、有趣的消息；而在 Blog 平台中多发布实时、实用和有趣的政府信息与服务；在 Twitter 平台中大多发布最新的政府官方消息；对于 Youtube 平台则会发布政府相关视频。这说明发达国家政府会针对不同渠道的用户进行需求分析，并在相应的渠道上发布更符合用户“口味”的信息，达到信息良性传播的目的。

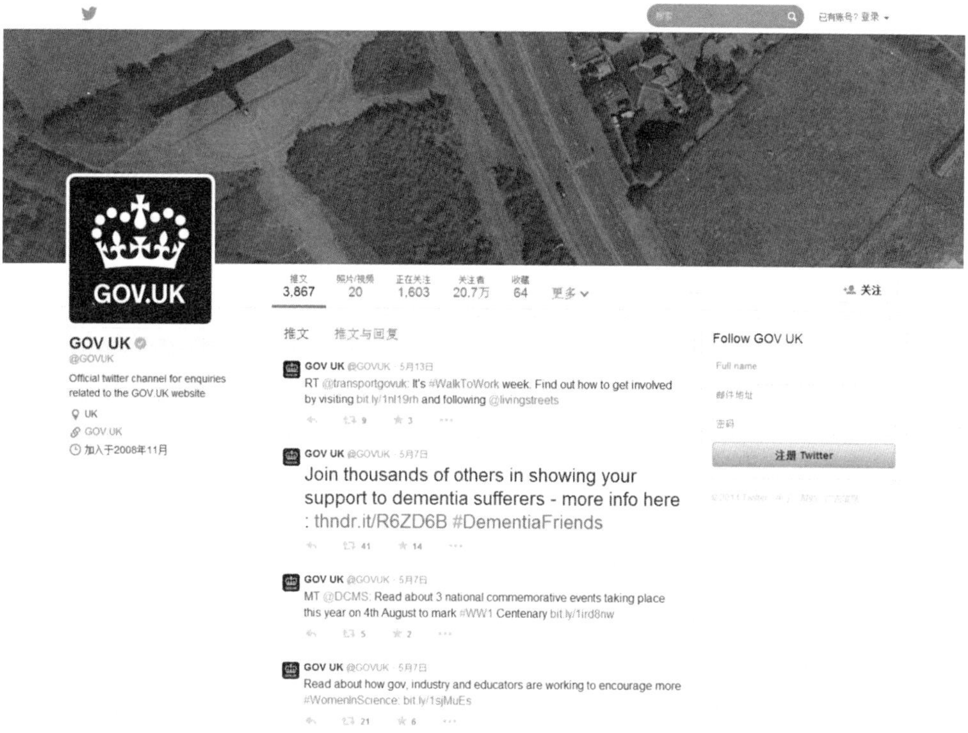

图 14-5　英国政府门户网站 Twitter 账号

（三）重视社交媒体优化的标准制定和业务培训

社交媒体是一种全新的互联网传播模式，对其熟练掌握和使用需要政府网站工作人员具备高度的专业技巧。为此，国外政府网站对于社交媒体优化领域的业务培训十分重视。如 2012 年 5 月，英国内阁办公室发布了《公务员社交媒体指引》(Social media guidance for civil servants)，指导各级政府公务员使用社交媒体，并帮助各政府部门克服使用社交媒体等互联网传播渠道时的技术壁垒。

除此之外，英国政府各部门都高度重视对公务员使用社交媒体的培训。以英国能源与气候变化部为例，其从 2010 年到 2012 年间，组织了面向不同层次公务员的关于社交媒体的多次培训，如表 14-1 所示。

表 14-1　英国能源与气候变化部组织的社交媒体培训

培训对象	培训主题	培训团队	花费
新闻发言人	社交媒体介绍	政府通讯网络公司(GCN)	400 英镑
政策官员	社交媒体介绍	政府通讯网络公司(GCN)	400 英镑
传讯经理、人力资源	网络通讯中的社交媒体	公关学院(PR Academy)	265.5 英镑
新闻发言人及技术团队	突发事件中社交媒体的使用	Helpful Technology 公司	2750 英镑

四、 林业社交媒体优化

(一)建立网站信息面向社交媒体的推送机制

媒介是政府公共关系的要素之一，媒介的选择对政府公共信息的传播起着重要的作用。政府生来就处于社会公共关系之中，尤其是现代服务型政府建设，政府对民意的重要性毋庸置疑，某种程度上政府与公民的关系决定着政府能否合法存在，政府公关的存在发挥了这个作用，收集民意、管理舆情、政民互动、危机管理，媒体在其中发挥着重要功能。

媒介的类型有很多种，传统媒体如报纸、杂志等属于单向传播媒介，而社交媒体具有互动性、内容公开性等特点，使得社交媒体具备了双向传播的特点。基于这些特点，网站应充分利用"用户资源"，在网站信息与用户之间架起一座桥梁，使得用户不仅可以在国家林业局门户网站上获取信息，更可以将中国林业网发布的权威信息方便、快捷的发布到各个社交媒体平台中，正如美国政府网站部署了社会化分享按钮，通过用户的分享提高信息传播力。目前，中国林业网已经部署了"阳光分享"社会化分享插件，自部署社会化分享插件以来效果显著，中国林业网信息在各类社交媒体平台上被分享了 686 次，有 565 人次通过分享链接回访到中国林业网。

(二)政府主动发声推动权威信息快速传播

积极借鉴并探索近年来兴起的社交媒体营销(SMO)等技术手段，开展面向社交媒体的正向信息引导工作。主要包括：

一是构建政务微博微信矩阵，从点扩散到面，推进林业网站群官方权威信息在社交媒体中的传播力，提升中国林业网信息在各种新媒体渠道中的传播效果。提高中国林业网与微博、微信等信息发布渠道的整合力度。一方面，在中国林业网上增加政务微博和微信的入口，有效提高政务微博、微信等的点击率。另一方面，政务微博和微信在发布相关信息时，首选转载来自中国林业网的信息，并且在微博内容中提供超链接地址，有效提高中国林业网在微博用户中的影响力。

二是对网站信息进行分类，如文字类信息、视频类信息、音频类信息、图片类信息，并在不同的平台发布不同类型的信息，分别利用平台的特点传播信息，如开通新浪博客、搜狐博客、网易博客等，并在博客上发布一些访谈类视频、音频信息。另外，开通 SNS 平台账号，如人人网、开心网等，发布一些与网民生活相关的信息和环境保护、动物保护的信息，提高国家林业局的政府形象。其次，随着发布信息的多元化，可开通视频类网站的专属账号，如优酷等，发布一些网站上的新闻视频、访谈视频等信息。以官方权威身份回答上述社会化渠道中用户提出的与国家林业局日常工作相关的问题，提高中国林业网信息在多渠道的覆盖度，逐步提升网站影响力。

(三)面向各类社会化文库平台同步网站信息

目前，互联网上兴起了很多社会化文库类平台，如百度文库、豆丁网、道客巴巴等。百度文库是百度发布的供网友在线分享文档的平台。网友可以在线阅读和下载这些文档。豆丁网(Docin)是全球优秀的C2C文档销售与分享社区，每天都有数以万计的文档会上传到豆丁。而道客巴巴则是一个专注于电子文档的在线分享平台，用户在此平台上不但可以自由交换文档，还可以分享最新的行业资讯。

由于这些平台权重较高，其文档在搜索结果中可以获得较高的排名。可将网站重要信息同步上传到各类平台中，一是将中国林业网的信息在多个渠道上进行传播，提高信息的传播力度；二是保证网站信息在搜索结果中占据有利的位置，将用户的点击范围控制在与政府网站内容相关的页面上；三是提高政府网站的品牌传播力。

(四)开展面向社交媒体的重大事件舆论引导

英国危机公关专家里杰斯特提出解决危机政府公共关系的“3T”原则：

Tell your own tale(以我为主提供情况)，围绕危机事件向公众提供具体的真实情况，利用传媒向公众跟踪报道危机事件的发展和处理实况。

Tell it fast(尽快提供情况)，从时间上讲，应当迅速收集危机事件的真相，采取稳定民心措施。当危机事件发生时，政府应尽快公布真相，在谣言或谣传蔓延前，主动公布最新情况，让外界的臆测空间降低，并建立起政府在控制危机和努力挽救民众生命财产损失的信心。

Tell it all(提供全部情况)，要求信息全部透明，让公众具有知情权，应将所有信息毫无遮掩地向公众披露。社会化媒体真实公开、迅速及时有利于政府与公众的互动。

所以，对于政府危机公关基于“3T原则”的解决方案，利用社会化手段应对重大突发事件。首先，充分利用国家林业局微博、微信矩阵第一时间发布事件情况以及相关部门采取的行动情况，并通过微博、微信矩阵进行信息的扩散和传播让公众了解政府行为减轻忧虑情绪；其次，重视并利用社会化问答网站(如百度知道)、百科网站(如维基百科、百度百科)、社会化文档资源库(如道客巴巴、新浪爱问)等新兴信息传播渠道，通过在这些渠道上开展信息的精准投放，主动推送重大事件舆情相关回应信息。另一方面，综合判断微博热门事件话题及微博用户的关注点，针对重大事件用户关注点形成具有舆论引导作用的正面宣传信息，整合官方微博账号和相关大V账号的力量，有效提高国家林业局在社交媒体领域回应重大事件舆情话题的效果。

第十五章
可见性优化

当前，互联网正处在深刻变革的历史阶段，搜索引擎、社会化媒体、网络新闻媒体等传播渠道的发展，对网民的信息获取行为方式产生了深刻影响。为提升中国林业网信息公开能力、社会公众关切响应能力和互联网重大舆情引导能力，主动融入互联网生态圈，形成政府网站、互联网企业和网民和谐共生的良好局面，本章研究探索在搜索为王时代下政府网站的应对策略。

一、 用户行为模式

搜索引擎是从互联网上大规模搜集信息，在对信息进行组织和处理后，为用户提供检索服务并展示相关信息的信息系统总称。由于搜索引擎在一定程度上满足了当今信息爆炸时代人们准确、便捷地找到所需信息的迫切需求，所以已成为当今互联网用户必不可少的使用工具，其深刻改变了互联网用户的信息获取方式。据第 35 次中国互联网络发展状况统计报告，截至 2014 年 12 月，我国网民使用搜索引擎的比例已达 80.5%，搜索引擎已成为用户最主要的信息获取渠道。从信息传播的角度看，搜索引擎模式下的用户行为呈现出以下两个基本特点。

首先，搜索引擎与社交网络和即时通讯工具相比，尽管其用户群体规模相当，但是搜索引擎是一种全局性应用，一条信息被搜索引擎收录，马上就会被使用搜索引擎的千百万网民同时看到。而即时通讯和社交网络工具中信息的传播与搜索引擎相比，其信息传播的范围相对受局限，传播速度也不会像搜索引擎那样瞬间扩散。正因如此，随着当今搜索引擎日益成为互联网的主流应用，以及其特殊的用户行为模式，使得搜索引擎已经成为影响互联网信息传播的关键环节。可见顺应“搜索为王”的时代特征，积极开展依托搜索引擎渠道的林业信息传播工作，是当前提升林业行业传播能力的重要抓手。

其次，在搜索引擎模式下，用户访问行为呈现出明显的“去中心化”趋势。在前搜索时代，用户更多通过页面导航、收藏夹或直接输入网址等方式来到网站的首页，并逐层向下寻找信息，因此网站首页是用户获取信息的关键节点。而在搜索引擎模式下，网民在搜索引擎上输入关键词时，搜索引擎会将用户导引到搜索引擎所收录的相应的具体服务页面上去。这样，绝大多数网民会被搜索引擎直接导引到网站底层的具体内容页面上去，而不再像以前那样主要通过首页逐层向下寻找信息(图 15-1)。

图 15-1　百度搜索首页

二、 搜索引擎原理

搜索引擎(Search Engine)是指根据一定的策略运用特定的计算机程序搜集互联网上的信息，在对信息进行组织和处理后，为用户提供检索服务的系统。在互联网发展的初期是没有搜索引擎的，但是随着互联网上信息的增多，搜索引擎出现了，它不但解决了互联网发展中的瓶颈，帮助用户及时地检索到所需的信息，更在互联网领域创造了一个又一个的奇迹。

(一)第一步：爬行

搜索引擎是通过一种特定规律的软件跟踪网页的链接，从一个链接爬到另外一个链接，像蜘蛛在蜘蛛网上爬行一样，所以被称为蜘蛛(spider)也被称为机器人(bot)。搜索引擎蜘蛛的爬行是被输入了一定的规则的，它需要遵从一些命令或文件的内容。为了提高爬行和抓取速度，搜索引擎都是使用多个蜘蛛并发分布爬行。蜘蛛访问任何一个网站时都会先访问网站根目录下的 robots. txt 文件，如果 robots. txt 文件禁止搜索引擎抓取某些文件或者目录，蜘蛛将遵守协议，不抓取被禁止的网址。所以 robots. txt 文件对一个网站来说是至关重要的。

(二)第二步：抓取存储

搜索引擎是通过蜘蛛跟踪链接爬行到网页，并将爬行的数据存入原始页面数据库。其中的页面数据与用户浏览器得到的 HTML 是完全一样的。搜索引擎蜘蛛在抓取页面时，也做一定的重复内容检测，一旦遇到权重很低的网站上有大量抄袭、采集或者复制的内容，很可能就不再爬行。

（三）第三步：预处理

搜索引擎蜘蛛抓取的原始页面，并不能直接用于查询排名处理。搜索引擎数据库中的页面数都在数万亿级别以上，用户输入搜索词后，如果靠排名程序实时对这么多页面分析相关性，计算量太大，不可能在一两秒内返回排名结果。因此，抓取来的页面必须经过预处理，为最后的查询排名做好准备。搜索引擎将蜘蛛抓取回来的页面，进行各种步骤的预处理，具体如下。

提取文字。搜索引擎预处理首先要做的就是从 HTML 文件中去除标签、程序，提取出可以用于排名处理的网页文字内容（还包括 META 标签中的文字、图片替代文字、锚文字链接等）。

中文分词。这一步在中文搜索引擎中才会用到。中文分词一般分为两类：字典匹配、基于统计。

字典匹配。将待分析的一段汉字与一个事先造好的词典中的词条进行匹配，在待分析汉字串中扫描到词典中已有的词条则匹配成功，或者说切分出一个单词。

基于统计。分析大量文字样本，计算出字与字相邻出现的统计概率，几个字相邻出现越多，就越可能形成一个单词。

去停止词。搜索引擎在索引页面之前会去掉一些停止词，如："的"、"地"、"得"之类的助词，"啊"、"哈"、"呀"之类的感叹词，"从而"、"以"、"却"之类的副词或介词。

消除噪声。搜索引擎需要识别并消除噪声，排名时不使用噪声内容，基本方法是根据 HTML 标签对页面分块，区分出页头、正文、页脚、广告等区域，在网站上大量重复出现的区块往往属于噪声，对页面消噪后剩下的才是页面的主体内容。

去重。同一篇文章经常重复出现在不同网站及同一个网站的不同网址上，搜索引擎并不喜欢重复性的内容，搜索引擎希望只返回相关文章的一篇，所以在索引前还需要识别和删除重复内容，这个过程就称为"去重"。

正向索引。搜索引擎索引程序将页面及关键字形成词表结构存储进索引库，每个文件都对应一个文件 ID，文件内容被表示为一串关键词的组合。实际上在搜索引擎索引库中，关键词也已经转换成为关键词 ID，这样的数据结构就称为正向索引。

倒排索引。搜索引擎将正向索引数据库重新构造为倒排索引，把文件对应到关键词的映射转换为关键词到文件的映射。

链接关系计算。主要体现就是 Google 的 PR 值、搜狗的 SR 值等。

特殊文件处理。搜索引擎有时也会抓取除 HTML 文件以外的文件，如：PDF、Word、WPS、XLS、PPT、TXT 文件等，在搜索结果中也经常会看到这些文件类型。但搜索引擎还不能处理图片、视频、Flash 这类非文字内容，也不能执行 JS 脚本和程序。

(四)第四步：排名

用户在搜索框输入关键词后，排名程序调用索引库数据，计算排名显示给用户，排名过程是与用户直接互动的。但是，由于搜索引擎的数据量庞大，虽然能达到每日都有小的更新，但是一般情况下，搜索引擎的排名规则都是根据日、周、月阶段性不同幅度的更新。

三、可见性优化应用

目前，国外电子政务发达国家，如美国、英国、加拿大等都采取相关技术手段，提高网站信息在搜索引擎上的收录比例，并确保用户在搜索引擎上查找相关信息时，网站信息能够出现在搜索结果比较靠前的位置，有助于更加充分地发挥政府网站海量信息服务的互联网影响力。国外学者把这一技术称作网站可见性(Website Visibility)优化技术。

网站可见性优化，是指通过优化网站在搜索引擎上的信息展示方式和展示深度，提升网站信息互联网传播能力的一类技术。国外学者早在2005年前后就开始大规模关注这一问题，保罗・沃特斯等从技术角度，对不可见网络(Invisible Web)开展实证分析，研究指出网站信息的可见性具有高度不稳定性，并且受制于特定的网络条件以及搜索特征等。在此基础上，米柳斯・韦德曼等对网站导航结构如何影响网站可见性的研究进行了回溯分析，并出版了网站可见性研究的奠基之作——《网站可见性：提高排名的理论与实践》(图15-2)一书。在政府网上服务领域，很多研究者也对可见性优化问题进行了研究。如伊恩・霍利迪在谷歌(Google)、MSN和雅虎(Yahoo)等搜索引擎平台上测试了东亚、东南亚共16个国家政府网站相关信息出现在检索结果前10位的比例，作为政府网站可见性的评估指标。受此启发，美国加州大学洛杉矶分校的珍妮特・卡雅也对肯尼亚、坦桑尼亚和乌干达3个东非国家的98个政府部门网站进行可见性测评，发现它们的可见性平均水平为32%。

目前，网站可见性优化技术已经成为国外政府网站优化信息传播方式、提升服务效能的重要手段。早在2005年，美国联邦政府就成立了政府网站可见性优化专业委员会，并在各级各类政府网站管理部门中设有专人负责可见性优化工作。在联邦政府推动下，美国各城市政府网上服务也普遍开展了可见性优化工作。如纽约市2011年发布的《走向纽约的

图15-2 《网站可见性：提高排名的理论与实践(英文版)》封面

数字未来》报告中指出，来自谷歌等主流搜索引擎（图 15-3）的用户来源占到全站 50% 之多，并专门提出了重建纽约市政府网站、提高面向海内外用户服务能力的任务，将开展搜索引擎可见性优化列为重点工作。可见性优化工作的开展，能够帮助网站逐步提高政府信息资源的互联网影响力，充分发挥网站海量信息资源的服务效能，树立互联网时代政府尊重市场、取信于民、贴近公众的新形象。

图 15-3　谷歌搜索首页

四、 国外可见性优化

目前，世界各国均不同程度地意识到提高政府网站在互联网中的影响力的重要性。美国、澳大利亚等国家还为此成立了专门机构，并通过颁布政策指导性文件等方式，推进政府网站互联网影响力建设的相关工作。

（一）主要做法：开展政府网站可见性优化专项工作

1. **美国**。美国政府一向高度重视并大力提升政府网站在互联网中的影响力。2004 年，按照 2002 年颁布的《电子政府法》（e-Government Act of 2002）要求，美国政府信息机构间委员会（ICGI）成立了一个跨部门协同机构，即美国政府网站内容管理者工作组（后来改名为联邦政府网站管理者协会），主要负责为联邦政府网站建设提供指导和政策建议。该组织下设 9 个分会。其中搜索与可见性优化分会（Search/SEO Sub-Council）的主要目标，就是提高美国政府网站所收录的各类信息资源在各大搜索引擎中的表现水平，并在全美政府网站中推广电子商务网站可见性优化中的最佳案例，从而达到不断提升美国政府网站在互联网中影响力的目的。

该机构的主要职责包括 5 个方面：一是提高联邦政府所拥有的各种网络资源，包括数据集合和多媒体信息等在搜索引擎中表现的成功策略；二是帮助政府开发站内搜索工具，并总结推广最佳实践经验；三是为所有对政府网站可见性优化相关技术感兴趣的政府职员提供在线讨论社区；四是调研各类对于提高美国政府网站可见性具有重要作用的商业和开源搜索引擎的技术与功能特征；五是通过招募志愿者等方式，帮助各类搜索引擎提高其在检索政府信息时的可用性。

2. **澳大利亚**。近年来，澳大利亚政府也将提升政府网站在互联网中的公众影响力作为政府信息公开工作的重要内容。2010 年成立的澳大利亚信息专员办公室（Office of the Australian Information Commissioner，OAIC）发布的第一份政策报告《澳大利亚政府信息政策导引》中，提出了政府信息公开的十大原则，其中第四条"可得信息原则"（Findable Information）中指出，要想使政府信息成为重要的国家资源，就应当让政府网站上公开的所有信息能够被互联网用户很方便地寻找到。为了达到这一目标，该报告进一步提出要求，要在政府网站中"应用搜索引擎优化策略，以确保所有政府公开信息能够被搜索引擎收录。"

受该报告影响，澳大利亚很多部委，如澳大利亚交通安全委员会（ATSB）、澳大利亚海事局（AMSA）等在随后制定的本部门信息公开方案中，均将开展网站搜索优化列为本部门推进信息公开工作的重要任务之一。澳大利亚交通安全委员会 2010 年 8 月最新发布的《信息公开方案》中，明确提出将设计一个更加亲和于搜索引擎规则的元数据框架，作为交通安全委员会推进信息公开工作的重点任务之一。此外，ATSB 还在该方案中介绍了拟采用的可见性优化技术工具，如 Funnelback 的索引工具和 Umbraco 网站内容管理系统等。

3. **英国**。为帮助英国政府部门网站管理者、内容编辑和元数据管理者们提升英国政府网站在各大搜索引擎上的表现水平，英国中央信息署（Central Office of Information，COI）于 2010 年制定并发布了《搜索引擎优化指南》（指南编号：TG123）。该指南指出，目前政府网站的设计者总是倾向于假设网站用户首先访问网站首页，并通过网站的导航系统一步步浏览信息，但事实情况是，大多数用户是通过谷歌、雅虎等搜索引擎直接到达网站具体内容页面的，因此当前政府网站亟需开展搜索引擎可见性优化工作。

该指南是目前见到的全球首份官方发布的政府网站搜索优化的专门指导文件，并从如何确保政府网站信息被搜索引擎收录、如何确保用户能够使用自己的语言在政府网站中检索到所需信息、如何提升政府网站在搜索引擎中的排名等方面，对政府网站的可见性优化工作提出了系统性的指导意见。

4. **其他国家**。除欧美发达国家之外，一些发展中国家的政府网站主管部门也认识到优化政府网站的搜索引擎可见性，增加政府网站在互联网文化传播中的影响力的积极意义，并由相关部门制定和发布了详细的建设标准和技术规范。例如 2009 年，印度通信和信息技术部下设的印度国家信息中心发布了《印度政府网站建设指南》，其中设立专门一节内容介绍政府网站的可见性优化问题。明确指出，政府网站应当"确保所提供服务的关键词搜索结果排在主流搜索引擎检索结果的前 5 名"，并提出 7 条提高政府网站信息可见性的具体操作建议，包括对网页标题、关键词和描述信息的规范化要求、网页标签设置，关键词密度优化、政府网站交换链接等方面。

（二）实际效果：取得了互联网舆论引导的主导权

1. **利用政府网站在互联网树立国家领导人形象。**目前，充分发挥政府网站作用，树立领导人形象，已经成为国际上比较通行的做法。美国政府一直高度重视政府网站的可见性优化工作。人称“网络总统”的美国总统奥巴马就十分重视搜索引擎、网络视频、博客等网络宣传工具对于社会公众的舆论引导力。2008 年总统竞选时，奥巴马投在网络广告上的支出占了美国当年所有互联网政治广告的50%，远超其他候选人的总和；而在网络营销费用中，82%的资金则被投入到了搜索引擎，仅在谷歌、雅虎等几个网站上便投入了近 800 万美元的广告。当时奥巴马竞选班子购买了各种热点话题的付费搜索，网民在搜索“油价”、“伊拉克战争”和“金融危机”等敏感关键词时，谷歌的付费信息推送栏就会向用户介绍奥巴马对这些热点问题的观点评论，从而有助于人们更好地了解这位竞选人。

奥巴马上台后，美国政府更是高度重视国家领导人在互联网中的搜索引擎可见性。在谷歌搜索“President Obama”，结果中来自政府网站和奥巴马个人网站的链接信息占据了搜索结果前 5 位中的第二、三、四条。第五条信息则是来自奥巴马家乡的《芝加哥论坛报》网站建设的奥巴马信息专区。此外，在页面中部的图片区，也均显示了精心选择的奥巴马总统个人图片，这些图片也大多来自美国白宫等官方网站。这样，通过一系列搜索优化措施的配套开展，美国政府能够完全保证各大搜索引擎渠道获得国家领导人信息的用户，所看到的信息均为官方设计好的正面宣传信息（图 15-4）。

图 15-4 谷歌搜索奥巴马总统的返回结果首页

再比如，在谷歌上搜索英国首相戴维·卡梅伦和俄罗斯总统普京时，其返回结果的首页同样是经过精心优化的。例如，英国首相卡梅伦的返回结果首页中，出现了卡梅伦的个人主页、推特(Twitter)、脸谱(Facebook)等链接，还有英国首相官邸制作的首相个人专题栏目的链接。首页上的其他信息也都是来自BBC、英国卫报等主流新闻媒体的领导人报道专题。可以看出，英国政府在领导人信息可见性优化方面打了一套组合拳，通过将领导人的各方面相关信息同时推送到搜索结果首页上，一方面确保搜索结果的首页出现的各种信息都是官方可控的正面、积极信息；另一方面，也很好地展示了领导人亲民的新形象，尤其是个人微博等信息，更是能够很好地迎合西方国家网民的兴趣爱好(图15-5)。

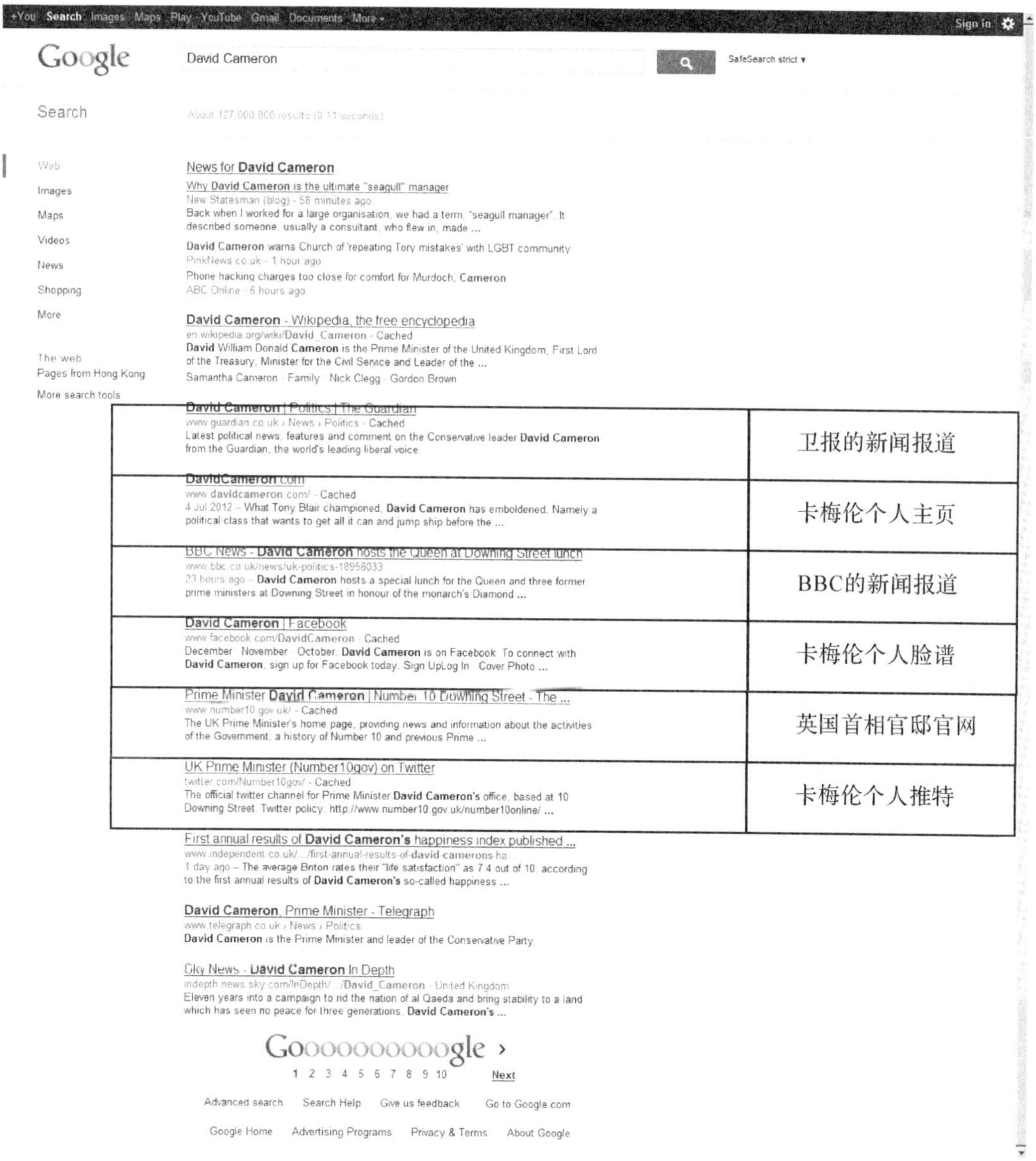

图 15-5 谷歌搜索英国首相卡梅伦的返回结果首页

2. **政府网站充分利用搜索引擎传播国家政策。**2005 年以来，英国连续遭到多次恐怖主义袭击，因此英国政府高度重视反恐工作。为阻止不法组织利用国际互联网招募恐怖主义分子和犯罪分子，英国国家安全和反恐办公室(Office of Security and Counter-Terrorism)专门投入预算资助一些温和的伊斯兰团体网站开展搜索可见性优化工作，以提高这些网站的用户流量，并降低激进的恐怖组织网站的排名，从而在互联网上占据主动。英国内政大臣雅集·史密斯声称，通过搜索引擎优化工作的开展，英国政府能够帮助温和的穆斯林组织网站信息占据互联网搜索主导地位，从而最大限度地降低个人用户通过搜索引擎工具接触极端恐怖主义信息的可能性。

正是通过持续不断的搜索优化工作的开展，目前英国政府网站在国际反恐领域的舆论引导力空前提高。在谷歌上搜索“英国反恐”的相关信息，可以发现排在搜索结果首页中来自政府网站的信息占据了一半之多，且其他位置的信息也都来自英国政府可控的网站(图 15-6)。

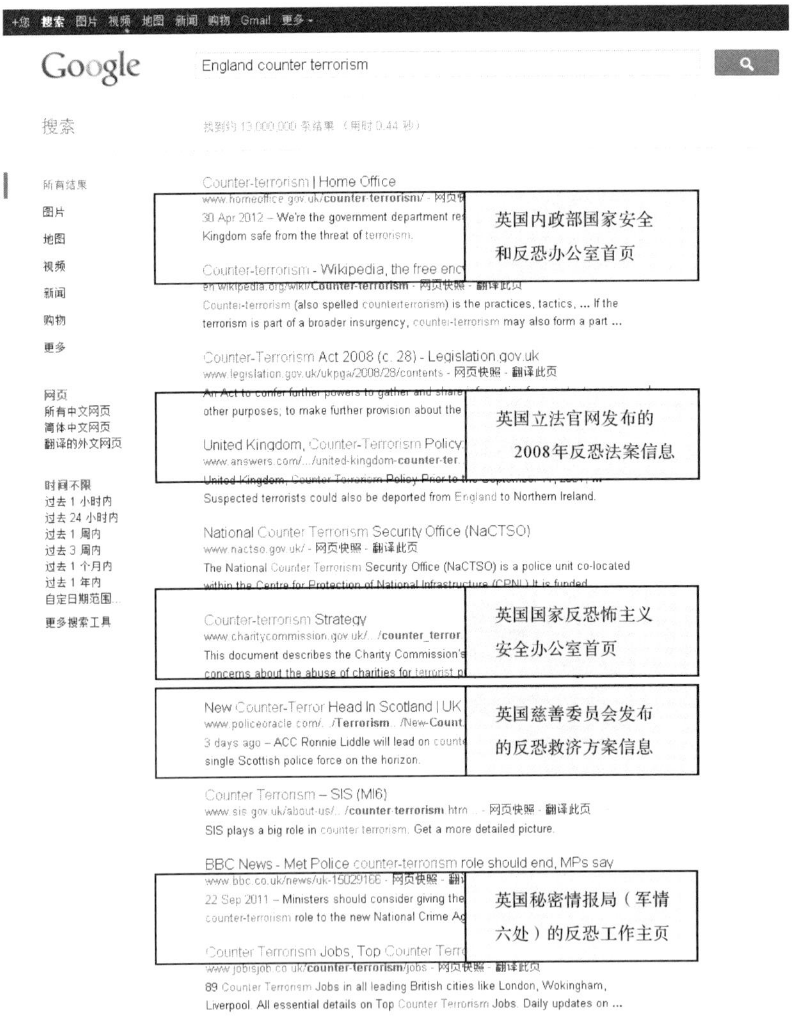

图 15-6 谷歌搜索英国反恐信息的返回结果首页

为提高政府网站权威信息对于互联网舆论和用户网络使用行为的影响力，宣传本国政府的重要政策，西方国家政府还会付费购买比较重要的搜索关键词，并在付费位置刊登政府网站的官方指导信息。如美国联邦司法部药品管理局下设的药物转移管制网站（www. deadiversion. usdoj. gov）曾专门在谷歌上购买了药物维柯丁（Vicodin）的关键词。用户在谷歌检索“Vicodin”时，在谷歌搜索结果的付费位置上就会显示联邦司法部药品管理局的提示：“在线购买药品可能涉及犯罪”（purchasing drugs online may be a crime）（图 15-7）。

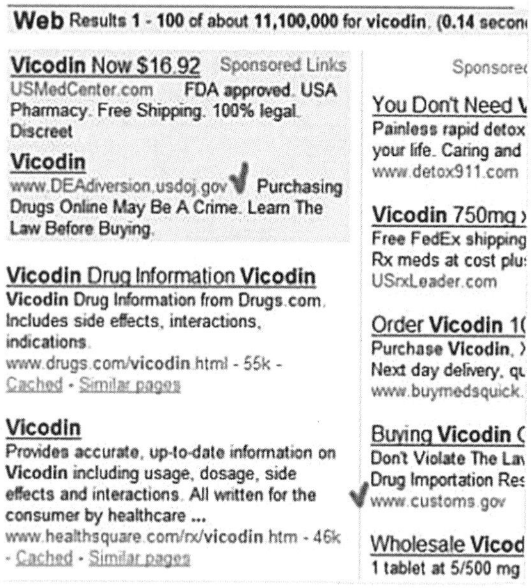

图 15-7　美国联邦政府购买的付费关键词

3. **政府网站充分利用搜索引擎进行突发事件的舆论引导**。搜索引擎是网民了解互联网突发事件具体情况时的首选工具，通过开展政府网站可见性优化工作，使得重大突发事件发生时，来自政府网站的正面信息最大限度地占据搜索引擎首页甚至首屏，是政府网站提升其在互联网中舆论引导力的一个重要方面。近年来，在应对重大事件时，欧美国家的政府网站可见性优化工作屡屡大显身手。

2011 年 8 月，美国爆发了火鸡绞肉产品引发的“海德堡”沙门氏菌疫情，导致全美数百人感染并导致一人死亡。事发后，相关公司宣布回收其在 2011 年 2 月 20 日至 8 月 2 日期间生产的 3600 万磅火鸡绞肉产品，被媒体称为史上最大的食品回收案。事发后，美国媒体纷纷质疑美国农业部现行的沙门氏菌检测标准不够严格，以及美国食品药品管理局（FDA）与农业部之间协作沟通等问题。

为应对这一公共食品安全突发事件，美国农业部、美国疾病预防控制中心、美国食品药品管理局等政府机构均于第一时间在其政府网站上开设了相关专栏，谷歌等搜索引擎借助各个政府网站所开展的可见性优化工作，很快收录了相关政府网站的信息，并且给这些网页赋予了很高权重。用户想通过搜索引擎了解“海德堡”沙门氏菌疫情相关情况时，出现在搜索结果首页首屏的大部分信息均来自相关政府网站。通过这种方式，美国政府最终成功地控制了各种负面信息和谣言在搜索引擎上的传播。

五、 林业网站可见性优化

(一) 适应搜索引擎时代信息传播规律，开展网站可见性优化

为顺应搜索引擎时代互联网信息传播规律，尽快转变政府网站的建设模式，从过去政府网站“等你来看、等你来办”的被动状态，转向“向你发布、为你办事”的主动状态，中国林业网大胆探索各种新技术和新方法，充分吸收欧美发达国家政府网站建设的成功经验和做法，以网站可见性优化工作为抓手，不断提升政府信息资源在互联网信息传播中的引导作用，全面提高政府网站的服务水平和互联网影响力。

一般来说，由政府主导建设的政务门户网站原创信息比例很高，这是网站获得良好搜索引擎可见性的基础，只要通过适当的优化工作，就能够在短期内大幅提高政府网站的搜索引擎可见性。具体工作包括两个目标：首先，使各级政府网站被主流搜索引擎的收录量大幅提升；其次，提高政府网站信息的搜索结果排名，使网民可以在搜索相关信息时，在搜索返回结果的前 3 页找到政府网站上提供的权威、官方信息，提升用户查询信息的用户体验。

各级政府网站掌握了大量一手、权威、官方信息资源，理应在提升国际竞争力方面发挥龙头作用。为此，加强组织领导和统筹协调，面向全球主流搜索引擎和主要欧美国家的特色搜索引擎，逐步开展全国林业行业政府网站的可见性协同优化工作，推动横向区域政府网站系统和纵向各级政府网站系统一体化整合，在全国范围内分步有序推进省、市、县各级网站的整体可见性优化工作。通过各级政府网站之间的信息资源深度整合、智能链接、站群互链等技术手段，形成“群体作战”的优势，从整体上提升全国林业行业政府网站的互联网影响力，有效树立中国林业政府网站的国际形象和品牌影响力。

(二) 中国林业网可见性优化成效

可见性优化工作开展以来，中国林业网的信息收录量和资源利用率显著提升，可见性优化工作卓有成效。以下主要从页面收录情况、用户着陆页情况、搜索关键词情况 3 个方面来看具体的工作成效。

1. **网站信息搜索引擎收录提高。**通过对部分可见性问题的优化，中国林业网在搜索引擎上的收录比例已有大幅提升。如图 15-8 所示，2012 年 11 月，中国林业网被百度和谷歌搜索引擎收录的网页数分别为 28. 9 万条和 40. 3 万条，到 2013 年 9 月中国林业网在上述

两个搜索引擎上的收录量分别达到 62.8 万条和 48.9 万条，提升比例分别为 117% 和 21.33%(图 15-8)。

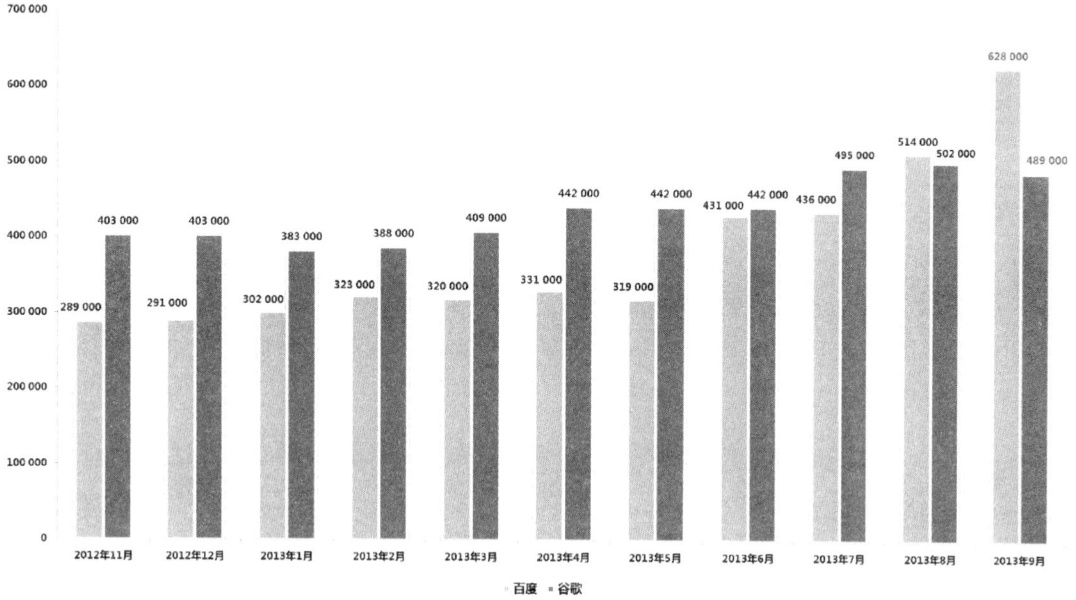

图 15-8　中国林业网收录增长趋势(单位：条)

2. **网站信息资源的利用率明显提高。**可见性优化的提高，有效提升了中国林业网信息资源利用率。从网站的着陆页个数来看，中国林业网的着陆页个数增长较多，增速较快。如图 15-9 所示，中国林业网着陆页面数在 2013 年 9 月份为 7.74 万，相比 2012 年 11 月增长了 23979 个，增长率为 53.41%。

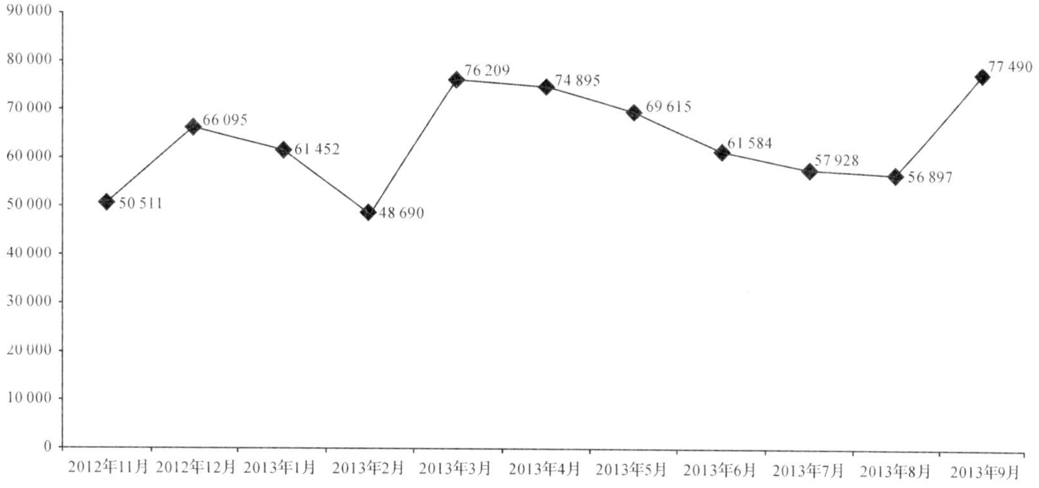

图 15-9　中国林业网用户着陆页面数量(单位：次)

3. **网站来源搜索关键词数量增长**。在系统监测期内中国林业网搜索关键词在2012年11月为9.7万个。从图15-10可以看出，中国林业网搜索关键词数量不断增加的趋势，2013年7月份较2012年11月相比，搜索关键词的数量增加了2881个。

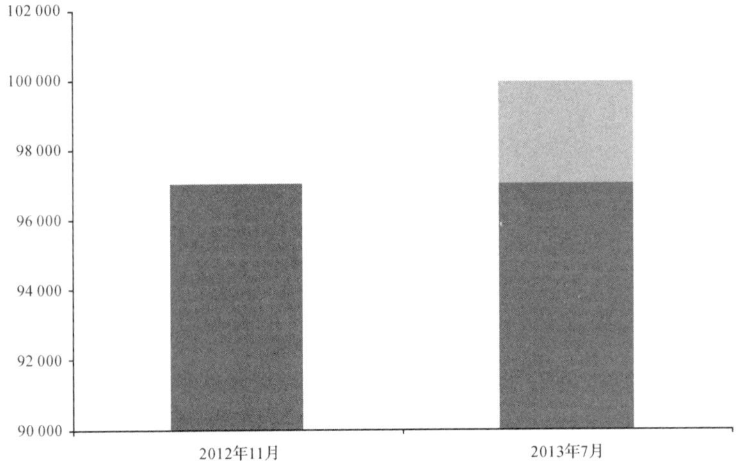

图15-10　中国林业网搜索关键词增长总量(单位：个)

第十六章 省级网站优化

各省级林业政府网站是中国林业网站群的重要组成部分，对其不断优化具有重要意义。

一、提升网站服务

《国务院办公厅关于加强政府网站信息内容建设的意见》(国办发〔2014〕57号)指出，“政府网站是信息化条件下政府密切联系人民群众的重要桥梁，也是网络时代政府履行职责的重要平台”，“坚持执政为民，把满足社会公众对政府信息的需求作为出发点和落脚点，密切政府同人民群众的关系，增强政府的公信力和凝聚力”。大数据时代的来临，使我们的生活、工作与思维都发生了根本性的变革，也为政府网站的建设提供了新的思路。通过系统、全面、大量、深入的网站数据分析，形成以客观数据为主、经验直觉为辅的决策模式，通过开展网站用户需求和用户行为的数据分析，以真实的用户数据帮助网站管理部门和主管领导有效识别社会公众网上公共需求，迎合网站用户信息消费行为特点，以用户为中心优化政府公共服务网上供给和网页信息展现编排，切实提升网站精准服务能力。

政府网站栏目配置和优化是切实满足用户需求，提升网站用户体验的重要组成部分，它是网站服务的载体，是服务内容与服务形式的组合。而政府网站用户需求满足度是标识政府网站栏目所提供的服务切合用户实际需求程度的重要指标，既能反映网站服务实际效果，也能帮助网站分析人员定位政府网站栏目服务调整和改进的方向。政府供给属于生产方的内容，需求满足属于消费方的内容，两者如果能够基本匹配，说明网站服务的供需基本一致，相互有效衔接，双方都满意。如果内容匹配少，说明消费与供给有可能发生脱节，不满意度较高。尤其是多数用户持续需要的刚性需求信息，如果不能有效供给，对网站的不满意度有可能上升得较快。

在了解用户需求分布的基础上，通过分析栏目访问群体需求的相似性，合并同类栏目、增加相关栏目之间的超链接和智能推荐等技术来有效指导林业系统网站的设计与优化。

栏目需求的相似度分析，主要通过判断两个栏目的用户群体实际需求的重合程度，并对比两个栏目在实际功能定位和内容主题上的差异性，根据不同情况提出相应解决对策。具体来说，有以下两种常见情况：

第一，栏目 A 和栏目 B 分别从属于不同的高级栏目，并且其功能属性具有明显分别，然而两个栏目的用户需求高度相似，这表明两个栏目尽管在功能分类上属于不同范畴，但很可能属于用户办事流程的不同环节，因此对于这类栏目，应当在彼此之间增加深度链接机制，从而方便用户在两个栏目服务之间来回切换。

第二，栏目 A 和栏目 B 分别从属于不同的高级栏目，其功能属性没有明显差异，两个栏目的用户需求高度相似。在这种情况下，可以考虑将两个栏目整合，并按照突出特色的原则选择整合方向。通过栏目整合的方式，突出网站的特色服务，形成拳头服务效应。

如通过一级栏目关键词重合性分析，对某政府门户网站 8 个一级栏目的需求相似度分析，如图 16-1 矩阵所示。

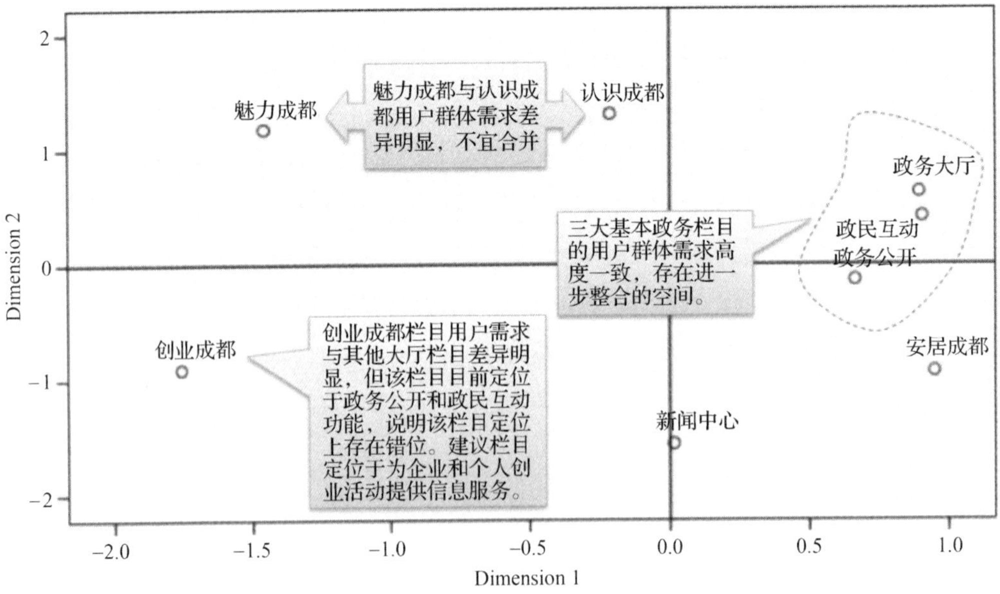

图 16-1　某政府网站一级栏目的需求相似度分析

二、 定位林业用户

运用大数据和语义挖掘技术，对林业政府网站群用户的各类需求进行系统的分析，对于了解林业政府网站群用户需求分布、有效满足用户需求、改善服务质量有着重要意义。而对网站用户群体的细分标准，也就是用户本身的一些基本属性，比如，时空分布特征、访问来源渠道、技术环境等，也是网站用户需求分析的重要维度之一。通过对网站用户基本维度的分析，可以根据政府网站分析的具体需求，将用户群体按照一定标准进行细分，并对各个细分后的用户群体的访问需求进行深入研究，作为网站服务改进优化的参考依据。

（一）用户需求分布情况

站外搜索关键词可直观反映搜索引擎用户的需求分布。对各省林业系统网站站外搜索关键词进行分析，排除品牌词后，监测期内常见站外搜索关键词的访问量为 264601 次，对这些关键词进行分类分析，发现关键词可以分为机构动态、林业管理、林业保护区、招聘评级、相关组织、林业技术、林业政策、林业经济、林业概况和其他 10 个类别，图 16-2 呈现出了各个类别在总体用户站外搜索关键词访问量中的比例。

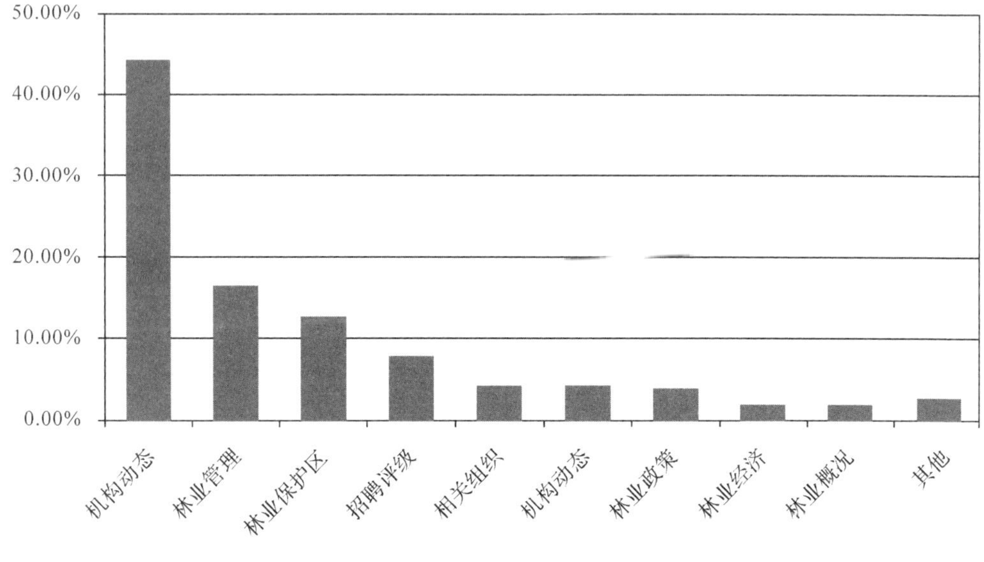

图 16-2　总体用户站外搜索关键词访问量比例

从图 16-2 中可以看出，超过 40% 的用户通过搜索机构动态类词汇来到各省林业系统网站，除此之外“林权抵押贷款管理办法”、“木材运输证管理办法”、“晋中白草坡森林公园”、“安泽荀子公园”、“森林工作招聘”、“林业技术工程师技术职称评定”等林业管理类、林业保护区名称类以及林业系统招聘和职称评定类词汇也是比较常见的站外搜索关键词，这说明用户对于这些类别的信息和服务需求较大，而林业相关组织、林业技术、林业政策、林业经济和林业概况的用户需求度则相对较低。

（二）移动终端用户需求分析

总体用户的站外搜索关键词分析反映了用户需求分布的整体情况，而经过大量数据分析发现，不同用户群体的需求可能存在明显的差异。图 16-3 反映了林业系统网站移动终端用户与总体用户在搜索关键词的分布上有明显差异。

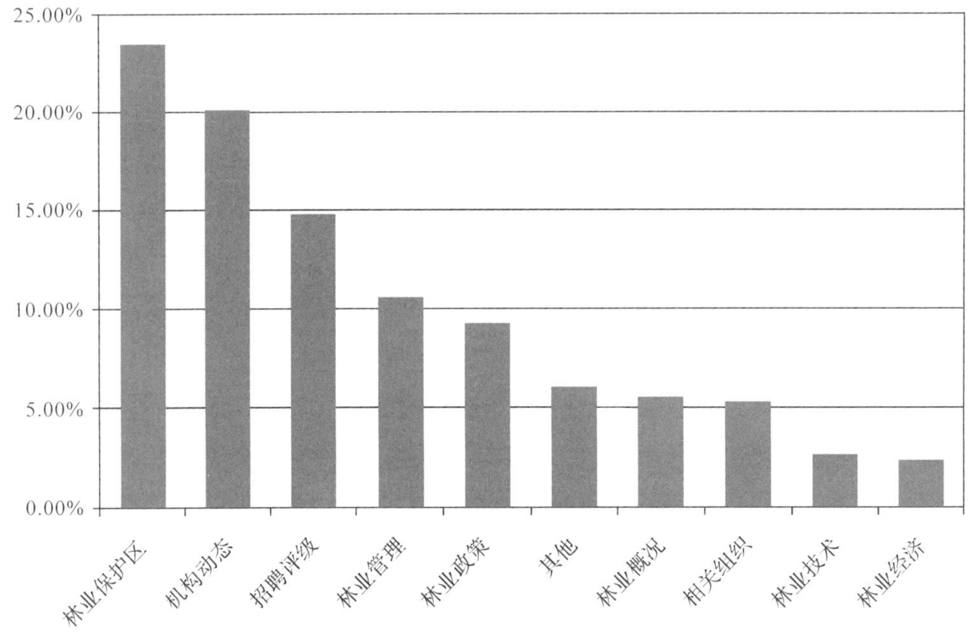

图 16-3　移动终端用户站外搜索关键词访问量比例

从图 16-3 中可以看出，在移动终端用户的站外搜索关键词中虽然用户最为关注的 4 类内容仍然是林业保护区、机构动态、招聘评级和林业管理，但是林业保护区名称取代机构动态成为用户最为关注的内容。这表明移动终端用户的需求与电脑端用户需求有较为明显的差异。

此外，通过用户的访问路径来看，移动终端用户与电脑端用户的页面浏览情况有明显不同。移动终端用户的着陆页并没有明显集中在首页，而是相对均匀地分布在二级和三级页面和具体内容页上，这说明相较于非移动终端用户，该网站移动终端用户的需求更为具体直接。如表 16-1 所示。

表 16-1　浙江省林业厅网站移动终端与非移动终端着陆页标题对比

移动终端用户		非移动终端用户	
着陆页标题	占比	着陆页标题	占比
浙江林业网	12.07%	浙江林业网	43.76%
政务中心—丽水	4.62%	政务中心—文件	4.83%
政务中心—金华	4.60%	政务中心—丽水	2.60%
政务中心—衢州	3.75%	政务中心—金华	2.50%
政务中心—文体	3.71%	政务中心—杭州	1.91%
政务中心—杭州	3.55%	政务中心—市县动态	1.84%
政务中心—绍兴	2.49%	政务中心—衢州	1.81%
政务中心—头版头条	2.06%	政务中心—文件公告	1.28%
政务中心—宁波	1.81%	浙江林业网—文件	0.94%
政务中心—时政	1.67%	政务中心—公告	0.85%

随着移动终端的普及，手机、平板电脑等移动设备已经成为用户访问政府网站的重要渠道。目前通过移动端访问林业网站的用户比例超过 8%，且移动终端用户中新用户比例超过 70%，增速迅猛。移动终端用户成为网站用户群体增量的主体，需要高度重视移动终端用户的需求和访问体验。

各林业网站对移动终端用户的需求应进行专门分析，掌握移动终端用户的访问需求，并通过建立移动 APP 及 WAP 门户等形式，提高其访问质量，提升服务效能。

(三)海外用户需求分布分析

海外用户的需求分布也会与总体分布有明显差异。林业系统网站的海外用户站外搜索关键词分析就反映出这一特征，如图 16-4 所示。

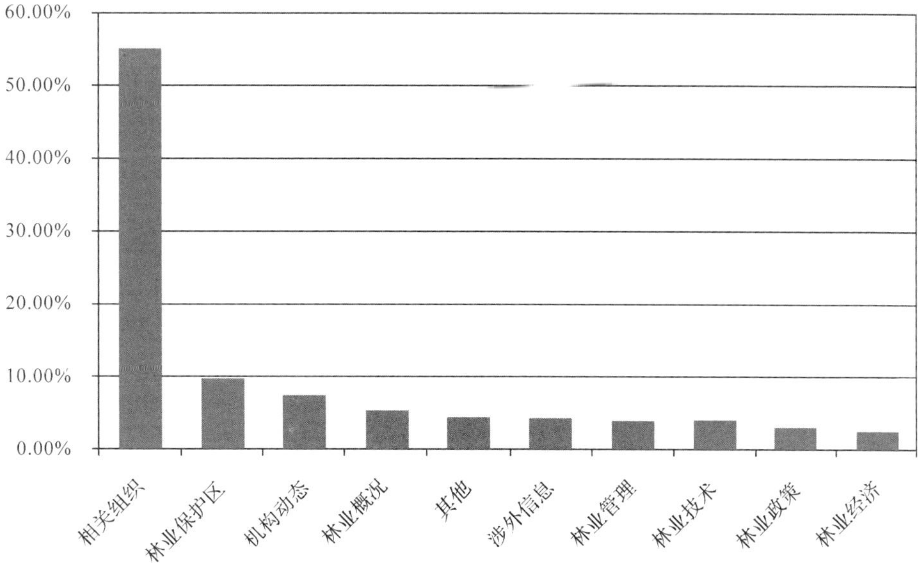

图 16-4　海外用户站外搜索关键词访问量比例

从图 16-4 中看出，海外用户的需求分布与总体有着明显的不同：总体用户关注度较低的“林业大学”、“森工集团”等林业相关组织名称是海外用户最为关注的内容；海外用户对于机构动态、林业管理类内容的关注度较低；总体用户关注度较高的招聘和职称评定类内容在海外用户群体中无人关注。网站可设置海外用户专栏，并根据用户需求，规划相应栏目及服务内容。

三、 挖掘用户需求

(一)政府网站用户需求的时间变化

政府网站用户需求与社会公众政治、经济、文化生活密切相关，因此往往带有明显的时空变化规律。林业网站的用户需求不是静止不变的，分析林业网站用户需求的时空变化规律，有助于帮助网站制定更加有针对性和动态化的服务策略。

政府网站用户的服务需求会随着不同时间段气候和环境的变化而变化。基于 33 家省级林业网站用户的站外搜索关键词数据，以林业重要节日为例，对林业网站用户在 2014 年 3 ~ 10 月的需求变化进行分析。

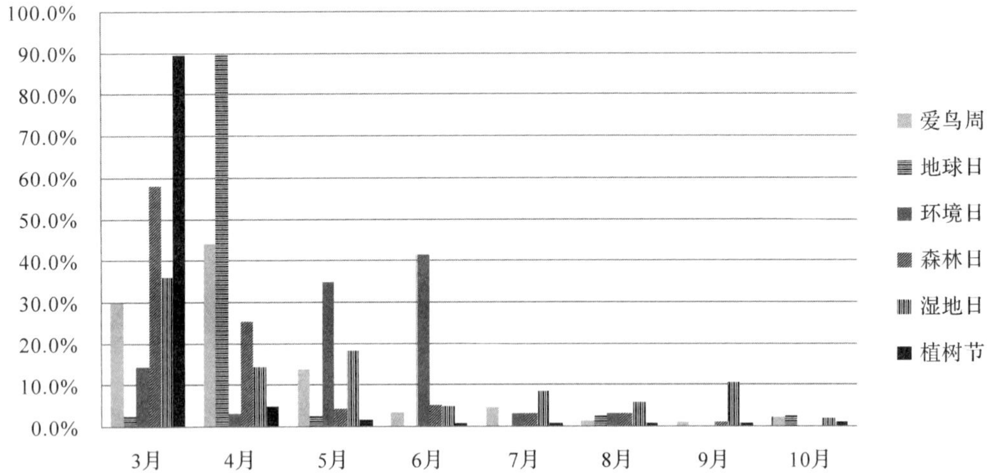

图 16-5　林业网站用户需求重要节日时间变化

从图 16-5 可以看出，不同月份中用户对于不同林业节日的需求热点在不断变化。如 3 月份的植树节与国际森林日，4 月份的地球日，6 月份的环境日。

而生物多样性日(5 月 22 日)、世界防止荒漠化和干旱日(6 月 17 日)、世界动物日(10 月 4 日)和植树造林日(11 月 1 日)，用户总体需求量较小。建议后续加大对这类节日的宣传力度。

（二）政府网站用户需求的地域差异分析

政府网站用户需求信息的主要来源是用户的站外搜索关键词。针对政府网站用户站外搜索关键词，依靠文本聚类的方法对关键词进行分析，帮助网站管理者大致了解不同用户对于林业网站信息服务的需求分布。

由于各地区经济状态、自然环境等千差万别，不同省份、不同地域用户对于各省林业网站的需求同样存在显著差异性。政府网站用户需求的地域差异性主要由来自省内用户和省外用户对本站的需求，以及省内用户对于其他林业网站的需求的差异性所决定。以浙江省林业网站为对象，对浙江林业网8个月内(2014年3月1日至2014年10月31日)共8.7万个站外搜索关键词进行分析，了解该网站上来自省内、省外的互联网用户搜索各类林业信息的差异性。

1. **浙江省本地用户需求情况。**浙江省本地用户的需求较为具体，如“浙江省林产品质量检测站”、“浙江省林区道路建设技术指南”、“嵊州狮子山”等与生活密切相关的办事、旅游类信息较受本地用户的关注。浙江本地用户的热点需求如表16-2所示。

表16-2　浙江本地用户需求情况

分类	搜索次数	代表性关键词
浙江最美森林	408	浙江最美森林、浙江最美森林评选、最美森林投票、浙江最美森林名单、浙江林业网浙江最美森林、浙江最美林场人、浙江最美森林评选名次、浙江最美森林评选活动、浙江最有名的森林公园、浙江最美森林结果、最美林场人、“浙江最美森林”网络投票评选活动
浙江省林产品质量检测站	199	浙江省林产品质量检测站、林产品检测站、杭州林产品质检站、浙江省林产品质量检测站地址、浙江省营造林质量核查、浙江省林业科学研究院林产品质量检测中心、林产品质量检测站地址
四问常山干部	182	四问常山干部、四问常山、四问常山干部活动、“四问常山干部”提神大讨论、四问常山干部大讨论、常山县干部四问、四问常山干部内容、四问常山干部学习心得、四问常山干部体会文章、四问常山干部反四风、四问常山干部提神大讨论活动体会、“四问常山干部”提神大讨论有感、四问常山干部哪四问、“四问常山干部”提神大讨论体会文章
浙江省森林火灾重点整治县管理办法	154	浙江省森林火灾重点整治县管理办法、浙江省林木采伐管理办法、《浙江省公益林管理办法》、浙江省省级林业重点龙头企业认定监测管理暂行办法、浙江省公益林护林员管理办法、浙江省实行森林火灾重点整治县管理制度、浙江省征占用林地定额管理办法、浙江省林业重点龙头企业认定监测管理暂行办法、浙江省森林公园管理办法、浙江省森林旅游区质量评定管理办法、浙江省林业专项资金使用管理办法、浙江省林业保障性苗圃管理办法、贯彻落实《浙江省森林火灾重点整治县管理办法》方案
浙江省野生动植物保护管理总站	138	浙江省野生动植物保护管理总站、浙江省森林和野生动物类型自然保护小区管理办法(试行)、浙江省极小种群野生植物保护的拯救规划、《浙江省陆生野生动物保护条例》、浙江省野生动植物保护协会、浙江常见野生植物、浙江野生动物保护、浙江省野生动植物保护管理总站报考要求、保护拯救濒危野生动植物种浙江在行动、浙江省野生动植物保护协会会员申请、浙江短尾猴保护管理、浙江有哪些野生动物、浙江省动植物保护管理与检测信息系统

（续）

分类	搜索次数	代表性关键词
江山耕读村	120	江山耕读村、江山耕读农家乐、江山市耕读家庭农场、耕读度假村、江山市耕读村、江山耕读休闲农场、江山耕读村好玩吗、浙江江山耕读文化园、江山耕读钓鱼收费吗、江山耕读村名字的由来、浙江省江山市耕读村农家乐
永康金胜山	97	永康金胜山、金胜山、永康金胜山公园、金胜山公园、永康金胜山在哪里、永康市金胜山公园、永康金胜山规划图、金胜山金豚阁、永康金胜山对联征集、金胜山森林公园永康、金胜山月季、金胜山风景、永康市金胜山公园面积
浙江省林区道路建设技术指南	91	浙江省林区道路建设技术指南、浙江省林区道路建设规划、浙江省龙泉市竹林道建设现状、《浙江省林区道路建设技术指南》、浙江省林区道路建设资金管理办法、十万公里林道建设工程 浙江省、林区道路建设申请、林区道路建设的意义、浙江省公益林建设规模、集体林区道路建设、衢州市林区道路建设技术标准（试行）、浙江省精品园区建设、浙江省林区道路设计任务书
爱鸟周 临安	66	爱鸟周 临安、爱鸟周 临安市、爱鸟周 临安 时间、爱鸟周 临安 教育、临安2013 爱鸟周活动、衢州 爱鸟周、海宁爱鸟周、兰溪爱鸟周、爱鸟周 温州、浙江 台州 爱鸟周、爱鸟周 武义、龙泉新闻网爱鸟周、杭州爱鸟周、绍兴 爱鸟周、西湖区 爱鸟周
浙江黄檀树	63	浙江黄檀树、浙江黄檀、浙江名贵树种、黄栌 浙江、浙江彩叶树种、浙江绿化树种、浙江植树时间、浙江古树名木、浙江黄檀那里最多、浙江野生树种、浙江 杨树、永康市黄檀树、浙江槭树科、浙江香椿树林、浙江优势树种
嵊州狮子山	54	嵊州市狮子山、嵊州狮子山旅游养生综合体、嵊州市狮子山森林、嵊州狮子山旅游养生综合体项目、浙江嵊州狮子山旅游休闲区、嵊州狮子山空气负离子浓度、浙江嵊州狮子山、嵊州狮子山在哪里、嵊州狮子山的森林覆盖率、嵊州市狮子山历史
北仑东盘山	46	北仑东盘山、北仑沙湾山、北仑东盘山路线、东阳北山、北仑黄山路、北仑东盘山要门票吗、北仑春晓东盘山、北仑东沙湾河、东盘山步行道
武义蓝莓	46	武义蓝莓、武义蓝莓基地、武义摘蓝莓、武义蓝莓种植、武义县大田乡蓝莓、武义有人种蓝莓吗、武义蓝莓去哪里摘、武义蓝霉采摘、武义徐村蓝梅、武义蓝莓合作社、武义蓝莓采摘基地、武义打蓝莓的是什么地方
义乌植物园	34	义乌植物园、义乌植物园评审专家、义乌绣湖公园、江山市植物园、义乌植物园 设计、义乌市植物园造在什么地方、义乌万界植物园
缙云杏花村	26	缙云杏花村、缙云姓潘杏花、缙云姓潘村杏花节的热闹、缙云黄龙花圃、缙云双溪口姓潘村杏花节、缙云杏花节、缙云杏花村今年几月开

2. **浙江省外用户需求情况。**浙江省外的用户对浙江林业网的需求较为宏观，大部分需求不是针对本站，而是针对林业站群的需求。如"群众路线座谈会"、"2014 年林业工作思路"、"林场改革"等。此外，部分浙江特色林业产业，如"铁皮石斛"也较受关注。浙江省外用户的热点需求如表 16-3 所示：

表 16-3　浙江省外用户需求情况

分类	搜索次数	代表性关键词
群众路线座谈会	1297	群众路线座谈会通知、党的群众路线教育实践活动座谈会方案、群众路线植树、群众路线即知即改表、党的群众路线教育实践活动会议通知、群众路线座谈会安排、林业群众路线座谈会简报、林业群众路线座谈、参加林业局群众路线教育活动座谈会发言、群众路线召开座谈会的作用、林业系统群众路线座谈会发言、结合群众路线谈林业

（续）

分类	搜索次数	代表性关键词
党的群众路线教育实践活动	1126	在党的群众路线教育实践活动总结大会上的讲话、党的群众路线教育实践活动的基本要求、林业局党的群众路线教育实践活动学习计划、党的群众路线教育实践活动不走过场、检查指导党的群众路线教育实践活动、党的群众路线教育实践活动不走过场的基本要求、检查指导党的群众路线教育实践活动开展情况、党的群众路线教育实践活动先学先查先改、如何开展第二批党的群众路线教育实践活动、党的群众路线教育实践活动如何做好不走过场、党的群众路线教育实践活动学习心得体会
2014 年林业工作思路	381	2014 年林业工作思路、2014 年林业改革、林业工作思路、2014 年乡镇林业工作计划、2014 年林业工作指导思想、2014 年林业局纪检监察工作要点、2014 年林场党风廉政工作的要点、2014 汪洋林业讲话、2014 各地林业系统动态、林业局 2014 年党风廉政工作计划、2014 年林业的形势和地位、2014 年农发行林业贷款通知、2014 年春季造林、2014 年林业产业改革、林业工作创新思维
中央和省委关于开好专题民主生活会的各项要求和规定	327	中央和省委关于开好专题民主生活会的各项要求和规定、中央关于开好专题民主生活会的有关文件、中央关于开好民主生活会的规定、深入学习中央关于开好专题民主生活会的有关文件和会议精神、学习中央关于开好专题民主生活会的各项要求和规定心得
林场改革	234	林场改革、深化林业改革、国有林场改革实施方案、国有林场改革人事编制、国有林场改革最新消息、国有林场改革动员 讲话、国有林场改革座谈会、国有林场改革重要意义、国有林场改革试点、林地股份制改革、林业改革新方案、国有林场改革补贴
查摆问题开展批评环节工作的通知	233	查摆问题开展批评环节工作的通知、查摆问题、开展批评环节工作的通知、关于查摆问题开展批评环节、关于做好查摆问题、开展批评环节工作的通知、查摆问题 开展批评环节工作方案、开展批评工作环节细化、查摆问题 开展批评阶段工作指引
红桃 k 种植	203	红桃 k 种植、红桃 k 果种植、红桃 k 种植技术、红桃 k 的种植方法、种植红桃 k、红桃 k 果怎么种植、红桃 k 果苗、红桃 k 如何种植、红桃 k 果怎么种、红桃 k 栽种、红桃 k 果栽培、浙江早红桃种植、红桃 k 果的种植视频、红桃 k 什么时候种植为佳、红桃 k 种植与管理
铁皮石斛	190	铁皮石斛、铁皮石斛仿野生种植、野生铁皮石斛、仿野生铁皮石斛、雁荡山铁皮石斛、铁皮石斛政策、铁皮石斛仿野生栽培、树上种铁皮石斛、铁皮石斛种质资源、铁皮石斛政府扶持、铁皮石斛种植技术、铁皮石斛生产许可证、铁皮石斛优惠政策、水培的铁皮石斛开花了、铁皮石斛秋季发芽吗、铁皮石斛每亩的产量、铁皮石斛种植基地在哪
森林城市建设	186	森林城市建设、创建省级森林城市纪实、城市森林的主要作用、公益林建设、森林对城市的作用、让森林走进城市、创建森林城市需要全民参与、全民参与推进森林城市创建、平原森林城市、加大投入创建森林城市、森林抚育建设、森林城市创建需要改进的地方、森林建设的重要意义、森林建设对城市的重要性
三思四问心得体会	184	三思四问心得体会、三思四问、什么是三思四问、三思四问大讨论、三思四问心得、三思四问是什么、林业三查三问三思心得体会、党员三思四问、三思四问内容、义乌三思四问、林业二思三观心得体会、林业局三思三干心得体会、林业四风问题心得体会、林业群众路线三查三问三思心得体会、林业系统三问四观心得体会
保障性苗圃建设情况	171	保障性苗圃建设情况、保障性苗圃、保障性苗圃建设、林业保障性苗圃建设项目总体规划、保障性苗圃调研报告、开展保障性苗圃建设的措施和办法、浙江保障苗圃、保障性苗圃建设研讨、保障性苗圃建设方案、保障性苗圃的作用、保障性苗圃的意义、保障性苗圃的建设如何发挥作用、林业保障性苗圃建设的意见和建议

（续）

分类	搜索次数	代表性关键词
国家林业局关于进一步加强森林资源保护管理的通知	154	国家林业局关于进一步加强森林资源保护管理的通知、国家林业局关于切实加强秋冬季野生动物保护执法及行业整顿的紧急通知、关于进一步加强麝、熊资源保护及其产品入药管理的通知、国家林业局关于切实加强冬季野生动物保护执法及行业整顿的紧急通知、国家林业局关于切实加强集体林权流转管理工作的意见、关于进一步加强狩猎管理的建议、关于进一步加强林地管理的通知、河南省林业厅关于进一步加强木材检查站管理工作的通知、关于进一步加强木竹检查站管理的通知、国家林业局关于进一步加强珍贵树木保护实施意见的通知、国家林业局关于进一步加强林木采伐许可证核发的通知
党员闪光言行	138	党员闪光言行、闪光言行、党员闪光言行记录、党员先进言行、党员闪光言行摘编、社区党员干部的闪光言行、党员闪光言行记录思想汇报、共产党员闪光言语、党员主要闪光言行、党员闪光言行事迹
苗木运输证	137	苗木运输证、无证运输苗木、木材运输证收费、无证运输苗木处罚依据、木材运输证点检查报告、无证运输苗木如何处理、木材运输证销毁、木材运输证升级、新版木材运输证、运输苗木要不要苗木运输证、木材运输证怎么收费、苗木运输证办理、运输苗木未办理木材运输证处罚、木材运输巡查
林业工作动态	135	林业工作动态、林业创新工作、林业碳汇－最新动态、推进林业工作创新、创新林业工作方法、林业局亮剑行动工作总结、林业工作亮点纷呈、林业工作创新、林业工作努力方向、林业站创新工作材料、林业工作进展情况、林改新动态、基层林业工作信息、林业改革最新动态、各地林业动态

3. **浙江省本地用户访问其他林业网站需求情况。**浙江本地用户访问外地的需求可部分反映出浙江省林业网信息服务的不足之处。如“省级森林公园”、“摩洛哥的森林覆盖率”等林业基本情况信息，“奉化水蜜桃”、“嘉职评〔2014〕16号文件”等本地信息，以及“种子催芽方法”、“松材线虫病防控”等种植技术信息。后续网站应加大这类信息的更新力度，并提高这类信息在搜索引擎的可见性，更好地服务用户需求。浙江省用户对其他省级林业网站的热点需求如表16-4所示。

表16-4　浙江省用户对其他省级林业网站需求情况

分类	搜索次数	代表性关键词
省级森林公园	258	省级森林公园、森林公园条例、省级森林公园经营管理、智慧国家森林公园、森林公园管理办法、浙江省级森林城市、浙江省森林公安、浙江省森林公园管理办法、浙江的国家级森林公园、首批国家森林公园、浙江森林公园设立、省级森林公园内建设林地审批手续如何、省级森林公园的命名变更、16个省级森林公园和自然保护区、省级森林公园申报要求
林业信息	240	林业信息成果密级、林业信息化、浙江林业信息网、林业信息网、浙江林业信息、关于林业的信息、当前林业信息
种子催芽方法	185	种子催芽方法、种子如何催芽、常用的种子催芽方法、种子的催芽方法、种子沙藏催芽、种植的催芽方法、虎耳种子的催芽方法、花种沙子催芽、种子催芽的方法、催芽、催芽方法、种子 催芽、种子的催芽、如何催芽、层积催芽
最美森防人	172	最美森防人、浙江最美森林、最美森林投票、最美林业人、最美森林医生、最美林场人、最美护林人
摩洛哥的森林覆盖率	130	摩洛哥的森林覆盖率、浙江省森林覆盖率、森林覆盖率计算方法、林木覆盖率、森林覆盖率怎么算、森林覆盖建议、农田算森林覆盖率吗

（续）

分类	搜索次数	代表性关键词
林业新闻	127	林业新闻、林业三新、浙江林业新闻、浙江林业好新闻
奉化水蜜桃	96	奉化水蜜桃快递、奉化水蜜桃栽培技术、奉化玉露水蜜桃、奉化水蜜桃种植技术、奉化水蜜桃苗、奉化水蜜桃研究所、奉化水蜜桃介绍、奉化水蜜桃种植方法、奉化水蜜桃施肥、奉化水蜜桃病虫防治、奉化玉露水蜜桃采摘基地、奉化玉露水蜜桃品种、奉化黄金水蜜桃全国推广
嘉职评〔2014〕16号文件	89	嘉职评〔2014〕16 号文件、浙财预〔2011〕43 号、浙林资〔2006〕74 号、浙森执〔2012〕9 号文件、浙委〔2012〕115 号文件、林科发〔2014〕99 号、中发〔2013〕4 号文件规定的三本必读书、中发〔2013〕4 号文件全文
森林消防检查	86	森林消防检查、举办森林消防培训、防护林项目检查、森林消防队员训练、地埋式森林消防、森防检疫、高温季节森林消防、浙江森林消防、森林消防知识普及信、浙江森林消防宣传月、督查清明森林消防安全、森林消防重要性、森林消防科普、森林消防队伍建设
森林公安机构	86	森林公安机构、森林公安剖析材料、森林公安培训主持、省编委关于森林公安局机构设置批复、公安局森林警察大队、森林公安行政强制法、森林公安的报道、森林公安 灭火工具、森林公安机构理顺、省森林公安局内设机构、森林公安工作联络站、森林公安问题、森林公安先进单位、森林公安十三五规划、森林公安体制改革
松材线虫病防控	72	松材线虫病防控的必要性、松材线虫病的发生概况及防治方法、松材线虫病防治存在问题、松材线虫病的发生概况、松材线虫病拔除、全力做好松材线虫病防控、松材线虫病防治实施方案、松材线虫病发生的原因、松材线虫病防控措施有力、松材线虫病防治工作、全面防控松材线虫病的任务计划、松材线虫病的发生规律、松材线虫病防控任务通知、松材线虫病春防、松材线虫病症状
森林防火以水灭火	71	森林防火以水灭火、森林防火应加快以水灭火队伍建设、以水灭火 森林消防、森林消防以水灭火论文、森林防火会议、森林消防蓄水桶、森林防火讲话、森林防火蓄水池造价、森林防火难点、森林消防引水上山以水灭火的主要做法、浙江森林防火、浙江森林防火网、森林防火禁火令、森林防火机制、森林防火重要性、森林防火演习
植树节小知识	70	植树节小知识、植树节知识、植树节小常识、中国植树节小知识、植树节短讯、植树节指示、植树节趣事、植树节来历、植树节由来

对于地方林业网站而言，其所提供的不同类型的服务内容，所面向的用户群体在地域上具有明显差异性，在提供本地区机构信息、办事信息及旅游资源信息时，主要目标用户群体是本地公众；而提供本地区特色产业、林业政策等信息时，其目标用户群体则是外地用户；此外，本地用户流失至省外林业网站的需求是提升网站信息服务水平的突破口。

综上分析得出，全国不同地区用户对于本省林业网站信息服务的需求具有明显差异性。这种用户需求在地域分布上差异性的现象提示我们，政府网站完全可以仿照商业网站的成功经验，设计面向不同地域用户的服务频道，并且根据用户 IP 地址来源，自动推送符合本地区用户特殊需求规律的服务界面(用户也可按照个人喜好重新选择其他地域)，从而有效提高政府网站服务的智慧化和个性化水平。

在网站基本普及、服务功能基本完备的情况下，为提升林业系统全行业网上公共服务水平、提高用户满意度，从用户体验的角度对林业网站进行优化和改进。除此之外，继续推进省级林业网站的用户体验优化。面向全国省级林业系统网站，以“由国家到地方”，“由点带面，形成行业指引”为整体思路，采取“试点先行、逐步完善”的方式，有序推进省级林业网站用户体验优化工作。结合试点省级林业厅(局)网站用户体验优化分析，归纳总结省级林业网站群用户访问行为规律和林业系统网站常见用户体验短板，借鉴其他部委、省厅级政府网站在用户体验设计方面的优秀做法，重点从网站页面显示要素、技术功能可用性、需求满足度、栏目导航体系等方面进行更深入的用户体验分析，并通过分析试点省份网站设计及功能的优秀做法及有待改进的建议，最终形成符合林业特色的省级林业网站群用户体验优化指引，对提升全行业网站用户体验水平、增进网站服务效能，实现构建智慧政府网站群提供有力保障，切实提升林业行业公共服务水平。

四、 选取典型案例

(一)省级林业网站页面显示效果优秀案例

1. **河南林业信息网内容页设置了便捷响应按钮。**河南林业信息网每一个内容页设置了字体、打印本页、关闭窗口 3 个醒目的按钮，能够快速响应用户的对应需求，一键切换字体大小、打印页面、关闭窗口，缩减了操作流程，大大提高了用户体验(图 16-6)。

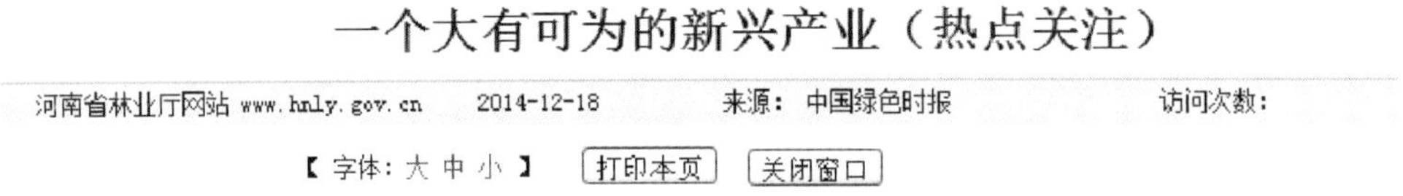

图 16-6 河南林业信息网内容页情况

2. **福建林业厅网站设置下载中心一级栏。**福建林业厅网站设置了下载中心一级栏目，将网站用户常用的通知公告、项目申报指南、资料表格等汇总整合到一个栏目下，并且还设置了下载搜索框。该栏目方便用户检索下载，是福建林业厅网站栏目排行榜访问量排名第一的栏目，有效提升了用户体验(图 16-7)。

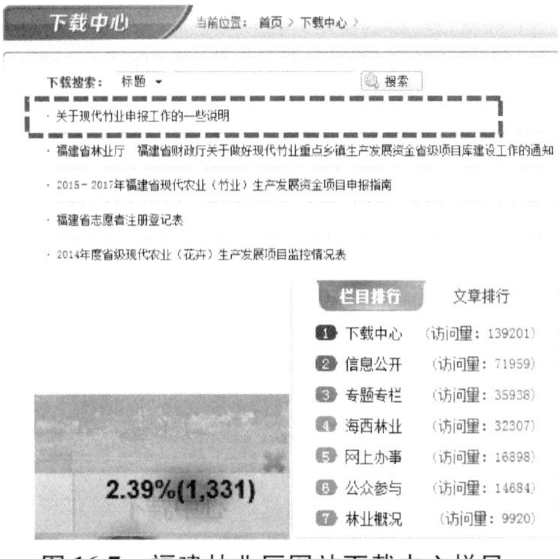

图 16-7 福建林业厅网站下载中心栏目

（二）省级林业网站技术功能可用性优秀案例

1. **河南林业信息网站内搜索设置了高级检索功能。**站内搜索的高级检索功能有助于用户更快地找到需要的内容，实现分类分时段查找，精准定位，能够有效提高网站的站内搜索使用率与有效度（图 16-8）。

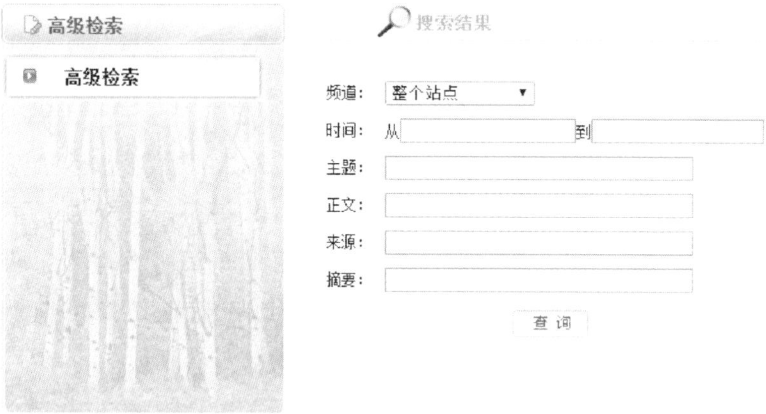

图 16-8　河南林业信息网站内搜索高级检索功能

2. **福建林业厅网站站内搜索结果关键词高亮显示。**福建林业厅网站站内搜索结果关键词高亮显示，便于用户快速识别查找所需要的内容，提升了站内搜索有效程度（图 16-9）。

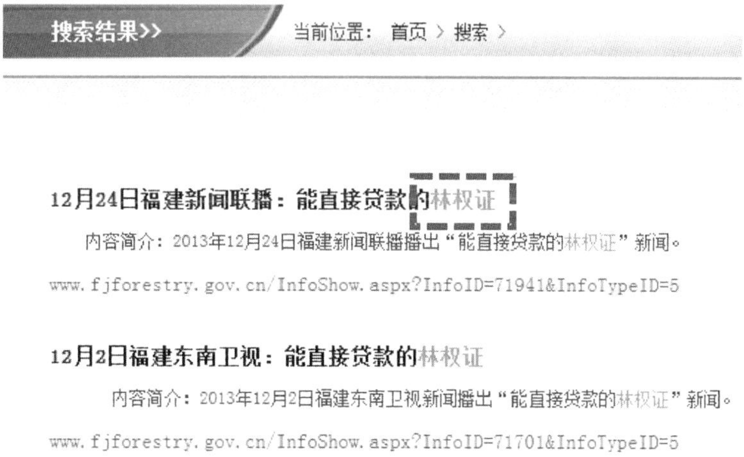

图 16-9　福建林业厅网站搜索结果

（三）省级林业网站栏目导航体系优秀案例

1. **福建林业厅网站设置了面包屑导航。**如图 16-10 所示，福建林业厅网站创建了面包屑导航，从而使用户能够了解当前所处位置，以及当前页面在整个网站中的位置；体现了网站的架构层级，能够帮助用户快速学习和了解网站内容和组织方式，从而形成很好的位置感。面包屑有利于网站内链的建设，大大增加了网站的内部链接，有效提高了用户体验。

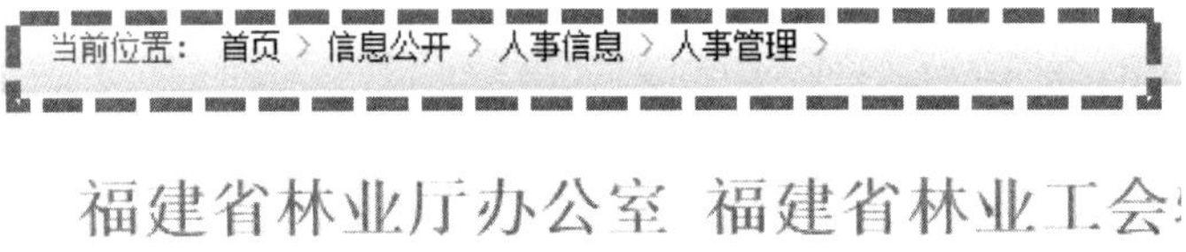

图 16-10 福建林业厅网站面包屑导航

2. **福建林业厅网站设置了网站地图。**福建林业厅网站设置了网站地图，是一个网站所有链接的容器。很多网站的连接层次比较深，搜索引擎蜘蛛很难抓取到，网站地图可以方便搜索引擎蜘蛛抓取网站页面，通过抓取网站页面，清晰了解网站的架构，同时增加网站重要内容页面的收录。网站地图为网站访问者指明方向，并帮助迷失的访问者找到他们想看的页面(图 16-11)。

图 16-11 福建林业厅网站地图

3. **河南林业信息网内容页设置了相关链接。**相关导航将一个页面与包含类似内容的其他页面相关联，内容页添加相关链接能够引导用户在网站内继续访问，帮助用户发现他们原本不知道但却感兴趣的内容，提高了用户的整体访问深度。同时也有助于深度满足用户需求，主动推送，减少网站整体的跳出率(图 16-12)。

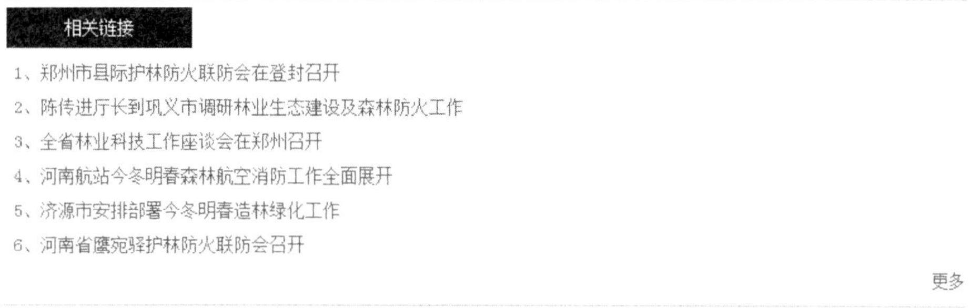

图 16-12　河南林业信息网相关链接情况

4. **河南林业信息网醒目位置添加辅助导航。**河南林业信息网醒目位置添加了加入收藏、网站地图、RSS 订阅功能，能够有效地提升网站搜索引擎可见性，提高网站的互联网影响力(图 16-13)。

图 16-13　河南林业信息网 Logo 区情况

收藏夹具有方便网民收录自己喜欢、常用网站的功能。通过把常用网页放到收藏夹里，可以达到在需要时便捷点击打开的目的。网站添加“加入收藏”功能后，当用户再次访问网站时可以直接点击收藏的链接来到网站，增加网站的直接访问来源，有助于培养用户习惯。

RSS 是在线共享内容的一种简易方式，又称简易信息聚合，是使用最广泛的 XML 应用。使用 RSS 订阅有利于让用户获取网站内容的最新更新。同时，RSS 订阅可以有效地提高搜索引擎抓取网站页面的效率。

五、 形成规模效应

当前，随着移动互联网、云计算和大数据等新技术、新应用飞速发展，互联网信息传播规律正发生深刻变革，对政府网站发展提出了新要求、新挑战。2014 年 2 月 27 日，习近平同志在中央网络安全和信息化领导小组第一次会议上指出“要创新改进网上宣传，运用网络传播规律，弘扬主旋律，激发正能量”。新一届中央政府也高度重视政府网站发展，多次强调要加强和改善政府网站建设。2014 年 12 月国办印发了《国务院办公厅关于加强政府网站信息内容建设的意见》(国办发〔2014〕57 号)，要求政府网站“要提供相关背景、案例、数据等，还可通过数字化、图表图解、音频、视频等方式予以展现，增强网站的吸引力亲和力”并且“通过开展技术优化增强内容吸引力”。无论是吸引力还是亲和力，都需要以用户需求和体验为导向，积极开展相关技术优化，林业系统网站信息内容建设才能得以提升。

经过多年建设发展，中国林业网网站群进入网站群构建协调、统一公共服务体系的新阶段。为进一步引导中国林业网网站群主动运用互联网，转变政府职能、创新管理服务、提升治理能力，充分发挥政府作为信息公开、回应关切、提供服务重要载体的作用，全面提升网站群用户体验效能，根据试点省级林业厅网站用户体验优化实践工作经验形成全国行业系统内首套用户体验提升指引文件——《全国林业省级单位网站用户体验提升规范》，主要包括页面显示要素、技术功能可用性、需求满足度、栏目导航体系 4 个方面。各网站今后应按照规范要求，建立常态化网站运行管理机制，形成规模效应，全面提升行业系统服务水平。

(一)页面显示要素方面

1. **首页区块设计**。科学规划首页区块，尊重用户习惯，综合考虑网站用户的点击行为，在显要位置展现用户较为关注的栏目。

网站热点内容布局需进一步优化。图 16-14 为某网站“近期最受关注的文章”栏目点击热点截图，如图所示栏目点击量很小，表现出“热点不热”的状态，这跟热点专题的位置布局不当有很大关系。建议变换布局，或根据用户关注内容选择新的内容推荐。

图 16-14　某网站“近期最受关注文章”热力图

2. **导航标签内容**。网站页面的导航标签文字应做到简洁明了、易于理解，栏目标签页设计时，应当注意提高翻页标签的醒目度(图 16-15)。

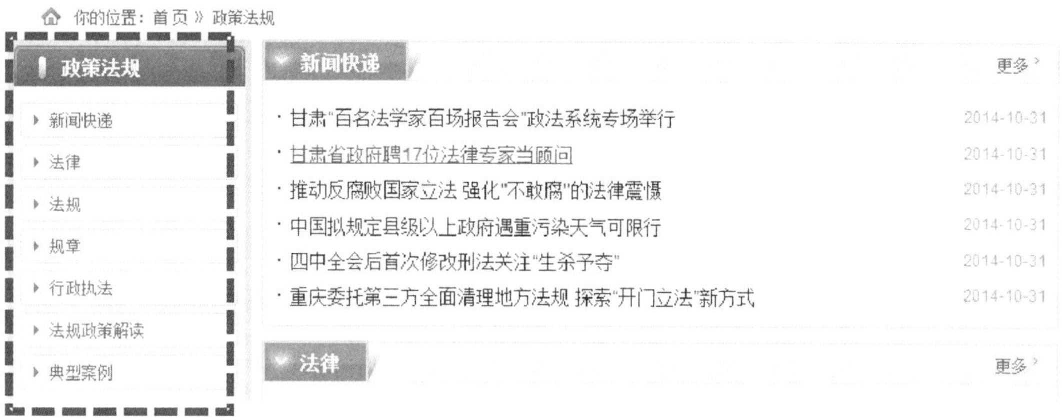

图 16-15　某林业网政策法规栏目导航

3. **首页内容时效性**。针对近期网站访问热点，在首页推送网民热点关注的内容，实时更新，响应用户需求。

4. **页面分辨率兼容性**。在首页设计时，注重采用多屏分辨率自适应技术，以有效适应不同类型终端用户访问网页的需求。

5. **主流浏览器兼容性**。确保在网站用户最常用的浏览器中不出现首页功能区块无法显示、页面区块错位、技术按钮失效等兼容性问题。

（二）技术功能可用性方面

1. **站内搜索入口设计**。在站内搜索覆盖到的栏目页和具体内容页上方 Banner 区设置醒目的站内搜索框以及提交按钮入口等，便于用户搜索站内信息。

2. **站内搜索可用性**。提供站内搜索相关词推荐功能，有效提高网站用户站内搜索的查全率与查准率。

3. **站内搜索结果显示**。在搜索结果显示页面中加入搜索结果按照栏目、用户群体、职能部门、主题等分类功能，提高用户浏览搜索结果的效率。

如图 16-16 所示，在某网站搜索结果页中，搜索结果项中并未突出搜索词，用户在阅读过程中容易混淆，不利于网民方便快捷查找搜索结果。需要在搜索结果中突出显示查询词，在结果页面重述查询条件。此外，也需进行如在搜索结果页显示已找到的结果数量、设置包含“前一个”和“后一个”按钮以及其余页面的链接、为每一个结果提供易于理解的页面名称和描述、提供搜索结果过滤器功能，以及提供搜索结果按照多种属性排序功能等结果显示优化工作。

4. **站内搜索结果显示**。提高搜索结果显示细节的用户体验效果，如在搜索结果中突出查询词、在结果页面重述搜索条件、提供搜索结果过滤器等等。

5. **基础设施技术保障**。提高全站服务页面加载速度，压缩页面代码长度和图片大小，

图 16-16　某网站站内搜索结果页

提高网站机房服务器效能和带宽，确保网站一般信息页面平均加载时长小于 100 毫秒，用户办事页面表单提交响应时间小于 1 秒。

提高网站服务器机房网络吞吐能力，确保网站能够满足 500M 以上的上行/下行数据流量，确保“网络电视”等视频栏目的正常访问。

减少网站页面信息中出现断链、错链和无效链接等情况，提高用户访问流畅度。确保网站链接不可用比例低于 0.5%。

提高网站服务器和机房环境稳定度，通过双机热备等技术，确保网站全天候正常工作，系统年宕机次数小于 5 次。

完善在线办事内容 Cookies 自动保存机制，尽可能延长网站会话持续时间，消除可能导致用户访问超时的技术功能短板，防止出现用户因为会话时间过长而重新登录等问题。

提高网站办事表格、文档、图片等办事相关资料内容的下载速度。确保所有资料下载速度小于 5 秒，资料可下载率 100%。

提高网站安全性能。提高网站服务器防黑客攻击、防病毒攻击的能力和防止用户资料被窃取、滥用和篡改的能力，形成完善的网站信息安全维护机制，确保网站不出现挂马、信息被篡改、重要资料流失等情况。完善网站应急响应和数据备份机制，确保网站在遭遇意外情况或特殊情况时能快速恢复服务的能力。

（三）需求满足度方面

1. **站内搜索用户需求**。着力提升站内搜索有效度，增强站内搜索结果中有关特色栏目等相关信息的精准呈现力度，保障用户需要的信息能通过站内搜索功能及时找到。加强相关专栏建设，突出林业网站的特色服务，满足同类用户的信息需求，提升用户体验水平。

2. **首页布局合理度**。根据用户在首页的关注分布，合理安排各栏目的摆放位置，将用户关注量较大、较为重要的栏目置于网站首页醒目位置，增加用户的体验效能（图 16-17）。

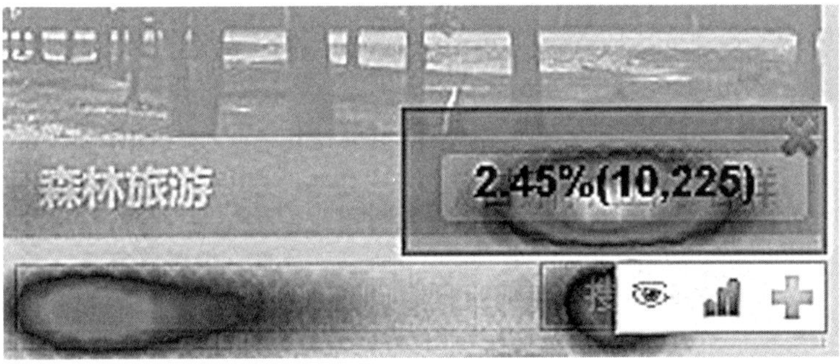

图 16-17　某林业网站群标签

一般政府部门网站下属子站相关链接的标签都位于首页底部位置，访问量较大且访问者多为本系统工作人员，用户在使用时需要到首页底端，不方便用户使用。而如图 16-17 某林业网将林业网站群标签置于首页右上位置，便于用户点击。

（四）栏目导航体系方面

1. **网站栏目体系**。形成网站栏目关系分析的常态化机制，开展网站栏目用户需求相似度和栏目用户跳转关系分析，根据不同时间段的栏目关系，动态调整网站栏目之间的智能导航和相关推荐机制。

2. **栏目服务定位**。通过实时数据监测，发掘近期网站用户的热点需求，同时排查网站栏目中需求满足度较低的栏目，向网站管理部门发出提示，便于网站后台编辑人员及时调整工作定位，不断提升栏目内容的用户体验度。

3. **栏目导航体系**。推进形成由全局导航、局部导航、辅助导航、关联导航和网站地图等构成的综合导航体系。

下面主要以辅助导航为例，介绍全站导航系统体系建设思路。辅助导航即“面包屑导航”，其作用是告诉用户他们目前在网站中的位置以及如何返回。面包屑导航通常在页面顶部水平出现，一般会位于标题或页头的下方。它们提供给用户返回之前任何一个页面的链接，在层级架构中通常是这个页面的父级页面。面包屑导航提供给用户回溯到网站首页或入口页面的一条路径，通常是以大于号（ > ）出现，也有一些设计是其他的符号（如 》）。

它们绝大部分看起来就像这样：首页 》分类页 》次级分类页或者首页 》分类页 》次级分类页（图 16-18）。

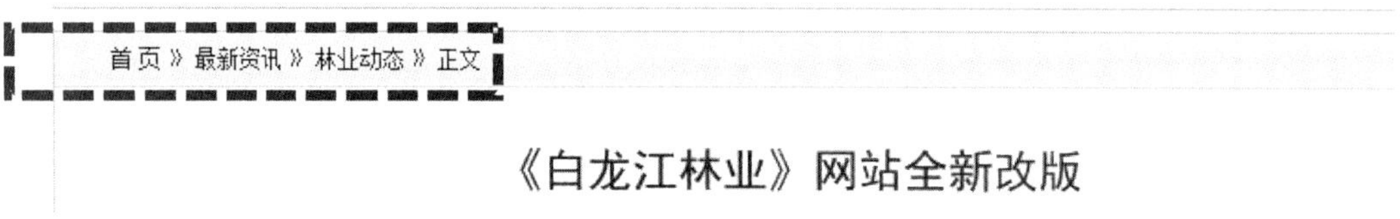

图 16-18　甘肃林业网面包屑导航

如图 16-18 所示，甘肃林业网创建了面包屑导航，从而使用户能够了解当前所处位置，以及当前页面在整个网站中的位置；体现了网站的架构层级，能够帮助用户快速学习和了解网站内容和组织方式，从而形成很好的位置感。面包屑路径不会占用太多屏幕空间，因为它们通常是水平排列以及简单的样式。同时，面包屑有利于网站内链的建设，用这种导航大大增强了网站内部链接的跳转，让用户访问网站更加明确和便捷，用户黏度得以提高，最终有效提升了用户体验。

发展保障

FAZHAN BAOZHANG

林业信息化
Forestry Informatization

第十七章
顶层设计

中国林业网是林业对外发布信息、网上办公、服务公众的重要窗口，是创建服务型政府的有效手段。在中国林业网的建立和运行过程中，按照智慧林业门户网站的目标要求，结合国家、行业信息化发展现状、发展趋势与用户需求，持续加强顶层设计。

一、明确思路

经过认真研究，中国林业网建设的基本思路是：认真贯彻落实党中央、国务院关于信息化建设的决策部署，以智慧化建站、集群式管理、服务化发展为核心，推进公共信息服务，扩展在线办事功能，强化网络互动交流，推动转变工作方式、降低行政成本、提高办事效率、优化公共服务，为提高林业治理体系和治理能力现代化，建设美丽中国和生态文明做出新贡献。

（一）智慧化建站理念

中国林业网秉承“信息化引领、一体化集成、智慧化创新”的建站理念，全面整合各领域、各渠道的服务资源，扩充功能，完善系统，着力构建智慧林业网站群，实现数据集中存储和智能化调用，实现网站服务对象由内部向外部、由部门向社会的重大转变。

（二）集群式管理模式

按照主动化服务的应用要求，以网站用户行为数据沉淀、分析挖掘为基础，所有网站使用统一的数据管理平台，核心功能统一开发和设定，以统一的方式控制网站的整体形象，保证中国林业门户网站功能丰富易用、信息内容保障有力、绩效评估科学有效，努力实现由10000个子站组成的纵横分布的网站集群，打造中国林业网上航空母舰。

（三）服务化发展宗旨

中国林业网以服务林业大局、服务林业业务、服务基层单位、服务林农群众为宗旨，充分利用大数据等新兴技术，不断创新服务理念和技术应用，整合各类服务资源，实现一体化服务进程，建立以用户体验为导向、兼顾供给和需求的政府网站发展模式，进一步增强中国林业网的吸引力、亲和力。

二、高位推动

2009年3月，首届全国林业信息化工作会议指出“电子政务已经成为政府行政管理改革的主要方向之一，加快信息化是提高林业行政能力的重要保障”，明确指出要“加大整合力度，促进信息资源共享”（专栏17-1）。

专栏17-1

全面加快林业信息化步伐　为现代林业建设提供强大支撑（节选）

电子政务已成为政府行政管理改革的主要方向之一，加快信息化是提高林业行政能力的重要保障。当前，随着现代信息技术的快速发展，人类社会发展的各个领域正经历着前所未有的冲击和洗礼，政府作为一个掌握最多信息资源和最大的信息发布公共组织，也迎来了一个全新的、以互联网在政府管理与服务中普遍应用为特征的电子政务时代。积极建设电子政务是转变政府职能、提高行政效率、推进政务公开、促进政府管理现代化、密切政府与企业、政府与公众关系的有效手段，是建设服务型、责任型、法治型、廉洁型政府的重要途径，也是世界各国政府行政管理改革的一个主要方向。20世纪90年代信息技术的迅速发展，特别是互联网技术的普及应用，使电子政务的发展成为当代信息化最重要的领域之一。越来越多的政府认识到只有接受全新的信息技术和管理理念，才能在全球经济一体化逐步形成的今天有所作为。据联合国教科文组织调查，1996年全球只有不到50个政府部门建立了自己的网站，到2008年全球政府网站已超过150万个，12年时间增长了3万倍。据联合国经社事务部《2008年度全球电子政务调查报告：从电子政务到整体治理》，欧洲电子政务整体发展水平居世界首位，以下依次为美洲、亚洲、大洋洲、非洲，从国家排名看，瑞典跃居世界第一，以下依次为丹麦、挪威、美国、加拿大、澳大利亚、新加坡和英国等国家也取得了显著成效，成为全球电子政务的领跑者和创新者。我国把电子政务作为政府管理体制改革的重要举措，提出了必须“紧紧围绕提高治国理政能力，推行电子政务”的要求，做出了一系列重要部署。党和国家领导人多次作出重要批示，要求加快电子政务建设，推进行政管理体制改革，提高政府工作效率和公共服务水平，为公众参与经济社会活动创造条件。特别是2008年胡锦涛总书记通过人民网与网民进行了亲切交流，今年“两会”前，温家宝总理通过中国政府网和新华网又与网民在线交流。这些都充分表明，中央领导同志已将电子网络作为与人民群众沟通交流的重要渠道，率先垂范推进电子政务建设。目前，电子政务发展速度日益加快，我国建立的各级政府网站已超过2万个。林业是事关人民群众生存环境和生活质量的公益事业，是事关亿万农民就业增收的基础产业，林业执政能力的高低直接影响着政府的形象和百姓的福祉，社会关注度很高。但林业的网上办事能力还不强，服务还很滞后，远远不能满足人民群众的需要。我们只有加强林业信息化建设，实现办公电子化、管理信息化、决策科学化，才能建立起行为规范、运转协调、公正透明、廉洁高效的行政管理体制；只有加强林业信息化建设，实现服务网络化、办事便捷化，才能为人民群众提供更加优质的服务，建立起执政为民的新型政府机关。实践表明，提高林业行政能力必须加强信息化建设，这是我们迫在眉睫的一项十分重要的任务。

……

加大整合力度，促进信息资源共享。根据著名的梅特卡夫定律，“网络的价值与网络结点数量的平方成正比”，也就是说，与传统经济时代的“物以稀为贵”相反，网络时代则为“网以多为贵”，拥有用户越多，共享程度越高，产生的效益就越大，其网络价值就越能得到充分体现。资源整合是解决当前林业信息化存在的资源分散、信息难以共享、浪费严重等突出问题的首要措施。一要抓好基础平台整合。按照林业信息化基础平台建设的要求，对所有基础性、公共性、对全局影响起关键作用的内容要切实加强整合，进行统一建设，形成统一平台，切实减少不必要的重复建设和浪费。二要抓好门户网站整合。国家林业局今年要对各司局和直属单位现有网站进行统一整合，建立国家林业局统一的对外门户网站，形成“一站式”林业应用和信息服务窗口，以统一的形象对社会公众服务，维护林业部门信息发布和对外服务的一致性和严肃性。今年内必须完成这项工作。各省级林业部门也要相应加大整合力度，建立统一的对外门户网站。要搞好门户网站的升级改造，扩大信息服务，推进在线办事，加强互动交流，保障网站内容，提升网站政务办理和社会服务功能。建设内容丰富、服务便民、国内一流的林业政府门户网站。三要抓好内网整合。对各类业务应用系统进行联接整合，建立内网统一门户管理和信息服务，推进政务协同，尽快建设一套完整的、功能强大的林业综合办公系统，实现行业内各部门间信息互通、资源共享。四要抓好数据库的整合。今年国家林业局要完成现有主要数据库的整合工作，实现信息共享。各地各单位要积极主动加强沟通和配合，特别是森林资源、荒漠化资源、湿地资源、野生动植物资源等管理部门，要有大局意识，打破资源分散、封闭和垄断状况，做好数据库的相关整合工作。要及时更新数据，加强管理，优化信息资源配置，提高资源效益。以上各项整合工作，局信息办要统一组织、统一指导、加快推进，各司局各单位要密切配合、维护大局、不讲条件，尽快形成林业信息化建设统一管理、分工负责、资源共享、互利共赢的良性机制。各省（自治区、直辖市）也要按照要求，积极有效整合，尽快全面完成。

——摘自国家林业局时任局长贾治邦在首届全国林业信息化工作会议上的讲话

2011年5月，第二届全国林业信息化工作会议提出了“十二五”时期林业信息化建设的基本原则（专栏17-2）。

专栏17-2

加快林业信息化　带动林业现代化（节选）

“十二五”时期林业信息化建设的基本原则：一是坚持统一规划。林业信息化是一项复杂的系统工程，其内部关系相互交织，建设程序环环相扣，实际应用互联互通，整体性、系统性都很强。必须立足全局，通盘考虑，统一规划，分步实施，从基础建设向应用推进，从简单应用向主体业务应用推进，建设一个成功一个，切实发挥应有作用。全国林业信息化发展“十二五”规划已经出台，各地各单位都要在统一规划指导下开展工作，共同抓好规划的落实。二是坚持统一标准。统一标准是林业信息化实现互联互通、资源共享的根本前提。标准不统一，必然形成“信息孤岛”，造成林业信息的破碎化。必须统一建设标准，统一数据采集规范，统一交换模式，为实现基础平台、应用系统的互联互通奠定基础。三是坚持统一制式。制式不统一，各层级、各系统之间就会存在壁垒，林业系统就无法形成完整统一的平台。林业应用软件系统，必须最大限度地统一研究开发，统一升级完善，做到上下统一，有效对接，避免同一业务用多种制式、互不兼容的软件来支撑。四是坚持统一平台。建立统一平台是实现业务融合、资源共享、协调同步的重要基础。基础平台不统一，权限管理不统一，必然造成严重浪费，安全隐患增多。必须统一设计模式，统一权限管理，统一建设平台。只有在统一平台上，才能形成一个完善、规范、可控、高效的信息管理系统。五是坚持统一管理。统一管理是提高效率、规范操作的重要要求。必须树立长远的观点、全局的观点、统一的观点，坚决打破司局、部门、条块的界限和封锁。林业信息化建设要做到统一项目管理，统一数据管理，最终实现数据的快速交换、高效传递，真正实现互联互通、信息资源共享，减少管理和运维成本，提高信息化建设成效。

——摘自国家林业局时任局长贾治邦在第二届全国林业信息化工作会议上的讲话

2013年8月，第三届全国林业信息化工作会议要求，要采取有效措施，加快建设智慧林业网络平台、加强智慧林业协同管理、构建智慧林业生态服务体系、打造智慧林业民生服务体系，扎实推进智慧林业建设（专栏17-3）。

专栏 17-3

全面提升林业信息化水平　为发展生态林业民生林业做出新贡献(节选)

首先，要加快建设智慧林业网络平台。要按照国家信息化发展总体部署，结合林业实际，加快推进林业宽带网络和感知网络建设，为智慧林业发展提供基础条件。一是按照先进、适用的原则，充分利用现有的国家、省、市、县四级网络架构，抓紧建设林业下一代互联网，满足林业物联网接入和大数据量传输等需求。二是积极推进重点林区无线网络建设，有效提高林区网络通信覆盖率，为拓展业务应用提供基础网络条件。三是大力推进林业物联网发展，提高林业生态智能感知、林业资源智能识别、林业灾害智能监测、林业信息智能推送的能力。四是完善以卫星、航空护林飞机等组成的"天网"系统，提高林业空天感知能力和监测效率。五是实施林业应急感知工程，建立全覆盖、多尺度无缝集成的应急地理信息平台，大力推动林火视频监控系统、沙尘暴监测系统、应急通信保障系统等的建设，实现国家、省、市、县林业部门的互联互动。

第二，要切实加强智慧林业协同管理。要加强信息资源融合，建立资源共享的林业信息系统，为各类林业工作者提供网络化、智能化的信息服务。一是按照共建共享、互联互通的原则，大力推进林业基础数据库建设，加快建立信息资源交换共享机制。二是加快中国林业云示范建设，推进办公智慧化和协同化，规范办公流程，降低运行成本，全面提高办事效率。三是适应移动互联快速发展的形势，积极推进林业微门户、微博、微信等平台建设，以更加新颖、活泼、便捷的形式，服务林业、林农和公众。四是建立健全成果共享模式，信息化主管部门负责统一服务平台和信息发布工作，统一管理基础数据资源；各业务部门承担本单位业务信息的内容保障，供有关部门共享使用。

第三，要努力构建智慧林业生态服务体系。一是建设智慧林业营造林管理系统。实现覆盖各级营造林规划计划、作业设计、进度控制、效果监测、统计上报等环节的一体化营造林管理系统，为营造林工程管理决策提供科学依据。二是建设智慧林业资源监管系统。在先期试点的基础上，按照统一布局、共建共享的原则，充分利用新一代信息技术，建立集森林、湿地、荒漠、生物多样性监管于一体的智慧林业资源监管平台，提供多级林业资源分布和动态信息，支撑林业科学决策。三是建设智慧林业野生动植物保护体系。通过对各级各类自然保护区的智能化管理，建设野生动植物资源监测体系和信息管理体系，提高保护管理水平。四是建设智慧林业重点工程监督管理平台。基于新一代信息技术，实现对工程全过程的实时跟踪管理，提高工程管理的科学化水平。

第四，要积极打造智慧林业民生服务体系。围绕全面建设民生林业的新要求，深化信息技术应用，构建面向企业、林农及新型林区建设的综合公共服务平台，努力提升公共服务水平。一是建设智慧林业产业培育工程。加快高新技术与林业的有机融合，促进新技术、新产品和新产业的发展。二是建设智慧生态旅游工程。在智慧生态旅游物联网应用示范的基础上，加强相关信息技术和管理模式的推广应用，促进生态旅游的大发展、大繁荣。三是建设智慧林业商务拓展工程。建立一批区域性的林权交易平台，打造一批有影响力的林业电子商务平台，为林企和林农提供智能、便捷的服务，促进林业产业的快速健康发展。四是建设智慧林业社区工程。加大林区网络基础设施建设投入，解决林区信息网络“最后一公里”问题。建立智慧林业社区综合管理服务平台，实现社区业务“一站式”办理。

——摘自国家林业局副局长孙扎根在第三届全国林业信息化工作会议上的讲话

2013 年 8 月，国家林业局印发《关于进一步加快林业信息化发展的指导意见》。《意见》指出了当前和今后一个时期，林业信息化建设的总体要求。《意见》强调，要加强网站群建设，推动职能转变（专栏 17-4）。

专栏 17-4

关于进一步加快林业信息化发展的指导意见（节选）

加强林业网站群建设。依托中国林业网，大力推进网站整合，加快地方林业网站建设，打造纵向到底的林业门户网站群。按照业务领域，协同推进各类林业专题网站建设，打造横向到边的林业专业网站群，实现网站服务对象由内部向外部、由部门向社会的重大转变。按照“四个服务”、“四大功能”的要求，优化网站设计，丰富网站功能，强化信息保障，深化绩效评估，促进各级各类林业网站建设。积极推进林业微门户、微博、微信等信息发布和互动交流平台建设，努力开创林业网站发展新局面。开展网上林业政务大厅与电子监察系统建设，强化外网受理、内网办理、外网反馈机制，提高行政审批效率和信息公开水平，促进廉洁型、服务型、效能型、法制型政府建设。

——林信发〔2013〕130 号，国家林业局 2013 年 8 月 12 日印发

2013 年 8 月，国家林业局组织制定了《中国智慧林业发展指导意见》，提出实施中国林业网站群建设工程（专栏 17-5）。

专栏 17-5

中国智慧林业发展指导意见（节选）

中国林业网站群建设工程。依据智慧林业建设目标，充分利用云计算、移动互联、人工智能等新一代信息技术，全面整合各领域、各渠道的服务资源，进一步扩充功能，进一步完善系统，构建智能化、一体化的智慧林业网站群。构建国家林业系统从上至下的门户网站群平台，把全国林业系统政府网站作为一个整体进行规划和管理，实现数据集中存储和智能化调用，系统的统一维护和容灾备份，实现林业系统间资源整合、集成、共享、统一与协同，降低建设成本和运营成本，提高效率，方便用户的使用，提高用户满意度。

——林信发〔2013〕131 号，国家林业局 2013 年 8 月 21 日印发

三、 理顺体制

我国林业信息化管理工作由各级林业主管部门分级负责，上下级之间为行业业务指导关系。近年来，在国家林业局的高位推动下，国家和省级林业主管部门绝大部分都成立了专门的信息化机构，部分市、县林业主管部门也成立了专门的信息化机构，林业信息化队伍不断壮大，组织管理体系日益健全。

（一）国家层面的管理体制

近年来，国家林业局按照国家信息化的战略部署和要求，成立了林业信息化专职管理机构，强化了信息化协调机构建设，为全面推进林业信息化事业提供了重要保障。

林业信息化和电子政务建设是全面推进国家林业治理体系和治理能力现代化的迫切需求。林业工作涉及面广，社会关注度高，因此发展林业信息化和电子政务，不仅是林业部门落实党的十八大和十八届二中、三中全会精神的重要体现，也是林业部门改进管理方式、转变发展思路、提高服务水平的必然要求。其中，建立健全管理体制是发展林业信息化和电子政务的基础性工作。近年来，国家林业局十分重视林业信息化的组织机构建设，经过努力争取，已经成立了专门的管理机构，改变了过去职责不清晰、协调能力弱等问题。

为贯彻落实党中央、国务院关于加强信息化建设的战略部署，推进林业信息化建设，国家林业局于2009年1月下发通知(林办发〔2009〕21号)，决定成立国家林业局信息化管理办公室(简称“信息办”)。信息办在国家林业局统一领导下，负责综合协调、指导监督全国林业信息化与电子政务工作。2009年3月，全国林业信息化工作领导小组成立，时任国家林业局局长贾治邦任组长。这是全国林业信息化的最高决策和协调机构。领导小组下设办公室，办公室设在国家林业局信息办。2009年4月，经国家标准化管理委员会批准，全国林业信息数据标准化技术委员会在京成立。

2010年3月，中央编办批复同意成立国家林业局信息中心(中央编办复字〔2010〕55号)。2010年6月，《国家林业局关于成立国家林业局信息中心的通知》(林人发〔2010〕156号)印发。《通知》明确，国家林业局信息中心接受国家林业局委托，承担组织、协调、指导、监督、管理全国林业信息化建设和电子政务工作，主要职责是：组织拟定全国林业信息化与电子政务建设的政策措施、规章制度、技术规范、行业标准、总体规划和年度计划，并监督执行；负责林业基础数据和重点数据库、应用系统、网站、网络的组织协调、建设维护和监督管理工作以及国家林业局中心机房的建设管理；承担林业系统信息资源的共享、使用和发布，负责与其他部委、单位和国际组织开展信息化方面的合作交流；负责林业系统虚拟化重点项目的设计、组织实施、检查验收、技术培训；承担自然资源和地理空间基础信息库等国家重点信息库林业分中心和全国林业信息数据标准化技术委员会秘书处工作；承担国家林业局机关文印和信息咨询服务；承担国家林业局交办的其他事项。根据工作需要，在国家林业局信息中心加挂“国家林业局信息化管理办公室”牌子，承担全国林业信息化工作领导小组办公室、国家林业局信息化与电子政务工作领导小组办公室的工作。

2010 年 7 月，国家林业局印发《全国林业信息化工作管理办法》，进一步明确了全国林业信息化和国家林业局信息化的管理体制。如，《办法》第二条规定：全国林业信息化工作遵循统一领导、分级管理、统筹规划、分步实施，统一标准、资源共享、互联互通、安全可靠的管理原则。第三条规定：全国林业信息化工作领导小组，是全国林业信息化工作的领导决策机构，负责决策部署全国林业信息化工作的发展战略、重大举措。第四条规定：国家林业局信息中心与电子政务工作领导小组，是国家林业局信息化工作的领导决策机构，负责确定国家林业局信息化工作的发展策略和重大举措。第五条规定：全国林业信息化工作领导小组办公室和国家林业局信息化管理办公室，负责组织、协调、管理、指导、监督、实施全国林业信息化工作，承办领导小组日常工作及领导小组交办的其他工作。各省级林业主管部门负责综合协调、指导监督并具体实施本地林业信息化工作。同月，国家林业局批准局信息中心内设综合规划处、电子政务与网站管理处、网络安全与运维管理处、数据与应用项目管理处、技术合作管理处、办公自动化管理处 6 个处室，并明确了各个处的职能设置。10 月，各处人员陆续到位。

2011 年 5 月，国家林业局批准成立国家林业信息化专家咨询委员会，林业信息化自此有了科学决策的咨询机构（图 17-1）。

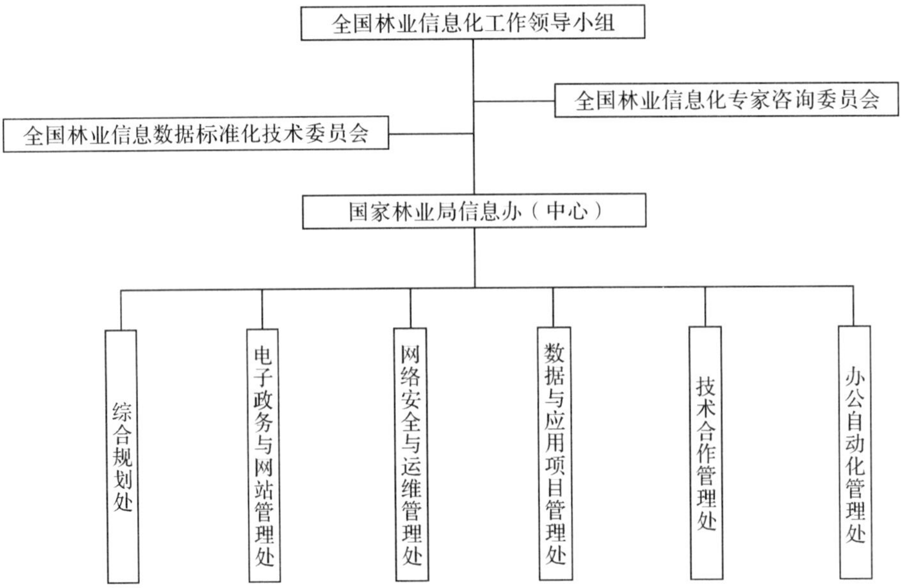

图 17-1　国家层面林业信息化管理体制

就现状来看，国家林业信息化决策方面有全国林业信息化工作领导小组，归口管理方面有国家林业局信息化管理办公室(信息中心)，技术支撑方面有全国林业信息化专家咨询委员会和全国林业信息数据标准化技术委员会，整个体制较为健全完备。

人员配备。国家林业局信息办(信息中心)为国家林业局直属正司局级事业单位，事业编制30名，中心领导职数一正三副。硕士及以上学位人员16人，中级以上职称人员10名。

(二)地方层面的管理体制

多年来，各级林业主管部门按照中央和国家林业局的要求，结合本地本部门实际，不断完善林业信息化管理体制，加强林业信息化组织机构建设，为推动林业信息化发展发挥了应有的作用。据调查显示，目前在省级林业主管部门中，有29个部门已经成立了独立的信息化主管部门，而且全部是以事业单位形式的信息中心存在。辽宁、湖南、吉林等省的部分市、县级林业主管部门也成立了正科级信息中心。各地林业主管部门在信息化管理体制建设方面主要呈现3种模式：

一是由综合部门(如办公室)或业务部门(如科技处等业务处室)兼职承担。这种情况主要是因为政府信息化最早起源于办公自动化或者科技、宣传业务的一部分，而相应的管理职能就落在这些部门。例如，江苏、青海、西藏等省级林业主管部门目前均是由办公室归口管理信息化工作；广东、陕西、重庆、四川等省级林业主管部门均是在宣传部门基础上增加了信息化职能。

二是赋予信息中心相关管理协调职能。这种情况往往是单位已经成立有信息中心，负责信息化具体技术实施和运维，但为了协调辖区内的信息化工作，在信息中心加挂一个非编制部门审批的信息办，让其承担起必要的组织协调职能。辽宁省林业厅、吉林省林业厅、湖北省林业厅信息中心(信息办)就是采用这种管理体制。

三是由信息中心具体承担信息化技术工作，管理工作由办公室等机关处室承担。在这些单位，信息中心作为技术支撑机构，只承担具体项目实施和运维的职责，是个完全的技术支撑力量，管理协调等行政职能由属地办公室等机关处室承担。目前，上海、云南等地林业主管部门采用的是这类管理运行模式。

人员配备。据统计，目前各类林业信息中心的在职人员有300余人。由于受编制所限，在已经成立的专门机构中，编制与实际需求不匹配是普遍问题。以省级林业信息中心为例，大部分信息中心的人员编制在10人以下，最少的只有3人，西藏、青海等地还没有专职的信息化工作人员。

四、完善机制

机制决定活力。机制虽然看不见，摸不着，但却像一只无形的手，时刻发挥着作用。多年来，林业信息化从无到有、从点到面、从弱到强，正是得益于机制的不断创新和优化。近年来，各级林业主管部门在林业信息化机制建设方面进行了诸多探索，这些成果既是林业信息化建设成果的重要组成部分，也为国内外其他行业信息化建设提供了实证案例。

近年来，国家林业局和各级林业部门从战略高度和全局视野，不断强化林业信息化建设，取得了十分显著的效果。特别是2009年独立的管理机构——国家林业局信息办成立以来，在建章立制方面做了大量卓有成效的工作，基本构建起规范、科学、高效的运行机制，奠定了林业信息化全面快速发展的基础。

（一）建立健全责任机制

明确职责，分工协作，是做好一切工作的不二法宝。2009年初，国家林业局印发通知，成立国家林业局信息办，在文件中明确规定了信息办的主要职责。2011年，国家林业局根据中央编办的批复，成立了国家林业局信息中心，并与信息办实行两块牌子、一套人马，在相关文件中也明确规定了信息中心的主要工作职责、人员编制、处室设置及各处室的具体职责。这些文件规定奠定了全国林业信息化的基础运行制度，即在国家林业局党组、全国林业信息化工作领导小组的统一领导下，组织、协调、指导、监督、管理全国林业信息化和电子政务工作。

国家林业局十分重视林业信息化制度建设，努力实现以制度管人、以制度办事，构建规范、高效的运行机制。自2010年7月起，国家林业局先后下发《中国林业网管理办法》、《国家林业局办公网管理办法》、《全国林业专网管理办法》、《国家林业局网络信息安全应急处置预案》、《办公计算机安全管理办法》、《信息安全事件管理规范》、《国家林业局信息办财务与资产管理办法》、《国家林业局信息办工作规则（试行）》、《中国林业网运行维护管理制度》、《国家林业局办公网运行维护管理制度》、《国家林业局专网运行维护管理制度》、《关于成立中国林业网编辑委员会的通知》、《林业信息网络项目资金管理办法（试行）》等30多项林业信息化管理制度，范围涉及各级网络和应用信息系统平台、中国林业网门户网站、信息化项目工作及资金等的相关管理制度，为近年来林业信息化快速发展奠定了机制保障基础。

2009年以来，每年年初（2～3月），国家林业局都会印发当年信息化与电子政务工作要点，明确全年的总体工作思路、重点工作和责任单位。这一制度化的举措提高了国家林业局各司局、各直属单位及各省级林业主管部门的信息化意识和责任意识，已成为推动全国林业信息化和电子政务建设的重要手段。

此外，在林业政府网站建设及运维项目管理中，国家林业局信息办严格执行国家招投标制度、监理制度、报账制度，以及本局出台的相关制度等，形成了一套较为完善的工作制度。

近年来，各地林业部门按照国家林业局及本省信息化建设的有关要求，不断健全工作制度，明确责任分工，加强绩效考核，逐步形成了以信息化领导小组为统领，统分结合的信息化推进机制。2009 年，北京市园林绿化局成立了由局长任组长、分管副局长任副组长、主要处室和站院为成员单位的信息化工作领导小组，切实加强对全局信息化建设的领导。上海市林业局 2011 年初开始全面推进"信息化工作联系人"制度，探索林业信息化的标准化建设和应用绩效评估机制，完善林业信息报送、应用系统推进、网络管理等信息化综合考评办法。内蒙古自治区先后制定发布了《内蒙古林业信息安全保密管理规定（试行）》、《内蒙古林业信息化工作管理办法（试行）》和《内蒙古林业网站管理暂行办法》等工作制度，明确了各方的责任，为全区示范化、科学化推进林业信息化建设与应用提供了制度保障。

（二）建立竞争激励机制

2009 年初国家林业局信息办成立伊始，就开展了全国林业信息化工作"先进单位"、"突出贡献者"、"先进个人"以及"全国林业系统十大优秀网站"、"国家林业局政府网十大优秀栏目"评选工作，并在首届全国林业信息化工作会议上进行了表彰，起到了良好的激励作用。

2010 年 1 月，国家林业局信息办部署开展了"2009 年全国林业十件大事"和"2009 年全国林业信息化十件大事"在线评选活动，引起了广大网民的热情关注，产生了很好的社会反响，也极大地鼓舞了各级林业信息化主管部门和广大林业信息化工作者。此后，这项活动成为国家林业局信息办每年年底的例行性工作。

2010 年 12 月，《全国林业网站绩效评估标准（试行）》和《全国林业网站绩效评估办法（试行）》（办信字〔2010〕187 号）印发，国家林业局启动首次全国林业网站绩效评估活动。此后，这项活动也成为国家林业局信息办的年度例行工作，在激励和引导林业网站建设方面发挥了十分积极的作用。

为了从整体上把握全国各地林业信息化发展变化情况，指导"十二五"时期林业信息化建设工作，实现以评促建、以评促管、以评促用，推动现代林业建设又好又快发展，国家林业局于 2011 年上半年组织开展了首次全国林业信息化发展水平评测工作，对 2008 年、2009 年各地林业信息化发展水平进行了综合测评，下半年又发布了《2010 年全国林业信息化发展水平评测报告》。至此，全国林业信息化发展水平评测也成为一项重要的竞争激励制度，发挥出越来越积极的作用。

此外，国家林业局信息办还积极组织行业内信息化优秀案例、先进事迹等参加行业外的有关评比表彰活动，既为林业行业赢得了荣誉，也调动了从业人员争先创优的积极性。

为充分调动各单位的积极性、主动性和创造性，近年来各省林业主管部门大胆探索，建立和完善了正面激励机制，有效地促进了林业信息化发展。为加强网站群管理，河北省林业厅出台了《河北林业网站专栏信息更新维护考核办法》，黑龙江省林业厅建立了林业信息报送情况通报评比制度，河南省林业厅出台文件，要求在年度评先表彰中实行信息化建设工作一票否决制度。为调动省、市、县三级的积极性，辽宁省林业厅先后下发了《辽宁省林业厅政务商务一体门户网站群优秀网站评比办法》、《全省各市“十二五”期间林业信息化发展水平测评办法(试行)》等系列文件，开展了示范市、优秀网站等创建和评比活动，从2010年起，积极推进示范市建设，以点带面促进了全省林业信息化发展。

(三)建立专家咨询机制

林业信息化建设涉及面广、专业性强，是一项宏大而复杂的系统工程，要实现全面加快发展的目标，除了自身要坚持不懈、刻苦努力外，必须充分借助外脑，发挥各方面人才的作用，特别是要充分听取有关专家的意见和建议。为此，国家林业局于2011年5月，成立了由21名委员组成的首届全国林业信息化专家咨询委员会，委员会的职责是：按照全国林业信息化工作领导小组(简称领导小组)的要求，就提交领导小组审议的重要文件进行会前咨询评议；负责组织专家，接受领导小组的咨询，就我国林业信息化发展中的重大问题提出建议；根据国家林业局信息中心(信息办)的委托，对全国林业信息化发展战略、政策和规划提出意见与建议；对国内外林业信息化问题进行跟踪和前瞻性研究；积极促进中外专家、教学科研单位、政府机构、非政府机构等与林业信息化部门之间的交流与合作。

此外，国家林业局在信息化项目立项和竣工验收阶段，都会邀请专家参与评审或审查，听取不同专家的意见和建议。有些项目则直接委托权威单位和专家提供技术咨询。

专家是宝贵的智力资源。截至目前，已有辽宁、湖南、北京、甘肃、湖北、河南、四川、新疆、广东等多个省份成立了信息化专家咨询委员会，为全省林业信息化建设提供技术支持。其他省份虽然没有正式成立专家咨询队伍，但在规划编制、项目设计、项目验收、技术培训等方面，都邀请相关领域的专家进行技术审查和专题讲座。但总体来看，各地与专家的联系还不够密切，专家的作用没有得到充分发挥。

(四)建立合作交流机制

加强对外合作交流，充分借鉴先进国家、先进行业、先进单位的成功经验和做法，是推动林业信息化工作的重要手段。国家林业局信息办高度重视林业信息化对外交流合作工作，通过加强机制建设，增进了与部委、高校、科研单位和知名IT公司等的交流沟通，引进了先进理念，学习了成功经验，了解了技术前沿，统筹了各方资源，为科学推进各项工作提供了有力支撑。

国家林业局信息办自成立以来，先后到国务院办公厅电子政务办公室、水利部、工信部、商务部、农业部、国土资源部、国家气象局、国家测绘地理信息局、国家专利局等10多个部委进行了调研学习。同时，商务部、科技部、教育部、农业部、国家体育总局、国家知识产权局、空军司令部等30多个部委也先后来到国家林业局进行调研交流。

2010年7月，国家林业局信息办组团赴英国开展了电子政务学习培训。2011年3月，组团赴澳大利亚开展了林业信息化学习培训。通过走出去，学习了国外的先进理念和成功实践，开阔了视野，受到了启发。

此外，国家林业局信息办在林业信息化各个领域积极开展对外交流合作。在林业信息标准化建设方面，国家林业局信息办先后联合国家林业局调查规划设计院、中国林业科学研究院、国家林业局森林病虫害防治总站、工信部电子工业标准化研究院等多家单位，开展了数10项标准的研制工作。2011年7月和2014年7月，国家林业局信息办先后联合清华大学教育研究院和网络工程研究中心、北京大学电子政务研究院，成功举办了两届林业CIO高级研修班，取得了良好效果。2013年12月开始，国家林业局信息办与国家信息中心网络政府研究中心以提升中国林业网站群智慧化管理为目的，以迭代方式进行研究建设。

由于林业信息化专业性强，所需投资比较大，因此各省在正式开展林业信息化项目建设之前，都十分重视调研工作。比如辽宁、湖南、江西、福建等信息化发展较好的省份，先后接待了很多省份的考察交流，发挥了十分积极的作用。同时，各地林业部门不断强化与有关IT企业、教学科研单位等的交流合作。例如，辽宁省建立合作共赢机制，强化了与中国移动集团的合作，充分利用移动公司的人财物资源，推进包括林火远程视频监控系统、护林员巡更系统等在内的全省林业信息化建设。湖北省林业厅与中国联通集团建立了战略合作关系，后者先行垫资建设连通省、市、县三级的林业专网，林业厅分年度支付建设和网络维护费用。吉林森工集团在推进智能林业物联网应用示范工程项目中，与中国科学院长春光学精密机械与物理研究所、复旦大学等单位建立了密切合作关系，共同开展“森林眼”森火视频监控系统和树木专用电子标签的研发工作。

（五）建立示范带动机制

2009年国家林业局以辽宁、湖南、福建和吉林森工集团为试点，启动了首批林业信息化示范省建设。2011年，又选择北京、广东、河南、江西、陕西、山西、山东等9个省市，启动了第二批林业信息化示范省建设。2012年选择了75个市、县，开展了首批林业信息化示范市、示范县建设。

通过这些示范省、示范市、示范县建设，起到了典型带动作用，成为近年来林业信息化发展中的重要亮点，也带动了辽宁、湖南等省启动本省的示范点建设。

在国家林业局全国林业信息化示范省（自治区、直辖市）、示范市、示范县建设工作的影响下，部分省份也开展了省级林业信息化示范市、示范县建设，起到了较好的示范带头作用。辽宁、湖南两省从2010年起，每年拿出一定经费，组织开展省级林业信息化示范市、示范县建设。内蒙古自治区为充分发挥全区作为全国林业信息化示范省（自治区、直辖市）的引领作用，下发了《关于开展林业信息化示范盟（市）和单位建设工作的通知》（内林办函〔2011〕264号），在全区评选出2个示范盟（市）、3个示范旗（县），开展了林业信息化示范盟（市）和单位建设工作。其他省份按照国家林业局关于开展林业信息化示范市、示范县建设的有关要求，积极推进示范建设。

第十八章 智慧发展

国家林业局《关于进一步加快林业信息化发展的指导意见》和《中国智慧林业发展指导意见》，提出了林业信息化建设的总体要求，明确了目标任务，制定了政策措施。中国林业网按照智慧林业的发展要求，充分利用新一代信息技术，按照统一标准、共建共享、互联互通的原则，以高端、集约、安全为目标，初步形成中国林业网智慧发展体系。

一、智慧感知

智慧感知是基于中国林业云平台，构建覆盖中国林业网站群主要站点和搜索引擎等的用户行为和需求感知系统，开展网站数据的深入挖掘，为智慧建站、智慧决策、智能服务等提供支撑。

（一）用户行为感知

利用中国林业网站群云数据存储平台，全面掌握中国林业网站群访问用户的属性特征、行为特征和需求特征。基于数据分析，形成包含网站总体访问情况分析，重要栏目访问情况分析，站外搜索需求分析，站内搜索需求分析。根据用户访问行为，调整和优化网站建设（图 18-1）。

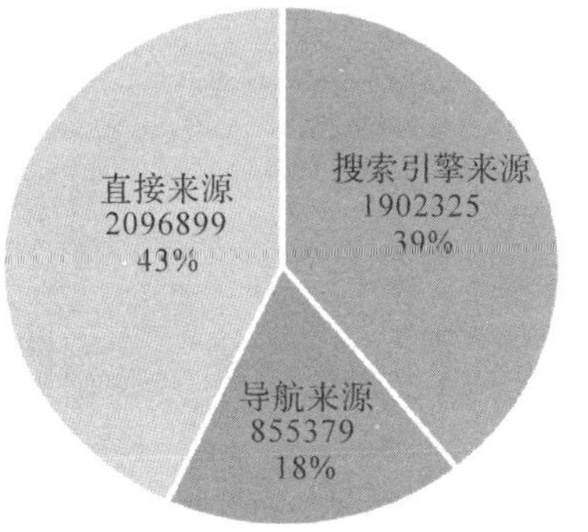

图 18-1　中国林业网用户来源分布情况统计图

（二）用户需求感知

通过对用户访问行为数据的分析，开展中国林业网用户关注度、用户浏览量、搜索引擎用户访问情况等方面的需求分析，归类汇总用户需求分类，多维度分析研判用户需求，掌握不同用户对中国林业网的需求分布特征，为网站建设和发展提供决策依据(图 18-2)。

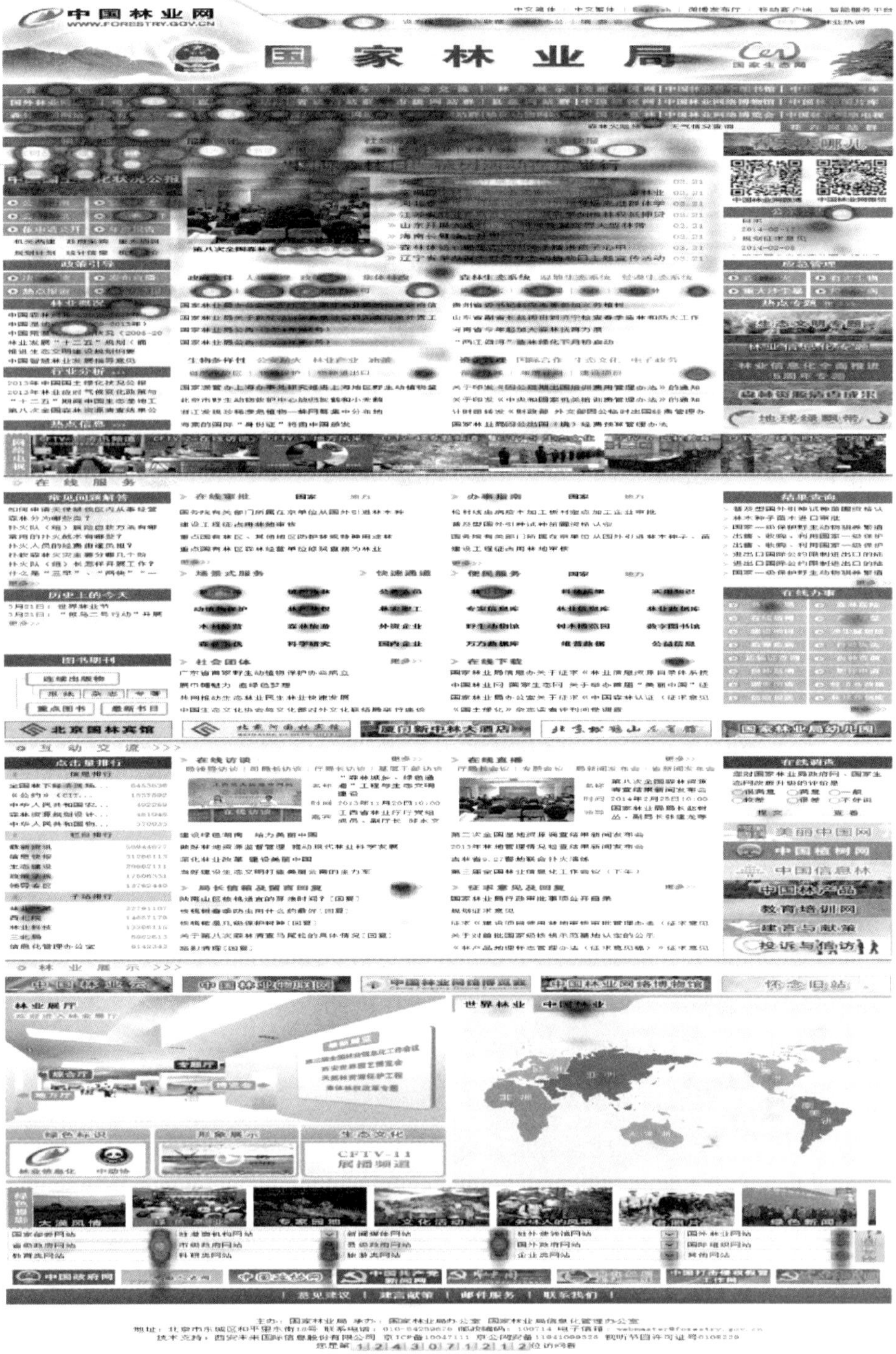

图 18-2　中国林业网 3.0 版首页用户点击热力图

二、智慧建站

智慧建站是基于中国林业网站群在互联网中的影响力、用户需求和用户习惯对站群进行智慧化提升，借助网站建设技术和服务规范体系以及安全保障体系的建设，不断提升网站群智慧建站的规范化、科学化和智慧化水平。

(一)中国林业网站群可见性优化

根据用户需求分析和热点感知，对网站的页面结构和网站内容组织架构、技术路径等实施技术性改进，推进网站结构优化，主动将政府网站信息和服务按需推送到搜索引擎，提高网站信息内容被互联网用户搜索可见的概率(图 18-3)。

图 18-3　中国林业网百度收录量

(二)中国林业网用户体验优化

基于用户的使用数据，引入日志挖掘、社会网络和行为分析等智能化分析手段，通过对网站用户使用行为的分析，对网站用户的访问规律、服务短板、栏目体系运行情况等开展系统分析，提升中国林业网的用户体验及用户满意度(图 18-4)。

图 18-4　林业信息化 Logo 及其释义

（三）建立互联网影响力提升标准规范

以中国林业网站群互联网影响力评估为基础，开展了中国林业网站群互联网影响力提升、网站技术优化、网站内容优化、网站外部环境优化等研究，同时加强主流搜索引擎优化和社交媒体网站优化，形成完整的林业网站群互联网影响力体系及网站优化标准规范，持续改善林业网站在互联网上的传播效果（图 18-5）。

图 18-5　中国林业网互联网影响力提升指引

三、 智慧推送

基于互联网大数据分析和中国林业网用户行为习惯分析，建设移动门户、林业微博微信等多形式信息传播渠道，利用全新的移动平台，主动向全社会企业、个人和政府部门推送林业信息，增强林业服务能力和互联网影响力。

（一）中国林业网移动客户端

中国林业网移动客户端包括首页、走进林业、信息公开、服务查询和互动交流 5 个板块，进一步扩大了中国林业网服务范围和对象，使公众可以更方便地通过移动互联网获取林业政务的应用服务，成为移动电子政务时代推行政府信息公开、服务社会公众、展示林业形象的新渠道（图 18-6）。

图 18-6　中国林业网移动客户端

（二）中国林业网官方微博

中国林业网官方微博秉持“及时性、真实性、权威性”的原则，广泛倾听民声民意，及时回应社会关切，成功打造了国家、省、市、县林业部门和其他林业微博集群。

（三）中国林业网官方微信

为进一步拓宽新媒体发布渠道，中国林业网开通了“中国林业网”官方微信订阅号和公众号，有效地扩大了林业的社会影响，让更多的人了解林业、关注林业、参与林业建设事业。

四、智慧评测

智慧评测是在现有网站群服务内容评测的基础上，进一步完善指标体系和评估方式方法，新增用户体验和互联网影响力评估指标，建设林业网站群运行绩效综合监管平台，实现网站综合绩效评估常态化。

（一）中国林业网站群智能分析云平台

通过云服务模式，提供中国林业网站群多维度数据分析，对网站进行综合诊断、热点探测、首页分析、搜索引擎可见性分析，了解网站访问概况、访客属性、访问来源、访问路径等指标，为网站优化提供支撑，不断提高网站效能（图 18-7）。

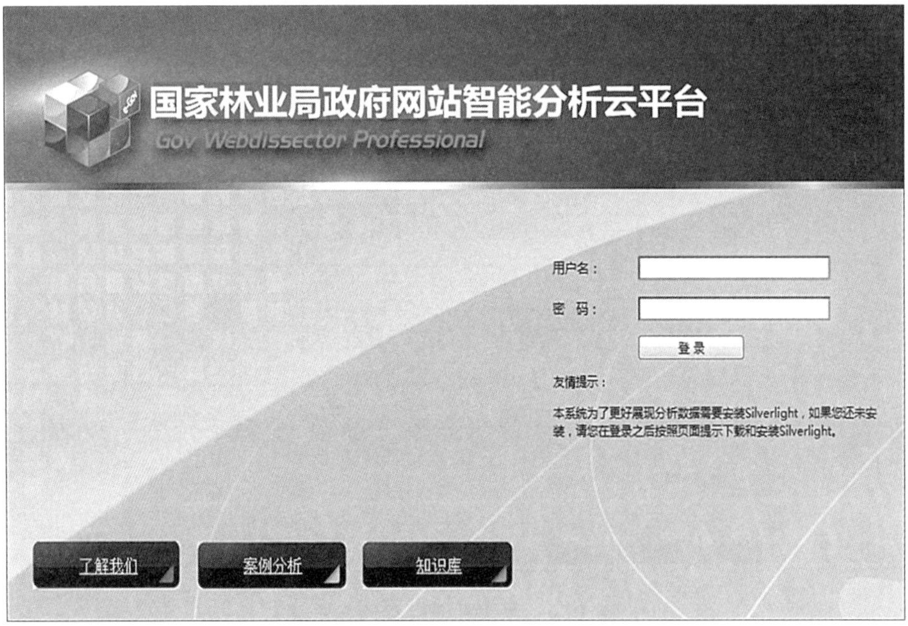

图 18-7　中国林业网站群智能分析云平台

（二）中国林业网站群绩效综合监管平台

基于中国林业网站群信息公开、网上办事、互动交流和内容供给规范度评测的基础上，进一步完善指标体系和评估方式方法，增加用户体验和互联网影响力等评估内容，形成网站“有内容”、公众“找得到”、用户“用得好”的完善的绩效评估体系（图 18-8）。

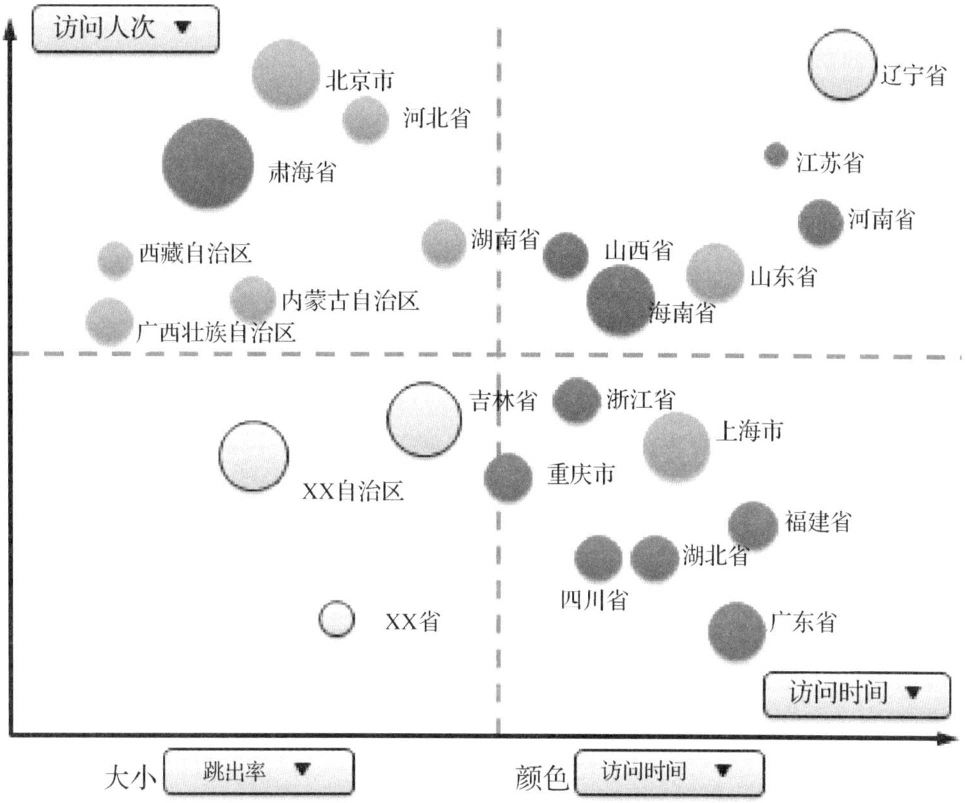

图 18-8　中国林业网站群绩效综合监管平台效能综合展现示意图

五、智慧决策

智慧决策是构建以中国林业网站群为核心，覆盖搜索引擎、社交媒体、新闻网站等渠道的互联网全网涉林信息大数据分析与决策支持体系。围绕涉林重大事件，提供社会关注点分析、群众情绪及倾向性分析、网情趋势预测、热点发现、话题识别、网站群运行态势、动态推送、国际热点跟踪等情况分析，为林业行业管理和领导决策提供参考。

（一）互联网涉林信息大数据采集融合分析云

互联网涉林信息大数据采集融合分析云由中国林业网站群数据采集模块、互联网主渠道涉林数据采集模块、后台存储与数据处理模块三部分组成。互联网涉林信息大数据采集融合分析云应用通过前台数据采集模块收集用户访问数据，将数据安全传输给系统后台服务器组进行存储处理，并通过数据展现客户端传递给用户，提供决策依据。

(二)互联网涉林信息大数据决策支持云

互联网涉林信息大数据决策支持云由多维度OLAP(联机分析处理)剖析模块、用户群体细分与流量过滤模块、互联网信息自然语言处理模块和涉林话题识别与情绪分析模块组成。围绕全国林业系统重点工作、重大项目及重大决策，构建以林业系统政府网站群为核心，覆盖搜索引擎和社交媒体等渠道的互联网全网涉林信息大数据分析与决策支持体系，实现重大事项决策的科学合理。

(三)中国林业网站群智慧决策云

遵循"一体化管理和主动化服务"的原则，开展以网站用户需求分析、网站服务优化、互联网影响力提升、智慧林业展示、绩效综合管理和行业决策支持为引领的中国林业网站群智慧化工程。最终实现林业网站群供求关系动态匹配、技术功能丰富易用、行业服务生动有效、舆论引导精准可控、绩效评估科学客观、决策保障及时有力，全面促进各级各类林业政府网站向智慧化方向发展。

第十九章
文化塑造

中国林业网坚持集约理念，深化整合创新，打造生态文化传播新媒体、开辟生态文化传播新视角、开创生态文化传播新方式，深度挖掘网络生态文化内涵，体现网络文化的多样性，实现网络的精神创造。

一、 文化底蕴

中国林业网整体设计端庄大气，在保证政府网站权威严肃的同时，充分体现了生态文化气息。中国林业网首页以蓝、绿、灰为主色调，既体现了林业特色，又给人以信任感和安全感；页面结构清晰，充分利用信息技术，通过文字和图形，静态和动态等组合，具有很强的视觉效果；在实现页面功能的前提下，利用导航和链接增强界面友好性和使用的便捷性，通过创造性思维，利用艺术性手法，增强网页的表现力，产生和谐的美感(图 19-1)。

图 19-1　中国林业网首页

二、 文化栏目

为增强人们的生态文化意识，中国林业网开辟了生态文化栏目，包括文化活动、关注森林、生态文艺三个子栏目。文化活动子栏目内容包括全国各地开展的与生态文化建设相关的座谈会、森林文化赛事、生态文化论坛和生态文化示范建设等；关注森林子栏目内容包括全国各地森林城市评选、创建和建设纪实等内容；生态文艺子栏目内容包括与生态文化有关的散文、绘画、书法等文艺作品，展现精神生态的艺术创造，创造森林文化载体(图 19-2)。

图 19-2　中国林业网生态文化栏目页面

在生态文化建设的重要节日和重大活动期间，中国林业网组织建设了"3·12 中国植树节"、"首个国际森林日"和"森林为民——2011 国际森林年"等专题。大力弘扬生态文化，增强群众生态文明意识，积极引导建设和谐环境，推动美丽中国建设(图 19-3)。

图 19-3 中国林业网“首个国际森林日”专题

三、文化赛事

为弘扬生态文化、倡导绿色生活、共建生态文明，2011年以来，中国林业网陆续组织开展了首届全国生态作品大赛、第二届全国生态作品大赛、信息改变林业网络故事征文大赛、美丽中国征文大赛等多项文化赛事，营造了良好的网络文化氛围，搭建了公众参与生态文化建设的平台。

（一）首届全国生态作品大赛

2011年，中国林业网举办了“首届全国生态作品大赛”。大赛以弘扬生态文化、倡导绿色生活，引导广大人民群众关注森林、保护森林，共建生态文明为主旨，得到了社会各界的广泛关注和热情参与，共收到作品8000多件，评选出文学、书法、绘画和摄影优秀作品64件（图19-4）。

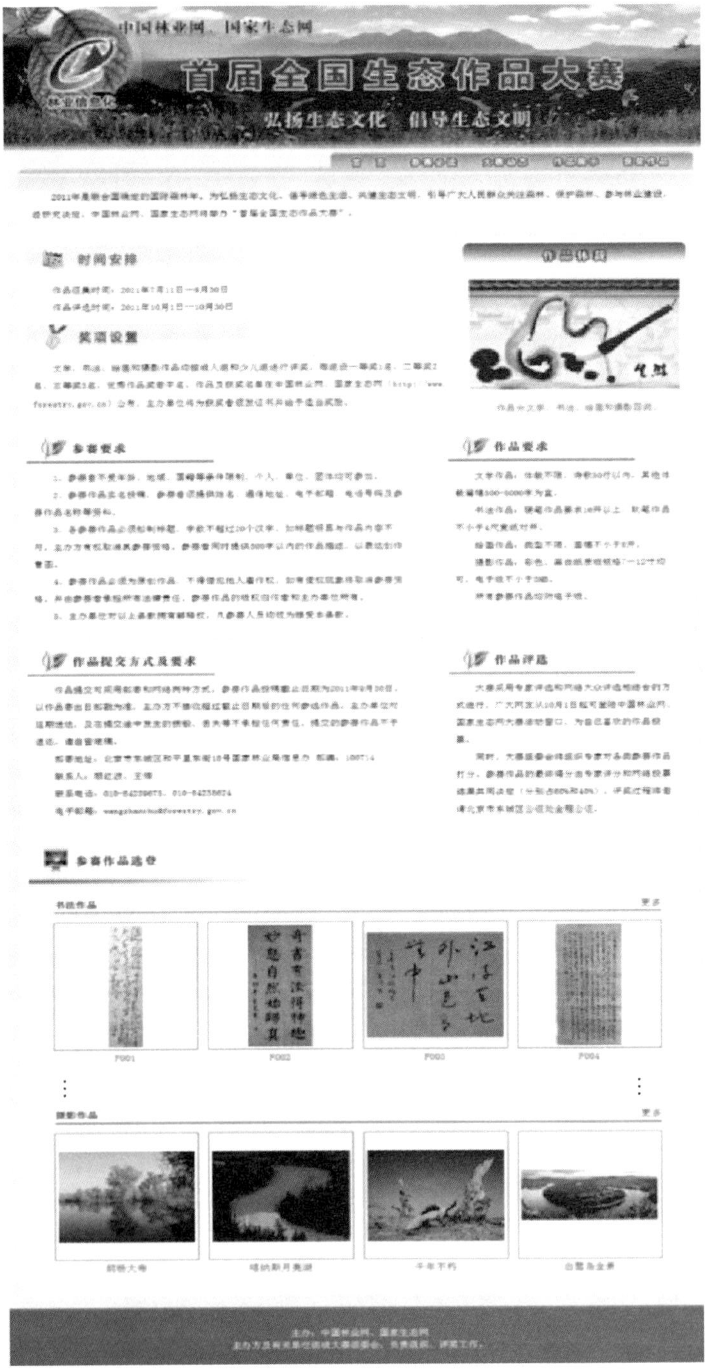

图19-4　首届全国生态作品大赛首页

（二）首届“信息改变林业”故事网络征文大赛

2012 年，中国林业网举办了首届“信息改变林业”故事网络征文大赛。大赛启动后，得到社会各界广泛关注和积极参与，在众多投稿中，共评选出 3 个一等奖、5 个二等奖、7 个三等奖、20 个优秀奖和 65 个提名奖。作品既反映了林业信息化的快速发展，又反映了信息化给林业、林区、林农和林业职工的生产生活带来的深刻变化，为加快林业信息化发展、推动林业现代化建设起到了积极作用（图 19-5）。

图 19-5 首届“信息改变林业”故事网络征文大赛首页

（三）第二届全国生态作品大赛

2013 年，中国林业网举办第二届全国生态作品大赛。在吉林省林业厅、四川省林业厅、重庆市林业局的大力协助下，大赛取得圆满成功。共收到作品 1600 多件，评选出优秀作品 87 件(图 19-6)。

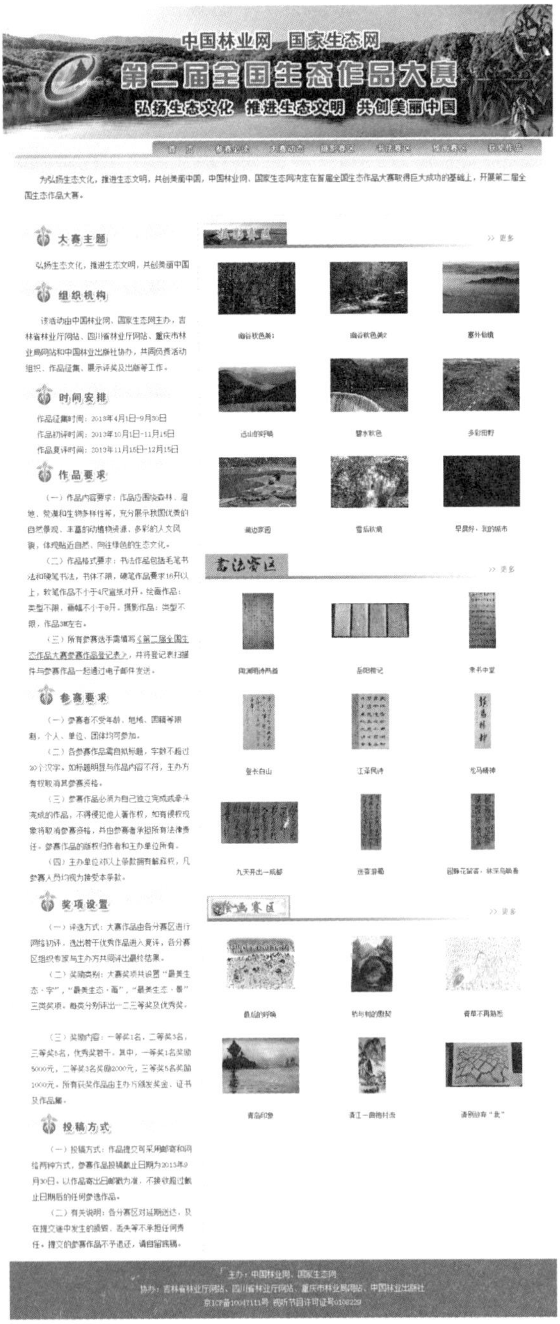

图 19-6　第二届全国生态作品大赛首页

(四)首届“美丽中国”征文大赛

2013 年，为进一步弘扬生态文化、推进生态文明、建设美丽中国，中国林业网举办了首届“美丽中国”征文大赛。大赛共评选出一等奖 5 篇、二等奖 7 篇、三等奖 9 篇、优秀奖 39 篇和提名奖 40 篇，作品充分展现了我国优美的自然景观、丰富的动植物资源以及人们为保护自然和谐生态所做的努力(图 19-7)。

图 19-7 首届“美丽中国”征文大赛首页

(五)第二届“美丽中国”大赛

2014 年，为弘扬生态文化、建设美丽中国，中国林业网、国家生态网、美丽中国网在成功举办首届美丽中国征文大赛的基础上，开展了第二届美丽中国大赛(图 19-8)。

图 19-8 第二届“美丽中国”大赛首页

四、 大事评选

为深入总结全国林业和林业信息化发展建设情况，展示建设成就，从2010年开始，中国林业网组织开展了全国林业十件大事评选和全国林业信息化十件大事评选活动。

(一)全国林业十件大事评选

2010年，中国林业网组织开展了“十一五”时期全国林业十件大事评选活动，历时1个多月，先后有10万多人参与评选，投票总数达到180多万。通过网络投票和专家评选，推选出“十一五”时期全国林业十件大事。全面总结回顾了“十一五”时期林业发展成就，进一步调动了全社会参与林业建设的积极性，推动了现代林业持续快速发展(图19-9)。

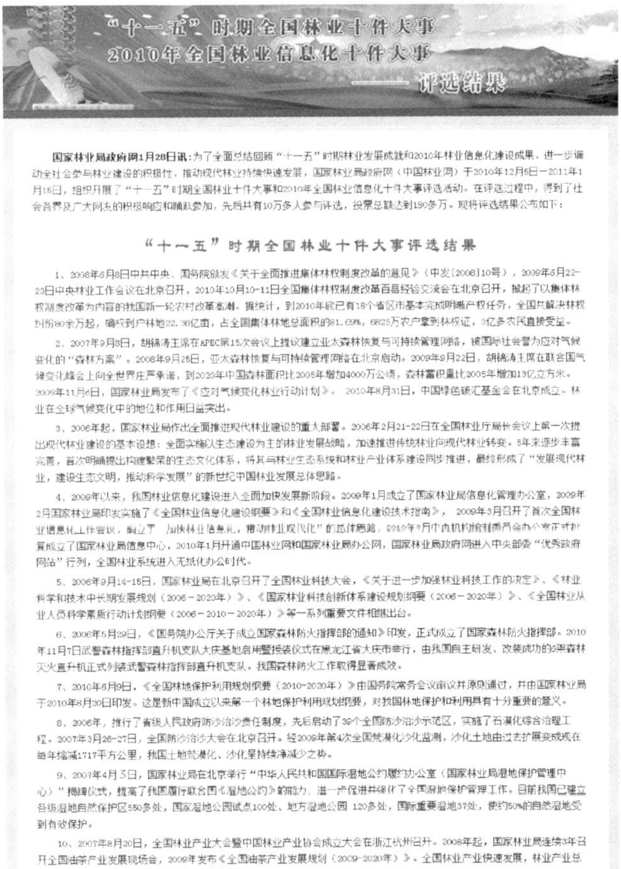

“十一五”时期全国林业十件大事
2010年全国林业信息化十件大事
——评选结果

国家林业局政府网1月28日讯：为了全面总结回顾“十一五”时期林业发展成就和2010年林业信息化建设成果，进一步调动全社会参与林业建设的积极性，推动现代林业持续快速发展，国家林业局政府网（中国林业网）于2010年12月5日—2011年1月15日，组织开展了“十一五”时期全国林业十件大事和2010年全国林业信息化十件大事评选活动。在评选过程中，得到了社会各界及广大网友的积极响应和踊跃参加，先后共有10万多人参与评选，投票总额达到190多万。现将评选结果公布如下：

“十一五”时期全国林业十件大事评选结果

1、2008年6月8日中共中央、国务院颁发《关于全面推进集体林权制度改革的意见》（中发[2008]10号），2009年6月22-23日中央林业工作会议在北京召开，2010年10月10-11日全国集体林权制度改革百县经验交流会在北京召开，掀起了以集体林权制度改革为内容的我国新一轮农村改革高潮。据统计，到2010年底已有18个省区市基本完成明晰产权任务，全国共解决林权纠纷80余万起，确权到户林地22.36亿亩，占全国集体林地总面积的81.69%，6825万农户拿到林权证，3亿多农民直接受益。

2、2007年9月8日，胡锦涛主席在APEC第15次会议上提议建立亚太森林恢复与可持续管理网络，被国际社会誉为应对气候变化的“森林方案”。2008年9月25日，亚太森林恢复与可持续管理网络在北京启动。2009年9月22日，胡锦涛主席在联合国气候变化峰会上向全世界庄严承诺，到2020年中国森林面积比2005年增加4000万公顷，森林蓄积量比2005年增加13亿立方米。2009年11月6日，国家林业局发布了《应对气候变化林业行动计划》。2010年8月31日，中国绿色碳汇基金会在北京成立。林业在全球气候变化中的地位和作用日益突出。

3、2006年起，国家林业局作出全面推进现代林业建设的重大部署。2006年2月21-22日在全国林业厅局长会议上第一次提出现代林业建设的基本设想：全面实施以生态建设为主的林业发展战略，加速推进传统林业向现代林业转变。5年来逐步丰富完善，首次明确提出构建繁荣的生态文化体系，将其与林业生态系统和林业产业体系建设同步推进，最终形成了“发展现代林业，建设生态文明，推动科学发展”的新世纪中国林业发展总体思路。

4、2009年以来，我国林业信息化建设进入全面加快发展新阶段。2009年1月成立了国家林业局信息化管理办公室，2009年2月国家林业局印发实施了《全国林业信息化建设纲要》和《全国林业信息化建设技术指南》，2009年3月召开了首次全国林业信息化工作会议，确立了“加快林业信息化，带动林业现代化”的总体思路，2010年9月中央机构编制委员会办公室正式批复成立了国家林业局信息中心，2010年1月开通中国林业网和国家林业局办公网，国家林业局政府网进入中央部委“优秀政府网站”行列，全国林业系统进入无纸化办公时代。

5、2006年9月14-15日，国家林业局在北京召开了全国林业科技大会，《关于进一步加强林业科技工作的决定》、《林业科学和技术中长期发展规划（2006－2020年）》、《国家林业科技创新体系建设规划纲要（2006－2020年）》、《全国林业从业人员科学素质行动计划纲要（2006－2010－2020年）》等一系列重要文件相继出台。

6、2006年5月29日，《国务院办公厅关于成立国家森林防火指挥部的通知》印发，正式成立了国家森林防火指挥部。2010年11月7日武警森林指挥部直升机支队大庆基地启用暨授装仪式在黑龙江省大庆市举行，由我国自主研发、改装成功的5架森林灭火直升机正式列装武警森林指挥部直升机支队。我国森林防火工作取得显著成效。

7、2010年6月9日，《全国林地保护利用规划纲要（2010-2020年）》由国务院常务会议审议并原则通过，并由国家林业局于2010年8月20日印发。这是新中国成立以来第一个林地保护利用规划纲要，对我国林地保护和利用具有十分重要的意义。

8、2006年，推行了省级人民政府防沙治沙责任制度，先后启动了39个全国防沙治沙示范区，实施了石漠化综合治理工程。2007年3月26-27日，全国防沙治沙大会在北京召开。经2009年第4次全国荒漠化沙化监测，沙化土地由过去扩展变成现在每年缩减1717平方公里，我国土地荒漠化、沙化呈持续净减少之势。

9、2007年4月3日，国家林业局在北京举行“中华人民共和国国际湿地公约履约办公室（国家林业局湿地保护管理中心）”揭牌仪式，提高了我国履行联合国《湿地公约》的能力，进一步促进并强化了全国湿地保护管理工作。目前我国已建立各级湿地自然保护区550多处，国家湿地公园试点100处、地方湿地公园120多处，国际重要湿地37处，使约50%的自然湿地受到有效保护。

10、2007年8月20日，全国林业产业大会暨中国林业产业协会成立大会在浙江杭州召开。2008年起，国家林业局连续3年召开全国油茶产业发展现场会，2009年发布《全国油茶产业发展规划（2009-2020年）》。全国林业产业快速发展，林业产业总产值由2005年的7000多亿元提高到2010年的2万亿元。

主办：国家林业局 承办：国家林业局办公室 国家林业局信息化管理办公室
地址：北京市东城区和平里东街18号 联系电话：010-84238625 84238303 邮政编码：100714 电子信箱：WEBMASTER@FORESTRY.GOV.CN
技术支持：西安未来国际软件有限公司 京ICP备05020345号

图19-9 “十一五”时期全国林业十件大事评选结果

（二）全国林业信息化十件大事评选

从 2010 年开始，中国林业网开展了年度全国林业信息化十件大事评选活动。全面总结了全国林业信息化建设成就，充分展示了全国林业信息化建设成果，推动了智慧林业建设(图 19-10)。

您当前的位置是 国家林业局信息化管理办公室 > 最新要闻 > 文字要闻

全国林业信息化十件大事评选结果揭晓

国家林业局信息化管理办公室 http://xxb.forestry.gov.cn 2014年01月02日 来源：信息办

【字体：大 中 小】 打印预览 打印本页 关闭窗口

2013年全国林业信息化十件大事评选结果

1. 中国林业网首次进入部委网站前三名。 2013年11月28日，在第十二届中国政府网站绩效评估结果发布会上，中国林业网（国家林业局政府网）综合排名列70多个部委网站第三名，首次跻身前三甲，在2012年首次进入前5名的基础上，再次取得历史性突破。

2. 第三届全国林业信息化工作会议圆满召开。 2013年8月27日，第三届全国林业信息化工作会议在吉林省长春市召开，发布了《中国智慧林业发展指导意见》，林业信息化由数字林业发展到智慧林业新阶段。

3. 《关于进一步加快林业信息化发展的指导意见》印发。 2013年8月12日，国家林业局印发《关于进一步加快林业信息化发展的指导意见》。《意见》的发布，将加速林业信息化建设，为我国生态林业民生林业发展做出新贡献。

4. 中国林业网2013版正式上线。 2013年8月27日，中国林业网新版正式上线，新建了美丽中国网、中国信息林网，主要树种、珍稀动物、国外林业等1000多个专业子站，中国林业网子站数量增加到2000多个，形成了“横向到边、纵向到底”的网上“航空母舰”。

5. 首批林业信息化行业标准正式颁布。 2013年10月17日，国家林业局正式颁布了《林业数据库设计总体规范》等23项林业信息化行业标准，将促进新时期林业信息化整体协调发展。

6. 中国林业网访问量突破10亿人次。 2013年2月25日，中国林业网访问量达到10亿人次，10月27日，访问量突破12亿人次，再次取得重大突破。

7. 物联网等新一代信息技术在林业行业成功应用。 2013年5月9日，国家林业局采用物联网技术建成了首片“中国信息林”；6月19日，采用web2.0技术，开通了中国林业微博发布厅；8月27日，采用移动互联网技术建成了中国林业网移动客户端。林业进入了移动物联新时代。

8. 首届“美丽中国”征文大赛等成功举办。 2013年，首届“美丽中国”征文大赛、第二届全国生态作品大赛和首届“美丽中国行”活动成功举办，《信息革命与生态文明》、《信息改变林业佳作100篇》和《中国林业信息化发展报告2013》等正式出版，形成浓厚的网络生态文化氛围。

9. 云数据中心等一批项目启动实施。 2013年，辽宁省智慧林业云数据中心，江苏林业一张图，甘肃林业一张图，浙江林业基础数据平台，吉林森工电子商务平台，安徽林业新园区智能化信息系统，上海绿化林业网格化和无线网覆盖工程，深圳有害生物综合鉴定平台，新疆林业专网建设工程，全国乡镇林业站在线培训平台等一批项目纷纷启动或建成，林业信息化进入了智慧发展新时代。

10. 全国林业信息化获得多项荣誉。 2013年，中国林业网荣获“政府透明度领先奖”和“精品栏目奖”等多项奖励，国家林业局信息办主任李世东荣获2012电子政务年度人物奖，“全国林业一张图”等入选首部《中国电子政务年鉴》典型案例，辽宁、四川、沈阳等子站获得了省市级网站“精品栏目奖”。

图 19-10 2013 年全国林业信息化十件大事评选结果

第二十章 绩效评估

一、 基本含义

（一）基本内涵

“绩效”（Performance）也称“业绩”、“成绩”、“效果”等，指的是个人或组织开展的活动所取得的成就或产生的积极效果。绩效的观念首先运用于项目管理和人力资源管理方面，是科学管理和实践中的重要范畴之一。在管理学中，绩效定义为从过程、产品和服务中得到的输出结果，并将该输出结果与目标、标准、过去结果、其他组织的情况进行比较，从而对该输出结果进行评估。可见，绩效评估（Performance Measurement）则是识别、观察、测量和评估绩效的过程。

政府网站是指各政府部门在信息化建设基础上，以跨部门的综合业务应用系统为支撑，在互联网上建立起的官方网站，是政府实现政务信息公开、服务企业和社会公众，方便公众参与的重要渠道。政府网站评价则是在一定的理论指导下，有目的、有计划、有组织地运用特定方法、手段、系统，对政府网站建设状况加以分析、综合，做出描述和解释，阐明其发展规律的认识活动。

（二）重要意义

政府网站绩效评估是指导政府网站建设的有效指挥棒。绩效评估并非单纯为了排名，而是作为引导各级、各部门政府网站健康发展的一种途径，目的是通过评估，帮助各政府部门发现政府网站建设中存在的问题，并找出解决办法。

要进一步提高新形势下推进政府网站发展重要性的认识，把政府网站作为推进国家治理体系和治理能力现代化的重要组成部分，把政府网站和深化行政管理体制改革和促进政府职能转变的要求结合起来，把政府网站放在国家经济社会发展全局来推进。在这样的背景下，开展政府网站绩效评估具有非常重要的理论意义和实践价值。

第一，开展政府网站绩效评估是深化行政体制改革的重要措施。政府网站已成为信息时代政府实现其职能转变的重要方式，成为政府行政体制改革的新方向，而政府网站绩效评估正以其特有的方式为这种变革提供理论上的支持和技术上的帮助。因此政府网站绩效评估对于促进政府行政体制改革、建设服务型政府都具有十分重要的现实意义。

第二，科学的绩效评估方法是测度政府网站发展水平和建设成效的依据。由于目前我国政府网站绩效评估无论是在理论研究还是实际应用上，都还存在着很大的不足，现有评估体系与方法难以对我国政府网站建设进行全面、客观、科学的测定及评价。政府网站绩效评估研究不仅能够丰富公共管理理论，同时对于评估政府网站建设成效、及时发现和纠正政府网站发展中的不足、总结政府网站建设得失、引导政府网站步入良性发展轨道也具有重要的实践指导意义。

第三，合理设置政府网站绩效目标并配合相应的绩效管理制度，可以使政府部门产生内在的激励约束机制，有助于在深层次上解决政府网站建设中的突出矛盾与问题。政府网站的产生和发展本身即以提升政府绩效为目的，通过建立政府网站绩效评估体系，能够提高政府及其工作人员的绩效意识，同时有利于进一步提高行政活动中的服务理念和责任意识，将公众满意作为政府工作的使命和宗旨，树立公众取向亦即"民本主义"的绩效文化。反过来，良好的绩效文化也可以促进政府网站绩效评估工作的长期化、规范化和制度化。

第四，公开公正的政府网站绩效评估有助于提高政府形象，增强政府公信力。政府形象是社会公众对政府在运行过程中显示的行为特征和精神状况的总体印象和评价。它既是社会公众的主观评价，又是政府客观表现的反映。公正地进行政府网站的绩效评估并将之公布，不管评估结果如何，都是政府就政府网站的效果与社会公众进行的积极沟通。有助于提高政府工作的透明度，有助于树立一个民主和负责任的政府形象。

二、 相关理论

（一）新公共管理理论

新公共管理是20世纪80年代以来兴盛于英、美等西方国家的一种新的公共行政理论和管理模式，也是西方规模空前的政府改革的主体指导思想之一。与传统的以威尔逊、古德诺的政治与行政二分法和以韦伯的科层制理论为基础的官僚制行政管理理论不同，新公共管理以现代经济学和私营企业的管理理论与方法作为自己的理论基础，主张在政府管理中采用企业化的管理方法来提高管理效率，在公共管理中引入竞争机制来提高服务的质量和水平，强调公共管理以市场或顾客为导向来改善行政绩效。

新公共管理理论是西方社会特定的政治、经济、科学技术发展条件下的产物，体现了西方公共行政发展的趋势和方向。通过在政府管理中实施企业化管理、以顾客为导向、引进竞争机制、推广民营化等改革措施，西方国家普遍掀起了公共管理的改革浪潮，这些现象的出现标志着西方国家普遍进入了新公共管理时代。新公共管理和政府再造运动的开展，在很大程度上改变了公共组织的面貌和原有的运行模式，从而为政府绩效改革运动奠定了思想基础。概括而言，新公共管理的核心内容及其对绩效管理的影响如下。

1. **分权化管理**。在西方各国的新公共管理主义行政改革方案中，分权化管理成为一个共同的特征。传统行政模式下的官僚组织结构已经难以适应当今信息社会的发展，无论是私人还是公共组织都无一例外地强调组织的分权。罗纳德·桑德斯认为，在政府再造过程中的分权管理模式包括3个共同要素：第一，为具体政策或项目制定普遍适用的框架，这些框架确立了创新的基本目标；第二，提出一套明确的产出和结果要求——绩效标杆、项目目标等，而不是更多的规则；第三，给各种各样的政府实体以更大的权威，只要达到基本条件，就可以在政策和项目总框架下设计公共产品供给体制。

联合国经济发展与合作组织（OECD）的24个成员国，在其关于公共管理问题的首次部长会议的总结报告中指出，24个成员国政府在面临全球经济问题、公民的日益不满以及财政危机等压力时，都令人震惊地采取了极其相似的方式做出回应。这些方式包括：①在政府组织中进行分权，将责任转移至较低一级的政府部门；②重新审视政府应该做什么，应该付出什么，哪些是政府应该付出却没有付出的，哪些是既没有做也没有付出的；③削减公共服务的规模，实行公共活动的私有化与公司化；④寻求更具有“成本—效益”的公共服务提供途径，如签约外包、市场机制及使用者付费等；⑤顾客取向，包括为公共服务提供明晰的质量标准；⑥实行标杆管理和绩效评估；⑦简化规则、降低成本的改革。从这些方式中可以看出，分权化的改革是所有其他改革措施的重要基础和前提。

2. **责任机制**。责任在公共管理领域占据着十分重要的地位，在民主国家，公共部门的所有活动必须代表人民的意志，所有公共领域的活动必须征得公众的同意，否则这种集体性的活动就丧失合法性的权威基础。责任机制说明的是组织到底对谁负责以及怎样负责。传统官僚制行政的责任机制是一种间接责任机制，即“公众—政治—行政”。如果任何一个环节出现问题都可能导致责任机制失灵。而绩效管理则是保障公共责任得以实现的一种有效管理工具，特别是让公众参与绩效评估，主动公开绩效结果，可以让公众对政府行政效能有更加直接的认识，并发挥社会监督的作用，为政府改进提供外部压力。

3. **结果为本**。结果为本就是以面向结果（效果）的管理为主，相对应的是以“投入为本”和“产出为本”。建立在以结果为本的理念基础上的绩效管理不仅仅考察过程的绩效，而且更注重结果绩效，将组织的使命和目标直接分解成可测量的绩效指标，从而最终通过绩效是否达到来体现行政机构和管理者的责任。美国《政府绩效与结果法》的立法目的之一就是要求政府将新的关注焦点集中于结果、服务质量及顾客满意度方面，以此来改进联邦政府的工作效益与公共责任，通过要求联邦管理人员制定实现工作目标的规划，以及提供工作结果和服务质量的信息，来帮助他们改进服务。马克·波波维奇设计了以结果为动力的改革方案，他指出“一个以结果为动力的公共组织一开始就是各方都理解并具有取得成功的共同责任”“制定改革成功的第一步包括：把前景规划变为具体的可以测定的并可以达到的结果从而使之量化，培养确定是否已经达到改革目标的能力。第二步包括：调整政策和计划、工作程序、文化，以便于达到预期结果。考察一下在别处采取的一系列改革策略从而获得经验来组织自己的工作。最后一步通过增强完成改革的能力，评估和交流以及改进自己的努力，来加强学习和达到最终结果的绩效责任制。”

4. **顾客至上**。顾客至上的思想，来自于市场化的自由竞争的企业经营理念。以顾客为尊、追求顾客满意已成为企业管理和获取竞争优势的基本法则。新公共管理认为，政府的社会职责是根据顾客的需求向顾客提供服务，政府服务以顾客或市场为导向，只有顾客驱动的政府才能满足多样化的社会需求并促进政府服务质量的提高。在《改革政府》一书中，奥斯本和盖布勒提出了改革政府的十大原则，其中第六条原则就是“受顾客驱使的政府，满足顾客需要而不是官僚政治的需要”。西方各国在绩效评估实践中也都体现了顾客导向这一原则，美国政府《戈尔报告》提出四大改革原则，其中第二项即为“顾客优先原则”，这一原则由 4 个步骤体现：倾听顾客声音，由顾客来选择；使公共组织之间相互竞争；创造市场动力；利用市场机制解决问题。1994 年和 1995 年，美国国家绩效评审委员会发布了《顾客至上：1994 年服务美国民众的标准》和《顾客至上：1995 年服务美国民众的标准》。英国政府在 1992 年开始实施的公民宪章运动中，通过规定精确的服务标准及服务承诺、透明度及完善的监督机制、顾客选择、礼貌服务，使得顾客至上的观念渗透到公共服务的方方面面。顾客至上既是“新公共行政”的管理理念，也是“新公共管理”的重要原则，顾客导向从理念上为政府绩效管理提供了支撑。顾客导向的确立使得公共部门打破垄断，公开目标和结果以增强透明度和责任感，以市场竞争的方式提供公共产品或服务，在使公众得到更多选择的同时，公共部门的绩效也得以提升。在政府绩效管理的实践中，各国普遍贯彻顾客至上的理念，把用户满意度作为绩效评估的重要指标（甚至是决定性指标），不断强化从企业和公众角度来审视政府改革创新的成果。

（二）服务型政府理念

所谓服务型政府是指以服务为理念，以公众需求为导向，以服务公众为核心职能，以创造必要的社会经济文化发展环境和条件作为根本任务的政府。其内涵主要有 4 个要点：“以民为本”的政府服务理念；“依法行政”的服务准则；“顾客导向”的服务模式；“违法必究，有错必改”的行政责任。而其中最为关键的核心是“以民为本”的服务理念，是其他各要素的源头，正是有了这种“以民为本”的服务理念为指导原则，才能够设定出有效的服务准则，制定出合理的服务模式，明确必要的服务责任。这种“以民为本”的政府服务理念也清晰地点出了“服务型政府”的本质和最终追求。在政府与公众的相互关系中，必须以“服务顾客”的态度来面对社会公众，尽可能地满足“顾客”的合理要求并自觉自愿接受他们的监督。与传统型政府相比，服务型政府的“服务”拥有更为广泛的内涵：

一是服务范围不再是无所不包。长期的计划经济下，政府处于整个社会的中心，形成了政府全能主义。在服务型政府中，政府不能代替市场和社会，政府是对市场及社会功能缺陷的弥补，政府职能都是助动式或补位性的，属于“服务”的范围。对于那些政府“不该管、管不了、管不好”的事项，政府应坚决“退位”。

二是服务手段不再是单一管制。服务型政府并非全部取消管制，只是这种管制应是有限度的，受法律严格约束，有固定的范围、程序和明确责任机制的，是为服务而管制，而非为管制而管制。更重要的是，政府管理并不单纯依靠管制手段，政府应该在政策法规制定、调控监督和提供各种服务方面发挥更大的作用。

三是服务主体不再是服务的垄断者。面对一个充满复杂性、动态性和多元性的环境，政府已无法成为唯一的治理者，它必须与非政府组织、社区、民众和私人部门一起来共同治理，推行公共服务的社会化和市场化。政府不再是享有独一无二权力的垄断者，其角色正从高高在上的权利分配者、规制者和公共物品唯一的提供者，转变为利益调解者、激励者与合作者。

四是服务重心不再是权力本位。在服务型政府中，政府不再是奉行权力本位，凌驾于社会之上的、封闭的、自我服务的官僚机构，而是公众驱动的政府，权力本位变为“顾客导向”，致力于以“无缝隙”的方式满足公民的多样化和个性化需求，提升公共产品和服务的价值。

五是服务评估不再是层级考核。传统管制型政府依赖于一个层级节制的等级体系、垂直的上下指挥链条来驱动，工作内容往往是职能导向的，评判标准是上级的满意度。这种控制机制是内部取向的，无须应对外部的压力。而服务型政府是外部取向的，强调工作的实际效果，预算和绩效并重，注重产出和绩效管理，评判的最终标准是服务对象(公众)的满意度。当公共行政进入信息时代后，服务型政府就更加表现为通过电子政务建设为公众提供优质、丰富、高效的网上公共服务，面对重要的社会问题能够提供及时的解决方案。因此，政府网站成为建设服务型政府的重要平台，服务型政府的核心理念成为网站绩效管理的目标导向。

以民为本。“民本”观念是当今世界各国行政改革普遍追求的价值目标。从服务型政府的概念看，“以人为本、以公众需求为导向”是现代公共服务型政府的本质特征，因为服务型政府的一切工作都是以人为本、以公众为导向、以服务公众为核心职能，也就是政府所有的工作都是为了人民的利益而开展的。由此，也决定了“为人民服务”是服务型政府的出发点和落脚点。把“为人民服务”作为考核政府网站建设成效的核心标准，是政府网站助力建设服务型政府的最直接表现。

优质服务。服务是经济社会中生活质量提高不可或缺的因素，为公众提供优质高效的公共服务是政府当仁不让的责任，政府服务及服务质量更是任何一个国家和社会繁荣、人民生活富裕的必要条件。提供高品质、高效率的公共服务既是政府能力的重要体现，也是政府追求的终极目标。政府提供的公共服务不仅具备无形产品的一般属性，还具有其特殊要求，政府所提供的高品质的公共服务应该是切合公众需求的服务、有信用的服务、规范的服务和高度透明的服务。传统管制行政理念指导下的政府注重的是投入，而不是结果。由于不衡量效果，所以也就很少取得效果，并且在很多情况下，效果越差，得到的投入反而越多。与传统公共行政只计投入、不计产出不同，服务型政府将更重视管理活动的产出和结果，关心公共部门直接提供服务的效率和质量，能主动、灵活、低成本地对外界情况的变化以及不同的利益需求做出富有成效的反应。

综合上述两点，政府网站绩效评估应坚持以人为本，即将用户满意作为一个很重要的衡量因素。在服务型政府的理念引导下，实现从“官本位”到“民本位”，从“过程导向”到“结果导向”的转变，本书将政府网站绩效评估的战略导向定位为“用户体验”，其意义也在于此。

（三）绩效评价相关模型

1. **“4E”评价模型**。为了更好地控制政府财政支出，节约成本，在20世纪60年代，美国会计总署率先把对政府工作的审计重心从经济审计转向经济（Economy）、效率（Efficiency）、效果（Effectiveness）并重的审计，从单一指标扩展到多重指标，这就是政府绩效评估的雏形，即“3E”评价模型。随后，由于政府在社会中所追求的价值理念（如平等、公益、民主等）和“3E”评价法单纯强调经济性之间存在矛盾与冲突，为了避免“3E”的片面性，又加入了“公平”（Equity）指标，发展为“4E”绩效评价模型。“4E”的具体描述如下：

经济（Economy）。经济标准，也即成本标准。在评估一个组织的绩效时，首要问题便是该组织在既定的时间内究竟花费了多少钱，是不是按照法定的程序花费金钱，这是经济指标首先要回答的问题。经济指标关心的是“成本投入”，以及如何使投入的项目实现最大经济效益。换句话说，经济指标要求的是以尽可能低的投入或成本，提供与维持既定数量和质量的公共产品或服务。经济指标并不关注服务的品质问题。成本衡量能很好地体现出预算和实际成本之间的差距，这一测量方法在企业中运用非常普遍，也取得了良好的效果。然而，由于企业和政府部门的差异性决定了成本本身并不能衡量服务效率和效果。因而，单一使用成本衡量不能满足绩效管理的要求。

效率（Efficiency）。效率标准，指投入（使用的资源，如资金、设备、人员等）和产出（所提供的产品与服务）间的关系，它被界定为投入与产出/结果的比率。效率要回答的首要问题是：组织在既定的时间内，预算投入究竟产生了什么样的结果。效率关心的是手段问题，而这种手段经常可以以货币方式加以表达和比较。低投入高产出即为高效率，即用一定量的投入尽可能多地产出，或用尽可能少的投入实现某种量的产出。效率指标通常包括：服务水准的提供、活动的执行、服务与产品的数量、每项服务的单位成本等。如网站公开了多少条信息；回答了多少次网民询问；提供了多少项可以在线办理的服务事项等。效率可以分为两种类型：一类是生产效率，它指生产或提供服务的平均成本；另一类是配置效率，指组织所提供的产品或服务是否能够满足利益相关方的不同偏好。

效果(Effectiveness)。以效率作为衡量指标，仅适用于那些可以量化的或货币化的公共产品或服务，而许多公共产品性质上很难界定，更难量化。在此情况下，效果便成为衡量公共服务的一个重要指标。效果关注的问题在于"情况是否得到改善"，通常是指公共服务的实现程度，如福利状况的改变程度、政策目标的实现程度等。效果可以分成两类：一类为现状的改变程度，例如国民健康状态、水质的净化程度、道路的耐用程度；另一类为行为的改变幅度，例如以犯罪行为的改善幅度来衡量刑事政策的效果、用接受辅导的病人的病情改善状况来衡量社会工作的效果等。

公平（Equity）。传统的公共行政与管理重视效率、效果，而不大关心公平问题。自新公共管理兴起以来，公平问题日益受到广泛关注，并成为衡量组织绩效的重要指标。公平作为衡量绩效的指标，它关心的主要问题在于接受服务的团体或个人是否都受到了公平的待遇，需要特别照顾的弱势群体是否能够享受到更多的服务等。

经过政府的实践和学者的研究，"4E"评价标准已经常见于政府绩效的衡量。实质上，"4E"评价模型给出的是一种指导性思想，本身较为抽象，在具体的操作中，还需要根据实际情况设计合适的指标进行评价。对政府网站绩效评价而言，"4E"评价模型的指导意义在于：在传统评价思路重点关注信息内容的发布数量、信息发布合法性、网站功能完整性等效率考核的基础上，需加入对服务效果和服务公平性的考核，构建更为全面、科学、完善的绩效评价体系。

2."产出—结果—影响"三层次模型。加拿大的政府网上服务绩效评估模式曾被联合国评为全球电子政务绩效评估的典范，从加拿大的操作实践来看，该国较好实现了产出、结果和影响三个层次的结合。

产出层次(Output)。网上服务绩效可以表现在建设的"纯产出"方面，例如：政府网站、光缆、电话、电视等硬件基础设施以及软件操作平台等建设成果。

结果层次(Outcome)。网上服务绩效可以表现在建设结果的经济(Economical)和效率(Efficiency)两方面。即提高电子政务建设，能否节省政府的经济成本，能否加速工作流程，能否提高工作效率。

影响层次(Impact)。网上服务绩效还可以表现在建设的社会影响方面。最重要的有两方面：第一是效果(Effectiveness)和公平(Equity)方面，考察网上服务能否促进社会的整体效益和社会公平的进程；第二是责任(Responsibility)、回应(Response)和代表性(Representation)，考察网上服务能否提升政府的责任，对公民的回应力，扩大公民对于政务的代表权限。

按照“产出—结果—影响”三层次模型，当前我国政府网站绩效评估实践的重点还大多停留在“产出”阶段，即重点围绕信息公开、在线办事、政民互动三大功能定位，评价栏目和功能的完善程度、内容的建设情况等，对结果和影响的评价还远不够。与“4E”评价模型相比，“产出—结果—影响”三层次模型更进一步突出了对工作成效的考察，这为丰富我国当前网站绩效评估指标体系提供了更明确的指引。

3. **标杆管理。**标杆管理(Benchmarking)又被译为基准化管理、参照管理，起源于20世纪70年代末80年代初美国掀起的向日本学习的运动中，第一个实行标杆管理的是美国著名的施乐公司，它于1982年推出“质量”领导计划，并持之以恒地坚持了10年。从1987年到1990年，该公司的顾客满意度提升了38%，市场占有率增加到了19%，而每一个百分比就意味着公司有2亿美元的收入，于是标杆管理在全球开始风靡起来。标杆管理的范围也由最初的质量管理发展到营销管理、成本管理、人力资源等职能部门。

在应用之初，标杆管理被定义为：企业把自己的产品、质量、服务及经营管理等指标与同行业内或者是其他领袖行业相比较，从中找出自己的不足，学习他人，改进自己，增强企业的竞争力，并不断地超越这些企业的过程。实质上标杆管理是一个不断的认识和引进最佳实践，以提高组织绩效的过程。标杆管理是动态的、持续的追求组织业绩改进与创新的过程，在不同的时期有不同的标杆，即使是在同一个时期，也可以针对不同的改进方面选择不同的标杆。标杆管理法是在弥补“4E”评价不足的基础上，借鉴私营企业的管理方法逐步发展而来的。美国生产力与质量中心(APQC)对标杆管理的定义是：标杆管理是一个系统的、持续性的评估过程，通过不断地将企业流程与世界上居领先地位的企业相比较，以获得帮助企业改善经营绩效的信息。简而言之就是通过持续努力以超越既定目标。图20-1归纳出一个5步骤的标杆管理模型：

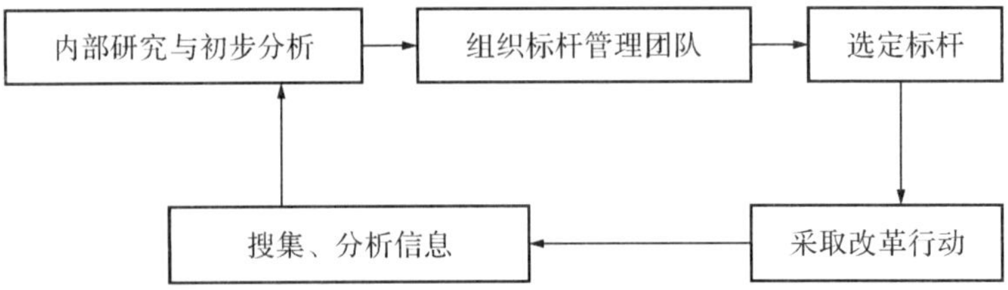

图20-1 标杆管理流程模型

标杆管理是组织提高效率、降低成本的有效工具，在国外已被广泛用于大型企业及政府机构的管理。它以量化指标评估组织中各功能部门的绩效，并与类似规模的其他组织进行比较，比较相互之间指标的差异，明确不同管理模式的优缺点，为组织改善绩效设立目标，持续地寻求改善的措施及最佳化的运作模式。成功实施标杆管理法的关键是对自身发展的关键目标和可比性的评估指标有比较清楚的认识。因为每个政府部门都必须从战略高度明确哪些职能目标需要做到最好，哪些职能只需要满足利益相关方的要求就好，而不可能实现每个职能的最优。所以，根据相关部门战略目标，发展战略型指标，而对亟待解决的问题制定出应急型指标，在广泛征求相关部门意见的基础上选取具有较高代表性和评估价值的指标，依此分析与评估将会取得较好的效果。

标杆管理，是一种新的管理理念，其实质上是“模仿 + 学习 + 创新 + 超越”，强调到外界学习新事物、在模仿中学习、将新观念带进组织并刺激组织结合自身进行变革和创新，最终的目标是超越。政府网站绩效的提升不但可以通过自身发展经验教训的总结获得，还可以通过向标杆网站学习来获得。将标杆管理思想引入政府网站绩效评估，便于建立绩效考核标准，特别是对于服务效果和用户体验类指标，通过建立“标杆”引导有关网站与最佳实践进行比较，取长补短，不断学习，有利于激励进一步改进自身网站绩效。

三、 评估实践

（一）国外政府网站绩效评估实践

1. **联合国**。联合国经济与社会事务部从 2002 年开始推出以联合国成员国为研究对象的电子政务测评报告，其目的是通过树立标杆的办法引导全球电子政务发展。2002 年 5 月，联合国与美国行政学会公布了 2001 年度全球电子政务发展状况的研究报告——《电子政务评估：全球视角》，对联合国 190 个成员国和地区的电子政务建设情况进行调查研究与比较分析。提出了电子政务绩效评估的指标体系，主要包括 3 个方面：政府网站状况、基础设施状况和人力资源状况。该报告从这 3 个方面计算了衡量一国电子政务发展水平的“电子政务指数”，并以此对 133 个成员国的电子政务发展水平进行了评估。2003 年，联合国经济与社会事务部对全球 191 个国家和地区的电子政府进程进行了调查，调查的最终结果体现为各国的电子政务完备性指数（E - government Readiness Index ）和电子政务参与指数(E - government Participation Index)。

2003 年 8 月联合国公布了 2003 年度全球电子政务发展状况研究报告《处在十字路口的电子政务》，主要有两大指标：电子政务准备度指数和电子参与指数。根据评估结果把各国政府网站建设划分为 5 个阶段：起步阶段、提升阶段、交互阶段、在线事务处理阶段、无缝整合阶段。2004 年 11 月，公布了第三份报告《迈向机会之路》，对联合国 191 个国家和地区的电子政务发展情况进行了测评。2005 年公布的《从电子政务到电子包容》，2008 年公布的《从电子政务到整体治理》，2010 年公布的《金融危机时期电子政务的利用》等报告基本上都是 2004 年测评体系的延续，指标结构、权重配置、测评方式和结果处理也与

2003 年基本相同，只是根据测评结果对电子政务的发展做出了不同的判断和发展指引。2012 年公布的《面对公众的电子政务》，2014 年公布的《电子政务成就我们希望的未来》等报告采用的方法框架基本保持不变，但对内容进行了调整，主要反映电子政务、通信基础设施、人力资本和在线服务等因素的变化（表 20-1）。

表 20-1　联合国 2014 年评估报告的指标体系

一级指标	二级指标
电子政务指数（EDGI）	在线服务指数
	通信基础设施指数
	人力资本指数
电子参与指数	电子信息共享、电子咨询、电子决策

因为电子政务不仅是基础设施这些硬件方面的问题，更需要将设施和技术与具体操作的人力资源紧密结合起来，所以联合国电子政务评估指标采用的是软硬件综合的指标体系，共有 3 类指标。

第一类，政府网站的状况。操作指标为 5 个层次：起步层次（Emerging Presence）、提升层次（Enhanced Presence）、互动层次（Interactive Presence）、政务处理层次（Transactional Presence）、无缝隙或完全整合层次（Seamless or Fully Integrated）。

第二类，基础设施的状况。关键指标有 6 项：每百人拥有的计算机数量、每万人拥有的互联网主机数量、网民占人口总数的比例、每百人拥有的电话数量、每百人拥有的移动电话数量、每千人拥有的电视机数量。

第三类，人力资源的状况。关键指标有 3 项：UNDP 的发展指数（Human Development Index）、信息通道指数（Information Access Index）、城市居民的百分比（Urban as % of Total Population）。尽管在原有的第一手指标的基础上进行的二次加工在汇总和加权时存在人为增加误差的因素，但这种软硬件综合的指标体系有利于全面考评电子政务的绩效，得出更加贴近实际的总体结论。

总体来说，联合国电子政务测评指标体系把社会信息化水平指数和政府网站建设放在同样重要的位置上来考虑，这与联合国测评对象覆盖包括发展中国家在内的全球所有国家的目标是一致的。这个评估体系的优点在于其所有指标都能从公开出版物上找到数据，大多数可以通过政府网站或政府公告得到。但是其存在的主要问题是对于文化差异、宗教差异和国家性质的差异考虑较少。

2. 世界经济论坛（WEF）。世界经济论坛（The World Economic Forum）自 2002 年以来已连续 13 年发布《全球信息科技报告》，通过网络就绪指数（Networked Readiness Index，简称 NRI，亦译作网络准备指数），依据各个国家（地区）的法律规范、基础设施等宏观信息技术环境、人们的受教育程度以及企业和政府在信息技术研发方面的投入等因素，对全球信息技术竞争力进行排名。研究范围从最初的 75 个国家和地区扩展到 2014 年的 148 个。目前已成为研究信息和通讯技术如何影响各国发展进程和竞争力的最权威的国际评估报告。

2014 年网络就绪指数(NRI)通过 54 项指标对 148 个经济体的数字生态系统进行评估，衡量了这些国家和地区利用科技来推动经济增长与改善社会福利的能力。网络就绪指数(NRI)从三个方面衡量了各国有效利用信息通信技术的成熟度：信息通信技术在整体商业、监管和基础设施方面的环境；三大社会主要群体——个人、企业和政府使用并获益于信息通信技术的准备就绪程度；实际使用最新信息通信技术的情况。

网络就绪指数通过国际电信联盟(ITU)、世界银行、联合国等组织获取数据，综合考虑了资费标准、教育招生情况及移动网络覆盖水平，是对 15000 多名商界领袖调查后得出的结果。指标最初是由世界经济论坛与美国哈佛大学国际发展中心(CID)合作开发，采用信息化指数的方式设计，采用数十个指标进行评价。为分析各国信息化的优劣因素、评价 ICT(信息通信技术)政策和制度环境提供了一套量化的参考指标。换言之，网络就绪指数就是指一个国家和地区融入网络世界所做的准备的程度，其中也包含一个国家和地区加入未来网络世界的潜在能力。这个指数的目的在于把复杂、泛化的信息化评价转化为易于理解的指标。2014 年网络就绪指数(NRI)分为 4 项分类指数，10 个子项，指标体系吸收了大数据带来的信息和通信技术变革的相应指标。指标具体由定量指标和定性调查数据得到相关数据，定性指标数据由“执行层意见调查(Executive Opinion Survey)”系统获得，具体如表 20-2 所示。

表 20-2　全球信息技术报告网络就绪指数指标体系

一级指标	二级指标	三级指标
网络就绪指数	环境指数	政治和监管环境
		商务和创新环境
	就绪指数	基础设施与数字内容
		支付能力
		技能
	使用指数	个人使用
		商务使用
		政务使用
	影响力指数	经济影响力
		社会影响力

3. **国际数据公司(IDC)**。国际数据公司(International Data Corporation，简称 IDC)是国际数据集团下属的信息研究机构，在“97 全球知识发展大会”上，IDC 和《世界时代》(World Times)全球研究部共同提出了用“信息社会指数”(Information Society Index，简称 ISI)方法，通过定量分析，比较和测量各国获取、吸收和有效利用信息的技术能力。他们

提出的 ISI，引起来自 124 个国家的 2000 多名参加全球知识发展大会代表的极大兴趣。

ISI 指标变量分成 3 组，每组再细分成更具体的指标，详见表 20-3。

表 20-3 国际数据公司的信息化测算指标体系

指标名称	指标代号	指标名称	指标代号
1. 社会基础结构			
在校中学生数	S1	在校小学生人数	S2
阅读报纸人数	S3	新闻自由程度	S4
公民自由程度	S5		
2. 信息基础结构			
电话家庭普及率	I1	电话故障数 / 电话线数	I2
人均收音机拥有数	I3	人均电视机拥有数	I4
人均传真机拥有数	I5	人均移动电话拥有数	I6
有线电视及卫星电视覆盖率	I7		
3. 计算机基础结构			
人均 PC 机拥有数	C1	家庭 PC 机普及率	C2
用于政府和商业的 PC 机 / 非农业劳动人数	C3	用于教育的 PC 机 / 学生和教员人数	C4
联网 PC 机所占百分比	C5	软件支出 / 硬件支出	C6
互联网服务提供者总数	C7	人均互联网主机数	C8

IDC 采用回归分析、多元共线分析、正规化、标准化等方法，对 55 个国家和地区的数据进行了分析比较，根据这些国家的信息化指数，将参评国家的发展状况分为漫步型、小跑型、快跑型、速滑型 4 个发展等级：

ISI 得分超过 3500 的为“速滑型”，这个组的信息能力达到高水平；

ISI 得分在 2000 ~ 3500 之间的为“快跑型”，这个组对信息技术的发展有明确目标和长期投资计划；

ISI 得分在 1000 ~ 2000 之间的为“小跑型”，这个组的国家处于稳定的高速发展之中，机遇多于障碍，但过去存在的问题仍有影响；

ISI 得分在 300 ~ 1000 之间的为“漫步型”，这个组的信息技术发展不平衡。

IDC 从全球角度对信息化社会建设进行了分析，为处于不同发展阶段的国家提出了相关的发展建议。

IDC 的信息社会指数法在近几年又有所发展，与 1996 年相比有较大修改，去掉了一些指标，新增了一些适应信息技术发展的指标，两项合计约占原指标量的 20%，形成了一套具有 4 大类 23 小类的完整的指标体系。具体包括：计算机基础设施、通信基础设施、网络基础设施、社会基础设施 4 个第一级要素，以及人均 PC 拥有量、家庭平均 PC 拥有量、政府和企业中职员平均 PC 拥有量、学校师生平均 PC 拥有量、非家用 PC 接入因特网的比例、软件支出费用与硬件支出费用的比、人均有线电视用户数、人均蜂窝式移动电话拥有量、电话资费、人均传真机拥有量、人均收音机拥有量、电话线故障率、家庭平均固定电话主线数、人均电视机拥有量、非农业劳动力平均企业因特网用户数、家庭平均因特网用户数、学校中师生平均教育因特网用户数、因特网用户用于电子商务的平均花费、公众自由度、报纸普及率、出版自由度、中等教育人口比例、高等教育人口比例 23 个第二级要素。

在计算方法上，对每个第二级要素给予了相同的权重。在具体计算 23 项第二级要素得分时，IDC 对每个要素的初步结果进行适当的调整后，确定该要素的最终得分，以避免因国家大小不同而造成的先天不平等，以能较为客观地反映未来发展潜力。调整的主要方法是依据一个国家(或地区)过去 3 年的复合增长率进行未来的预估，并考虑每个国家(或地区)在技术应用曲线上所处的阶段情况。

IDC 认为，信息化水平的不平衡反映了地区的结构性长期差异。这种差异不仅体现在某一单项指标的绝对值上，更反映在结构的合理性和各项指标的平衡性上。

IDC 中国将相同的评价方法运用于中国各省信息化发展水平的研究，并结合中国市场特点，采用了更能及时有效体现各省发展差异的评价因素，发布了 IDC《中国 2005 年分省信息化社会指标》、《中国 2006 年分省信息化社会指标》，从信息资源、信息技术普及应用、信息基础建设、信息消费能力、信息人力资源以及信息产业发展 6 大方面，36 个因素评价了各省的信息化发展水平和潜力。

4. **国际电信联盟(ITU)**。国际电信联盟(International Telecommunication Union，简称 ITU)是联合国的一个专门机构，也是联合国机构中历史最长的一个国际组织。它是联合国负责信息通信技术事务的主导机构，在全球电信和信息通信技术统计数据的收集和传播方面发挥着主导作用。近年来该机构一直在积极研究建立新的统计工具进行信息化发展水平测算，探索和制定信息化综合评价指数的统计方法和指标体系，使得各国能够在全球和区域范围内评估和定位各自信息社会的进程。国际电信联盟单独或与其他国际组织合作推出了 5 个主要的信息化综合评价指数：

2003 年国际电信联盟发布数字接入指数(DAI)；

2003 年联合国教科文组织(UNESCO)发布数字鸿沟指数(DDIX)；

2005 年国际电信联盟发布信息化机遇指数(ICT－OI)；

2005 年国际电信联盟发布数字机遇指数(DOI)；

2007 年国际电信联盟在日内瓦举行的第六届世界电信和信息通信技术指标会议(WTIM)上推出信息化发展指数(IDI)。

信息化发展指数是一个由全面反映信息化发展水平的 11 个要素合成的复合指数，涉及信息化基础设施、信息化使用、知识水平、发展环境与效果以及信息消费等各个方面，用来评估与对比不同国家间的信息和通信技术发展。2008 年，国际电信联盟深化 IDI 并于 2009 年的《衡量信息社会》报告中首次呈现，以应对 ITU 联盟成员的需求。

IDI 主要衡量的内容包括：国家与国家间的 ICT 发展水平与演变；发达国家与发展中国家在 ICT 发展方面取得的进步：IDI 是全球的，可以反映不同国家之间 ICT 的发展；数字鸿沟，例如国家间不同的 ICT 发展差距；ICT 发展潜力或国家基于可用的基础设施与技术，利用 ICT 促进发展的空间。

ICT 发展进程及有效地描述各国信息社会进程的概念框架是基于以下基本的三阶段模式。阶段一：ICT 准备度，反映了网络基础设施和获取信息通信技术的水平；阶段二：ICT 强度，反映了社会使用信息通信技术的水平；阶段三：ICT 影响力，反映了使用信息通信技术的效果方面，产生的影响或带来的结果。

这三个阶段主要依靠三个因素的结合，即网络基础设施的可用性、ICT 使用水平与是否有效使用 ICT。前两个阶段主要受“ICT 接入指数与使用指数”的影响，发展到最后一个阶段，“ICT 影响力”达到最大值关键在于 ICT 的技术。ICT 与其他技术的发展是衡量经济社会发展潜力的关键。基于上述分析，ITU 在总指数下构建了三个分类指数，即 ICT 接入指数、ICT 使用指数与 ICT 技能指数，与过去的方法(遗失值插补法、数据标准化、加权与聚合、计算及敏感性分析等)一致，详见表 20-4。

表 20-4 国际电信联盟信息化发展指数指标体系

指标	参考标准	比重	所占总比重
ICT 接入指数			
每百居民固定电话注册数	60	20%	40%
每百居民移动蜂窝电话注册数	190	20%	
每用户国际互联网带宽	100000	20%	
家用电脑百分比	100	20%	
家庭接入互联网百分比	100	20%	
ICT 使用指数			
个人使用互联网百分比	100	33%	40%
每百居民固定(有线)宽带注册人数	60	33%	
每百居民无线宽带注册人数	100	33%	
ICT 技能指数			
成人识字率	100	33%	20%
中等教育入学比例	100	33%	
高等教育入学比例	100	33%	

5. **布朗大学**(Brown University) 。美国布朗大学从 2001 年开始对全球各国主要政府网站进行数据采集和评估 。布朗大学的电子政府测评方法比较简单，通过特性指标检测网站的建设状况，所有样本数据均通过互联网获取。

布朗大学测评的对象为主要国家的国家级政府网站。2005 年，布朗大学的全球电子政府测评了 198 个国家的 1797 个国家级政府站点。2006 年，布朗大学的全球电子政府测评了 198 个国家的 1782 个国家级政府站点。

布朗大学主要采用分类测评政府网站各项指标的方法，设置了总体指标（针对联系信息、出版物、数据库、门户网站和网上公共服务的数量）和操作指标（具体细化为电话联系信息、联系地址等 22 个指标），更深入的政府网站测评还针对网上服务能力、网上信息、保护隐私政策、安全政策和残疾人通道 5 类指标进行了细化研究。其指标及解释如表 20-5 所示：

表 20-5　布朗大学政府网站评估指标体系

总体指标	含　义	具体指标
在线信息	网站提供出版物和数据库的比例	电话联系信息、地址信息、对其他网站的链接、出版物、数据库、音频、视频等
电子服务	在线服务数	
隐私与安全	网站有明显的对隐私与安全的陈述	隐私、安全
残疾人访问	用“bobby5.0”软件自动测试	
外语入口	提供其他语言版本	网站外语翻译
广告、使用者费用	测试如何支付电子政务	广告、用户费、其他费用
额外的公共服务	政府网站提供额外公共服务的比例	电子邮件、搜索引擎、评论、网站广播、网站个性化、PDA 访问

布朗大学调查的重点在于评比政府网站是否可提供所需的重要信息，是否有提供在线服务项目。其测评体系方法简单，指标覆盖全面，所列指标都是面向具体的网站功能，但对于安全性或者实用性关注有限。只有一项用于测量电子政务的公民合作性。再者，其评比方法每年变动很大。评比方法变化太快引起的问题之一就在于多年间对比的适应性。不仅如此，该评价指标体系缺乏一定的组织结构或框架体系，特别是没有对电子政务总体框架的分析，没有对电子政务各具体内容之间内在联系进行研究和测评，所列指标都相对比较松散，缺乏结构性、体系性和系统性。

6. **新泽西州立大学纽瓦克分校**。为了评估全球政府网站的公共服务传递情况和公众参与情况，美国新泽西州立大学纽瓦克分校（New Jersey Newark）电子政府研究所与韩国成均馆大学（Sungkyunkwan）国际情报政策电子政府研究所分别于 2003 年、2005 年、2007 年、2009 年 4 次联合发布了对全球多个国家的多座最大城市的电子政府测评报告，该报告的共同发起单位还包括联合国经济社会发展部公共行政与管理司、美国公众管理协会。

新泽西州立大学纽瓦克分校的测评和其他测评最显著的区别是其测评的对象为城市级别。2003 年，对全球 82 个国家的 84 座最大城市的电子政府发展水平进行了测评。其评估体系主要包含“安全/隐私、可用性、站点内容、在线服务、公众参与”5 个部分。对于这 5 个方面，测评又分别采用了 1820 个测量维度，每个测量维度采用四分制（0、1、2、3）或二分法（0、3 或 0、1）。2003 年的测评采用的 92 个测量维度，其中 45 个为二分制。而

2005 年的测评开发了 98 个测量维度，其中 43 个为二分制。最为明显的不同在于公民参与性方面，增加了 6 个新问题。“在线服务”和“公众参与”的二分制与四分制中的“0”或“3”对应；“安全/隐私”和“可用性”的二分制与四分制中的“0”或“1”对应（表 20-6）。

表 20-6　New Jersey Newark/ Sungkyunkwan 电子政务测评指标体系(2003)

总体分类	关键特征数	总分	权重	关键特征内容
安全/隐私	19	28	20	隐私政策、识别鉴定、加解密码、数据管理、安全锁
可用性	20	32	20	用户化友好界面、标志清晰、主页长度合适、公众导向的连接或渠道、站点搜索能力、更新情况
站点内容	19	47	20	可获得最新精确的信息、公共文献、新闻报告、出版物、多媒体资料、残疾人接入服务
在线服务	20	57	20	在线处理/交易服务，包括：购买注册公众/企业和政府之间的相互沟通
公众参与	14	3	20	与市民在线约会、在线政策商议、基于公众利益的政务绩效测评、电话传真参与
总计	92	167	100	

美国新泽西州立大学与韩国成均馆大学提供的电子政府测评方法指标体系主要针对城市级的电子政府，该体系较为全面、具体，可操作性强，它吸收了布朗大学测评体系简单易行的优点，同时按照政府系统自身所具有的结构特点进行了必要的归纳，从而体现了更丰富的公共价值和更多的社会切入点。应该说，该测评体系是目前国际上电子政府测评方面相对较为先进的一种方法。该测评体系的缺点在于：对政务系统的总体框架和基本结构虽然有部分描述，但不够完整、细致和清楚；指标权重确定方法过于简单，没有区分各指标权重差异和提供确定模型。

7. **早稻田大学**。日本早稻田大学电子政府自治体研究所于 2013 年 3 月 25 日发布了自主调查评估的《2013 早稻田大学国际电子政务排名》，这已是早稻田大学自 2005 年以来第九次针对世界电子政务发展发布的调查报告。此次评估以 55 个主要国家为对象，评估了各国电子政务发展情况。

早稻田大学全球电子政务评估指标包括网络准备度、优化管理、所需接口功能的应用、国家门户网站、首席信息官、电子政府推广和电子参与度/融合，共计 7 个要素 30 个项目，具体指标体系如表 20-7 所示：

表 20-7　日本早稻田大学电子政务评估指标体系(2013)

网络准备度	1－1 因特网用户
	1－2 宽带用户
	1－3 移动电话用户
	1－4 电脑用户

（续）

优化管理	2－1 优化意识
	2－2 综合企业构架
	2－3 行政预算体系
所需接口功能的应用	3－1 网络法案
	3－2 电子投标系统
	3－3 电子税务系统
	3－4 电子支付系统
	3－5 电子投票系统
	3－6 社会安全服务
	3－7 民事登记
	3－8 电子医疗系统
国家门户网站	4－1 导航
	4－2 交互
	4－3 接口
	4－4 技术
首席信息官	5－1 存在
	5－2 授权
	5－3 组织
	5－4 发展计划
电子政府推广	6－1 法律机制
	6－2 启用机制
	6－3 支持机制
	6－4 评估机制
电子参与度/融合	7－1 信息和机制
	7－2 咨询
	7－3 决策

早稻田大学全球电子政务评估以综合视点调查分析，进行了不同于其他机构以网站、CRM 等为对象调查排名的做法。重视“客观性指标”，几乎没有用户的满意度调查指标。

（二）国内政府网站绩效评估实践

1. **工信部**。为进一步引导和促进政府网站健康发展，深化电子政务应用，工业和信息化部发布了《政府网站发展评估核心指标体系（试行）》。2009 年起，工业和信息化部不再委托评估机构开展全国性政府网站综合评估工作，按照“谁评估、谁公布、谁解释”的原则，鼓励有经验、有实力、有信用的评估机构开展政府网站发展评估，向社会公开发布评估结果，并负责对发布结果的解释。

工信部核心指标体系重心放在政府信息公开、网上办事、政民互动3个环节，不是政府网站评估所需的全部指标，不替代各地区、各部门已有的评估指标体系。具体指标及要点如表20-8所示。

表 20-8 工信部政府网站发展评估核心指标体系(试行)

一级指标	二级指标	评估要点
政府信息公开	主动公开信息量	政府网站实际主动公开政府信息的总数量
	依申请公开量	全年公众通过政府网站申请公开信息的数量
	年度新增量	全年政府网站实际主动公开政府信息的新增数量
网上办事	网上办事量	政府网站实际提供的各类网上办事服务事项的数量
	网上办事度	公众通过政府网站办理相关服务事项中，政府网站提供网上办事服务的办理程度
	网上办事率	全年通过网站办理的服务事项的件数，占该事项全年通过各类办事渠道办理的总件数的比例
政民互动	公众参与量	全年公众通过政府网站参与各类互动活动的总事件(人次)数
	参与答复量	全年对公众通过政府网站参与建议的各类互动活动，给予答复的总件(条)数
	参与便捷度	政府网站为公众提供参与互动的渠道种类和数目，互动服务便捷程度满意的人数占使用政民互动服务总人数的比例

2. **中国软件评测中心。**中国软件评测中心(赛迪，CCID)从2003年开始至今，针对中央部委、省、地市、县级政府网站连续开展全国性绩效评估，是国内知名度较高的电子政务专项评估之一。2013年11月28日发布了《2013年中国政府网站绩效评估总报告》，这是其连续第十年开展政府网站绩效评估工作。评估对象包括我国71个部委类网站、32个省级(含新疆生产建设兵团，暂不含港澳台地区)和301个地级市(含副省级城市)政府网站，以及495个区县政府网站。

指标体系按照政府网站主办方的行政层级设定，由部委、省级、地市级和县级政府网站的评估指标构成。2013年网站绩效评估包括日常监测和年底综合评估两个阶段，重点对信息公开、政策引导、互动交流、在线办事、新技术应用等方面进行评估(表20-9)。

表 20-9 2013 年部委网站绩效评估指标体系框架(赛迪)

一级指标(权重)	二级指标(权重)
信息公开(26)	基础信息公开(9)
	行政权力公开(3)
	行政决策公开(3)
	财政资金公开(1.5)
	企事业单位公开(1.5)
	依申请公开(1)
	公开保障(7)

（续）

一级指标（权重）	二级指标（权重）
政策引导（12）	决策解读（3）
	新闻发布会（3）
	热点专题（3）
	网络舆情（3）
互动交流（27）	政务咨询（8）
	投诉举报（3）
	在线访谈（8）
	民意征集（8）
在线办事（22）	内容全面性（6）
	导航人性化（4）
	服务实用性（12）
新技术应用能力（13）	移动政务 APP 客户端（7）
	智能搜索（3）
	无障碍建设（3）

纵观中国电子信息产业发展研究院连续多年的评估实践，可以发现其具有如下特点：一是采用外评估方式，站在用户角度考察政府网站绩效水平；二是以内容评估为主，以政府网站的功能定位作为指标框架；三是信息公开方面，从门户网站发挥作用角度出发，按“监督、整合和服务”3 方面进行完善；四是引导网站建设以便民服务为中心，贴近公众实际生活需求，实现全面完善的公共服务。

近年来不断涌现和完善的互联网应用技术，不仅满足了互联网用户的应用需求，而且也很大程度地影响和改变了用户的使用习惯。中国电子信息产业发展研究院逐渐强化政府网站对新技术应用情况的评估，并强调其对提升政府网站影响力和用户体验的作用。

3. **国脉互联**。国脉互联信息顾问有限公司（简称“国脉互联”）是一家专业从事电子政务咨询的机构。国脉互联通过长期开展政府网站（群）的规划和评测工作，在政府网站绩效评估方面积累了丰富的经验，并探索出一套“国脉特色政府网站绩效评测体系”。该测评体系将各级政府门户及部门网站目前的发展态势分为初级阶段、中级阶段、高级阶段，并且通过基础性指标、发展性指标、完美性指标 3 类监测指标体系进行分别评测，而每个大类又包含一系列具体参数。同时，从 2005 年开始每年举办一次“中国特色政府网站”评选活动，以此推动政府网站建设，彰显地方特色。

2013 年全国政府网站测评分为中文版和英文版两种。其中，中文版共 527 个政府网站参与评估，评估的范围分为 5 类，分别为 68 个部委网站、31 个省级政府网站、32 个省会及计划单列市政府网站、301 个地级市政府网站、104 个县（市、区）政府网站。英文版共计有 438 个网站参评。国脉互联政府网站绩效评估所采用的评估方法主要如下：

专家研讨法。由权威的专家根据网站的实际情况，制定评估指标，使评估指标符合当前网站的实际情况，评估结果更具权威性。

文献研究法。搜集、鉴别、整理相关文献资料，通过对文献资料的研究，制定评估指标体系及评估方法。

人工测评法。根据专家制定的指标体系，评估人员模拟网站用户登录，根据网站内容采集相关数据。采用分组交叉评估模式，按功能模块分时段、分小组对网站进行同一时段采样，从用户的角度出发，在不同地点、不同网络(电信、网通两条线路)、不同环境进行测试。

文件对比法。根据文件要求，与网站进行核对。

同一指标平行测试。每项指标由同一个人负责，并在同一个时间段内完成数据的采集工作，确保每项指标评估标准和评分尺度、数据采集时间相同。

邮件模拟测试。采用模拟用户的方式，跟踪网站公众互动栏目的处理反馈情况以及用户体验指标。

加权分析法。主要是对政府网站评估指标进行重点划分，然后对各个指标赋予权重，再根据每一项指标项目权重进行评分。最终评估结果根据所有指标的综合得分作为网站建设效果的标准和依据。

专业软件测试法。主要考察网站被主流搜索引擎的收录及反向链接情况等指标。

2013 年国脉互联中国政府网站绩效评估指标采用“1 +1”的模型进行设计，即 1 套中文版评估指标 +1 套外文评估指标，其中中文版指标主要从信息公开、在线服务、公众参与、用户体验等维度考察，具体如表 20-10 所示。

表 20-10　2013 年部委政府网站评估指标体系(国脉互联)

一级指标	权重	二级指标	评估要点	权重
信息公开	30	主动信息公开	目录完整性	5
			信息公开度	10
			专题时效性	5
			政策易用性	5
		依申请公开		5
在线服务	35	基本服务	查询服务	5
			便民服务	10
			服务深度	10
			服务人性化	10
公众参与	20	互动渠道	信箱渠道	5
			政务微博	5
			民意征集	5
			在线访谈	5

（续）

一级指标	权重	二级指标	评估要点	权重
用户体验	15	人性化程度	包容性	3
			交互性	3
		智能化程度	多样性	3
			便捷性	3
		影响力程度		3

4. **国家信息中心**。经过10多年的发展，我国各级政府网站已经基本普及，政府网站发展已经从普及建设、健全功能进入到注重服务、突出效果的新阶段。但随着网民服务需求的不断增多和对服务品质的日益追求，简单地以功能“有无”的定性评价和信息“多少”的定量评价来引导网站发展，必定会导致网站建设“重建设效率而轻服务效能”。为此，国家信息中心网络政府研究中心研究设计了一套基于用户体验的政府网站绩效评估指标体系，并已在农业部、海南和新疆生产建设兵团等部委和省（自治区、直辖市）成功应用。

基于用户体验的政府网站绩效评估指标体系，重点从内容建设水平、功能完善程度、用户体验效果3个方面进行考察。其中，内容建设水平，主要考评网站在信息公开、网上服务和互动参与方面“有没有”按要求提供相应的服务和信息；功能完善程度，主要从功能可用性、易用性等角度考察网站“能不能”为用户提供稳定、规范、便捷的服务；用户体验效果，主要则从用户需求满足与否、用户是否有良好的访问体验、用户是否访问更多页面、用户是否愿意再来等角度考察网站用户的实际体验感受“好不好”，以引导网站进一步提高服务质量，提升用户满意度。核心指标体系如表20-11所示。

表20-11　基于用户体验的政府网站绩效评估核心指标体系（国家信息中心）

维度	一级指标	二级指标	指标说明
内容指标（有没有）	信息公开	主动信息公开	依据政府信息公开条例/办法规定的主动公开内容的公开情况和公开及时性进行考核
		依申请信息公开	重点考察网站依申请公开渠道建设情况以及依申请公开内容的及时性
		信息公开保障	考察网站在信息公开指南、信息公开目录、信息公开年度报告的编制与公布方面，以及信息公开监督投诉渠道开通等方面的建设情况
		更新及时性	考察网站信息公开的及时性，是否体现及时便民原则
	网上服务	网上办事率【部门】	考察部门服务事项能够在网上办理的比例
		服务广度【市县】	考察基本政务服务的覆盖广度
		网上办事度【部门】	考察政府网站网上办事服务全流程覆盖的实现程度
		服务深度【市县】	
		服务便捷度	考察网上服务分类的科学性以及是否提供多种服务办理渠道，帮助用户快速定位并及时到达目标页面

（续）

维度	一级指标	二级指标	指标说明
内容指标（有没有）	互动参与	互动渠道	考察网站在领导信箱、公众问答/网上咨询、投诉举报、征集调查等互动渠道建设的完备度
		互动效果	考察网站对公众提问、咨询、投诉等互动活动的答复比例以及答复的及时性和答复的质量
功能指标（能不能）	网站可用性	站点可用性	考察网站运行是否稳定，随机抽查时能够迅速打开网页
		链接可用性	考察网站是否存在断链，反映网站链接功能的可用性
		内容准确性	考察网站内容是否存在错字，反映网站信息内容的准确性
	网站兼容性	语言兼容性	考察网站是否针对用户语言习惯提供多语言版本
		移动终端兼容性	考察网站是否适应各种移动终端系统浏览
	网站影响力	搜索引擎影响力	网站被主流搜索引擎收录页面数，总体反映网站信息在搜索引擎上的可见性水平
		社会化媒体影响力	考察网站信息被微博等社会化媒体转载的情况，反映网站信息在微博用户群体中的影响力
		重要新闻媒体影响力	考察重要新闻媒体网站用户的来源比例，反映网站信息在重要新闻媒体中的影响力
效果指标（好不好）	用户需求响应度	——	考察站内搜索用户需求被有效响应的情况
	网站服务吸引力	用户回访率	考察特定时段内两次或两次以上访问网站的用户比例（即老用户比例），反映网站用户的忠诚度
		用户访问深度	考察特定时段内来到网站的用户中，每次访问达到2个及2个以上页面的用户比例，反映网站内容对用户的吸引力
		用户增长率	考察网站用户群体的增长速度
	信息查找便捷度	——	考察用户使用网站导航系统（包括面包屑导航、网站地图、相关链接、信息列表等）访问网站、查找信息的实际效果
	首页内容用户体验度	——	通过网站首页用户点击行为分析，考察网站首页栏目设置、内容规划的合理性
	网站地域辐射力	——	考核网站对于外地甚至国际用户的影响力，反映网站国内知名度和国际化水平

与传统网站绩效评估指标体系相比，上述指标体系的创新性体现在：

一是供给评估和用户体验评估相结合。充分考虑到网站内容建设的艰巨性，该评估体系继承了传统网站绩效评估指标体系的合理性，从网站建设方的角度考察内容供给情况，同时丰富了多项用户体验类指标，真正从网站用户方角度评判服务的实际成效。

二是定性评估与数据量化评估相结合。除了对栏目和内容完备度“有”或“无”、“好”或“不好”的定性考察，更强调应用最新的互联网大数据技术，对网站用户访问情况进行实时监测，从全样本的用户访问数据出发，客观反映用户对政府网站的访问效果。

三是定期评估与实时动态监测相结合。由于互联网上用户需求变化快，需要做到实时动态管理服务绩效，从而有利于在用户需求和服务供给之间建立正向绩效激励的循环。该指标借助于网站用户访问行为精准监测工具，获取用户体验的全样本、实时数据，体现了在年中、年末定期评估的基础上，实现对服务绩效的动态监测，为网站管理者改进服务提供及时的数据支撑。

5. **计世资讯**（CCW Research）。计世资讯是计算机世界传媒集团所属的信息化领域的专业研究机构。2002 年，计世资讯在国内推出首个政府门户网站评估指标体系，并在全国范围内对政府门户网站首次进行了综合评估。2002－2007 年计世资讯每年都对全国政府门户网站进行评估。

计世资讯最新的指标体系包括 3 个一级指标：网站内容服务、网站功能服务和网站建设质量。通过计世资讯评估实践，可以得出这样的结论：要加强政府网站的应用水平，不仅应在网站基本建设上加强规范，更要在政务公开、网上办公等方面加大力度，为个人和企业提供有效的公共服务。只有通过多样化和个性化的服务，政府和个人及企业之间才能实现网上的交流和互动，才能推进政府网站应用的良性发展。

四、考核体系

政府网站是政府在互联网上服务公众的重要窗口和平台。过去政府网站从无到有，建设重点在健全功能、丰富内容，因此网站绩效评价重在关注信息内容的发布数量、信息发布合规性、网站功能完整性等，为推动政府网站建设发挥了促进作用。但随着网民服务需求的不断增多和对服务品质的日益追求，简单地以功能“有无”的定性评价和信息“多少”的定量评价来引导网站发展，必定会导致网站建设“重建设效率而轻服务效能”。互联网服务需要采用互联网思维，其中最核心的一条是“用户思维”，即产品和服务要“以用户为中心”进行考虑。用户来到网站“对现有服务满不满意”、“实际需求是否达到”是评价网站服务效能的核心标准，因此关注用户真实体验成为新阶段政府网站绩效评估的新导向。

为进一步提高各级政府网上服务能力、提高用户满意度，把政府网站真正办成老百姓爱用、想用、好用的综合服务平台，国家林业局信息中心和国家信息中心网络政府研究中心组建项目团队，从用户体验的视角出发，以大量精准监测数据为基础，研究实现新形势下的评估体系的创新。本着兼顾内容供给和用户需求的原则，在全面考察网站内容建设和运维水平的同时，加强对网站功能完善程度和用户体验效果的考察，如图 20-2 所示。

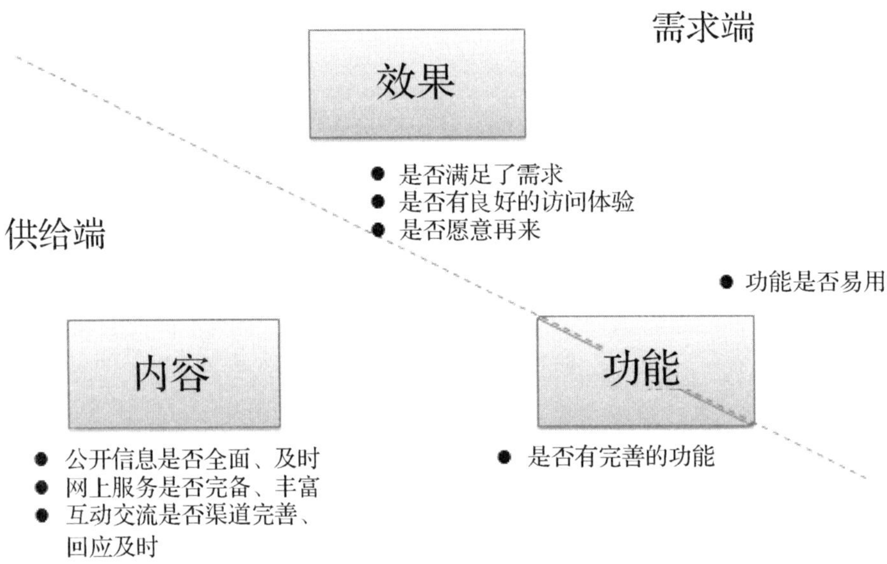

图 20-2　政府网站绩效评估基本维度

按照“局部试点、分步推进、逐步完善”的方针，项目组开展了前期调研，研究了国内外学者的研究动态。发现目前已有国内外学者开展了网站互联网影响力的相关研究工作，从现有研究来看，对网站互联网影响力的评价主要侧重于从 3 个角度进行考核：一是网站信息被链接情况；二是网站流量；三是网站信息搜索引擎可见度。考察网站信息被链接情况，主要采取链接分析法，这种方法是受传统期刊影响因子的启发，简单说来就是通过考察网站信息被链接情况来评价网站影响力。例如，许剑颖运用链接分析法，从网页总数、总链接数、外链接数、内链接数、网络影响因子、外部网络影响因子、内部网络影响因子、PR 值(搜索引擎对网站赋予的权重)8 个分析指标，对江苏省全部 13 个地市级政府网站的互联网影响力进行了分析。这种基于链接分析的网站影响力评价，旨在通过分析网站信息被外部网站链接数量，以及网站内部信息的相互链接数量，来考察网站信息资源的影响力。因为在互联网上网站信息被链接被引用的越多，表明网站越重要，内容的传播力度和影响力才可能越大。考察网站流量，主要是从网站访问人数、人均访问页面数等角度考核，这种角度的评价主要是认为网站被越多的用户访问，所具有的影响力就越大。考察网站信息搜索引擎可见度，主要是考察网站中网页出现在搜索引擎搜索结果中的数量。随着搜索引擎的普及应用，通过搜索引擎扩大网站影响力开始受到学者关注。

现有的评价体系多停留在对网站流量指标、链接指标等网站技术性指标的考核，很难有效指导各级政府网站管理者明确网站在互联网中的定位，特别是在搜索引擎、微博、论坛等新兴媒介应用不断普及，移动互联网飞速发展的大背景下，无法引导政府网站充分利用这些社会化平台更好发挥网站影响力。事实上，美国在评价各政府机构在数字化环境下的服务绩效时，已经将手机服务的便捷性、搜索引擎的可见度以及利用社会媒体传递服务的能力作为重要考核标准。

基于用户体验推动网站建设，在电子商务领域已有成功探索，电子商务领域通过对企业网站用户浏览行为、搜索行为、购买行为的数据分析，挖掘用户的行为习惯和喜好，主动向用户推介产品和服务，创新出更有效的营销模式。互联网大数据技术同样也能为政府网站绩效评估提供新的评估手段。通过对访问政府网站的所有用户行为进行跟踪、统计，可以更为定量、客观评判网站用户的真实体验效果，这种全数据、全样本的统计测评方式既能有效避免传统用户调研方法的局限性（如有限的采样范围、宽泛的调研问题等），又能规避对网站服务进行“好”或“不好”定性判断的主观性。目前，美国政府已经将这种全样本的大数据技术应用于网站绩效测评中，将用户访问人次、访问时长、搜索频次、新老用户占比等定量指标作为考核网站服务效能和用户体验的标准。

选取的评估指标集既要能保证服从评估目标、达到评估目的，又要有助于简化评估程序、降低评估成本，因此在指标选取中遵循了如下几个基本原则。

第一，指标要有导向性。指标体系给出了衡量政府网站建设成效的具体标准，指示出参评网站发展状况和差别，使得参评网站能清楚地认识到自身建设的情况，找准与其他“标杆”的差距，以及未来发展的目标。进而有效引导各级政府网站快速、健康、有序发展。

第二，指标要有代表性。指标选取的主要目的是为了从不同的角度对网站建设的“表现”进行准确测定与评价，只有选取那些观测值与评估结果相关性强、贡献大、最能代表网站绩效不同侧面特征的指标，才能更为准确地反映参评网站的客观状况。因此，在进行指标设计和选取的过程中，课题组对评估指标的特征性给予了充分考虑，按照简化指标的原则，尽可能选取那些特征明显的代表性指标。

第三，指标要有可测性。指标数据可采集、可获得是选取指标的前提条件。在设计指标时，如果采集难度过大，或者不具备采集的主客观条件，必定会影响评估工作的可操作性与评估工作效率，甚至会导致评估工作的失败，这类指标不宜选入。另外，在设计评估指标时，尽可能采用定量指标，并且尽量对定性指标做到在定性的基础上用定量的方式来获取指标数据。

第四，指标要有稳定性。为探索建立跟踪测评网站建设绩效和服务水平的长效机制，指标体系在构建时，既充分考虑了当前政府网站建设的重点工作，又充分考虑了网站未来的发展趋势，从而确保指标在今后使用中的可持续性和相对稳定性。

基于现有研究，结合互联网信息传播特征以及政府网站的定位，经过多次沟通交流，项目组提出了政府网站互联网影响力和用户体验评价的基本框架。其中，互联网影响力分别从搜索引擎影响力、社交媒体影响力、重要网络媒体影响力、移动终端用户群体影响力、国际用户影响力 5 个方面测评，考察网站信息和服务内容“能不能”方便有效地被互联网各主要渠道上的用户看到。用户体验绩效分别从用户需求响应度、网站服务吸引力、信息查找便捷度和网站技术可用性 4 个方面测评网站用户的实际体验感受“好不好”，以引导网站进一步提高服务质量，提升用户满意度。具体指标体系如表 20-12、表 20-13 所示。

表 20-12　政府网站互联网影响力评估指标

一级指标	权重	二级指标	权重	指标说明
搜索引擎影响力	30	百度收录数	10	网站被百度搜索引擎收录页面数，总体反映网站信息在搜索引擎上的可见性水平
		搜索收录页面被访率	10	考察网站信息被百度搜索引擎收录后，被百度搜索引擎导引到网站的能力。计算方法：百度搜索引擎来源着陆页面数/百度搜索引擎收录数
		林业网站核心业务词影响力	10	考察网民搜索核心业务关键词时，林业网站信息出现在搜索结果首页的比例，反映网址核心业务关键词的影响力
社交媒体影响力	10	网站社交媒体用户来源情况	10	网站用户中社交媒体用户的来源比例，反映网站信息在社交媒体用户群体中的影响力。计算方法：统计网站用户来源中社交媒体（新浪微博、腾讯微博、Twitter、Facebook、豆瓣等）用户访问人次 /总用户访问人次
重要网络媒体影响力	20	重要新闻媒体用户来源情况	10	分析网站信息被重点新闻网站转载并吸引用户来到政府网站访问的情况。计算方法：统计网站来自人民网、新华网、光明网、央视网等重点新闻网站和五大新闻门户网站（新浪、搜狐、腾讯、网易和凤凰）的访问人次 /总用户访问人次
		重要导航网站收录情况	10	分析网站是否被 6 个常见导航类网站（hao123、hao360、1141la、duba、sogou、2345）收录的情况
移动终端用户群体影响力	30	移动终端用户比例	10	综合考察网站信息在移动用户群体中的传播能力。计算方法：使用移动终端的网站访问人次/网站总访问人次
		移动终端访问质量	20	基于平均页面访问时间、平均访问页面和跳出率考察移动终端用户的访问质量
国际用户影响力	10	网站国际用户所占比例	10	分析网站用户地域来源中境外用户所占的比例

表 20-13　政府网站用户体验评估指标

一级指标	权重	二级指标	权重	指标说明
用户需求响应度	20	站内搜索点击率	20	考察站内搜索用户需求被有效响应的情况。计算方法：搜索结果被点击的站内搜索次数/站内搜索总次数
网站服务吸引力	40	网站用户回访率	10	考察网站对用户多次访问的粘着力。计算方法：统计时间段内访问超过 1 次的用户数/网站总用户数
		网站用户访问深度	10	反映网站整体内容对用户的吸引力。计算方法：访问超过 1 页的访问人次/网站用户总访问人次
		网站用户增长率	10	考察网站用户群体的增长速度。计算方法：（本月网站用户数 − 上月网站用户数）/上月网站用户数
		网站访问页面增长率	10	综合考察网站用户访问页面范围的增长速度。计算方法：（本月网站被访页面数 − 上月网站被访页面数）/上月网站被访页面数

（续）

一级指标	权重	二级指标	权重	指标说明
信息查找便捷度	20	首页信息导航效率	10	首页着陆用户续访率。该指标反映首页内容吸引用户继续访问的能力，考核网站首页内容编排的合理性。计算方法：（首页着陆用户总人次 - 首页着陆后跳出用户人次）/首页着陆用户总人次
		全站导航系统有效度	10	反映用户在网站中借助各类导航功能（包括面包屑导航、网站地图、相关链接、信息列表等）浏览更多网页资源的便捷度。计算方法：（用户访问总页面数 - 着陆页面数）/用户访问总页面数
网站技术可用性	20	网站页面被刷新情况	10	通过监测数据统计网站中被用户频繁刷新访问的页面数量，间接反映用户访问页面时遇到技术故障的情况。计算方法：（总被访页面数 - 同一次访问中被连续刷新超过 3 次的页面数）/总被访页面数
		网站链接可用性	10	基于广度优先算法，机器扫描网站主要页面（1 - 3 级栏目）信息，统计断链及错链情况。计算方法：扫描无错链或断链的页面数/扫描总页面数。值域［80%，100%］ 错链：一是间隔重复出现的链接，二是出错代码

应用该指标体系对 12 家省级林业网站进行绩效试评估。评估发现，参评网站互联网影响力整体水平较差，平均得分仅为 36.54 分，其中得分处于 40 ~ 60 分之间的有 4 个网站，得分位于 20 ~ 40 分之间的网站有 8 个。

五、 监管平台

当前，随着信息通信技术的迅猛发展，互联网信息传播规律正发生新的变化，对政府网站发展和政府信息公开提出了新的挑战。2014 年 2 月 27 日，习近平同志在中央网络安全和信息化领导小组第一次会议上指出“要创新改进网上宣传，运用网络传播规律，弘扬主旋律，激发正能量”。新一届中央政府也高度重视政府网站发展，多次强调要加强政府网站建设、推进信息公开。2013 年 10 月国办印发了《国务院办公厅关于进一步加强政府信息公开回应社会关切提升政府公信力的意见》，明确指出“要进一步加强政府网站建设和管理，通过更加符合传播规律的信息发布方式，将政府网站打造成更加及时、准确、公开透明的政府信息发布平台”。

近年来，社会化媒体、云计算和大数据等新技术应用不断深化，对政府网站建设提出全新挑战和机遇。政府网站绩效考评工作已从过去主要强调网站自身内容建设的效率和规范性，向更加强调网站互联网影响力和群众满意度的方向发展。欧美发达国家政府网站绩效管理手段和网站分析工具普遍采用基于页面标签技术和云模式采集网站基础数据、应用大数据分析平台开展网站用户体验绩效综合诊断的模式，帮助政府网站管理部门及时发现用户需求热点、准确定位网站服务绩效短板、精细化提升服务绩效水平，取得了良好效果。

新形势对林业系统政府网站提出了新要求，为加强和改进中国林业网站群建设，提高网站信息的网际传播力和服务效果，国家林业局决定开发中国林业网站群运行绩效综合监管平台。该平台主要是从互联网影响力和用户体验的角度对林业网站群运行效能进行系统监测和绩效管理，是对传统林业网站群绩效评估的必要补充，是中国林业网站群智慧测评的有机组成部分(图 20-3)。

图 20-3　中国林业网站群运行绩效综合监管平台登录界面

该平台能实现中国林业网、纵向站群和横向站群的服务运行效能展示等功能，实时反映地方或专业网站的整体服务绩效，动态、直观展现网站的运行状况、服务短板、服务热点变化、服务绩效排名等，实现网站服务效能的可控管理。探索完善年度、季度、月度评估相结合的网站群绩效管理常态化方式，实现网站用户体验评估指标数据按天收集、按月发布，网站互联网影响力指标数据按月收集、月度发布，网站综合绩效评估指标数据月度发布的常态化网站评估工作机制(图 20-4)。

图 20-4　中国林业网站群运行绩效综合监管平台绩效概览

该平台通过对中国林业网、纵向站群和横向站群运行情况、互联网影响力和用户体验进行实时监控，引导中国林业政府网站群率先在全国实现网站绩效管理“四大转变”：一是向常态化转变，实现实时响应。从定期的“运动式”绩效评价向全天候检测和第一时间响应的方向转变。二是向人性化转变，实现精准量化。从单纯强调“服务供给高效”向更加注重“用户体验卓越”的方向转变。三是向客观化转变，实现客观准确。从主要依靠专家主观打分转变为通过数据客观评价实际情况，提升绩效管理的客观性和科学性。四是向可视化转变，实现直观易读。从纸质报告向适应各类终端的数据可视化方向发展，更易于领导决策（图 20-5）。

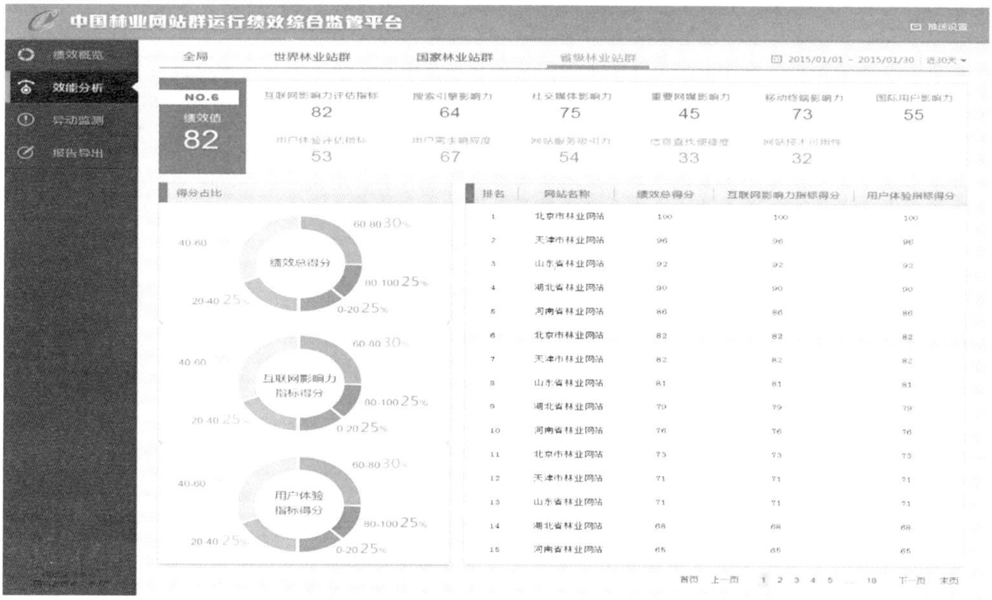

图 20-5　中国林业网站群运行绩效综合监管平台效能分析

六、 主站绩效评估

为了掌握全国林业网站发展情况，实现以评促建，从 2010 年开始，国家林业局开展了年度全国林业网站绩效评估工作。根据《全国林业网站绩效评估标准（试行）》和《全国林业网站绩效评估办法（试行）》（办信字〔2010〕187 号），结合全年网站运行管理和信息更新情况，分别设置司局和直属单位子站、省级林业子站、市县级林业子站和各类专题子站评估指标，采用人工测评、专家测评和问卷调查相结合的方式，对网站进行全面评估。通过评估，为网站建设指明了方向，确定不同类别子站的发展目标，促进了网站群整体发展，提高了建网和管网质量。同时，中国林业网（国家林业局政府网、国家生态网）也参加了全国政府网站绩效评估，并取得了优秀成绩。

从2005年开始，中国林业网在部委网站综合评比中成绩节节攀升，由第20多名提高到第二名，实现了由落后到领先的历史性转变，并获得了中国互联网最具影响力政府网站、中国政府网站领先奖、中国管理创新型政府网站、快速发展型政府网站、政府透明度领先奖等多个奖项，成为中国政府网站一颗耀眼的新星。历年评估结果见表20-14。

表20-14　2010－2014年中国林业网在全国部委网站评估排名情况

年份	得分	排名
2010年	67.4	11
2011年	67.4	10
2012年	73.3	4
2013年	82.8	3
2014年	77.1	2

七、国家子站绩效评估

2010－2014年，国家林业局分信息发布、在线服务、互动交流、用户体验和网站管理5大类30个指标，对全局40多个司局和直属单位的子站进行了全面评估，评估结果见表20-15。

表20-15　2010－2014年国家林业局司局和直属单位子站绩效评估情况

子站名称①	2010年		2011年		2012年		2013年		2014年	
	得分	排名	得分	排名	得分	排名	得分	排名	得分	排名
科技司	35.9	34	61.3	16	72.8	2	86.0	1	71.8	2
信息办	72.7	1	74.8	2	72.8	2	81.5	2	82.0	1
场圃总站					75.6	1	80.5	3	65.9	16
造林司					72.3	4	77.5	4	69.3	4
政法司			72.5	3	68.8	6	73.5	5	66.1	14
保护司			74.8	2	68.0	7	71.0	6	59.3	29
濒管办	36.8	31	60.3	21	71.0	5	70.0	7	62.7	21
治沙办	38.3	28	54.0	30	64.0	15	68.0	8	62.7	21
公安局	60.9	9	71.8	4	67.0	10	66.5	9	61.0	25
林科院			64.0	10	64.0	15	66.5	9	68.1	28
科技中心			52.0	33	62.0	18	65.5	11	53.6	35
工作总站	63.6	5	66.8	7	66.0	11	65.5	11	68.5	6
基金总站	60.1	10	67.3	6	64.5	13	65.5	11	52.7	37
资源司	51.7	15	63.8	11	64.3	14	65.5	11	65.5	18
中南院			44.8	45	61.8	21	65.0	15	67.2	11

（续）

子站名称	2010 年		2011 年		2012 年		2013 年		2014 年	
	得分	排名	得分	排名	得分	排名	得分	排名	得分	排名
三北局			61.0	18	56.8	29	65.0	15	68.2	7
碳汇基金	48.2	17	44.3	46	17.0	63.8	64.5	17	68.0	9
中动协			62.5	14	62.0	18	63.5	18	59.2	30
规划院	66.7	2	64.3	9	65.3	12	63.0	19	67.5	10
退耕办	59.8	11	53.3	31	55.8	33	63.0	19	69.2	5
西北院	54.3	13	65.8	8	67.1	9	61.5	21	70.4	3
计财司	37.3	30	67.8	5	67.3	8	61.5	21	60.0	28
东航中心	56.6	12	60.8	19	57.5	26	61.5	21		
昆明院	41.2	22	48.5	37	62.0	18	59.0	24	65.5	18
世行中心	34.6	35	55.3	29	58.6	24	58.5	25	65.7	17
花协	61.1	8	56.3	27	57.1	27	58.5	25	66.0	15
南航总站					56.0	32	57.5	27	60.3	26
北航总站	51.0	16	56.3	27					66.9	13
设计院	47.5	18	48.3	38	58.8	23	57.0	28	65.2	20
林改司			59.8	22	56.8	29	56.0	29	61.7	23
湿地办			60.5	20	59.0	22	56.0	29	51.8	39
南京警院	38.8	27	52.0	33	53.0	38	56.0	29	67.2	11
竹藤中心			46.8	42	55.5	34	55.5	32	60.1	27
国际司	37.9	29	56.8	25	56.5	31	55.0	33	56.5	33
人才中心	39.9	24	46.8	42	50.2	43	54.5	34	61.6	24
天保办	33.9	37	61.3	16	58.5	25	54.5	34	59.2	30
中绿基	24.0	49	44.3	46	52.3	41	53.5	36	53.6	35
森防总站	64.5	4	47.8	40	57.0	28	52.0	37	51.3	41
华东院	46.3	19	49.5	36	53.5	37	51.8	38	58.2	32
林干院	53.6	14	49.8	35	53.0	38	51.0	39	55.3	34
出版社	61.8	7	47.5	41	52.5	40	51.0	39		
治沙学会					54.0	36	50.0	41		
林学会			40.8	48	55.3	35	48.5	42	51.6	40
建设协会					49.8	44	48.0	43		
乌鲁木齐专员办					45.5	47	47.0	44	50.5	42
经研中心	40.8	23	40.3	49	51.5	42	46.5	45	52.7	37
经济林协			48.3	38	46.5	45	40.7	46		
宣传办					46.3	46	40.5	47	50.0	43

①子站名称是国家林业局各司局和相关单位在网站上使用的缩写。

八、省级子站绩效评估

2010～2014 年，按照不同年度网站发展要求，国家林业局对全国 31 个省（自治区、直辖市）、5 个计划单列市和 4 大森工、新疆生产建设兵团等省级林业网站进行了评估。评估结果见表 20-16。

表 20-16　2010～2014 年中国林业网省级子站绩效评估情况

单位名称	2010 年		2011 年		2012 年		2013 年		2014 年	
	名次	得分	名次	得分	名次	得分	名次	得分	名次	得分
上海市林业局	1	73.7	4	83.8	7	85.8	3	86.1	6	80.0
北京市园林绿化局	2	71.3	1	90.0	1	91.8	2	87.6	2	87.9
福建省林业厅	3	68.9	2	89.8	3	89.0	1	89.5	3	85.0
浙江省林业厅	4	68.6	6	79.2	14	82.3	10	81.3	12	78.2
辽宁省林业厅	5	66.7	9	77.0	10	83.2	16	73.9	24	60.7
广东省林业局	6	66.4	7	78.5	5	86.6	7	82.9	9	79.3
河北省林业局	7	64.5	18	59.2	29	61.9	31	59.8	30	55.3
湖南省林业厅	8	64.0	10	76.5	8	83.6	9	81.6	1	91.2
河南省林业厅	9	62.8	5	79.4	10	83.2	10	81.3	10	78.5
江西省林业厅	10	60.9	12	72.1	15	80.8	14	78.0	14	75.3
吉林省林业厅	11	60.8	19	54.8	27	62.9	21	69.9	15	70.7
江苏省林业局	12	60.5	3	86.8	4	88.0	6	85.5	10	78.5
湖北省林业厅	13	57.1	8	78.1	2	89.7	4	85.8	4	82.6
重庆市林业局	14	56.9	21	51.4	34	56.0	36	47.6	37	45.4
云南省林业厅	15	53.9	30	42.0	21	65.2	30	60.0	31	55.2
陕西省林业厅	16	53.8	22	50.1	20	70.2	24	64.4	26	59.0
四川省林业厅	17	53.3	11	72.6	6	86.3	4	85.8	7	79.9
吉林森工集团	18	49.3	27	43.7	28	62.0	28	60.3	38	42.7
安徽省林业厅	19	47.6	13	71.5	18	73.1	20	70.2	20	63.3
山西省林业厅	20	45.8	20	52.2	26	63.3	27	61.6	33	50.6
黑龙江省林业厅	21	45.5	17	60.8	10	83.2	10	81.3	13	75.4
青海省林业局	22	44.1	29	42.1	36	49.5	31	59.8	25	60.5
山东省林业局	23	42.5	34	36.8	22	65.0	19	70.9	28	57.0
龙江森工集团	24	42.0	39	27.8	37	45.1	37	47.4	36	47.6
海南省林业局	25	41.9	31	40.8	32	59.4	26	63.5	17	69.5
贵州省林业厅	26	41.9	28	42.1	35	51.3	33	59.6	29	56.7
广西壮族自治区林业厅	27	41.3	36	32.8	25	64.4	22	69.1	21	61.7
内蒙古森工集团	28	38.6	25	45.6	39	37.5	38	46.9	40	40.1
新疆维吾尔自治区林业厅	29	37.4	33	39.2	38	39.8	34	56.7	34	49.1

（续）

单位名称	2010 年		2011 年		2012 年		2013 年		2014 年	
	名次	得分	名次	得分	名次	得分	名次	得分	名次	得分
大兴安岭林业集团	30	36.9	41	26.2	30	61.5	28	60.3	21	61.7
甘肃省林业厅	31	31.8	38	28.3	9	83.5	8	81.9	8	79.4
天津市林业局	32	28.7	37	29.7	40	34.4	40	36.6	39	40.2
内蒙古自治区林业厅	33	28.0	32	39.9	30	61.5	25	64.0	23	61.1
宁夏回族自治区林业局	34	27.2	24	48.5	33	56.9	35	51.9	32	52.4
西藏自治区林业厅			40	27.6	41	33.1	41	35.7	41	40.0
新疆生产建设兵团			42	25.3	42	33.0	39	40.0	35	48.0
大连市林业局			14	68.9	16	78.6	17	71.3	19	68.6
青岛市林业局			35	33.1	24	64.8	23	67.0	27	58.5
宁波市林业局			16	62.0	16	78.6	13	80.8	5	82.3
深圳市城市管理局			26	43.7	13	82.7	18	71.0	16	70.3
厦门市林业局			15	65.1	19	70.4	15	75.5	17	69.5

九、 市县子站绩效评估

根据全国各市、县级林业网站建设情况，从 2013 年开始，对全国部分市县的林业网站进行了评估。评估结果见表 20-17、表 20-18。

表 20-17　2014 年中国林业网市级子站绩效评估情况

单位名称	2014 年排名	2014 年得分	信息发布 30.0 分	在线服务 20.0 分	互动交流 15.0 分	用户体验 12.0 分	网站影响力 8.0 分	网站管理 15.0 分
浙江杭州	1	85.3	30.0	14.5	15.0	11.3	6.0	8.5
广东广州	2	81.1	22.5	18.0	15.0	10.1	5.0	10.5
四川阿坝州	3	80.5	21.0	20.0	15.0	9.0	5.0	10.5
江苏连云港	4	78.6	23.0	20.0	11.0	10.6	4.0	10.0
河南新乡	5	77.2	24.7	12.0	13.0	10.5	7.0	10.0
湖南郴州	6	76.8	20.2	18.0	14.0	10.1	6.0	8.5
山东济南	7	75.3	22.0	14.0	15.0	10.3	5.0	9.0
辽宁沈阳	8	74.6	25.5	20.0	5.0	10.1	5.0	9.0
浙江湖州	9	73.8	23.0	11.0	14.0	9.3	5.0	11.5
江西九江	10	73.3	27.5	14.0	5.0	11.8	5.0	10.0
广东珠海	10	73.3	21.5	11.0	15.0	10.3	5.0	10.5
江苏盐城	12	70.9	19.6	11.0	14.5	11.8	4.0	10.0

（续）

单位名称	2014 年排名	2014 年得分	信息发布 30.0 分	在线服务 20.0 分	互动交流 15.0 分	用户体验 12.0 分	网站影响力 8.0 分	网站管理 15.0 分
贵州贵阳	13	69.5	26.0	18.0	5.0	9.7	4.0	6.8
山东济宁	14	62.9	20.9	12.0	8.5	8.5	4.0	9.0
河北张家口	15	62.8	17.3	17.0	8.0	7.9	5.0	7.6
湖南衡阳	16	61.9	17.0	15.0	8.0	9.4	4.0	8.5
广西柳州	17	61.1	17.2	14.0	6.5	9.9	4.0	9.5
山东烟台	18	61.0	24.5	10.0	7.5	8.0	5.0	6.0
湖南湘潭	19	60.9	20.0	12.0	8.0	9.4	3.0	8.5
云南昆明	20	60.7	19.0	9.0	11.5	9.2	5.0	7.0
江西鹰潭	21	60.5	20.0	11.5	5.2	8.8	5.0	10.0
河南洛阳	22	60.4	16.5	12.0	9.0	8.9	4.0	10.0
河南安阳	22	60.4	19.5	11.0	5.0	9.9	5.0	10.0
广西南宁	24	59.2	18.0	15.0	8.0	8.9	3.0	6.3
湖南永州	25	56.1	15.5	12.0	8.0	9.1	3.0	8.5
内蒙古呼伦贝尔	25	56.1	19.0	8.0	12.0	8.9	3.0	5.2
河南郑州	27	55.8	23.0	10.5	2.5	7.8	4.0	8.0
江西新余	28	54.9	16.9	8.2	8.0	7.8	4.0	10.0
河南许昌	29	54.1	14.5	11.0	5.2	9.4	4.0	10.0
湖南张家界	30	53.9	14.5	12.0	8.0	9.4	3.0	7.0
湖南娄底	31	53.6	15.5	10.0	8.0	8.6	3.0	8.5
广西贵港	32	52.2	13.5	12.0	8.0	8.6	3.0	7.1
湖南湘西	33	52.0	13.7	10.2	8.0	8.6	3.0	8.5
新疆昌吉州	34	51.9	14.5	12.0	8.0	8.4	3.0	6.0
吉林延边	35	51.2	21.7	1.2	5.0	8.5	5.0	9.8
黑龙江佳木斯	36	50.8	16.5	8.0	8.0	9.1	3.0	6.2
江西吉安	37	50.7	18.2	11.0	0.5	8.5	3.5	9.0
河南商丘	38	50.0	14.0	8.2	5.2	8.6	4.0	10.0
海南海口	39	49.6	18.0	9.0	0.2	8.4	4.0	10.0
河南开封	40	49.3	10.5	9.2	7.0	8.6	4.0	10.0
广西河池	41	49.2	13.5	10.5	8.0	9.2	3.0	5.0
内蒙古阿拉善盟	42	48.8	14.5	7.5	8.0	8.8	3.0	7.0
云南临沧	43	48.6	18.6	4.2	8.0	8.2	3.0	6.6
陕西西安	44	44.6	11.1	7.2	8.0	8.7	3.0	6.6
江西景德镇	45	41.7	16.7	4.0	0.5	8.1	4.0	8.4
内蒙古包头	46	40.8	14.7	8.0	0.0	7.0	4.0	7.1
吉林通化	47	40.5	7.4	6.5	5.2	7.8	4.0	9.6

（续）

单位名称	2014 年排名	2014 年得分	信息发布 30.0 分	在线服务 20.0 分	互动交流 15.0 分	用户体验 12.0 分	网站影响力 8.0 分	网站管理 15.0 分
黑龙江双鸭山	48	35.2	8.2	1.2	7.0	7.8	3.0	8.0
四川广元	49	32.6	11.2	0.0	0.0	8.9	4.0	8.5
黑龙江牡丹江	50	30.2	7.7	4.2	0.0	7.3	3.0	8.0
平均得分		58.3	18.0	10.9	7.8	9.1	4.1	8.5
平均得分率		58.33%	56.22%	54.58%	51.73%	69.82%	50.88%	70.97%

表 20-18　2014 年中国林业网县级子站绩效评估情况

单位名称	2014 年排名	2014 年得分	信息发布 30.0 分	在线服务 20.0 分	互动交流 15.0 分	用户体验 12.0 分	网站影响力 8.0 分	网站管理 15.0 分
浙江萧山	1	81.3	29.0	14.0	10.0	10.9	6.5	10.9
浙江义乌	2	72.0	24.5	12.2	10.0	10.8	4.0	10.5
湖南衡东	3	70.8	19.0	14.0	14.0	9.8	4.5	9.5
湖南洞口	4	70.3	20.0	13.5	15.0	9.8	2.5	9.5
湖北谷城	5	69.0	21.0	13.0	15.0	9.0	2.5	8.5
江西修水	6	67.9	20.5	13.0	10.0	9.9	4.0	10.5
黑龙江嫩江	7	67.4	23.0	12.5	10.0	9.9	4.0	8.0
四川会理	8	67.3	17.2	9.0	15.0	11.1	3.5	11.5
福建宁化	8	67.3	18.5	15.0	12.0	9.8	2.5	9.5
江西靖安	10	66.9	20.0	13.0	14.5	10.1	2.5	6.8
湖南隆回	11	66.8	21.0	11.0	15.0	9.3	2.5	8.0
湖南衡南	12	66.3	19.0	12.5	15.0	9.3	2.5	8.0
湖南石门	13	65.8	19.5	11.0	15.0	9.3	2.5	8.5
湖南耒阳	14	57.6	18.5	7.0	12.0	8.1	2.5	9.5
湖南常宁	15	57.4	17.5	7.0	10.0	10.1	3.5	9.3
河南永城	16	56.8	18.5	10.0	4.2	9.6	4.0	10.5
浙江余杭	17	56.8	19.7	12.0	0.4	9.2	4.0	11.5
贵州思南	18	56.7	16.2	9.0	6.5	9.0	6.0	10.0
吉林通化	19	56.0	16.4	11.0	5.2	8.4	4.0	11.0
内蒙古柴河	20	55.2	19.5	8.0	10.0	9.9	1.0	6.8
湖南新化	21	54.2	15.0	9.0	10.0	8.8	2.5	8.9
吉林舒兰	22	54.0	14.7	11.0	7.0	8.8	2.5	10.0
河南鹿邑	23	53.8	17.5	8.2	4.0	9.6	4.0	10.5
广西苍梧	24	53.3	15.0	10.0	8.0	8.3	3.5	8.5
江西分宜	25	51.0	13.7	10.0	4.5	9.8	2.0	11.0
青海大通	26	50.7	16.4	4.2	12.0	8.4	2.5	7.2

（续）

单位名称	2014 年排名	2014 年得分	信息发布 30.0 分	在线服务 20.0 分	互动交流 15.0 分	用户体验 12.0 分	网站影响力 8.0 分	网站管理 15.0 分
吉林蛟河	26	50.7	12.7	5.5	5.2	8.3	8.0	11.0
江苏栖霞	28	50.3	20.9	4.2	2.5	10.0	2.5	10.2
广西融水	29	50.1	13.5	11.0	8.0	9.1	2.5	6.0
江西遂川	30	49.9	15.2	7.0	5.0	10.0	2.5	10.2
江西安福	31	49.8	15.2	9.5	5.0	8.3	2.5	9.3
内蒙古林西	32	49.7	18.5	7.0	5.2	8.5	3.5	7.0
重庆武隆	33	49.6	13.0	5.5	4.0	9.1	8.0	10.0
四川黔江	34	47.9	12.0	11.0	5.0	8.1	4.0	7.8
广西田阳	35	47.7	15.0	9.0	8.0	7.7	2.5	5.5
黑龙江肇州	36	47.5	14.5	5.0	10.0	9.3	2.5	6.2
新疆阜康	37	47.2	13.5	6.0	10.0	8.5	4.5	4.7
河南滑县	38	46.3	13.5	3.7	5.0	9.6	4.0	10.5
河南新蔡	39	45.8	14.0	2.7	5.0	9.6	4.0	10.5
河南邓州	40	44.5	12.5	3.7	4.2	9.6	4.0	10.5
湖北巴东	40	44.5	13.2	5.5	5.0	8.8	2.5	9.5
河南嵩县	42	44.3	13.0	8.0	5.0	8.3	2.5	7.5
黑龙江嘉荫	43	43.9	9.7	7.0	10.0	8.5	3.5	5.2
山东商河	44	43.5	14.8	9.5	0.0	9.2	4.0	6.0
河南固始	45	42.6	11.7	2.4	4.2	9.8	4.0	10.5
宁夏六盘山	46	40.4	13.2	3.2	5.2	8.3	3.5	7.0
山东章丘	47	37.9	17.7	2.2	0.0	8.9	2.5	6.6
黑龙江宾县	48	37.3	8.2	7.0	5.2	7.8	2.5	6.6
四川万盛	49	36.2	9.2	5.0	0.0	7.5	4.0	10.5
吉林伊通	50	27.2	4.2	0.0	2.5	8.8	2.5	9.2
平均得分		53.7	16.2	8.4	7.7	9.2	3.5	8.8
平均得分率		53.75%	50.61%	42.07%	51.13%	70.55%	43.13%	73.75%

十、专题子站评估

2011 年，中国林业网开始建设专题子站。2012 年，对第一批上线的子站，包括森林公园子站群（21 个子站）、国有林场子站群（21 个子站）、种苗基地子站群（20 个子站）、自然保护区子站群（22 个子站）共 84 个网站进行了绩效评估。由于网站建设时间短，仅从更新量、更新频率和访问量 3 个指标进行了评估。2014 年，随着专题子站建设的不断深入，对专题子站评估指标进行了修改完善，评估结果见表 20-19。

表 20-19 2014 年中国林业网专题子站绩效评估情况

单位名称	2014 年排名	2014 年得分	信息发布 30.0 分	特色服务 20.0 分	信息更新 15.0 分	受关注程度 15.0 分	网站管理 20.0 分
河北塞罕坝机械林场	1	77.5	26.5	13.0	15.0	11.0	12.0
内蒙古呼伦贝尔市免渡河林业局	2	77.0	27.0	15.0	13.0	10.0	12.0
广西国有七坡林场	3	76.0	25.0	13.0	15.0	11.0	12.0
甘肃小陇山林业实验局党川林场	3	76.0	28.0	13.0	13.0	10.0	12.0
福建洋口林场国家杉木良种基地	3	76.0	27.0	13.0	13.0	10.0	13.0
广西国有高峰林场	3	76.0	27.0	11.0	15.0	11.0	12.0
陕西牛背梁国家级自然保护区	7	75.0	28.0	13.0	13.0	8.0	13.0
重庆仙女山国家森林公园	7	75.0	27.0	13.0	15.0	8.0	12.0
陕西太白山国家级自然保护区	9	72.0	27.0	13.0	13.0	6.0	13.0
陕西长青国家级自然保护区	9	72.0	27.0	13.0	13.0	6.0	13.0
四川卧龙国家级自然保护区	11	71.5	26.5	10.0	15.0	7.0	13.0
中国百合网	12	68.0	26.5	19.0	6.0	4.0	12.5
金华东方红林场国家油茶、油桐良种基地	12	68.0	28.0	13.0	6.0	8.0	13.0
贵州黎平县东风林场国家杉木良种基地	14	67.0	27.0	16.0	4.0	7.0	13.0
中国海棠网	14	67.0	26.0	19.0	6.0	4.0	12.0
中国芍药网	14	67.0	26.0	19.0	6.0	4.0	12.0
中国茶花网	17	66.0	26.0	18.0	6.0	4.0	12.0
安徽黄山市黄山区黄山公益林场	18	65.0	27.0	15.0	4.0	7.0	12.0
内蒙古呼伦贝尔市巴林林业局	19	64.5	25.5	12.0	7.0	8.0	12.0
中国菊花网	20	64.0	25.0	18.0	6.0	4.0	11.0
林科院亚热带林业实验中心油茶良种基地	20	64.0	27.0	16.0	1.5	6.5	13.0
中国牡丹网	20	64.0	27.0	18.0	3.0	3.0	13.0
河北木兰围场国有林场管理局	20	64.0	25.0	13.0	6.0	8.0	12.0
福建漳平市五一林场国家马尾松良种基地	20	64.0	28.0	13.0	3.0	7.0	13.0
中国月季网	20	64.0	23.0	18.0	6.0	4.0	13.0
湖南黄丰桥国有林场	26	63.0	27.0	14.0	3.0	7.0	12.0
湖南浏阳市国家油茶良种基地	26	63.0	27.0	13.0	3.0	7.0	13.0
广东台山市红岭国家湿地松、杂交松良种	26	63.0	27.0	13.0	3.0	7.0	13.0
宁夏中宁县国家枸杞良种基地	26	63.0	27.0	13.0	3.0	7.0	13.0
新疆阿克苏实验林场国家核桃、枣树良种基地	26	63.0	27.0	13.0	3.0	7.0	13.0
陕西桥山林业局国家油松良种基地	26	63.0	27.0	13.0	3.0	7.0	13.0
中国杜鹃网	32	62.5	26.5	18.0	3.0	3.0	12.0
中国桂花网	33	62.0	26.0	18.0	3.0	3.0	12.0
中国兰花网	33	62.0	26.0	18.0	3.0	3.0	12.0
中国玉兰网	33	62.0	27.0	18.0	3.0	3.0	11.0

（续）

单位名称	2014 年排名	2014 年得分	信息发布 30.0 分	特色服务 20.0 分	信息更新 15.0 分	受关注程度 15.0 分	网站管理 20.0 分
河南郏县国有林场国家侧柏良种基地	33	62.0	26.0	13.0	3.0	7.0	13.0
中国水仙网	37	61.5	25.5	18.0	3.0	3.0	12.0
中国荷花网	38	61.0	26.0	18.0	3.0	3.0	11.0
中国石竹网	38	61.0	26.0	18.0	3.0	3.0	11.0
江苏常熟市虞山林场	38	61.0	26.0	13.0	3.0	7.0	12.0
大兴安岭国家樟子松、落叶松良种基地	38	61.0	27.0	13.0	1.5	6.5	13.0
湖南九龙江国家森林公园	38	61.0	28.0	13.0	3.0	4.0	13.0
龙江森工雪乡国家森林公园	43	60.5	26.5	10.0	7.0	5.0	12.0
中国梅花网	44	60.0	25.0	18.0	3.0	3.0	11.0
河北沧县国家枣树良种基地	44	60.0	26.0	13.0	1.5	6.5	13.0
江苏泗洪县陈圩林场国家杨树良种基地	44	60.0	26.0	13.0	1.5	6.5	13.0
广西东门林场国家桉树良种基地	44	60.0	26.0	13.0	1.5	6.5	13.0
黑龙江林口县青山国家落叶松良种基地	44	60.0	26.0	13.0	1.5	6.5	13.0
山东冠县国有苗圃国家杨树良种基地	44	60.0	26.0	13.0	1.5	6.5	13.0
江西井冈山国家级自然保护区	44	60.0	26.0	6.0	11.0	5.0	12.0
河南云台山国家森林公园	51	59.0	25.0	13.0	3.0	6.0	12.0
福建福州国家森林公园	51	59.0	28.0	13.0	1.5	3.5	13.0
山西太岳山国家森林公园	51	59.0	28.0	13.0	1.5	3.5	13.0
四川米仓山国家森林公园	51	59.0	28.0	10.0	1.5	6.5	13.0
贵州龙里林场	55	58.0	25.0	13.0	1.5	6.5	12.0
浙江淳安县姥山林场国家马尾松良种基地	55	58.0	25.0	13.0	1.5	6.5	12.0
辽宁清原县大孤家林场国家落叶松良种基地	55	58.0	25.0	12.0	1.5	6.5	13.0
广东海丰鸟类自然保护区	55	58.0	26.0	13.0	3.0	3.0	13.0
山东淄博市原山林场	55	58.0	25.0	12.0	5.0	5.0	11.0
四川龙溪－虹口国家级自然保护区	55	58.0	26.0	9.0	7.0	4.0	12.0
陕西佛坪国家级自然保护区	61	57.0	24.0	13.0	4.0	3.0	13.0
内蒙古克什克腾旗桦木沟林场	61	57.0	27.0	10.0	1.5	6.5	12.0
山西吕梁林管局上庄国家油松良种基地	63	56.5	24.5	12.0	1.5	6.5	12.0
四川蜂桶寨国家级自然保护区	64	56.0	26.0	13.0	1.5	2.5	13.0
山西吕梁山国有林场管理局	64	56.0	26.0	10.0	1.5	6.5	12.0
河北滦平县巴克什营林场	64	56.0	26.0	10.0	1.5	6.5	12.0
四川美姑大风顶国家级自然保护区	64	56.0	24.0	9.0	7.0	4.0	12.0
四川九寨国家森林公园	64	56.0	28.0	10.0	1.5	3.5	13.0
江西铜钹山国家森林公园	64	56.0	28.0	10.0	1.5	3.5	13.0

（续）

单位名称	2014年排名	2014年得分	信息发布30.0分	特色服务20.0分	信息更新15.0分	受关注程度15.0分	网站管理20.0分
吉林汪清林业局国家红松、云杉良种基地	64	56.0	26.0	10.0	3.0	4.0	13.0
海南吊罗山国家森林公园	71	55.5	25.5	13.0	1.5	3.5	12.0
贵州百里杜鹃国家森林公园	71	55.5	25.5	10.0	1.5	6.5	12.0
四川措普国家森林公园	71	55.5	25.5	10.0	1.5	6.5	12.0
广东湛江红树林自然保护区	74	55.0	25.0	13.0	1.5	2.5	13.0
广东象头山国家级自然保护区	74	55.0	25.0	13.0	1.5	2.5	13.0
福建旗山国家森林公园	74	55.0	25.0	13.0	1.5	3.5	12.0
福建九龙山国家森林公园	74	55.0	25.0	13.0	1.5	3.5	12.0
云南西双版纳国家森林公园	74	55.0	25.0	10.0	1.5	6.5	12.0
山西中条山国有林场管理局	74	55.0	25.0	10.0	1.5	6.5	12.0
黑龙江茅兰沟国家森林公园	74	55.0	28.0	10.0	1.5	3.5	12.0
甘肃白龙山林业管理局洮河林业局冶力关林场	81	54.5	22.5	10.0	3.0	7.0	12.0
广东车八岭国家级自然保护区	82	54.0	25.0	13.0	1.5	2.5	12.0
内蒙古额济纳胡杨国家森林公园	82	54.0	24.0	10.0	1.5	6.5	12.0
甘肃庆阳市合水林业总场连家砭林场	84	53.5	21.5	10.0	3.0	7.0	12.0
内蒙古兴安盟五岔沟林业局	84	53.5	24.5	9.0	1.5	6.5	12.0
广东内伶仃岛－福田自然保护区	86	53.0	24.0	13.0	1.5	2.5	12.0
山西吉县国营红旗林场	86	53.0	26.0	10.0	1.5	3.5	12.0
广东南岭国家级自然保护区	88	52.0	24.0	9.0	4.0	3.0	12.0
吉林拉法山国家森林公园	88	52.0	25.0	10.0	1.5	3.5	12.0
湖北神农架国家森林公园	88	52.0	25.0	10.0	1.5	3.5	12.0
广东新丰江国家森林公园	88	52.0	25.0	10.0	1.5	3.5	12.0
浙江竹乡国家森林公园	88	52.0	25.0	10.0	1.5	3.5	12.0
广东英德石门台自然保护区	93	50.0	25.0	9.0	1.5	2.5	12.0
陕西青木川国家级自然保护区	93	50.0	25.0	9.0	1.5	2.5	12.0
陕西桑园国家级自然保护区	93	50.0	25.0	9.0	1.5	2.5	12.0
四川瓦屋山自然保护区	93	50.0	23.0	9.0	3.0	3.0	12.0
广东龙门南昆山自然保护区	97	49.0	24.0	9.0	1.5	2.5	12.0
广东珠海淇澳－担杆岛自然保护区	97	49.0	24.0	9.0	1.5	2.5	12.0
广东曲江罗坑自然保护区	97	49.0	24.0	9.0	1.5	2.5	12.0
广西天峨县国营林朵林场	100	37.2	13.5	6.0	1.2	6.5	10.0
平均得分		59.9	25.7	12.6	4.0	5.3	12.3
平均得分率		59.94%	85.75%	62.95%	26.98%	35.27%	61.43%

附录 1　中国林业网大事记

2000 年 11 月　国家林业局政府网正式开通运行，国家林业局有了以国际互联网向外发布信息的窗口，日发布信息量 10 条，日访问量 500 多人次。

2002 年 12 月　国家林业局政府网获得“政府上网工程网站建设示范单位”称号。

2004 年 5 月　国家林业局网络带宽由 2M 扩展到 10M，提高了上网速度。

2006 年 3 月　国家林业局政府网首个专题——“中央关于新农村建设的政策”建成。至 2015 年，已建专题 70 多个。

2006 年 9 月　改版后的国家林业局网站开通，日访问量突破 5000 人次，比改版前翻了一番。

2006 年 12 月　在国信办开展的全国各级政府网站评比中，国家林业局网站位居 76 个部委网站的第 23 名。

2006 年 12 月　国家林业局政府网日信息发布量达到 100 条，网站影响力明显提升。

2007 年 2 月　国家林业局政府网首次直播国家林业局例行发布会。至 2015 年，已在线直播各类会议近百次。

2007 年 3 月　国家林业局政府网开展首次在线访谈——“加快改革发展步伐 推进现代林业建设”。至 2015 年，已开展在线访谈 100 余次。

2008 年 1 月　国家林业局政府网首次对全国林业厅局长会议进行现场直播。

2008 年 2 月　国家林业局政府网访问量突破 500 万人次。

2008 年 12 月　国家林业局政府网在工业与信息化部组织的各级政府门户网站绩效评估中，被列入部委级优秀网站和特色网站。

2009 年 1 月 22 日　《全国林业信息化建设纲要》、《全国林业信息化建设技术指南》颁布，这是指导全国林业信息化建设的纲领性文件，对促进全国林业信息化建设具有重大而深远的意义。

2009 年 1 月 23 日　国家林业局信息化管理办公室成立，负责综合协调、指导监督、组织实施全国林业信息化和电子政务工作。

2009 年 2 ~ 3 月　国家林业局政府网组织开展了征集“林业信息化”标识活动，形成林业信息化正式标识——“飞翔的林业”。

2009 年 6 月 1 日　国家林业局政府网组织开展“厅局长论信息化”主题活动。

2009 年 7 月 15 日　国家林业局时任局长贾治邦、副局长张建龙做客国家林业局政府网，就贯彻落实中央林业工作会议精神、全面推进集体林权制度改革进行政策解读。

2009 年 7 月 23 日　国家林业局政府网访问量突破 1000 万人次。《国家林业局关于做好国家林业局内外网整合改造工作的通知》(林信发〔2009〕175 号)印发。

2009 年 12 月 17 日　国家林业局政府网在 2009 年中国政府网站绩效评估暨第四届中

国特色政府网站评估中获“品牌栏目奖”第一名。

2010年1月21日 中国林业网(国家林业局政府网、国家生态网)新版上线，整合了50多个业务子站和一批重点数据库及应用系统，建成了首个国家林业政府网站群。

2010年3月10日 国家林业局信息中心正式成立，设立网站处等6个处室。

2010年7月8日 国家林业局印发《中国林业网管理办法》。

2010年11月2日 国家林业局政府网访问量突破1亿人次。

2010年12月4日 国家林业局政府网在73个部委网站综合排名中位列第11名，并获得“中国政府网站领先奖”、“优秀政府网站奖”、“品牌栏目”和“特色与创新提名奖”等多个奖项。

2010年12月15日 国家林业局印发《全国林业网站绩效评估办法》。

2010年12月28日 中国林业网发布各子站和各省(区、市)林业厅(局)网站绩效评估结果和“十一五”全国林业十件大事和2010年全国林业信息化十件大事评选结果。

2011年2月24日 《中国法治发展报告 No. 9(2011)》发布了中国政府透明度年度报告，国家林业局政府信息公开工作在国务院所属部门中排名第二。

2011年5月5日 中国林业网发布《2008年和2009年全国林业信息化发展水平评测报告》。

2011年7月5日 中国林业网国有林场、种苗基地、自然保护区子站群陆续上线开通，中国林业网站群基本形成，站群规模达到1000多个。

2011年10月30日 中国林业网访问量突破2亿人次，日均访问量超过30万人次。

2011年11月7日 中国林业网发布《2010年全国林业信息化发展水平评测报告》。

2011年11月22日 西藏林业网正式开通，实现了全国省级林业网站的全覆盖。

2011年11月30日 在政府网站集约化建设与精品栏目管理经验交流会上，国家林业局政府网“行政许可”和“网络视频”栏目获“精品栏目奖”。

2011年12月4日 国家林业局政府网在第十届中国政府网站绩效评估中综合排名第十位。

2011年12月25日 中国林业网评选出全国林业十佳网站、国家林业局十佳网站、国家林业局内网应用先进单位，以及网站单项指标领先单位。

2011年12月30日 首届全国生态作品大赛圆满成功，收到文学、摄影、绘画和书法作品8000多件，评选出各类作品的一、二、三等奖和优秀奖共64名。

2012年3月29日 中国林业网荣获2011年度“管理创新型政府网站”、“中国政府网站领先奖”荣誉称号。

2012年4月2日 中国林业网信息办子站访问量突破200万人次。

2012年5月10日 中国林业网编辑委员会正式成立，负责中国林业网、国家林业局办公网的日常管理和维护等工作。

2012 年 5 月 31 日　国家林业局内网访问量突破 100 万人次。

2012 年 6 月 30 日　中国林业网访问量突破 4 亿人次。

2012 年 7 月 30 日　《2011 年全国林业信息化发展水平评测报告》正式发布，辽宁、湖南、北京、福建、浙江、广东、江西、河南、上海、内蒙古分列前十位，尤其是辽宁、湖南、北京继续保持领先地位，连续三年稳居前三名。

2012 年 11 月 1 日　中国林业网访问量突破 5 亿人次。

2012 年 11 月 6 日 保护司子站、信息办子站、政法司子站、公安局(防火办)子站、计财司子站、基金总站子站、工作总站子站、西北院子站、规划院子站、林科院子站获得“国家林业局十佳网站”。

2012 年 11 月 14 日 中国林业网“最新资讯”栏目获得“政府网站信息公开精品栏目奖”，国家林业局信息办主任李世东被授予“政府网站最佳管理者”。

2012 年 12 月 5 日　中国林业网(国家林业局政府网)综合排名列 73 个部委网站第四名，首次进入前五名，在 2011 年首次进入前十名的基础上，取得重大历史性突破。

2012 年 12 月 7 日　中国林业网(国家林业局政府网)获得部委“网站运维管理奖”。

2012 年 12 月 27 日　中国林业网获评“2012 年度中国互联网最具影响力政府网站”和“2012 年度快速发展型政府网站”。

2012 年 12 月 31 日　首届“信息改变林业”网络征文大赛评选结果揭晓。

2013 年 1 月 1 日　中国林业网、国家生态网启动首届“美丽中国”征文大赛，旨在弘扬生态文化，推进生态文明，建设美丽中国。

2013 年 2 月 25 日　中国林业网访问量突破 10 亿人次。

2013 年 3 月 18 日　全国森林公园、国有林场、种苗基地、自然保护区网站群建设培训班在京举办。

2013 年 6 月 19 日　中国林业微博发布厅正式上线。

2013 年 8 月 27 日　中国林业网移动客户端正式上线，标志着林业走向移动互联新时代。同日，中国林业网 2013 版、美丽中国网、中国信息林网正式上线。

2013 年 9 月 30 日　首届“美丽中国”征文大赛评选结果揭晓。本届大赛征集到了 1400 余篇作品，经过网络评选和专家评选，共选出一等奖 5 篇、二等奖 7 篇、三等奖 9 篇、优秀奖 39 篇和提名奖 40 篇。

2013 年 10 月 27 日　中国林业网访问量突破 12 亿人次。国家林业局内网访问量突破 200 万人次。

2013 年 10 月 29 日　中国林业网“热点专题”获“部委级政府网站精品栏目奖”。

2013 年 11 月 3 日　全国市县林业网站群建设培训班在京举办。

2013 年 11 月 20 日　第二届全国生态作品大赛评选结果揭晓。大赛共收到作品 1600 多幅，评出了摄影、书法和绘画 3 个类别的一、二、三等奖和优秀奖，获奖作品共计 87 件。

2013 年 11 月 4 日 中国林业网开通官方微信。

2013 年 11 月 28 日 中国林业网(国家林业局政府网)综合排名列 70 多个部委网站第三名，首次跻身前三甲，再次取得历史性突破。

2013 年 12 月 中国林业网日均信息发布量达到 1000 条。

2013 年 12 月 1 日 中国林业网、国家生态网举办"林业信息化全面推进 5 周年"征文活动。

2013 年 12 月 30 日 中国林业网站群新开通了主要树种、珍稀动物、国外林业等专业网站群，新上线子站 1200 多个，子站总数达到 2000 多个。

2013 年 12 月 31 日 全国林业网站绩效评估工作完成，评选出全国林业十佳网站、国家林业局十佳网站、专题子站，以及网站单项指标领先单位。

2014 年 2 月 25 日 《国家林业局关于加强网站建设和管理工作的通知》印发。

2014 年 3 月 10 日 中国林业网智能服务平台上线运行，为广大用户提供 7×24 小时服务。

2014 年 6 月 1 日 汇集第一、第二届全国生态作品大赛获奖作品的《美丽生态佳作选》出版发行。

2014 年 7 月开始 中国林业网、国家生态网、美丽中国网举办为期 6 个月的"第二届美丽中国大赛"。

2014 年 9 月 1 日 2014 年中国林业网网站群培训班在京举办。

2014 年 10 月 17 日 国家林业局信息办下发通知，开展《2014 年全国林业网站群绩效评估工作》。

2014 年 10 月 24 日 中国林业网首个图解信息——"图解：五论林业治理现代化"正式亮相。

2014 年 10 月 30 日，一批林业专题子站和市县林业子站上线运行，中国林业网站群子站规模达到 3000 个。

2014 年 11 月 1 日 新版中国林业网英文版网站上线运行，成为林业外交新平台。

2014 年 11 月 4 日 中国林业网 4.0 版正式上线运行，实现第 4 次完美创新，互联网影响力显著攀升。

2014 年 11 月 5 日 中国林业网开通无障碍服务，林业信息首次为特殊人群提供无障碍优质服务。

2014 年 12 月 3 日 中国林业网(国家林业局政府网)综合排名列 72 个部委网站第二名，再次取得历史性突破。

2015 年 3 月 28 日 中国林业网荣获 2014 年度"中国最具影响力政务网站"和"中国政务网站领先奖"。

2015 年 4 月 21 日，中国林业网访问量突破 15 亿人次。

附录 2　国家林业局关于加强网站建设和管理工作的通知

（林信发〔2014〕21 号）

各省、自治区、直辖市林业厅(局)，内蒙古、吉林、龙江、大兴安岭森工(林业)集团公司，新疆生产建设兵团林业局，各计划单列市林业局，国家林业局各司局、各直属单位：

为深入贯彻《国务院办公厅关于进一步加强政府信息公开回应社会关切提升政府公信力的意见》(国办发〔2013〕100 号)精神，充分发挥政府网站在信息公开中的平台作用，着力建设基于新媒体的政务信息发布和互动交流新渠道，提升政府公信力，提高为民办事效率，降低政府管理成本，为公众提供优质的服务，促进生态林业民生林业建设，现就加强林业系统政府网站建设和管理工作通知如下：

一、充分认识办好林业网站的重要意义

党的十八大明确提出建设“服务型政府”。《中华人民共和国国民经济和社会发展第十二个五年规划纲要》明确提出，未来 5 年要大力推进国家电子政务网络建设，整合提升政府公共服务和管理能力。政府网站作为电子政务的前台和门户，是各级政府履行职能、提供服务、信息发布的重要平台和窗口，是构建服务型政府的重要手段和渠道，是提高工作效率的重要方式，更是一项政府管理和服务方式的创新，办好林业网站意义重大。

二、建立健全林业网站领先发展体系

(一)网站集群体系。要深入推进“中国林业智慧网站群”建设模式，丰富网站内容，增强网站功能，把网站建成各级林业主管部门利用信息技术履行职能的重要途径。

1. 创新建设理念。按照网站群建设思路，树立“信息化引领、一体化集成、智慧化创新”的理念，全面融合各领域、各渠道的服务资源，扩充功能，完善系统，构建中国林业智慧门户网站群。

2. 强化顶层设计。按照智慧林业门户网站的目标要求，结合国家、行业信息化发展现状、发展趋势与用户需求，进行全面、综合、长远规划，统一开发共享共用的网站集群软硬件资源，将各站点连为一体，通过统一平台，实现主站与子站的互联互通、信息共享。

3. 加强板块建设。顺应国内外政府网站发展趋势，借鉴先进政府网站建设经验，主动听取用户意见，有效组织栏目资源，突出重点内容，加强逻辑关联，提高服务易用性，使主站与子站、子站与子站之间形成一个有机整体，增强板块设置的人性化。

4. 创新技术应用。加强网站移动性、宽带化和视频化等创新应用，集成云计算、移动互联网、无障碍访问等先进技术，加快平台优化改造，拓宽网站访问渠道和访问人群。

5. 逐步优化升级。深化网站管理，提升网站服务，对网站内容、功能等进行定期诊断并及时作出有针对性的调整，使网站栏目架构更为合理、逻辑更为清晰，提升网站服务能力和影响力。不断优化网站页面风格、颜色搭配、版面布局、文字图片等方面的设计，改善用户体验。

（二）信息发布体系。从社会公众需求出发，建立健全网上信息公开内容框架体系和保障机制，有效满足社会公众需求。

1. 加大公开力度。加强政府信息上网发布工作，梳理相关专题，充实公开内容，拓展公开深度和广度，对办事指南、统计数据、人事任免、财政预算、政策解读、政府采购和项目投资等信息要增加发布深度，增强信息公开性、原创性、时效性、准确性、连续性、权威性。

2. 加强信息协同。各级林业网站要以子站为支撑，分解任务，明晰责任，协同共建，形成内容保障的合力。建立健全网站内容保障工作机制，畅通信息报送渠道。加强所属子站管理，建立主站与子站间的联系反馈机制，避免出现无效链接。

3. 丰富公开形式。综合采用数字、图表、音频、视频等方式，增强网站亲和力。对社会关注度高、涉及群众切身利益的政府重大决策和重要举措，开展多种形式的政策解读，深化公开内容。针对突发公共事件处置，建立回应社会关注热点的栏目，及时主动发布权威信息，建立信息发布的快速反应机制。

4. 做好信息整合。认真梳理政务信息，合理划分栏目设置。加强政府网站数据库建设，方便公众查询。加大信息汇聚程度，完善信息公开目录，形成信息公开目录体系。

（三）在线服务体系。深入推进网上政务服务建设，提升在线服务能力，满足社会公众的行政办事和民生服务需求。

1. 建立“ 站式”服务。从公众需求角度梳理业务，制定在线办事目录体系，全面提供用户所需服务。突破常规行政办事空间、时间的束缚，提供深度、集成服务，使用户可以随时、随地查询需要的办事资料、便民服务信息，下载相应表格，实现在线申请、在线办理，并获得相应结果信息。

2. 加强公共服务。不断拓展服务形式和服务渠道，明确服务主题，充分展示林业核心业务、重点业务，增加公共服务资源比重，为社会公众提供更加广泛、深入的服务。

3. 做好共享服务。加强资源整合，实现网站群之间的资源共享和有效互动，在办事结果反馈、网络问政等方面做到快速、及时，使公众咨询、投诉或留言得到及时有效的受理和反馈。

4. 注重创新服务。在拓宽信息采集渠道、创新信息采集方式的基础上，建立统一的资源目录体系，进行统一数据库建设，增加决策支持系统的信息量，提高信息分析能力，提供智能化信息服务。

（四）互动交流体系。以提高行政效能为目标，搭建政民互动交流平台，构建服务型网站，通过互动渠道的多样化和服务形式的多元化，满足公众需要。

1. 做好栏目建设。对目前各站点互动交流栏目进行梳理，对一些公众参与度不高、互动性不强的栏目及时调整。围绕政府重要决策和与公众利益密切相关的事项，设置热点解答、网上咨询等栏目。各子站每年至少开展一次在线调查活动，做好政策宣传和舆论引导。

2. 建立联动机制。采取主站与子站联动机制，逐步实现在线访谈制度化、形式多样化、服务对象多元化，吸引社会公众广泛参与。建立“统一受理、及时转办督办、统一答复公开”的公众咨询平台，按照“谁主管、谁负责”的原则，使领导信箱、公众问题答复工作常态化。

3. 搭建交流渠道。积极搭建政民互动的新平台，根据业务发展需求增设部门信箱、政务微博、微信等新的互动交流渠道，及时发布各类权威政务信息，统一管理互动交流渠道平台。

4. 加强主题策划。围绕林业重点工作和公众关注热点，加强互动主题策划和互动反馈，广泛征集公众的意见和建议，为决策提供参考，提升互动交流效果，提高科学民主决策水平。

（五）生态文化体系。加强网站生态文化建设和管理，唱响网上思想文化主旋律，推进生态文明建设，发展健康向上的网络生态文化，使之成为传播生态文化的新途径、提供公共文化服务的新平台、丰富人们文化生活的新空间。

1. 构建绿色网络环境。以弘扬生态文化、倡导绿色生活为宗旨，提升生态文明的参与度，增强珍惜自然资源、建设生态民生林业的社会影响力，提高传播能力，占领网上舆论制高点。

2. 开展网络主题活动。大力开展网络生态文化公益活动，为人们提供丰富多样的生态文化服务，开展全国生态作品大赛及征文大赛，鼓励创作格调健康、形式多样、质量上乘的网络文化作品。

3. 引领网络舆论导向。充分利用移动互联等技术，发展运用微博微信等新媒体，弘扬时代主旋律，把握网上舆论方向，运用“网言网语”，在交流沟通中凝聚共识。对一些错误的声音，也要“网来网去”，形成正能量、主舆论。

4. 扩大网络交流合作。利用互联网的开放特点，采取跨行业、跨部门的横向合作及林业网站群间的纵向协作，密切配合，建立多层次、多渠道的合作机制，逐步形成广泛参与、普遍受益的网络生态文化新格局。

三、建立健全林业网站良性运行机制

要进一步建立健全智慧林业网站运行管理机制，加强对网站工作的领导，协调解决网站建设工作中的难题，建立起有效的支撑保障手段，确保服务能力实现持续提升。

（一）组织队伍保障机制。各级林业主管部门要把林业网站建设和管理作为转变工作作风、提高行政效能的一项重要措施，列入重要议事日程，主要领导要亲自过问，分管领导抓好落实。要搞好统筹协调，把网站建设管理工作纳入本级电子政务发展规划，加强指导和监督，及时研究解决出现的问题。

1. 完善管理机制。围绕网站服务能力建设，完善管理机制，合理配备人员，明确运行维护单位、内容保障单位。进一步健全网站工作机制，设立网站编辑委员会，落实工作职责。积极探索委托管理、服务外包等多元化的保障工作机制，促进网站建设。

2. 建立信息主管制度。全面推进电子政务建设，迫切需要建立信息主管制度。要培养具有领导能力、规划远见能力、综合协调能力和项目执行能力，能够在技术、制度和组织等方面把握发展方向的林业网站优秀管理者。

3. 加强队伍建设。把人员队伍培养放在第一位，依托林业信息化教育培训基地，开展多种形式的业务培训，提高网站工作人员的政治素养和业务水平，培养建立一支政治素质高、业务能力强、具有创新意识的网站策划、技术支撑和内容保障队伍。

（二）制度标准保障机制。制度标准保障是网站服务能力建设的基础性保障，网站制度标准的建立健全对林业网站的建设起着统筹作用，是保障网站持续发展的动力，要不断完善林业网站各项管理制度。

1. 内容保障制度。明确各部门和单位的内容保障要求，明确上网信息范围、信息采集规范、信息编辑规范、信息发布规范、相关人员职责等。建立健全信息采集报送制度、信息审核发布制度，扩大信息数量，提高信息质量，丰富网站内容。

2. 绩效评估制度。对林业网站的建设、运行、维护等情况进行检查、通报，将绩效评估与工作业绩挂钩，增强网站建设管理人员的积极性、主动性、创造性。

3. 标准建设制度。按照网站资源标准化、规范化等方面的要求，加快信息公开类、办事服务类、交流互动类标准体系建设，不断规范服务，提高服务质量。

（三）资金投入保障机制。加大各级林业网站经费投入，将运行维护经费纳入相关部门综合预算。各级林业主管部门要统筹解决网站建设和管理经费，确保网站高效运转。

1. 进行统一管理。加大现有林业建设项目中信息建设资金的投入力度，统筹安排，专款专用，将林业网站管理经费和运维经费纳入预算管理。

2. 实行分级保障。要根据工作需要，将网站建设纳入本级财政预算。其中中国林业网由国家林业局信息中心统一规划网站建设资金，各地网站由本级信息中心统筹规划建设资金。

3. 投入共建资金。中国林业网由国家林业局统一投入建设和运维资金，对各省区市林业网站建设给予适当支持，用于网站建设管理、人才培训等，以更好地共建林业系统网站。

（四）信息安全保障机制。要提高信息安全意识，研究构建完整的信息安全保障体系，严格执行网站管理的各项规章制度，加强信息发布管理工作，提高网站信息安全水平，确保林业网站系统的安全稳定运行。

1. 严格审核制度。根据“谁主管谁负责、谁运行谁负责、谁使用谁负责”和“谁提供谁负责”、“谁发布谁负责”的原则，加强信息审核工作。指定专人负责网站管理维护、内容更新、审核发布等工作，上网信息需经保密审查并保存审查记录，子站管理员账户要设置复杂程度较高的密码并定期更换。

2. 加强日常监测。加强对网站信息的日常检查，实时对网站进行扫描，检查潜在的运行风险，确保网站信息安全。运行维护单位按期提供网站日常运维情况报告。要建设人工防范和智能扫描相结合的网站纠错平台，及时发现和纠正错误、虚假信息，防止网站被非法链接和恶意修改。

3. 强化监督检查。定期对系统进行自查，及时升级系统和安装软件补丁，杜绝安全隐患。对自行建设维护网站的单位，各系统上线前必须报国家林业局信息中心进行安全检测，未通过安全检测的系统一律不得上线运行。

国家林业局
2014 年 2 月 25 日

附录 3　中国林业网站群域名命名规则

（林信办发〔2015〕7 号）

第一章　总　则

第一条　为进一步推进中国林业网（国家林业局政府网，www. forestry. gov. cn）站群建设，规范中国林业网站群域名管理，按照国家有关规定和《中国林业网管理办法》等有关制度，制定本规则。

第二条　本规则所称域名是指中国林业网站群所有子站域名，包括纵向站群、横向站群、特色站群所有子站域名。

第三条　国家林业局信息办（信息中心）负责中国林业网所有子站域名的命名、修改和维护工作。

第四条　各地各单位需按照实际情况，在站群建设时遵守并使用中国林业网站群域名命名规则。

第五条　中国林业网站群域名采用英文命名优先的原则。

第二章　纵向网站群域名命名

第六条　世界林业网站群

命名规则：国家名称英文简称 +. forestry. gov. cn，示例如下：

序号	子站名称	域名
1	阿根廷林业	argentina. forestry. gov. cn
2	爱尔兰林业	ireland. forestry. gov. cn
3	德国林业	germany. forestry. gov. cn
4	加拿大林业	canada. forestry. gov. cn
5	印度林业	india. forestry. gov. cn

第七条　国家林业网站群

命名规则：国家林业局各司局和直属单位名称英文简称 +. forestry. gov. cn，示例如下：

序号	子站名称	域名
1	国家林业局造林绿化管理司	dag. forestry. gov. cn
2	国家林业局科学技术司	dst. forestry. gov. cn
3	国家林业局信息化管理办公室	imo. forestry. gov. cn
4	国家林业局天然林保护工程管理中心	nfpp. forestry. gov. cn
5	中国林业科学研究院	caf. forestry. gov. cn

第八条　省级林业网站群

命名规则：各省(区、市)林业厅(局)按照所属省(区、市)行政区划名称缩写代码(以下简称省级行政区划字母码)+. forestry. gov. cn。

各森工集团、新疆生产建设兵团林业局、计划单列市按名称英文简称(以下简称所属省级辖区字母码)+. forestry. gov. cn。

示例如下：

序号	子站名称	域名
1	辽宁省林业厅	ln. forestry. gov. cn
2	福建省林业厅	fj. forestry. gov. cn
3	四川省林业厅	sc. forestry. gov. cn
4	龙江森工集团	ljfi. forestry. gov. cn
5	大连市林业局	dl. forestry. gov. cn

第九条　市级林业网站群

命名规则：所属省级行政区划字母码+该市(地、州、盟)名称英文简称+. forestry. gov. cn。如果出现重名，依次采用以下命名规则：

规则一：该市名称首字用全称。

规则二：该市名称用全称。示例如下：

序号	子站名称	域名
1	辽宁省沈阳市林业局	lnsy. forestry. gov. cn
2	山东省济南市林业局	sdjn. forestry. gov. cn
3	江苏省连云港市林业局	jslyg. forestry. gov. cn
4	浙江省湖州市林业局	zjhuz. forestry. gov. cn
5	河南省新乡市林业局	haxx. forestry. gov. cn

第十条　县级林业网站群

命名规则：所属省级行政区划字母码+该县(市、旗、区)名称英文简称+. forestry. gov. cn。如果出现重名，依次采用以下命名规则：

规则一：该县名称首字用全称。

规则二：该县名称用全称。示例如下：

序号	子站名称	域名
1	浙江省义乌市林业局	zjyw. forestry. gov. cn
2	湖北省谷城县林业局	hbgc. forestry. gov. cn
3	四川省会理县林业局	schl. forestry. gov. cn
4	福建省宁化县林业局	fjnh. forestry. gov. cn
5	江西省修水县林业局	jxxs. forestry. gov. cn

第十一条　乡级林业网站群

命名规则：所属省级行政区划字母码 + 县(市、旗、区)名称英文简称 + 该乡(镇、苏木)名称英文简称 +. forestry. gov. cn。如果出现重名，依次采用以下命名规则：

规则一：该乡名称首字用全称。

规则二：该乡名称用全称。示例如下：

序号	子站名称	域名
1	辽宁省凤城市白旗镇林业站	lnfcbq. forestry. gov. cn
2	黑龙江省孙吴县腰屯乡林业站	hlswyt. forestry. gov. cn
3	重庆市荣昌县清流镇林业站	cqrcql. forestry. gov. cn
4	福建省仙游县赖店镇林业站	fjxyld. forestry. gov. cn
5	四川省荥经县烈太乡林业站	scxjlt. forestry. gov. cn

第三章　横向网站群域名命名

第十二条　国有林区网站群

命名规则：所属省级行政区划字母码或省级辖区字母码 + 该单位名称英文简称 + fa +. forestry. gov. cn。(fa = forest area)。如果出现重名，依次采用以下命名规则：

规则一：该单位名称首字用全称。

规则二：该单位名称用全称。示例如下：

序号	子站名称	域名
1	吉林森工红石林业局	jlfghsfa. forestry. gov. cn
2	吉林森工临江林业局	jlfgljfa. forestry. gov. cn
3	龙江森工清河林业局	ljfiqhfa. forestry. gov. cn
4	龙江森工柴河林业局	ljfichfa. forestry. gov. cn
5	大兴安岭图强林业局	dxalfgtqfa. forestry. gov. cn

第十三条 国有林场网站群

命名规则：所属省级行政区划字母码或省级辖区字母码 + 该国有林场名称英文简称 + ff + . forestry. gov. cn(ff = forest farm)。如果出现重名，依次采用以下命名规则：

规则一：该国有林场名称首字用全称。

规则二：该国有林场名称用全称。示例如下：

序号	子站名称	域名
1	北京市八达岭林场	bjbdlff. forestry. gov. cn
2	河北省塞罕坝机械林场	heshbff. forestry. gov. cn
3	广西壮族自治区七坡林场	gxqpff. forestry. gov. cn
4	湖北省天门市长寿林场	hbcsff. forestry. gov. cn
5	四川省平昌县五峰林场	scwfff. forestry. gov. cn

第十四条 种苗基地网站群

命名规则：所属省级行政区划字母码或省级辖区字母码 + 该种苗基地名称英文简称 + ng + . forestry. gov. cn(ng = nursery garden)。如果出现重名，依次采用以下命名规则：

规则一：该种苗基地名称首字用全称。

规则二：该种苗基地名称用全称。示例如下：

序号	子站名称	域名
1	北京市大东流苗圃	bjddlng. forestry. gov. cn
2	吉林省白河林业局春雷苗圃	jlclng. forestry. gov. cn
3	湖南省慈利县种苗基地	hnclxng. forestry. gov. cn
4	海南省岛东林场苗圃	hiddng. forestry. gov. cn
5	陕西省商洛核桃良种基地	snslng. forestry. gov. cn

第十五条 森林公园网站群

命名规则：所属省级行政区划字母码或省级辖区字母码 + 该森林公园名称英文简称 + fp + . forestry. gov. cn(fp = forest park)。如果出现重名，依次采用以下命名规则：

规则一：该森林公园名称首字用全称。

规则二：该森林公园名称用全称。示例如下：

序号	子站名称	域名
1	北京市八达岭国家森林公园	bjbdlfp. forestry. gov. cn
2	吉林省长白国家森林公园	jlcbfp. forestry. gov. cn
3	湖北省太子山国家森林公园	hbtzsfp. forestry. gov. cn
4	陕西省黑河国家森林公园	snhhfp. forestry. gov. cn
5	宁夏回族自治区六盘山森林公园	nxlpsfp. forestry. gov. cn

第十六条　湿地公园网站群

命名规则：所属省级行政区划字母码或省级辖区字母码 + 该湿地公园名称英文简称 + wp + . forestry. gov. cn(wp = wetland park)。如果出现重名，依次采用以下命名规则：

规则一：该湿地公园名称首字用全称。

规则二：该湿地公园名称用全称。示例如下：

序号	子站名称	域名
1	黑龙江省虎林国家湿地公园	hlhlwp. forestry. gov. cn
2	浙江省始丰溪国家湿地公园	zjsfxwp. forestry. gov. cn
3	江西省东江源国家湿地公园	jxdjywp. forestry. gov. cn
4	河南省九龙湖国家湿地公园	hajlhwp. forestry. gov. cn
5	云南普者黑国家湿地公园	ynpzhwp. forestry. gov. cn

第十七条　沙漠公园网站群

命名规则：所属省级行政区划字母码或省级辖区字母码 + 该沙漠公园名称英文简称 + dp + . forestry. gov. cn(dp = desert park)。如果出现重名，依次采用以下命名规则：

规则一：该沙漠公园名称首字用全称。

规则二：该沙漠公园名称用全称。示例如下：

序号	子站名称	域名
1	新疆维吾尔自治区吉木萨尔国家沙漠公园	xjjmsrdp. forestry. gov. cn
2	新疆维吾尔自治区且末国家沙漠公园	xjqmdp. forestry. gov. cn
3	新疆维吾尔自治区沙雅国家沙漠公园	xjsydp. forestry. gov. cn
4	新疆维吾尔自治区鄯善国家沙漠公园	xjssdp. forestry. gov. cn
5	新疆维吾尔自治区尉犁国家沙漠公园	xjwldp. foretry. gov. cn

第十八条　自然保护区网站群

命名规则：所属省级行政区划字母码或省级辖区字母码 + 该自然保护区名称英文简称 + nr + . forestry. gov. cn （nr = natural reserve）。如果出现重名，依次采用以下命名规则：

规则一：该自然保护区名称首字用全称。

规则二：该自然保护区名称用全称。示例如下：

序号	子站名称	域名
1	北京市百花山国家级自然保护区	bjbhsnr. forestry. gov. cn
2	辽宁省仙人洞国家级自然保护区	lnxrdnr. forestry. gov. cn
3	江苏省大丰国家级自然保护区	jsdfnr. forestry. gov. cn
4	贵州省麻阳河国家级自然保护区	gzmyhnr. forestry. gov. cn
5	陕西省太白山国家级自然保护区	sntbsnr. forestry. gov. cn

第十九条　主要树种网站群

命名规则：树种名称英文简称＋. forestry. gov. cn。示例如下：

序号	子站名称	域名
1	中国松树网	pine. forestry. gov. cn
2	中国竹子网	bamboo. forestry. gov. cn
3	中国桦木网	birch. forestry. gov. cn
4	中国杨树网	poplar. forestry. gov. cn
5	中国柳树网	willow. forestry. gov. cn

第二十条　珍稀动物网站群

命名规则：动物名称英文简称＋. forestry. gov. cn。示例如下：

序号	子站名称	域名
1	中国熊类网	bear. forestry. gov. cn
2	中国大熊猫网	panda. forestry. gov. cn
3	中国狮子网	lion. forestry. gov. cn
4	中国豹子网	leopard. forestry. gov. cn
5	中国老虎网	tiger. forestry. gov. cn

第二十一条　重点花卉网站群

命名规则：花卉名称英文简称＋. forestry. gov. cn。示例如下：

序号	子站名称	域名
1	中国百合网	lily. forestry. gov. cn
2	中国月季网	chineserose. forestry. gov. cn
3	中国兰花网	orchid. forestry. gov. cn
4	中国杜鹃网	azalea. forestry. gov. cn
5	中国荷花网	lotus. forestry. gov. cn

第四章　特色网站群域名命名

第二十二条　特色网站群

命名规则：网站名称英文简称＋. forestry. gov. cn。示例如下：

序号	子站名称	域名
1	美丽中国网	beautifulchina. forestry. gov. cn
2	中国植树网	etree. forestry. gov. cn
3	中国信息林	smartforest. forestry. gov. cn
4	中国林业数字图书馆	library. forestry. gov. cn
5	中国林业网络博物馆	museum. forestry. gov. cn

第五章　附　则

第二十三条　本规则由国家林业局信息办负责解释。

第二十四条　本规则自发布之日起实施。

参考文献

奥斯本，盖布勒．改革政府——企业精神如何改革着公营部门[M]．上海：上海译文出版社，1996.
杜平，于施洋，王建东，等．领导干部互联网知识读本[M]．北京：社会科学文献出版社，2014.
工信部．国家电子政务“十二五”规划．工业和信息化部网站 www. miit. gov. cn，2011 - 04 - 13.
工信部．互联网行业“十二五”发展规划．工业和信息化部网站 www. miit. gov. cn，2013 - 06 - 27.
工信部信息化推进司．关于印发《基于云计算的电子政务公共平台顶层设计指南》的函．中国林业网 www. forestry. gov. cn，2013 - 08 - 15.
国家发改委办公厅．关于下一代互联网“十二五”发展建设的意见．工业和信息化部网站 www. miit. gov. cn，2012 - 03 - 31.
国家林业局．建设生态文明 建设美丽中国[M]．北京：中国林业出版社，2014.
国家林业局．中国的绿色增长：党的十六大以来中国林业的发展[M]．北京：中国林业出版社，2012.
国家林业局信息化管理办公室．2014 年全国林业网站绩效评估报告．2014.
国家信息化领导小组．国家电子政务总体框架．国家测绘局网站 www. chzt. sbsm. gov. cn，2006 - 03 - 19.
姜洪军．谷歌风云[M]．北京：科学出版社，2012.
李宝玲．实施社交媒体营销拓展网络营销渠道[J]．北京印刷学院学报，2012(1)．
栾凤廷．西方国家公共部门实施绩效管理的制度基础[J]．行政论坛，2004(4)．
罗堃．浅论政府绩效评估[C]．中国行政管理学会年会暨“政府行政能力建设与构建和谐社会”研讨会，2005.
联合国经济和社会事务部．联合国 2014 年电子政务调查报告[EB/OL]．联合国经济和社会事务部网站 www. un. org/desa，2014.
联合国经济和社会事务部．联合国 2012 年电子政务调查报告[EB/OL]．联合国经济和社会事务部网站 www. un. org/desa，2012.
罗纳德·桑德斯．美国的公务员队伍：是改革还是转型[M]．北京：国家行政学院出版社，1998.
李世东．把握互联网时代 拓展互联网思维[EB/OL]．中国林业网 www. forestry. gov. cn，2015 - 01 - 20.
李世东．大数据时代中国智慧林业门户网站建设[J]．电子政务，2014(3)．
李世东．打造智慧林业门户 服务生态文明建设[J]．信息化建设，2014(10)．
李世东．共建林业网站群 共圆美丽中国梦[EB/OL]．中国林业网 www. forestry. gov. cn，2013 - 03 - 18.
李世东．加快信息进程 服务生态民生 建设生态文明[EB/OL]．中国林业网 www. forestry. gov. cn，2013 - 01 - 17.
李世东．建设政府网站 打造电子政府[EB/OL]．中国林业网 www. forestry. gov. cn，2011 - 11 - 29.
李世东．论政府网站的集约化管理——中国林业网的创新与发展[J]．电子政务，2013(1).
李世东．着力管理创新 提升网站水平 推动林业发展[EB/OL]．中国林业网 www. forestry. gov. cn，2012 - 04 - 18.
李世东．论第六次信息革命[J]．中国新通信，2014(14)．
李世东．人类正迈入“六个第一”的信息时代[J]．学习时报，2014（756）．

李世东．融合与创新[EB/OL]．中国林业网 www. forestry. gov. cn，2012－08－03.
李世东．融入国际主流 打造智慧网站[EB/OL]．中国林业网 www. forestry. gov. cn，2014－11－22.
李世东．完善林业站群 构建智慧门户[EB/OL]．中国林业网 www. forestry. gov. cn，2013－11－08.
李世东．我们有一个梦想[EB/OL]．中国林业网 www. forestry. gov. cn，2012－01－10.
李世东．中国林业信息化顶层设计[M]．北京：中国林业出版社，2012.
李世东．中国林业信息化发展战略[M]．北京：中国林业出版社，2012.
李世东．中国林业信息化建设成果[M]．北京：中国林业出版社，2012.
李世东．中国林业信息化决策部署[M]．北京：中国林业出版社，2012.
李世东．中国林业信息化示范案例[M]．北京：中国林业出版社，2012.
李世东．中国林业信息化政策制度[M]．北京：中国林业出版社，2012.
李世东．中国林业信息化标准规范[M]．北京：中国林业出版社，2014.
李世东．中国林业信息化绩效评估[M]．北京：中国林业出版社，2014.
李世东．中国林业信息化示范建设[M]．北京：中国林业出版社，2014.
李世东．中国林业信息化政策解读[M]．北京：中国林业出版社，2014.
李世东．中国林业信息化政策研究[M]．北京：中国林业出版社，2014.
刘熙瑞．服务型政府——经济全球化背景下中国政府改革的目标选择[J]．中国行政管理，2002(7)．
刘旭涛．政府绩效管理：制度、战略与方法[M]．北京：机械工业出版社，2005.
林欣平．没有林业信息化 就没有林业现代化[EB/OL]．中国林业网 www. forestry. gov. cn，2014－09－12.
马克·波波维奇．创建高绩效政府组织[M]．北京：中国民大学出版社，2002.
王璟璇，杨道玲．基于用户体验的政府网站绩效评估：探索与实践[J]．电子政务，2014(5)．
孙扎根．全面提升林业信息化水平 为发展生态林业民生林业做出新贡献[EB/OL]．中国林业网 www. forestry. gov. cn，2013－09－10.
人民网．《2013 年度新浪政务微博报告》今日发布[EB/OL]．人民网 www. people. cn，2013－12.
易北辰．移动互联网时代[M]．北京：企业管理出版社，2014.
于施洋，王建冬．政府网站分析进入大数据时代[J]．电子政务，2013(8)．
于施洋，王建冬．政府网站分析与优化——大数据创造公共价值[M]．北京：社会科学文献出版社，2014.
于施洋，杨道玲．电子政务绩效管理[M]．北京：社会科学文献出版社，2011.
于施洋，王璟璇．电子政务顶层设计——信息化条件下的政府业务规划[M]．北京：社会科学文献出版社，2014.
赵树丛．全面开创现代林业发展新局面：全国林业发展“十二五”规划汇编[M]．北京：中国林业出版社，2012.
张成福，党秀云．公共管理学[M]．北京：中国人民大学出版社，2001.
张勇进．电子政务需求识别[M]．北京：国家行政学院出版社，2012.
张勇进，杨道玲．基于用户体验的政府网站优化：精准识别用户需求[J]．电子政务，2012(8)．
中国电子信息产业发展研究院．2014 年中国信息化发展水平评估报告．赛迪网 www. ccidgroup. com，2015－01.
中国互联网络信息中心．中国互联网络发展状况统计报告．中国互联网络信息中心网站 www. cnnic. cn，2015－01.
中国互联网络信息中心．中国社交类应用用户行为研究报告．中国互联网络信息中心网站 www. cnnic. cn，

2014－07.
中国互联网络信息中心．中国移动互联网调查报告．中国互联网络信息中心网站 www. cnnic. cn，2014－08.
《中国林业工作手册》编纂委员会．中国林业工作手册[M]．北京：中国林业出版社，2006.
《中国林业信息化发展报告》编纂委员会．2010 中国林业信息化发展报告[M]．北京：中国林业出版社，2010.
《中国林业信息化发展报告》编纂委员会．2013 中国林业信息化发展报告[M]．北京：中国林业出版社，2013.
《中国林业信息化发展报告》编纂委员会．2014 中国林业信息化发展报告[M]．北京：中国林业出版社，2014.
《中国林业信息化发展报告》编纂委员会．2012 中国林业信息化发展报告[M]．北京：中国林业出版社，2012.
《中国林业信息化发展报告》编纂委员会．2011 中国林业信息化发展报告[M]．北京：中国林业出版社，2011.
中国软件评测中心．2014 年中国政府网站绩效评估总报告．中国评测网 www. cstc. org. cn，2014－12.
中国软件评测中心．2013 年中国政府网站绩效评估总报告．中国评测网 www. cstc. org. cn，2013－11.
中国软件评测中心．2012 年中国政府网站绩效评估总报告．中国评测网 www. cstc. org. cn，2012－12.
中国软件评测中心．2011 年中国政府网站绩效评估总报告．中国评测网 www. cstc. org. cn，2011－12.

后　记

进入21世纪，党中央、国务院高度重视政府网站建设，将政府网站纳入政府工作的重要范畴，着力建设现代服务型政府，进一步拓宽人民群众参政议政、民主监督的渠道。政府网站已经成为各级人民政府及其部门发布政府信息、提供在线服务、与公众互动交流的重要平台和窗口，在提高行政效能、提升政府公信力等方面发挥了重要作用。2015年“两会”李克强总理提出“互联网+”的概念后，迎来了“互联网+政务”时代，正在进入以智慧政府网站为主要平台的阶段。

加强政府网站建设，是落实执政为民理念的重大举措；加强政府网站建设，是展示政府开放形象的重要载体；加强政府网站建设，是搭建政民联系的“绿色通道”、政民互动的新型平台。近年来，国家林业局认真贯彻落实党中央、国务院的决策部署，不断加强整合、深化融合、创新发展，坚持以需求为主导、以应用为核心、以整合为突破口、以创新为原动力，2009－2014年6年的时间里，连续取得60多项突破，创造60多项第一，在2011年首次进入部委网站前十名、2012年首次进入前五名、2013年首次跻身前三甲的基础上，2014年首次荣获第二名，并获得了多项殊荣，中国林业网已经成为快速高效地发布各类政务信息的重要平台，成为林业现代化建设的展示窗口和靓丽名片。

在党中央和国务院的高度重视下，我国政府网站建设不断推进。党的“十八大”明确提出建设“服务型政府”，“人民满意”成为政府网站的建设目标。2013年10月和2014年11月，国务院办公厅相继印发了《关于进一步加强政府信息公开回应社会关切提升政府公信力的意见》（国办发〔2013〕100号）和《关于加强政府网站信息内容建设的意见》（国办发〔2014〕57号），对进一步强化政府网站管理和网站信息内容建设提出了更高的要求。2013年8月召开的第二届全国林业信息化工作会议，标志着我国林业信息化由数字林业跨入了智慧林业的新阶段。

智慧林业需要打造一个智慧的门户，中国林业网将继续遵循服务大局、服务司局、服务基层、服务群众“四个服务”的服务理念，坚持统一规划、统一标准、统一制式、统一平台、统一管理“五个统一”管理理念，秉承“信息化引领、一体化集成、智慧化创新”的发展理念，全面整合各领域、各渠道的服务资源，扩充功能，完善系统，进一步扩大信息公开，促进信息资源共享，推进政务协同，提高行政效率，改善公共服务，增强用户体验，有效推动政府职能转变，创新管理和服务方式，构建中国林业智慧门户网站群。

作者

2015年6月